ALFONS ROSENBERG

Die Zauberflöte

ALFONS ROSENBERG

Die Zauberflöte

Geschichte und Deutung

von Mozarts Oper

MÜNCHEN

PRESTEL VERLAG

1972

Zweite, durchgesehene und ergänzte Auflage

ISBN 3 7913 0041 5

Passavia Druckerei AG Passau

INHALT

Einleitung

»Der Welt bekannt und doch geheimnisreich«

Als Goethe die Leitung des Hoftheaters von Weimar nach langer Führung im Jahre 1817 niederlegte, war Mozart mit zweihundertundachtzig Aufführungen von sechs Werken der während seiner Amtszeit meistaufgeführte Komponist. Dies war nicht nur die Folge von Goethes Vorliebe und Bewunderung für Mozart, sondern auch davon, daß nach Mozarts Tode seine Werke ungemein rasch die deutschen Bühnen eroberten. Er, der sublimste aller Musiker, wurde nun auch der populärste. Schon im Jahre der Erstaufführung der Zauberflöte in Weimar konnte darum ein Unbekannter in ›Teutschlands Annalen des Jahres 1794‹ schreiben: »In diesem 1794sten Jahr kann und darf nun nichts gesungen oder gespielt werden, als was den allgewaltigen Namen Mozart an der Stirne führt. Alles muß von Mozart sein, wenn es Anspruch auf allgemeinen Beifall machen soll!«

Ein wahrer Mozart-Rausch ergriff damals Deutschland, eine Begeisterung, die sich erst im Laufe von Jahrzehnten allmählich zu einem wirklichen Verständnis der Werke dieses ›Genius des Abendlandes‹ klärte. Erst auf dem Höhepunkt der Romantik wurde den Besten der damals Tätigen bewußt, worauf denn diese so unmittelbare und herzergreifende Wirkung Mozarts gründet. Ludwig Börne spricht dies für seine Zeitgenossen aus, wenn er schreibt: »Mozart allein zeigt uns den Himmel, zu dem andre emportragen müssen, in unserer irdischen Brust. Das ist's, was ihn nicht allein zum größten aller Tondichter macht, sondern zum einzigen unter ihnen ... Mozarts Musik strahlt jedem, wie ein Spiegel, seine eigene und gegenwärtige Empfindung zurück, nur mit edleren Zügen; es erkennt jeder in ihr die Poesie seines Daseins.« Oder mit andern Worten: In Mozarts Musik erkannte sich damals, erkennt sich fortan allezeit der Mensch im Zustand seiner wahren, von äußeren Umständen nicht befleckten Bestimmung, erkennt sich der sinnliche Mensch als der ›göttliche Mensch‹, der zu werden er von seinem Schöpfer berufen ist.

In Mozarts Musik erscheint zum ersten Male der Mensch in seiner Vollgestalt. Grillparzer muß dies erkannt und empfunden haben, wenn er 1809 in sein Tagebuch notiert: »Es ist mir schon oft eingefallen, unsre Tonkünstler mit den Werken der Schöpfungstage zu vergleichen. Das Chaos – Beethoven. Es werde Licht !– Cherubini. Es entstehen Berge – Joseph Haydn. Singvögel aller Art – die italienische Schule. Bären – Albrechtsberger. Kriechendes Gewürm – Gyrowetz. Der Mensch – Mozart!« Der Mensch ist seit Jahrtausenden auf dem Wege, sich in einem immer intensiveren und rascheren Rhythmus selbst zu entdecken – Mozart gehört innerhalb dieses Prozesses der Selbstfindung zu den größten Entdeckern des Menschen.

Jedoch der Inbegriff, die Summe des gesamten Werkes Mozarts, ist die letzte Oper, die er vollendet hat, die Zauberflöte, und dies nicht nur, weil sie am Ende seines Lebens – schon im Schatten des nahenden Todes – Gestalt gewann, sondern auch, weil in diesem Werk der Auftrag Mozarts an seine Zeit und an die kommenden Zeiten am reinsten offenbar wird. Die Zauberflöte ist darum gleichsam Mozarts Testament an die Nachwelt. In keinem seiner Werke ist er freier und in einem tiefen Sinn ›spielender‹, in keinem verbirgt er seinen Ernst mehr im Gewand von Humor und Scherz, in keinem ist seine Musik ebenso einfach wie kunstvoll wie gerade in der Zauberflöte. In ihr ist ein unerschöpflicher Vorrat an Freude und Weisheit für viele Geschlechter, die noch kommen werden, gesammelt.

Das hat Goethe, der als Dichter vom Stoff der Zauberflöte so sehr beeindruckt war, daß er sich gedrängt fühlte, eine Fortsetzung derselben zu schreiben, empfunden, wenn er feststellt, daß in diesem Werk »eine zeugende Kraft enthalten ist, die von Geschlecht zu Geschlecht fortwirken wird«. Und Goethe hat bisher recht behalten. Die Zauberflöte hat alle Gezeiten und Moden, die kamen und gingen, überdauert. Beethoven hat an ihr die Zusammenfassung der verschiedensten Stilarten zu einer unauflösbaren Einheit bewundert und sie darum für das größte aller Opernwerke erklärt; Richard Wagner hat empfunden »welch göttlicher Zauber vom populärsten Lied bis zum erhabensten Hymnus in diesem Werke weht«.

Doch nicht minder als die Musiker sind auch die Millionen Musikliebenden, für die doch die Meister ihre Werke geschaffen haben, seit hundertsiebzig Jahren immer neu bewegt und begeistert durch die Zauberflöte. Das Seltsame ist eben, daß sie auf Menschen aller Lebensalter und aller Bildungsstufen gleichermaßen wirkt: das spielende Kind, das in der Märchenwelt lebt; der nach hohen Taten verlangende Jüngling; das von Liebe träumende Mädchen; der zur Weltgestaltung drängende Mann; die Mutter, die sich um das Werden der Ihren sorgt; die Alten, die bereits mehr auf das Ziel als auf den Weg schauen – ihrer aller Herzen werden auf unmerkliche Weise von der heiteren Weisheit, von dem tanzenden Ernst der Zauberflöte berührt und gewandelt.

Doch obwohl dies längst »der ganzen Welt bekannt« geworden ist, ist sie dennoch so »geheimnisreich« geblieben, wie sie es war, als sie am 30. September 1791 auf der Bühne des Vorstadt-Theaters auf der Wieden in Wien zur Uraufführung gelangte. Noch immer ist möglich, die märchenhafte Handlung und die köstliche Musik der Zauberflöte naiv und nur zur Erheiterung des Gemüts zu genießen. Der Hörer und Zuschauer wird auch dann sich beglückt und vielleicht leise an das Vorhandensein seines besseren Ichs gemahnt fühlen. Dennoch ist und bleibt die Zauberflöte voll von Geheimnissen, deren Aufschlüsselung, wie Goethe dies ausgesprochen hat, dem Eingeweihten vorbehalten ist. Insofern ist es gerechtfertigt, die Zauberflöte, wiederum mit einem Worte Goethes, ein »öffentliches Geheimnis« zu nennen. Denn zwar ist allen die Schönheit und Weisheit dieses Werkes zugänglich, aber zum Kerne desselben wird nur dringen, wer über ein Organ für die Hintergründe des Lebens dieser Welt verfügt und wer es vermag, die ›Sonne‹, das will sagen die Gottheit, durch alle Erscheinungen dieser Welt hindurchschimmern zu sehen.

Denn dies ist eine der mit rein künstlerischen Mitteln durch Wort, Ton und Bild hörbar und schaubar gemachten Grundlehren der Zauberflöte: die Allgegenwart, die gleichzeitige Nähe und Ferne der Gottheit. Eine andere ihrer Lehren aber ist, daß innerhalb dieser Welt nur zwei Kräfte, nämlich Liebe und Freundschaft, gleichsam die ›beiden Arme der Gottheit‹, den Menschen über seinen sinnengebundenen Egoismus hinausführen und ihn als Führer und Wegweiser auf dem Weg der Erlösung zu begleiten vermögen. Der große Pianist und Mozartinterpret Edwin Fischer hat darum zutreffend geschrieben, daß »Mozarts Musik lauter Liebe ist ... Er weiß um das Geheimnis uralter Rassen; aber er hat im Leben das Leben überwunden; gleich Shakespeare erhebt er das Tragische in jenes Licht, in dem es die Götter sehen, unbeschwert ... Darum ist Mozart ein Prüfstein des Herzens: hier spricht ein einfaches, nobles und gesundes und unendlich geläutertes Menschenherz in der göttlichen Sprache der Musik«. Und weil dem so ist, weil nur »das Herz zum Herzen spricht« (Newman), erreicht auch der Mozart der Zauberflöte die Herzen und erweckt in ihnen den dort schlummernden Keim der Liebe.

Aber nicht nur die Botschaft der Zauberflöte, sondern auch ihre Dramaturgie ist einzigartig. Goethe hat sich, entzückt von ihrer Originalität und Vollkommenheit, seit 1793 immer wieder von dieser anregen lassen – sie hat dann vor allem auf die Gestalt seines zweiten Faust gewirkt. Denn die Zauberflöte zeigt in äußerst gegensätzlichen Bildern, getragen durch eine Musik von sakraler Erhabenheit und inniger Liebespoesie, den Weg des Menschen durch Irrungen und Wirrungen zum Ziel seiner Menschwerdung. In seelenergreifenden Szenen und durch Gestalten von urbildhafter Größe und Eindrücklichkeit gelangt in der Handlung der Zauberflöte das älteste Thema der menschlichen Seelengeschichte, der Urkampf zwischen Licht und Finsternis, zwischen Leben und Tod, zwischen Liebe und Bosheit, zur dramatischen Darstellung. Aber gerade diese Darstellung des Urkampfes ist auch die Quelle für das Ethos dieser musikalischen Dichtung. Denn durch die Zauberflöte werden Menschen aufgefordert, sich durch die Aufopferung des niederen Ichs für die Gottesmacht des Lichtes zu entscheiden und auf seiner Seite an dem bis zum Ende der Welt währenden Kampf teilzunehmen, sei es um »männlich zu siegen«, sei es, um als immerwährender Zeuge unterzugehen.

In den nun folgenden Blättern und Kapiteln ist der Versuch unternommen, in die geschichtlichen und geistigen Voraussetzungen der Zauberflöte, in ihre Botschaft, Gesinnung und Bedeutung einzuführen und sowohl ihre Vielschichtigkeit wie ihre innere Einheit darzulegen. Für dieses Vorhaben sind selbstverständlich die Ergebnisse der Mozart- und Zauberflötenforschung, soweit sie sich als begründet erwiesen haben, genützt worden. Zwei Menschen, Mozart und Schikaneder, haben das Wunderwerk der Zauberflöte geschaffen – aber es bedarf vieler Generationen von Forschern, Künstlern und Liebhabern, um das Höhlensystem dieser Oper auszuloten und auszuschreiten. Und wie viele sich auch solcher Aufgabe unterzogen haben und noch unterziehen werden, sie wird, auch heute oder morgen, immer eine unendliche bleiben. Und dies schon darum, weil ein Kunstwerk in seiner schöpferischen Wirkung und Wirklichkeit immer mehr und tiefer ist, als die schönste und klügste Deutung dies zu fassen vermag. Doch über dieser Nutzung der bleibenden Ergebnisse der Forschung hinaus wird es in den folgenden Blättern unternommen, zu neuen Deutungen vorzudringen und bisher unbeachtete Schichten dieses so schichtenreichen Werkes aufzudecken. Wie im Werk der Oper selber, soll auch in dieser Darstellung der Geschichte und der Bedeutung der Zauberflöte das Äußere und das Innere, das Geschichtliche und das Übergeschichtliche, das Weisheitsvolle und das Heitere, das Erhabene und das Närrische des Werkes sowohl ausgebreitet wie zusammengefaßt werden.

Möge es in diesem Versuch gelingen, auf jener Spur Mozarts in seiner Zauberflöte zu wandeln, die sein glühender und ihn tief verstehender Verehrer, der romantische Dichter E. Th. A. Hoffmann gezeigt hat, wenn er schreibt: »In die Tiefen des Geisterreichs führt uns Mozart, Furcht umfängt uns, aber ohne Marter ist sie mehr Ahnung des Unendlichen. Liebe und Wehmut tönt in holden Geisterstimmen; die Nacht geht auf in hellem Purpurschimmer, und in unaussprechlicher Sehnsucht ziehen wir Gestalten nach, die, freundlich uns in ihre Reihen winkend, im ewigen Sphärentanze durch die Wolken fliegen ... Haydn faßt das Menschliche im menschlichen Leben romantisch auf; er ist kommensurabeler, faßlicher für die Mehrzahl. Aber Mozart nimmt mehr das Übermenschliche, das Wunderbare, welches im innern Geist wohnt, wahr.«

Erstes Kapitel

Das Jahr der Vollendung 1791

An der Schwelle des neuen Zeitalters

Die zweite Hälfte des 18. Jahrhunderts war erfüllt von einer schwelenden Unruhe, von einer Erwartung, die sich ihres Zieles nur undeutlich bewußt war. Die Rationalisten unternahmen es damals, die großen Überlieferungen der Vergangenheit zu entwerten und den Menschen allein auf sich selbst und seine Vernunft zu stellen. Aber zugleich suchte man auch die literarischen, künstlerischen und religiösen Denkmäler jener Vergangenheit – deren Gesinnungen man als Aberglauben brandmarkte – auszugraben, in der Hoffnung, dadurch auf Urphänomene des Lebens und des Geistes zu stoßen. Selten war ein Zeitalter derart zwischen extreme Gegensätze gespannt wie es gerade das 18. Jahrhundert war. Der Grund hierfür war, daß sich damals eine Umwandlung des bisherigen Weltbildes und der dadurch bestimmten Existenzformen anzubahnen begann. Die Erkenntnisweisen und Sozialordnungen, die geistigen und religiösen Systeme, die technische Weltbewältigung, die seit dem Beginn der Hochkulturen einerseits die organische Kraft von Mensch und Tier, andererseits die unmittelbare, sinnliche Anschauung der vorgegebenen Welt zur Voraussetzung hatten, wandelten sich teils allmählich, teils plötzlich. Neue Erkenntnisse von revolutionärem Charakter sowohl im Bereich des Geistigen wie des Physischen führten zu neuen Ordnungen und Verhaltungsweisen, zu einem vertieften Verständnis sowohl des Göttlichen wie zu einem gewandelten Selbstverständnis des Menschen.

Dies hing damit zusammen, daß die Zeit des Rokoko gleichsam ein Sammelbecken aller bisherigen Menschheitsüberlieferungen war. Denn »das 18. Jahrhundert kann man mit einem Stausee vergleichen, in den sich von allen Seiten ganz verschiedenartige und einander entgegengesetzte Fluten ergießen. Diese erzeugen Gegenströmungen und Strudel, bis zu dem Augenblick, in dem das Becken überläuft und die Gewässer sich durch das neunzehnte Jahrhundert stürzen, um uns noch heute zu erreichen« (Gonzague de Reynold). Das 18. Jahrhundert also als eine Periode der Widersprüche und der Gegensätze wahrte zwar noch einmal die Formen und Ordnungen der Vergangenheit und war doch zugleich von dem Drang besessen, völlig mit diesen zu brechen. Humanitärer Idealismus und Naturschwärmerei paarten sich einerseits mit den Tendenzen der Vernunft-Aufklärung, andererseits mit erotischer und ästhetischer Verfeinerung und dem dadurch hervorgerufenen Sensualismus.

Als Zeitalter des werdenden Rationalismus hatte das 18. Jahrhundert begonnen; es endete mit der Empfindsamkeit der Wertherzeit. Der Feudalismus – die im Grunde schon überholte, aber tyrannisch durchgehaltene Herrschaftsform jenes Jahrhunderts – ging schließlich in den Greueln einer blutigen Revolution unter, welche die Gleichheit aller Menschen durchzusetzen versuchte. Zwar riefen die Freimaurer zu einer neuen, übernationalen Ordnung der Völker auf, aber der durch den Wiener Kongreß legitimierte Nationalismus durchkreuzte diesen weltweiten Versuch, die nationalen Affekte zu überwinden, deren ungehemmter Ausbruch schließlich zu zwei Weltkriegen und zur Entmachtung Europas führen sollte.

Zudem war das 18. Jahrhundert, in dessen Mitte Mozart geboren wurde, ein Zeitalter vielfacher Renaissancen. Diese sind ohnedies typisch für die europäische Kultur, die es wie keine andere der Erde vermocht hat, sich fremde Elemente zu assimilieren, ohne dadurch ihr eigenes Wesen aufzugeben. Im Gegenteil – je mehr Fremdes Europa in seinen Bereich übernahm, desto europäischer wurde das Kulturgefüge des Abendlandes. So strömte seit der letzten Jahrtausendwende von Spanien her arabische Wissenschaft und seit dem 12. Jahrhundert dann durch die Kreuzzüge aus dem Zweistromland islamisches Formgut in das christliche Europa ein; im 15. Jahrhundert wurde die griechische Kunst, christlich geläutert und durchseelt, wiedergewonnen; im 17. Jahrhundert beginnt durch die Vermittlung der Jesuiten eine Renaissance fernöstlichen, insbesondere chinesischen Geistes. Das Barock ist wesentlich durch den chinesischen Universalismus mitgeprägt: Seide, Porzellan, der Zopf und die Chinoiserien sind Spuren des fernöstlichen Einflusses; die Philosophie und Ethik des Rokoko ist auf eine erstaunliche Weise eher konfuzianisch als christlich. In der Lebenszeit Mozarts traten die ägyptischen Altertümer und die Mysterien des Nillandes in das Gesichtsfeld Europas. Als edelste Frucht dieser ›Wiedergeburt‹ ist sodann die Zauberflöte herangereift.

Aber zugleich mit dieser Bereitschaft, vergangene Formen des Geistes zu erneuern und die eigene Kultur mit Elementen der außereuropäischen Völker anzureichern, ereignete sich in Europa ein schicksalsträchtiger Bruch mit den vergangenen Vorstellungsweisen und Ordnungskategorien. Der Glaube an eine unveränderliche ›ewige Ordnung‹ als Grundlage der geistigen und sozialen Existenz wurde abgelöst durch den Willen, in ständiger Wandlung und Bewegtheit der Zukunft entgegenzustreben. »Die Ideen, welche die Gesellschaft des achtzehnten Jahrhunderts verbreitete, lösten einen völligen Bruch mit der Vergangenheit, deren Ebenbild doch die gleiche Gesellschaft noch zur Schau trägt, aus: einen Bruch mit der christlichen Vergangenheit, zugleich mit dem permanenten Willen, eine bessere Welt zu schaffen. Alle Gedanken bleiben fortan auf die Zukunft gerichtet. Das Gestern interessiert nicht mehr, kaum das Heute, man denkt nur an Morgen«. (G. de Reynold).

Dieser Drang zum Morgen, zum Überschreiten der bisherigen Grenzen der Erkenntnis, führte nicht nur zu einer Fülle von Entdeckungen und Erfindungen, sondern auch zur Entwicklung neuer sozialer und geistiger Ordnungen, deren Folgen den Lebensstil der Menschheit radikal verändert haben. Aus der Großzahl dieser ›Erfindungen‹ seien zwei herausgegriffen. Da wurde als revolutionäre Neuerung durch Watt im Jahre 1769 die Dampfmaschine erfunden. Bis dahin war die Güterproduktion und die Fortbewegung von Menschen und Dingen einzig durch die Muskelkraft von Mensch und Tier geleistet worden. Nun aber wurden durch die maschinelle Nutzung der Dampfkraft bisher ungeahnte Transformationen des Stoffes, die fast unbegrenzte Steigerung der Gütererzeugung und der Schnelligkeit der Fortbewegung möglich. Zum ersten Male machte sich der Mensch unabhängig von den vorhandenen Naturkräften und ›erfand‹ eine neue Kraft, durch welche der Rhythmus des Lebens weitgehend verändert, das heißt beschleunigt wurde. Wenn aber die Tür zu einem neuen Verständnis der Wirklichkeit aufgestoßen wird, dann ist es unvorhersehbar, was durch diese an Ungeahntem eintreten wird. So hatte die Durchbrechung des organischen Naturrhythmus durch die Nutzung des komprimierten Dampfes bald die Erforschung und Nutzbarmachung der Elektrizität und danach der Atomkraft zur Folge, mit deren Hilfe der Mensch die Schranke der Erdatmosphäre zu durchbrechen vermochte: der Kosmos lag nun offen vor ihm als ein Feld der Entdeckung und der Eroberung.

Die zweite umwälzende Neuerung betrifft die sittlichen Grundlagen des sozialen und politischen Lebens: im Jahre 1776 – Mozart war damals ungefähr 20 Jahre alt – gewannen die Vereinigten Staaten von Nordamerika ihre Unabhängigkeit, wodurch ihre heutige Weltmachtstellung grundgelegt wurde. Zugleich verkündeten ihre Ideologen und Wortführer durch die ›Erklärung der Menschenrechte‹ die Freiheit und Gleichheit aller Menschen im Sinne des Naturrechtes und des

Weltbildes der Freimaurer – und als Folge die Souveränität und das Selbstbestimmungsrecht aller Völker. Diese ›Menschenrechte‹, welche das Zeitalter der Demokratie einleiteten und zu welchen sich schließlich durch Johannes XXIII. auch die Kirche bekannte, sind nach und nach auf der ganzen Erde zu Strukturprinzipien der politischen und sozialen Gestaltung geworden, von den reifen Völkern sinn- und maßvoll gebraucht, von den unreifen und den tyrannisch regierten mißbraucht.

Durch jene revolutionäre ›Erklärung der Menschenrechte‹ ist – ob wir dies bedauern oder begrüßen – die bis dahin grundsätzlich hierarchische Ordnung des priesterlichen Königtums, die auf der Entsprechung zwischen der himmlischen und irdischen Hierarchie beruht, zu Ende gegangen. Damit ist ein ›Zeitalter des Menschen‹ mit noch unabsehbar vielfältigen Gestaltformen angebrochen. Seine Phasen werden zwischen unvermeidlicher Verflachung des Geistes- und Gemeinschaftslebens und dem Hervortreten von bisher in der Tiefe des Unbewußten und durch starre Ordnungen gebundenen Kräften höherer Artung wechseln.

Diese beiden Neuerungen, welche – wie wir heute feststellen können – eine Totalwandlung aller kulturellen Lebensformen zu Folge hatten, sind nur Beispiele für viele andere mit ähnlicher Wirkung, die den Anbruch eines neuen Weltalters ankündigen, in welchem der Mensch bis zu den Wurzeln seiner Existenz und bis zu den Grenzen des Daseins vordringen wird. Die Folge davon war nicht nur ein vertieftes Selbstverständnis des Menschen, sondern auch ein neues, umfassenderes ›Verstehen‹ Gottes. Das bisher Erfahrene und Erkannte geht hierbei nicht verloren, sondern wird als Teil in eine größere Anschauung des lebendigen Wirklichen integriert. Die im 18. Jahrhundert anhebende Weltrevolution hatte darum zum Ziel, das überkommene Menschheitserbe in ein höheres Bewußtsein von der Gottheit, vom Weltganzen und vom Menschen zu überführen.

Gewiß war das 18. Jahrhundert nicht nur eine Zeit des Aufbruchs der Menschheit zu neuen Ufern, sondern auch eine solche des Überganges, in welcher die giftigen Verwesungsstoffe eines absterbenden Weltalters den frischen, neuen Keimen, den schöpferisch anregenden Fermenten des Kommenden gefährlich benachbart waren. Daher das Schillernde, Zweideutige, Fiebrige, das Grausame und Überzüchtete, das in der Spätblüte des Rokoko neben den Zeugnissen eines ›Durchbruchs zur Zukunft‹ spürbar wird. Durch immer rascher aufeinander folgende Revolutionen hat sich jedoch Europa, stellvertretend für die Menschheit, immer mehr von den oft noch im Welken schönen Elementen des Abgelebten befreit. Die Stimmung dieses Jahrhunderts, das auf so seltsame Weise mit sich selber im Kampfe lag, umschreibt Eichendorff trefflich in seiner Dichtung ›Ahnung und Gegenwart‹: »Licht und Schatten ringen noch ungeschieden in gewaltigen Massen miteinander, dunkle Wolken ziehen verhängnisschwer dazwischen, ungewiß, ob sie Tod oder Leben führen, die Welt liegt unten in weiter, dumpf stiller Erwartung. Kometen und wunderbare Himmelszeichen zeigen sich wieder, Gespenster wandeln wieder durch unsere Nächte ... alles weist mit blutigen Fingern auf ein großes unvermeidbares Unglück hin ... Denn aus ihren Fugen wird die Welt noch einmal kommen, ein unerhörter Kampf zwischen Altem und Neuem wird beginnen, die Leidenschaften, die jetzt verkappt schleichen, werden die Larven wegwerfen, und flammender Wahnsinn sich mit Brandfackeln in die Verwirrung stürzen ... Wunder werden zuletzt geschehen, bis endlich die neue und doch ewig alte Sonne durch die Greuel bricht – die Erde hebt sich verweint, wie eine befreite Schöne, in neuer Glorie empor.«

Und wirklich ist die Welt »aus ihren Fugen« geraten – zum ersten Male durch die Französische Revolution, deren Tendenz es war, einen radikalen Bruch mit der bisherigen Menschheitsüberlieferung herbeizuführen. Seitdem ist die Welt durch Kettenreaktionen von Revolutionen, Kriegen und Weltkriegen rund um den Erdball noch des öfteren aus den Fugen geraten. Und doch waren diese Katastrophen, die den Untergang und die Verwandlung der bisherigen Formen der Hochkulturen – die sich in einem Zeitraum von etwa 7000 Jahren entfaltet hatten – sowohl anzeigten wie begleiteten, nur die negative Seite eines Erneuerungsprozesses der Menschheit. Indem das Kommende aus der Zukunft mit sich mehrendem Ungestüm in die Gegenwart eindrängte, verdrängte es das Bestehende, sei es im Bereich des Geistigen und Künstlerischen, sei es in dem des Sozialen und Politischen.

Aber, so tröstet uns Eichendorff in seiner prophetischen Schau: Wunder werden zuletzt geschehen! Und als eine Wunderblüte im Chaos des Umbruchs dürfen wir Mozarts Menschentum und Werk als Vorwirkung des Kommenden verstehen. Denn in jener Gärung, die das Leben und Treiben im 18. Jahrhundert so ungemein spannungs- und widerspruchsvoll erscheinen ließ, äußerten sich die Geburtswehen eines herannahenden neuen Weltalters und die Heraufkunft eines neuen, umfänglicheren Menschentypus. Ähnlich wie im Frühjahr manche Bäume ihre dunkel verwitterten Rinden sprengen, um dem Wachstum eines neuen Jahresringes Raum zu schaffen, so begann auch der Mensch im 18. Jahrhundert die ihn einhüllende ›Rinde‹ seiner bisherigen Existenz- und Kulturformen zu sprengen. Hellgolden, wie junge Platanenrinde, schimmerte jetzt verjüngtes Menschenwesen durch die Borke des in Jahrtausenden allmählich Herangewachsenen hindurch. Eine neue, mehr vom Geist als von den Sinnen her bestimmte Menschenart war nun im Begriff, geschichtsmächtig hervorzutreten.

Mozart aber war einer der Erstlinge dieses ›neuen Menschen‹. Als solcher war er gewiß nicht der einzige, sondern das Glied einer sehr kleinen, über alle Völker Europas verstreuten Schar, deren Geist vom Daimon des Kommenden ergriffen war und die bereits von ihm Zeugnis gab. Von außen gesehen erscheint es unglaubwürdig, daß Mozart zu diesen

Erstlingen gehören sollte, wenn man sich diesen kleinen, quicklebendigen, ständig zu Kapriolen aufgelegten, mühelos produzierenden und sehr fleißigen Künstler vergegenwärtigt, der, kindlich fromm und gläubig, zugleich ein tiefer Kenner der Menschenseele war. Erinnert man sich aber seines ungeheuren Freiheitsbedürfnisses, seiner sich in Herzlichkeit verströmenden Menschlichkeit und vor allem der reinen, bis dahin großenteils noch nie gehörten Klänge seines Werkes, dann wird deutlich, daß er zu den vom Weltgeist erwählten Schöpfern gehörte, in denen sich die Intuitionen, Formimpulse und Gesinnungen des damals über die Schwelle der Geschichte tretenden ›neuen Menschen‹ inkarnierten.

Mozart befand sich, wie man weiß, in ständiger ›Vibration‹, und er wurde schließlich durch diese immer intensiver werdenden Schwingungen, die das dem Menschen noch Zuträgliche überstiegen, aufgezehrt. Aber dies Übermaß von vibrierenden Schöpferkräften erhöhte Mozart auch über seine Zeitgenossen. Allem, was er in den Bereich seiner Schöpfungen einbezog, auch dem von seinen Vorgängern Übernommenen, verlieh er den Charakter des Ungewöhnlichen: sowohl durch die vogelliedartige Helligkeit seiner Klänge, durch ihre engelhafte Reinheit wie durch ihre herzergreifende Schönheit. Durch seinen Daimon, dieser Übermacht aus der Tiefe des Seins hervorgetrieben, im steten Gespräch mit einem unendlich fernen, von der Erde aus gesehen imaginären Partner – denn im Hiesigen war ihm kein kongenialer beschieden –, wurde er von Jahr zu Jahr ein immer ungetrübteres Medium göttlicher Strahlung. So vollendete Mozart seinen Weg und sein Werk im Aufstieg zum Licht, von dem er immer intensiver durchdrungen wurde. Und schließlich schwand er – von unten her durch Leiden, von oben her durch die Einstrahlung des göttlichen Licht-Tones aufgelöst – wie das zweieinige Paar der Zauberflöte in die göttliche Sonne, in deren Mysterien er – wie Tamino und Pamina – eingeweiht war.

Mozart war der Erstling einer neuen Weltzeit. Erstlinge

aber werden – wie die Erfahrung der Menschheit in allen Phasen ihres Aufstieges lehrt – geopfert, sei es durch das Unverständnis der im Herkömmlichen beharrenden Menge, sei es durch die überhohe Spannung, welche sie auszuhalten haben und durch welche sie vorzeitig aufgerieben werden. Solche Erstlinge und damit Schicksalsbrüder Mozarts waren als Frühvollendete Novalis, Platen, Hölderlin, Runge, Lenz und andere. Aber gerade durch den Opfergang Mozarts, durch sein schmerzlich frühes Scheiden von der Erdenwirklichkeit, wurde den Menschen, die zwar das Erschütternde und Bedeutungsvolle dieses Ereignisses nicht verstanden, jene bisher auf Erden noch nie erschienene Fülle göttlicher Schönheit geschenkt. Sie wurde ihnen geoffenbart durch den ›neuen Orpheus‹ Mozart, der, ein ›göttliches Kind‹, gekommen war, um das Gefängnis ihrer Selbstsucht aufzusprengen und um ihren Blick zum Erschauen des größeren Lebens zu befähigen.

Mozart war ein Erstling, der geopfert wurde zur Erhellung und Befreiung der im Dunkel der Triebwelt gebannten Menschen. Und er vollzog diese Befreiung, indem er sich beharrlich jenem ewigen Spiel hingab, um dessentwillen sich alleine Ernst, Leidenschaft und Verzicht auf bürgerliche Normen lohnt. Denn Mozart war als ›spielender Mensch‹ ein Mensch ›ernster Heiterkeit‹. »Es liegt am Grunde jedes Spiels ein tiefes Geheimnis – wir ahnten es schon im Blick auf den schöpferisch spielenden Gott: alles Spiel, genauso wie der tiefste Ernst einer zu lösenden Lebensaufgabe, strebt nach jener Angleichung an den Weltschöpfer, der sein Werk vollzieht mit dem göttlichen Ernst der innern Sinnhaftigkeit, und doch zugleich mit der gelassenen Geste einer göttlich gekonnten, niemals notwendigen Künstlertätigkeit« (Hugo Rahner).

Im Spiel ebenso wie im Ernst erprobt sich – nach einer Aussage von Platons ›Gastmahl‹ – der vollkommen weise gewordene Mann. »Diese Ernstheiterkeit erblüht nur aus der Mitte zwischen Himmel und Erde; in einem Menschen, der die bunte Welt liebt und zugleich belächelt, der um ihre Herkunft aus Gott weiß und zugleich um ihre Grenzen, in denen sich alle Dinge stoßen, um so das Komische, das Tragische hervorzurufen, das man grimmig oder gütig gelassen hinnimmt, das uns bestürzt – und immer zugleich beglückt in der Schau auf jene Harmonie des ›mitmodelnden Logos‹, aus dem alles ausgeht und zu dessen Schau alles Spiel hinstrebt ... Und dies eben wäre die schier übermenschliche Kunst einer humanen Seelenkultur: im Ernst noch spielen zu können und in allem Spiel des Ernstes nicht vergessen.« Diese Worte des weisen, des Spielsinns kundigen Hugo Rahner (er legt davon Zeugnis ab in seinem ernstheiteren Büchlein ›Der spielende Mensch‹) umschreiben auf eine erhellende Weise die Bedeutung der Klangspiele des ›göttlichen Kindes‹ Mozart.

Spielend hat Mozart Botschaft gebracht von ewiger Schönheit Glanz, von der erlösenden Kraft der Liebe und der Freundschaft, von der Stillung der unruhigen Menschenseele durch die Weisheit. Aber wie war dies möglich? Werner Heutling hat hierfür zutreffende Formulierungen gefunden: »Mozarts seelische Leuchtkraft wird aufgezehrt von der beispiellosen Schaffensintensität seines getriebenen Geistes. Er läßt ihm keine Zeit zur organischen Persönlichkeitsbildung, die vielleicht seine geistige Durchlässigkeit gehemmt haben würde. Die Welt bildet sich ihre Persönlichkeiten wie geistige Zellen: aber hier bildet und formt das Genie die Welt und macht sie transparent, so daß ihre ewige Wahrheit sichtbar oder – wie in diesem Falle – hörbar wird.«

Doch das reinste und darum wahrste Spiel, das Mozart als ein ›göttliches Kinderspiel‹ in schwebender Leichtigkeit gelungen ist und das er uns als eine Anleitung zum Lebensspiel geschenkt hat, ist seine Zauberflöte. In ihrer Musik läßt er ein in der sinnenhaften Gegenwart verborgenes, größeres Leben erahnen, verkündet er ein von allen Schlacken befreites, von Liebe durchglühtes, von Weisheit erhelltes, sinnenhaftes Sein, das wir durch eigenes Streben und zugleich durch göttliche Beihilfe zu erlangen vermögen. In der Zauberflöte, die in der Ahnung seines nahenden Todes entstand, ist Mozart Nachtigall und Adler, heiter und tragisch, zart und derb zugleich; hier faßt er alles, was er je erfahren und gewirkt hat, zu seinem Evangelium der Humanität und der Freundschaft zusammen; in der Zauberflöte eröffnet und durchmißt Mozart das Universum der Liebe in seiner ganzen unermeßlichen Ausdehnung. Hier klingt erstmals jene weihevolle und erhabene, den Menschen umstimmende und veredelnde Humanitätsmusik auf, als Klang des neuen Zeitalters, als Weisung für den Menschen zur Erringung seines vollen Menschseins und jener Göttlichkeit, die zu erlangen er von jeher bestimmt ist.

Vom letzten Klavierkonzert bis zum Requiem

Noch während Mozart am ›Don Giovanni‹ arbeitete, entstand eine seiner innigsten und zugleich wehmütigsten Liedschöpfungen. Es ist dies die ›Abendempfindung‹, die er zusammen mit dem Lied ›An Chloe‹ am Johannestag 1787 in sein Werkverzeichnis eintrug. Der Text von Johann Heinrich Campe lautet:

Abend ist's, die Sonne ist verschwunden
und der Mond strahlt Silberglanz;
so entfliehn des Lebens schönste Stunden,
fliehn vorüber wie im Tanz.
Bald entflieht des Lebens bunte Szene,
und der Vorhang rollt herab.
Aus ist unser Spiel! Des Freundes Träne
fließet schon auf unser Grab.
Bald vielleicht – mir weht wie Westwind leise,
eine stille Ahnung zu –
schließ' ich dieses Lebens Pilgerreise,
fliehe in das Land der Ruh.
Werd't ihr dann an meinem Grabe weinen,
trauernd meine Asche sehn,
dann, o Freunde, will ich euch erscheinen
und will himmelauf euch wehn.

Der Text wurde von Mozart nicht strophisch behandelt, sondern durchkomponiert. Bei den Worten »dann, o Freunde, will ich euch erscheinen« wandelt sich die bis dahin auf- und abwallende Begleitung mit einem Male in heroisch männliche Rhythmen, die bereits an den Priestermarsch der Zauberflöte erinnern. Es ist, als schlage die Musik hier einen Bogen von der Zeit seines letzten Triumphes und dem bedeutendsten Musikdrama Europas, dem ›Don Giovanni‹, zur Zeit und zu den Klängen der Zauberflöte. Die ›Abendempfindung‹ ist bereits ein künstlerisches Zeugnis jener Todesahnung, von der Mozart in den Monaten seines letzten Lebensjahres, in dem die Zauberflöte entstanden ist, so schmerzlich befallen war.

Es ist erschütternd zu verfolgen, wie der Tod während des ganzen letzten Jahres, bald näher, bald ferner, seine Kreise um Mozart zieht, wie ihn Beklemmungen und tiefe Melancholie wegen seiner sich unaufhaltsam verschlechternden wirtschaftlichen Lage und seiner Gesundheit befallen; allerdings teilte er diese nur selten und nur wenigen Menschen mit, so zum Beispiel seiner in Baden zur Kur weilenden Frau, einem Hausdiener und in einem, wahrscheinlich an Da Ponte gerichteten, italienisch geschriebenen Brief. So gesteht Mozart dem rührend um ihn besorgten Hausdiener und Kellner der Wirtschaft ›Zur silbernen Schlange‹, in der er während der Abwesenheit von Konstanze gewöhnlich aß: *Ich fühle, daß es bald ausmusiziert sein wird. Mich befällt eine Kälte, die ich mir nicht erklären kann.* Noch herzergreifender sind die Worte Mozarts, die er in dem in italienischer Sprache wahrscheinlich an Da Ponte noch vor der Uraufführung der Zauberflöte gerichteten Brief schrieb: *Ich fühle aus meinem Zustand, daß die Stunde schlägt. Ich bin im Begriff, mein Leben auszuhauchen. Mein Ende ist da, eh ich mich meines Talentes erfreuen konnte. Und doch war das Leben so schön, die Laufbahn begann unter so glücklichen Vorzeichen. Aber man kann sein Schicksal nicht ändern. Keiner mißt seine Tage; man muß sich darein ergeben; es wird geschehen, was der Vorsehung gefallen wird. Ich schließe; ich darf meinen Totengesang nicht unvollendet lassen.*

Leider hatte Mozart Anlaß genug zu solcher Verdüsterung. Er war verschuldet, auf größere Einnahmen war nicht zu rechnen; vor allem war seine Gesundheit erschüttert und sein kranker Zustand – wahrscheinlich von seinem schleichenden Nierenleiden herrührend – mit den Mitteln der damaligen Heilkunst nicht zu bessern. Zwischen jener, Da Ponte gegenüber geäußerten Todesahnung bis zu seinem wirklichen Sterben lag nur eine Zeitspanne von einem knappen Vierteljahr. Mozart, der das Leben – wie er schrieb – unsäglich geliebt und der es verherrlicht hatte wie kaum ein zweiter Künstler dieser Erde und der es vermochte, das Jenseits im Diesseits aufblühen zu lassen – die Ewigkeit in jedem Augenblick –, er ahnte, daß nun die Stunde des Sterbens gekommen war. So begrüßte er am Vorabend seines Todes seine Schwägerin Sophie Haibel mit Worten, die bezeugen, daß dieser gute, liebenswürdige Mensch sein Kreuz auf sich genommen hatte: *Es ist gut, liebe Sophie, daß Sie da sind. Sie müssen heute nacht dableiben! Sie müssen mich sterben sehen! – Ich habe schon den Totengeschmack auf der Zunge.* Und es war nur zu wahr. Fünf Minuten vor ein Uhr nachts, am 5. Dezember 1791, hat Mozart, der durch die falsche Behandlung seines Arztes bereits bewußtlos geworden war, seinen irdischen Leib verlassen und ist in seine geistige Heimat zurückgekehrt.

Doch bevor Mozart, in seinem innersten und eigentlichen Wert verkannt, von der Erde abgerufen wurde, war ihm ein Jahr von höchster schöpferischer Kraft und Leistung gegönnt, sein Jahr der Vollendung. Hätte Mozart nur die Werke dieses Jahres 1791 hinterlassen, so wäre ihm wohl ein nicht geringerer Nachruhm beschieden gewesen, als nun, da wir – nie dankbar genug – uns des Besitzes von über 600 Werken seiner Hand und seines Geistes rühmen dürfen. Es ist, als ob Mozart in diesem letzten, für ihn persönlich so trübseligen Jahr, das Innerste seines Herzens in einem vielstrophigen Schwanengesang ausgesungen habe; heißt es doch, daß die Schwäne vor ihrem Tode einen ergreifenden Gesang anstimmen.

Am 26. Januar 1790 kam Mozarts, auf Anregung Josephs II. komponierte Oper ›Così fan tutte‹ zur Uraufführung, für die er 200 Dukaten, das Doppelte der sonst üblichen einmaligen Abfindung des Komponisten, erhielt. Aber schon nach acht Wiederholungen mußte die Aufführung eingestellt werden, da Kaiser Joseph am 20. Februar starb und die Hoftrauer jede Art von Lustbarkeit, auch den Theaterbetrieb, verunmöglichte. Aber von diesem für die damalige Zeit hohen Honorar hatte Mozart wenig, da es bereits von dem ihm so hilfreichen Freimaurerbruder Puchberg bevorschußt war. *Es ist übel, ja unmöglich zu leben ... wenn man von Einnahme zu Einnahme warten muß*, schreibt der verzweifelte Mozart um jene Zeit.

Der neue Kaiser Leopold II. bestätigte ihn zwar als kaiserlichen Kammerkompositeur; weil er aber an seinem Werk noch weniger Anteil nahm als vordem Joseph II., ging das Elend für Mozart weiter. Die entwürdigenden Bettelbriefe an Puchberg – entwürdigend mehr für seine Zeitgenossen, die ihn im Stich ließen, als für Mozart selber – nahmen ihren Fortgang. Schließlich fiel Mozart, der nicht mehr ein und aus wußte, in die Hände von Wucherern. Zudem verringerte sich die Zahl seiner Schüler auf nur zwei. *Stellen Sie sich meine Lage vor – krank und voll Kummer und Sorgen*, schrieb er an Puchberg. Dieser trostlose Zustand wirkte begreiflicherweise auf seine Schöpferkraft. Es ist darum verständlich, daß in Mozarts eigenhändigem Werkverzeichnis zwischen der Vollendung von ›Così fan tutte‹ und seiner Reise nach Frankfurt im September 1790 nur zwei Streichquartette (K.V. 589 und 590), die Bearbeitung des Alexanderfestes und der Cäcilienode von Händel (K.V. 591 und 592) enthalten sind. Zudem war er gezwungen, diese herrlichen Quartette *um ein Spottgeld herzugeben, nur um in meinen Umständen Geld in die Hände zu bekommen.*

Um zu einem Ausweg aus seinen finanziellen Bedrängnissen zu gelangen und um die Geister von einst zu beschwören, entschloß sich Mozart, zur Krönung von Leopold II. nach Frankfurt zu reisen; und weil er – anders als Salieri, sein Ge-

genspieler bei Hofe – offiziell hierzu nicht aufgefordert worden war, obwohl er doch ein, wenn auch bescheidenes Hofamt innehatte, unternahm er die Reise auf eigene Kosten. Er hoffte, in der alten Krönungsstadt, in der aus Anlaß der Krönung Leopolds zum deutschen Kaiser eine Fülle von angesehenen und einflußreichen Persönlichkeiten zusammenströmte, neue Verbindungen und Aufträge zu gewinnen. Aber der große Festtrubel und Jahrmarkt der Eitelkeiten wurde für Mozart zu einer einzigen Enttäuschung. Auch die Akademie vom 15. Oktober, durch welche er sich dem Frankfurter Publikum als Komponist und Pianist vorstellte, war ein Mißerfolg, denn *sie fiel von Ehren herrlich, aber in Betreff des Geldes mager aus.*

Auf dem Wege seiner Rückreise spielte er in Mainz vor dem Kurfürst Karl Josef, in Mannheim wohnte er der dortigen Erstaufführung seines ›Figaro‹ bei, und auch in München spielte er vor dem Kurfürsten Karl Theodor. Mitte November langte er wieder in Wien an. Hier vollendete er das viersätzige D-Dur Streichquintett (KV 593) und eine Gelegenheitsmusik für das Orgelwerk einer Spieluhr (KV 594). Schmerzlich war ihm der Abschied von Haydn am 15. Dezember, der unter den denkbar günstigsten künstlerischen und materiellen Bedingungen nach London übersiedelte. Vergebens suchte dieser, Mozart für eine Londoner Kunstreise zu gewinnen; aber Mozart war schon zu sehr in sein Elend verstrickt, um sich an so weitgespannte Pläne zu wagen.

Mozarts letztes Lebens- und Schaffensjahr begann mit trostlosen finanziellen und häuslichen Zuständen, mit der Schwangerschaft und Krankheit Konstanzes, die immer wieder neuer Badekuren bedurfte, wofür Geld aufgetrieben werden mußte. Aber zugleich glich Mozart dem Adler des Mythus, welcher der Sonne entgegenfliegt, um seine Lebenskraft in ihrer Glut zu erneuern – diese Erneuerung freilich war ihm nicht mehr vergönnt. Aber alles, was er in diesem, seinem letzten Jahre schuf, trägt den Stempel der Vollendung; es ist jeweils das unüberbietbar Vollkommenste seiner musikalischen Gattung.

Dies gilt gewiß für das dreisätzige letzte Klavierkonzert in B-Dur (KV 595), das er am 5. Januar, elf Monate vor seinem Todestag, vollendet und bei seinem letzten öffentlichen Auftreten in Wien am 4. März gespielt hat. In diesem Werk von edelster Klangschönheit steigen Todesahnungen auf: im ersten Allegro-Teil Moll-Melodien und seltsame Holzbläserepisoden, ohne daß es das Satzgefüge bedingen würde. Stille Resignation spricht aus dem Larghetto, während das Finale mit der Melodie des Frühlingsliedes ›Komm lieber Mai und mache ...‹ (KV 596), das Mozart aus diesem Teil des Klavierkonzertes am 14. Januar entwickelt hat, eine neue Kindheit, ein künftiges helleres Leben zu verheißen scheint. Unbegreiflich, wie der von Todesahnungen überschattete und von Sorgen verdüsterte Mozart sich zu solcher »göttlichen Kindheit« aufzuschwingen vermochte! Am 12. April vollendete er sein letztes, wie aus Licht gewobenes Streichquintett (KV 614); es ist – wie dasjenige vom Ende des Jahres 1790 – von wehmütiger Ergebung überhaucht und ruft durch höchste kontrapunktische Meisterschaft ein wunderbares Blühen der einzelnen Stimmen hervor. Es ist, als ob man das reine Spiel einander zusingender Vögel mit ihrem Rufen und Trillern und die Verflechtung ihrer Stimmen hören würde.

In diesem, wie in allen andern Werken des letzten Jahres, ist nicht nur kein Nachlassen der künstlerischen Gestaltungskraft Mozarts zu verspüren, sondern sogar eine unüberbietbar scheinende Steigerung derselben. Hierbei scheint sich ein Gesetz des Schöpferischen auszuwirken: es ist oft zu beobachten, wie nahender Wahnsinn oder Tod die Tiefen des schöpferischen Menschen eröffnet und bisher verborgene und ungeahnte Kräfte entbindet. Liebe, Tod und Schöpfertum stehen in einer geheimnisvollen inneren Verbindung – eine Sphäre fordert die jeweils entgegengesetzte heraus.

Als Hofkompositeur war Mozart zur Lieferung von Tanzmusik für die kaiserlichen Redouten verpflichtet. Mit der leichten Hand des großen Könners entwarf er in den ersten

Monaten des Jahres 1791 einen Reigen von Menuetten, Contretänzen, Deutschen Tänzen und Ländlern (KV 599 bis 610) für die Bälle der Karnevalszeit; zwar Gebrauchsmusik, aber voll von Köstlichkeiten, voll Grazie des melodischen Ausdrucks und des Orchesterklanges und überhaucht von seinem, zwischen Kindlichkeit und Sarkasmus schillernden Humor. Mozart hat das Komponieren von Tanzmusik nie für unter seiner Würde gehalten; war er doch selber ein leidenschaftlicher Tänzer und wußte darum aus eigener Erfahrung, daß im zwecklosen, die Sinne zugleich glücklich bindenden und befreienden Tanz dionysischer Enthusiasmus vom Menschen Besitz ergreift.

Für die erblindete Marianne Kirchgässner, eine Virtuosin auf der Glasharmonika, schrieb Mozart am 23. Mai ein entzückendes Adagio und Rondo für ihr seltsames Instrument und für Flöte, Oboe, Bratsche und Cello (KV 617), ein Kunstwerk im Kleinen, voll berauschenden Wohlklanges und mit einer Fülle von Einfällen ausgestattet. Und schon am 17. Juni schuf er die kleine Motette ›Ave verum corpus‹ für das Fronleichnamsfest der bescheidenen Kirche in Baden bei Wien und für den – um Konstanze während ihrer dortigen Badeaufenthalte rührend besorgten – Schullehrer und Regens chori Anton Stoll. Mit Worten läßt sich die himmlisch verklärte Schönheit dieser kurzen Motette nicht nachzeichnen. Der weihevolle Ernst dieser liturgischen Musik veranlaßte A. W. Ambros, einen bedeutenden Kenner der altklassischen Vokalpolyphonie, zu den Worten, daß sich »vielleicht Palestrina selber nicht einer wunderbaren Bewegung und einer tiefen Ergriffenheit würde erwehren können«, wenn er dies ›Ave verum‹ gehört hätte. »Es ist kaum denkbar, daß diese Musik nicht aus gläubigem Erfassen des eucharistischen Geheimnisses geflossen ist« (J. Kreitmeier). Mit seinem ›Ave verum‹ feiert Mozart die Gabe des sich durch den Tod hindurch der Menschheit hinschenkenden Christus und – es ahnungsvoll vorwegnehmend – verklärt damit auch sein eigenes künftiges Todesleiden. Ganz anders war die im Juli 1791 für die Freimaurer-Loge, der Mozart mit Leidenschaft angehörte, komponierte Kantate ›Die ihr des unermeßlichen Weltalls Schöpfer ehrt‹ (KV 619), in der sich bereits die erhabene Stimmung der Arien Sarastros ankündigt.

Aber noch einmal sollte Mozart in das Getriebe der musikalischen und höfischen Welt hineingezogen und zugleich zu den höchsten Höhen des Schöpfertums hinaufgerissen werden. Das eine Mal wurde er von seiten des Hofes aufgerufen, das andere Mal aber zur Darstellung des Mysteriums verpflichtet. Mozart war in der offiziellen Welt – wenn auch von Mode-Musikern verdrängt – doch nicht ganz vergessen. So erhielt er von den böhmischen Ständen den Auftrag, eine Opera seria, zur Feier der im September bevorstehenden Krönung Leopolds II. zum böhmischen König, gegen ein Honorar von 200 Dukaten zu schreiben. Als Textbuch hierfür hatte Mozart die schon seit dreißig Jahren des öfteren komponierte Dichtung von Metastasio ›La clemenza di Tito‹ zur Verfügung. In nur achtzehn Tagen bewältigte er – allerdings mit Hilfe seines fünfundzwanzigjährigen Schülers Süßmayer, der später auch sein Fragment gebliebenes Requiem vollendete und der die Secco-Rezitative der Oper komponierte – die Riesenarbeit des ›Titus‹ (KV 621). Die Oper fand freilich nicht den Beifall des Kaiserpaares; dafür wurde sie nach der Festaufführung und der Abreise der Majestäten aus Prag von den Pragern, die ihren Mozart von jeher liebten, ungemein gefeiert. Dennoch wurde später der ›Titus‹ von den Kennern lange Zeit geringgeschätzt. Erst im letzten Jahrzehnt – vor allem durch die unermüdliche Arbeit, die Hofrat Paumgartner für das Verständnis der Oper geleistet hat – setzte sich die Einsicht durch, daß auch der ›Titus‹ zu den großen Meisterwerken Mozarts gehört und daß dies Werk würdig ist, im letzten Jahre seiner Vollendung entstanden zu sein.

Doch noch bevor Mozart diesen Auftrag zur Schaffung einer höfischen Festoper erhielt, wurde er aus einer ganz andern Region, nämlich durch einen Vertreter der volkstümlichen Kunst der Vorstadt, zu einem Werk aufgerufen, in dem er – was nicht vorauszusehen war – die ganze Fülle seiner Kunst, seiner Erfahrung, seiner Hoffnung, seines Glaubens zusammenfassen sollte. Es war dies die Zauberflöte, und der Mann, der ihn zu diesem Werk anregte, ja ihm den Auftrag dazu gab, der das Textbuch – wahrscheinlich unter Mozarts Mithilfe – verfaßte und bei der Aufführung die komische Rolle des Naturburschen und Hanswursts zu spielen sich reservierte – dieser ebenso ungewöhnliche wie unbedenkliche Mann war der Theaterdirektor Emanuel Schikaneder. Mozart war diesem erfolgreichen Leiter einer reisenden Theatertruppe schon zwölf Jahre früher in Salzburg begegnet und hatte sich mit ihm befreundet. Inzwischen hatte Schikaneder das großangelegte Vorstadttheater auf der Wieden übernommen und dessen Repertoire in wenigen Jahren äußerst erfolgreich gestaltet. Aus den verschiedensten Quellen hatte Schikaneder den Text einer Zauberoper, eines deutschen Singspiels zusammengemischt. Im März 1791 legte er diesen – wahrscheinlich in einem erst skizzenhaften Zustand – Mozart vor und bat ihn, den Text zu komponieren. Mozart willigte ein, teils weil er längst gerne eine deutsche Oper gemacht hätte, teils weil ihm jede Gelegenheit zum Geldverdienen erwünscht sein mußte.

Mit Feuereifer machte er sich in der Zeit zwischen April und Juli an die Arbeit; sie war bereits größtenteils beendet, als er Ende Juli den Auftrag für den ›Titus‹ erhielt. Nur etwa fünf Wochen standen für die Komposition bis zur Aufführung in Prag zur Verfügung, wohin sich Mozart zur Einstudierung mit Süßmayer und Konstanze begab, und wo er seine treuen Freunde zum letzten Male wiedersah. Gewiß war Mozart nach seiner Rückkehr von den Prager Festlichkeiten Mitte September an der Einstudierung der Zauberflöte, dieser Zusammenfassung seines Lebens und Wollens, mitbeteiligt, obwohl er die Ouvertüre und den Priestermarsch – wie er es schon öfter getan – erst zwei Tage vor der Uraufführung am 30. September schrieb. Diese Uraufführung war noch kein voller Erfolg. Aber bald folgte dem ›stillen Beifall‹ der weithinschallende: Der Siegeszug der Zauberflöte über Europa begann unmittelbar nach Mozarts Tod. Die Einnahmen aus den in relativ kurzer Zeit möglichen über hundert Aufführungen der Zauberflöte – Mozart war nach der Sitte der Zeit, durchaus legal, mit einer einmaligen Zahlung von 100 Dukaten abgefunden worden – ermöglichten es dem tüchtigen Theatermann Schikaneder, das neue größere Theater an der Wien mit dem berühmten Papageno-Portal zu erbauen. Es besteht heute noch und ist erst kürzlich mit großem Aufwand renoviert worden.

Aber mit der Abfassung seines Testamentes, der Zauberflöte, dieser bedeutendsten und tiefsinnigsten Oper überhaupt, war Mozarts Lebensauftrag, den er durch seinen Genius vom Weltgeist erhalten hatte, noch nicht erfüllt. Im Juli nämlich, mitten in seiner Arbeit an der Zauberflöte, meldete sich ein geheimnisvoller graugekleideter Fremder bei Mozart, der ihm einen Brief ohne Unterschrift überbrachte, in welchem ein nicht genannt sein wollender Verehrer des Meisters diesen bat, für ihn eine Totenmesse zu komponieren, wobei er den Preis nach Gutdünken bestimmen könne. So erwünscht auch dem Meister der Auftrag sein mußte, so war er doch tief betroffen über die merkwürdigen Umstände, unter denen der Auftrag erteilt wurde. Von Todesahnungen gepeinigt, empfand Mozart den ›grauen Mann‹ als einen Todesboten, der ihn an sein nahes Ende und an die Abfassung eines Totensanges mahnen sollte. In Wirklichkeit aber war der Unbekannte – was sich erst nach Mozarts Tod herausstellte – ein Abgesandter des Grafen Walsegg zu Stuppach, der sich gern mit fremden Federn schmückte und der, zum Andenken an seine verstorbene Frau, das von Mozart zu schaffende Requiem unter seinem eigenen Namen aufführen wollte. Mozart verlangte 50 Dukaten, die ihm der ›Unbe-

K.K. priv. L.H. Wiedner Theater

Heute Freytag den 30ten September 1791.

Werden die Schauspieler in dem kaiserl. königl. privil. Theater auf der Wieden die Ehre haben aufzuführen

Zum Erstenmale:

Die Zauberflöte.

Eine grosse Oper in 2 Akten, von Emanuel Schikaneder.

Personen

Sarastro.	Hr. Gerl.
Tamino.	Hr. Schack.
Sprecher.	Hr. Winter.
Erster)	Hr. Schikaneder der ältere.
Zweiter) Priester.	Hr. Kistler.
Dritter)	Hr. Moll.
Königin der Nacht.	Mad. Hofer.
Pamina ihre Tochter.	Mlle. Gottlieb.
Erste)	Mlle. Klöpfer.
Zweite) Dame.	Mlle. Hofmann.
Dritte)	Mad. Schack.
Papageno.	Hr. Schikaneder der jüngere.
Ein altes Weib.	Mad. Gerl.
Monostatos ein Mohr.	Hr. Nouseul.
Erster)	Hr. Gieseke.
Zweiter) Sklav.	Hr. Frasel.
Dritter)	Hr. Starke.
Priester, Sklaven, Gefolge.	

Die Musik ist von Herrn Wolfgang Amade Mozart, Kapellmeister, und wirklicher k. k. Kammerkompositeur. Herr Mozard wird aus Hochachtung für ein gnädiges und verehrungswürdiges Publikum, und aus Freundschaft gegen den Verfasser des Stücks, das Orchester heute selbst dirigiren.

Die Bücher von der Oper, die mit zwei Kupferstichen versehen sind, wo Herr Schikaneder in der Rolle als Papageno nach wahrem Kostum gestochen ist, werden bei der Theater-Kassa vor 30 kr. verkauft.

Herr Gayl Theatermahler und Herr Nesslthaler als Dekorateur schmeicheln sich nach den vorgeschriebenen Plan des Stücks, mit möglichstem Künstlersfleiß gearbeitet zu haben.

Die Eintrittspreise sind wie gewöhnlich.

Der Anfang ist um 7 Uhr.

kannte‹ nach einigen Tagen überbrachte, mit dem Versprechen, daß der Komponist nach der Fertigstellung des Requiems nochmals den gleichen Betrag erhalten sollte. Die Zauberflöte war Ende Juli beinahe fertig, die Arbeit am ›Titus‹ eben begonnen, da fing Mozart schon an, die musikalischen Einfälle zu notieren, aus denen er das Requiem gestalten wollte. Er skizzierte vierzig Seiten der Partitur, dann mußte er die Arbeit zugunsten des ›Titus‹ und der Zauberflöte unterbrechen.

Bevor sich Mozart jedoch der Vollendung der Fragmente widmete, schuf er sein wunderbares letztes Klarinettenkonzert in A-Dur (KV 622) für seinen Freund, den Klarinettisten Stadler. Mit diesem Konzert übertraf er seine früheren Bläserkonzerte durch zarte und innige Melodien, reiches Figurenwerk, durch die Tiefe des Gehaltes und der kontrapunktischen Arbeit bei weitem. Es klingt darin noch etwas nach von der Erhabenheit der Zauberflöten-Musik; hier wird die Gewißheit unzerstörbaren Lebens jenseits dieser Sinnenwelt spürbar. Kurz danach schuf Mozart nach Texten von Schikaneder eine größere Freimaurer-Komposition, die ›Kleine Freimaurer-Kantate‹ (KV 623) zur Einweihung des Tempels der Loge ›Zur neugekrönten Hoffnung‹. Es war dies »Mozarts letztes Meisterstück ... vor seinem Tode im Kreise vertrauter Freunde aufgeführt«, wie man es auf dem Titelblatt der 1792 veröffentlichten Partitur liest. Dieser festliche Jubelsang besteht aus einem schwungvollen Chor, umrahmt von Tenor- und Baßstimmen. Mozart hat das Werk noch selber anläßlich der Logenfeier am 18. November zur Aufführung gebracht.

Aber freilich – das Requiem vermochte Mozart nicht mehr zu vollenden. Zwei Tage nach dem Logenfeste mußte er sich zu Bett legen, das er nicht mehr als Lebender verlassen sollte. Doch er arbeitete auch in diesen 14 Tagen der nun offenbar gewordenen Todeskrankheit an seinem Requiem, das er sowohl aus Pflichttreue gegen den unbekannten Auftraggeber wie aus künstlerischer Leidenschaft beenden wollte. Aber mit dem achten Takt des ›Lacrimosa‹ hört Mozarts Handschrift auf. Sein begabter und von ihm geschätzter Schüler Süßmayer, der die Entstehung des Werkes miterlebt hatte und in den letzten Monaten viel um und mit Mozart gewesen war, ergänzte und komponierte nach des Meisters Tode, auf Wunsch von Konstanze, die fehlenden Teile: das Sanctus, Hosanna, Benedictus und das Agnus Dei, auf Grund von vorhandenen Anweisungen Mozarts so geschickt hinzu, daß nur ein guter Kenner von Mozarts Musik die Ergänzungen wahrnimmt.

Es ist bezeichnend für die Tragik von Mozarts Geschick, daß ihn wenige Tage vor seinem Tode zwei Anträge erreichten, deren Realisierung ihn jeder Not enthoben hätte. Einige ungarische Adelige sicherten ihm eine jährliche Subskription auf seine Werke von 1000 Dukaten zu, und ein noch günstigerer Antrag kam aus Amsterdam. Aber es war bereits zu spät; überanstrengt durch die vielen Reisen seiner Knaben- und Jünglingszeit, durch nur notdürftig auskurierte Krankheiten, durch aufreibende Arbeit, Not und Hoffnungslosigkeit, war Mozarts Leiblichkeit und Widerstandskraft verbraucht, verglüht im Feuer eines schöpferischen Prozesses von unvorstellbarer Intensität. Mozart blieb bis zur letzten Nacht bei Bewußtsein und sah, wehmütig, aber gefaßt, dem Tode entgegen, wobei ihn das Requiem und die Zauberflöte bis zuletzt beschäftigten. Noch am Tage vor seinem Tode sagte er zu Konstanze: *Einmal möchte ich doch noch meine Zauberflöte hören;* leise summte er dann *Der Vogelfänger bin ich ja* vor sich hin.

Doch auch das Requiem, an dem er auch während seiner Krankheit arbeitete und das Süßmayer für ihn im gleichen Zimmer instrumentierte, bewegte ihn fortwährend. Jede Nummer ließ er sich gleich nach ihrer Vollendung vorsingen; auch spielte er, solange er es noch vermochte, die Begleitung auf dem Klavier. Am Tage vor seinem Tode ließ er sich die Partitur bringen und sang selber die Altstimme, während der

Sänger Schack, dem wir diese Mitteilung verdanken, den Sopran, sein Schwager Hofer den Tenor und Gerl den Baß sangen. Aber bei den ersten Takten des ›Lacrimosa‹ legte Mozart, da er endlich seine Unfähigkeit, das Werk zu beenden, erkennen mußte, die Partitur beiseite und begann bitterlich zu weinen. Und gegen Abend sagte er – es waren fast seine letzten Worte – zu seiner Schwägerin Sophie Haibel: *Habe ich nicht gesagt, daß ich dies Requiem für mich selber schreibe!*

Mozart ging sterbend in jenes Geisterreich ein, dessen Sprachrohr er zeit seines Lebens und nie mehr als in dem Menschheits-Mysterium seiner Zauberflöte gewesen war. Längst ist es wahr geworden, was einst Goethe in seiner ›Zauberflöte, zweiter Teil‹ seherisch empfunden:

In solcher feierlicher Pracht
Wirst du nun bald der ganzen Welt erscheinen;
Im Reich der Sonne wirket deine Macht!
Pamina und Tamino weinen;
Ihr höchstes Gut ruht in des Grabes Nacht.

Aber aus der Nacht des Sarkophages, des ›Fleischfressers‹, ist Mozart auferstanden als Unsterblicher in seinem uns hinterlassenen Erbe, vor allem in seiner Botschaft an die ganze Menschheit, deren Einheit und Unteilbarkeit er als Erster geschaut und verkündet hat, in seinem Testament, in seiner Zauberflöte.

Zweites Kapitel

Vom Werden der Zauberflöte

Emanuel Schikaneder, der ›Reinhardt des 18. Jahrhunderts‹

Wer Mozarts Kunst, wer insbesondere die Zauberflöte liebt, fühlt sich in Dankbarkeit auch dem Theaterdirektor Emanuel Schikaneder verpflichtet. Denn dieser war es, der durch seinen Theaterinstinkt, durch sein unaufhörliches Ausschauen nach bühnenwirksamen Neuigkeiten und Themen, den Stoff zur Zauberflöte gefunden und Mozart für dessen musikalische Deutung gewonnen hat. Auch wenn anzunehmen ist, daß Mozart am Libretto-Entwurf Schikaneders, ihn vertiefend, mitgewirkt hat, dürfen wir den Theaterdirektor gewissermaßen als den Vater der Zauberflöte betrachten. Allerdings war sein Leben und Wirken nicht weniger seltsam und märchenhaft als das Textbuch seines berühmtesten Werkes, des einzigen, dessen Ruhm sein Andenken wachgehalten hat. Denn wer – außer Lokalhistorikern – würde sich noch an Schikaneder erinnern, wenn nicht Mozart dem Zauberflöten-Libretto durch seine Musik Unsterblichkeit verliehen hätte.

Schikaneder wurde 1751 im niederbayrischen Straubing geboren. Nach dem frühen Tod seines Vaters übersiedelte seine Mutter nach Regensburg. In dieser alten Bischofsstadt wuchs der Knabe in Armut auf. Sein Bruder Urban wurde Hornist im Orchester des Erzbischofs von Freising; Emanuel konnte zwar eine zeitlang das Gymnasium besuchen, aber schon als Schüler spielte er in den Ferien und an Sonntagen den Bauern zum Tanz auf. Und schließlich wurde er, zuerst nur ein wandernder Musikant, ein ›Lyrant‹, als Musiker, dann als Schauspieler 1773 Mitglied einer reisenden Theatergruppe, und, wie es sich später zeigen sollte, war er ein Vollblutschauspieler. Der Gothaische Theateralmanach von 1775 führt ihn bereits als ›Liebhaber‹ einer angesehenen Truppe auf, die damals in Innsbruck gastierte. Schon 1776 ließ er seine ›komische Operette in dreyen Aufzügen‹ unter dem Titel ›Die Lyranten oder Das lustige Elend‹ als erstes seiner zahlreichen Bühnenwerke drucken.

Zwischen diesen ›Lyranten‹, die auf den meisten deutschen Bühnen aufgeführt wurden, und der Zauberflöte liegen die Abenteuer und Erfahrungen eines halben Lebens – der Abstand zwischen den beiden Stücken ist unendlich groß. Dennoch haben sie auch gewisse Berührungspunkte miteinander. Auch in den ›Lyranten‹ ist wie in der Zauberflöte die Musik die Grundlage der Handlung. Der leichtsinnige und unternehmungslustige Schikaneder war eben im Grunde eine Musikantennatur, und dies war wohl die Voraussetzung zu seiner Freundschaft mit Mozart. Dieser hat übrigens das erste Singspiel Schikaneders mit den vielen eingelegten Liedern kennengelernt, als es der Verfasser mit seiner Truppe bei dem sechsmonatigen Gastspiel in Salzburg 1780 aufführte. Durch seinen Erfolg ermutigt, verheiratete sich Schikaneder in Augsburg mit Eleonore Arth, einer Sängerin und Schauspielerin der Schopfschen Truppe, der beide angehörten; zusammen wurden sie danach Mitglieder der Moserschen Truppe. Emanuel wurde schon damals in komischen Hauptrollen allgemein bewundert, wie später in der Zauberflöte, während seine Frau naive Mädchen darstellte.

Zuerst spielten beide in Augsburg, seit Ostern 1777 in Nürnberg, dann wiederum in Augsburg. Eine Gastspielreise führte Schikaneder nach München, wo er im Residenztheater mit dem größten Erfolg als Hamlet auftrat. Ein Dauer-Engagement in München schlug er jedoch aus, weil er 1778 Gelegenheit hatte, die Mosersche Truppe als Theaterdirektor zu übernehmen. Er eröffnete ihre erste Spielzeit unter seiner Leitung mit dem ›Hamlet‹, was anzeigt, daß er nicht nur Possen und Komödien, sondern auch die bedeutende Theaterliteratur seiner Zeit aufzuführen fähig war. Tatsächlich gingen dann Stücke wie Lessings ›Emilia Galotti‹, ›Miß Sara Sampson‹, Shakespeares ›Macbeth‹, ›Romeo und Julia‹, Goethes ›Clavigo‹ und Voltaires ›Semiramis‹, die Hillerschen Singspiele, das erste deutsche Melodrama, die von Georg Benda 1775 komponierte ›Ariadne auf Naxos‹, aber auch viele rührsame Ritter-Stücke und bürgerliche Trauerspiele über seine Bühne.

Die Schikanedersche Gesellschaft spielte dann in Stuttgart, wo man ihn gerne für länger oder für ganz dabehalten hätte. Doch hatte er sich bereits nach Augsburg verpflichtet, wo er bis zur Fastnacht 1779 spielte. Für fünf Monate übersiedelte seine Truppe sodann nach Nürnberg, danach nach Neuburg an der Donau, der Residenz des Herzogs von Pfalz-Neuburg. Überall entzückte Frau Schikaneder durch ihre jugendliche Anmut, durch ihren Gesang und ihr Spiel, während ihr Gatte Fürsten, Sultane, Schiffskapitäne, Soldaten, Sklavenhändler, Kaufleute, Geistliche und andere Typen glanzvoll darstellte. Der Erfolg seiner Vorstellungen war so groß, daß Emanuel schließlich wohlhabend wurde, das erste, aber nicht das letzte Mal in seinem Leben. Über Laibach, Klagenfurt, zog er dann mit seiner Truppe zu dem schicksalhaften Gastspiel nach Salzburg, wo er erstmals Mozart begegnen sollte. Zu dieser Begegnung, die dann in der Zauberflöte zur Zusammenarbeit mit dem höchsten Genius der Musik führen sollte – wie es sich ähnlich nur noch in der gemeinsamen Arbeit von Richard Strauß und Hugo von Hofmannsthal ereignet hat –, brachte Schikaneder allerdings günstige Voraussetzungen mit. Diese bestanden nicht nur in seinem genialen Schauspielertum, in seiner Inszenierungskunst und in der Leichtigkeit, mit der er Stücke schrieb und Libretti entwarf, sondern in seinem damals ungemein mutigen Kampf für das deutsche Singspiel, in einer Zeit, da die hochgezüchtete Künstlichkeit der italienischen Opern alle Bühnen allmächtig beherrschte.

Der Ruhm Schikaneders erreichte während seines Salzburger Gastspiels vom September 1780 bis zur Fastenzeit 1781 einen ersten Höhepunkt. Das Repertoire, das er zur Aufführung brachte, war vielfältig bunt. Da war der ›Deutsche Hausvater‹ von Gemmingen, der ›Barbier von Sevilla‹, komponiert von Benda, die ›Agnes Bernauerin‹ von Törring (nach der Aufführung verprügelte das ergriffene Publikum den Vicedom, den Mörder der Agnes Bernauer, so daß Schikaneder gezwungen war, sie in den nächsten Aufführungen aus dem Fluß, in den sie hineingestoßen wird, ›retten‹ zu lassen). Dieses, nach dem Vorbild des ›Götz von Berlichingen‹ verfaßte Schauer- und Rührstück war der Haupterfolg Schikaneders in Salzburg; er führte es vor 700 Zuschauern auf; aus der weitesten Umgebung kamen Scharen von Schaulustigen, über 200 fanden keinen Einlaß mehr ins Theater. Er selber spielte den Herzog Albrecht und seine Frau die Agnes. Ihre Silberstimme rührte das Publikum zu Tränen, seine männliche Entschlossenheit gewann ihm alle Herzen; selbst der Erzbischof besuchte mehrmals Schikaneders Vorstellungen.

Aber vor allem war es bedeutsam, daß der erzbischöfliche Kapellmeister Leopold Mozart mit seinen beiden Kindern Marianne und Wolfgang zu den ständigen Besuchern seines Theaters gehörte. Bald befreundeten sich beide Familien miteinander, und vor allem verband den vierundzwanzigjährigen Komponisten und den neunundzwanzigjährigen Sänger-Schauspieler eine Freundschaft, die sich von Monat zu Monat enger gestaltete; 10 Jahre später bildete sie in Wien die Grundlage zu ihrer gemeinsamen Arbeit an der Zauberflöte. Man traf sich nicht nur im Theater, für das Wolfgang ohnedies begeistert war, sondern auch bei geselligen Anlässen, wie beim beliebten ›Bölzelschießen‹ oder beim Kegelschieben. Und schließlich kam es sogar zum ersten Male zu einer Zusammenarbeit von Schikaneder und Mozart. Der Theater-

Emal: Schikaneder
als Fremder.
Löschenkohl in Wienn

direktor bat nämlich den Komponisten, ihm seine Bühnenmusik zum Schauspiel ›Thamos, König von Ägypten‹ des Freiherrn von Gebler zu überlassen (dem Mozart später in Wien in seiner Freimaurerloge begegnen sollte). Mozart hatte bereits früher zwei der drei Chöre und die fünf Instrumentalstücke zu diesem Schauspiel als Zwischenaktmusik im Auftrag des Verfassers bei seinem Wiener Aufenthalt im Jahre 1773 geschaffen. Doch hat er sie dann für die Böhmsche Truppe, die ebenfalls 1779 in Salzburg gastierte, und ein Jahr später für Schikaneder nochmals überarbeitet und erweitert (KV 345). In dieser Musik kündet sich bereits die Zauberflöte, das spätere Gemeinschaftswerk, an. »Wenn der letzte (für Schikaneder) nachkomponierte Chor – wieder ein Bitt- und Dankgesang – durch ein priesterlich-mahnendes Baßsolo eingeleitet wird, so meint man bereits, die Stimme Sarastros zu hören« (Einstein).

Mozart und Schikaneder mußten sich damals vorzeitig trennen. Denn im Herbst 1780 hatte Mozart vom bayrischen Kurfürsten Karl Theodor den ehrenvollen Auftrag erhalten, die Opera seria ›Idomeneo, König von Kreta‹ für die Karnevalszeit zu komponieren. Im Oktober 1780 arbeitete er an der Vertonung des Librettos, und Anfang November fuhr er, höchst vergnügt, nach München, um dort in Zusammenarbeit mit den Sängern und Musikern seine Oper fertigzustellen. Aber Mozart vergaß auch dort seinen Freund nicht. Obwohl vom Trubel der Vorbereitungen, des Hof- und Musiklebens verschlungen, schickte er Schikaneder am 22. November eine ihm versprochene Arie für eine seiner Sängerinnen, Mademoiselle Adelheit (KV 365a Anh. 11a), die diese am 1. Dezember 1780 in der Komödie ›Die zwei schlaflosen Nächte‹ sang.

Der Theaterdirektor sah Mozart allerdings erst in Wien wieder, nachdem er das Freihaustheater auf der Wieden übernommen hatte. Die Begegnung mit Schikaneder in Salzburg hat aber zweifellos die theatralischen Instinkte Mozarts geübt und gestärkt, denn in vorzüglichen Aufführungen hörte und sah er unter anderem bis Ende Oktober 1780 den ›Hamlet‹, den ›Barbier von Sevilla‹, ›Julius von Tarent‹, ›Emilia Galotti‹, die unverwüstlichen ›Lyranten‹ und das von Schikaneder verfaßte Lustspiel ›Das Regensburger Schiff‹, das 1780 in Salzburg gedruckt wurde und in dessen Mittelpunkt eine Donaureise auf dem ›Regensburger Ordinarischiff‹ steht, welches damals den Verkehr zwischen Bayern und Österreich vermittelte.

Zwei handfeste Schauspiele Schikaneders, ›Die Raubvögel‹ und ›Das Laster kömmt an den Tag‹, wurden 1783 ebenfalls in Salzburg gedruckt. Aber nun ging es Ende Februar von Salzburg über Graz und Laibach nach Preßburg, wo Schikaneder die Tätigkeit seiner Truppe im Oktober 1782 eröffnete. Aber in dieser anscheinend theaterfeindlichen Stadt begann eine schwierige und sorgenvolle Zeit für den erfolgsgewohnten Direktor. Auch in Pest, wo Schikaneder zwischenhinein 1784 deutsche Opern aufführte und große Konzerte veranstaltete, hatte er keinen Erfolg. Nachdem er nach Preßburg zurückgekehrt war, hatte er das Glück, daß der am deutschen Singspiel interessierte Kaiser Joseph II. am 8. und 9. Oktober eine von Schikaneder inszenierte deutsche Oper und ein von ihm verfaßtes Trauerspiel besuchte. Der von diesen Aufführungen beeindruckte Kaiser lud den Theaterdirektor daraufhin nach Wien ein, um »in dem, dem allerhöchsten Hofe gehörigen Theater nächst dem Kärntnertore Aufführungen von deutschen Singspielen zu veranstalten«. Und tatsächlich verließ Schikaneder die Stätte seines Mißerfolgs; sein Wirken im Kärntnertortheater dauerte vom November 1784 bis zum Januar 1785. Da der Kaiser seine Vorstellungen häufig besuchte, kamen auch die Wiener in Scharen, um diese anzusehen.

In Wien gab es jedoch eine Panne im persönlichen Leben Schikaneders. Seine Frau hatte ein Liebesverhältnis mit Johann Friedel, einem Schauspieler und Textdichter seiner Truppe, während Schikaneder selber – der ohnedies gerne den Frauen nachlief – allzu großes Gefallen an den Wiener Stubenmadeln gefunden hatte. Aus diesem und anderen Gründen zerstritt sich das Ehepaar untereinander und mit den führenden Kräften der Truppe; so blieb nichts anderes übrig, als sie aufzulösen. Frau Schikaneder und Friedel gründeten eine neue Truppe und zogen weg. Schikaneder blieb zwar in Wien, aber ohne Anstellung; er verfaßte eine Bearbeitung des sozialkritischen Schauspiels ›Ein toller Tag‹ von Beaumarchais unter dem Titel ›Figaros Hochzeit‹. Aber die Aufführung wurde durch die Zensur verhindert. Auf diese Weise jedoch lernte Mozart im Jahre 1785 das Stück von Beaumarchais und dessen erste deutsche Bearbeitung kennen – wenige Jahre bevor Da Ponte sein Libretto von ›Figaros Hochzeit‹ für Mozart schuf. Danach gehörte Schikaneder vom April 1785 bis Februar 1786 wieder dem Nationaltheater in Wien an, wo er zwar große Erfolge errang, aber auch infolge einer Intrige ausgepfiffen wurde.

Besonders befreundet war Schikaneder in jener Zeit mit der Familie des Schauspielers Johann Christoph Gottlieb, die in einem Hause an der Rückseite des Kärntnertortheaters wohnte. Die ganze Familie war dem Theater verschrieben. Vater und Mutter waren äußerst populäre Komiker, die älteste Tochter war Sängerin, zwei jüngere Töchter, Eleonore und Anna, gefielen in Kinderrollen. Für Mozart aber sollte vor allem die damals elfjährige Anna Gottlieb bedeutungsvoll werden: sie wurde nicht nur seine hervorragende Schülerin, sondern sang bereits mit 12 Jahren die Barbarina bei der Uraufführung von ›Figaros Hochzeit‹ und mit 17 Jahren die Pamina bei der ersten Aufführung der Zauberflöte. Es wirft ein Licht auf ihre innige Verbundenheit mit Mozart, daß sie nach seinem Tod ihre wunderbar reine Stimme verlor und nie mehr zu singen vermochte.

Schikaneder verließ Wien im März 1786 – trotz eines ihm von Joseph II. bewilligten Privilegiums für ein Theater; es war ihm nicht gelungen, das Kapital für dies neu zu errichtende

Theater aufzutreiben, in dem deutsche Singspiele aufgeführt werden sollten. Wieder gründete er eine neue Schauspielergesellschaft und hatte vor, mit dieser Schwaben und die Schweiz zu durchziehen. Im Mai gab er mit seiner Truppe zehn Vorstellungen in Salzburg, über die Leopold Mozart an seine inzwischen in St. Gilgen verheiratete Tochter eingehend schrieb. Von Ende Mai bis September war Schikaneder in Augsburg, wo er 40 Vorstellungen gab. Jetzt gehörte erstmals das Ehepaar Schack – später Freunde Mozarts in Wien – zu seiner Truppe: Schack sang zudem als erster den Tamino. Schikaneders größter Erfolg in Augsburg war sein Stück ›Der Luftballon, eine Operette in drey Aufzügen‹, das den Aufstieg der ersten ›Mongolfière‹ in Paris 1783 und einen ebensolchen mißglückten (und wohl auch betrügerischen) Versuch in Augsburg zur Zeit Schikaneders zum Vorwurf hatte.

Nach einigen Gastspielreisen kehrte Schikaneder mit seiner Truppe noch einmal nach Augsburg zurück, um dort bis zur Fastnacht 1787 52 Vorstellungen zu geben. Danach führte ihn ein glänzender Vertrag mit dem Fürsten von Thurn und Taxis zur Leitung des neu eingerichteten ›national-deutschen Schauspiels‹ nach Regensburg, der Stadt seiner Kindheit. Das von Schikaneder für Regensburg aufgestellte Repertoire ist von großer Mannigfaltigkeit: darin figurierten unter anderem die ›Räuber‹, ›Kabale und Liebe‹, ›Don Carlos‹, ›Emilia Galotti‹, ›Richard I.‹, Mozarts ›Entführung aus dem Serail‹, Martins ›Cosa rara‹, Dittersdorfs ›Apotheker und Arzt‹ – kurzum das Beste, das damals hervorgebracht wurde oder bekannt war. Auch veranstaltete Schikaneder große, prunkvoll ausgestattete Freilichtaufführungen, so zum Beispiel von Möllers ›Waltron‹ oder von Schillers ›Räubern‹, vor dreitausend Personen und mit Einnahmen von oft über 1500 Gulden.

Im Frühling 1789 wurde jedoch Schikaneders Stellung als Schauspieldirektor in Regensburg durch eine Intrige erschüttert. Ein Gerücht macht ihn, zu Recht oder Unrecht, zum Liebhaber der Geliebten des Fürsten – ein großer Skandal stand bevor. Da erreichte Schikaneder der Hilferuf seiner von ihm getrennt lebenden Gattin aus Wien; dieser erlaubte ihm, sich mit Anstand und scheinbar freiwillig aus Regensburg zurückzuziehen. Die Situation in Wien war folgende: Mit Hilfe eines kaiserlichen Privilegs hatte Karl Marinelli, ein genialer Theaterdirektor, 1781 in der Leopoldvorstadt ein neues Theater gebaut – die erste ständige Volksbühne der Wiener Vorstadt, auf welcher Schau- und Lustspiele und Zauberstücke aufgeführt wurden. Den größten Zulauf aber hatte das Theater durch den berühmten ›Wiener Kasperle‹ Johann La Roche, der dort für fast zwei Jahrzehnte, bis 1806, wo er starb, seinen Thronsitz aufgeschlagen hatte. Die von ihm geschaffene Kasperlefigur wurde derart populär, daß selbst »der Kaiser mit seinen erhabenen Gästen sich zu dem berühmten Casperle in der Leopoldstadt begab«. La Roche's Kasperl wurde schließlich so bekannt und beliebt, daß das Theater nach ihm das ›Kasperltheater‹ genannt wurde.

Von solchem Erfolg angespornt und in der Hoffnung, mit diesem in Wettbewerb treten zu können, erbaute 1787 der Schauspieler Christian Roßbach, ohne Privileg und nur mit einer Spielerlaubnis ausgestattet, ein Theater im ›großen Hof‹ des fürstlichen Starhembergischen Freihauses auf der Wieden, vor den Toren Wiens zwischen dem Naschmarkt und der Schleifmühlgasse. Doch infolge seiner kostspieligen Ausstattungsstücke, die ihn in Schulden stürzten, mußte Roßbach schon nach fünf Monaten die Leitung seines Theaters niederlegen. Diese wurde übernommen von Eleonore Schikaneder und ihrem Gefährten, dem Schauspieler und Textdichter Johann Friedel. Sie ließen das Theater umbauen und eröffneten es im März 1788.

Aber da Friedel, schon lange lungenkrank, nach einjähriger Direktionszeit starb und seine Erbin, Eleonore Schikaneder, als Frau keine Aussicht hatte, die Erlaubnis zur Leitung des Theaters zu erhalten, wandte sie sich an ihren Mann und schlug ihm vor, sich mit ihr auszusöhnen, nach Wien zu kommen und das Theater zu übernehmen. Schikaneder, der ohnedies noch über das unausgenützte Privileg von 1786 verfügte, kam nur allzu gerne nach Wien, und zwar mit einem Teil seiner Regensburger Truppe, darunter dem Ehepaar Schack. Zudem hatte der unternehmende Theaterdirektor auch insofern Glück, als es ihm gelang, einen Offizier, Josef von Bauernfeld, als Geldgeber für den Betrieb des Theaters auf der Wieden zu gewinnen; Bauernfeld gehörte der gleichen Loge ›Zur neugekrönten Hoffnung‹ wie Mozart an. Überhaupt läßt sich feststellen, daß das Theater unter Schikaneders Direktion finanziell und moralisch aus den Kreisen der Freimaurer – denen damals viele hohe Beamte, Adelige, Künstler, Gelehrte und reiche Kaufleute angehörten – nachhaltig gefördert wurde.

Das von Schikaneder im Juli 1789 eröffnete Freihaustheater war ein zweistöckiges, mit Ziegeln gedecktes Gebäude, dreißig Meter lang und fünfzehn breit, mit einer zwölf Meter breiten und tiefen Bühne, zwei Reihen Logen und zu Mozarts Zeit mit zwei (später drei) Galerien. Es war darum keineswegs eine ›elende Bretterbude‹, wie dies im 19. Jahrhundert Biographen Mozarts behauptet hatten, denn das Theater bot über tausend Zuschauern Platz. Der mächtige Gebäudekomplex des Freihaustheaters umfaßte sechs Höfe, zweiunddreißig Stiegen und zweihundertfünfundzwanzig Wohnungen; auch befanden sich darin eine Kirche, eine Apotheke, ein Gasthaus, zahlreiche Werkstätten, eine Ölpresse und eine Mühle, deren Rad vom Wienfluß getrieben wurde. Im größten Hof, dessen eine Seite das Freihaustheater bildete, war ein schön angelegter Garten mit einem Brunnen und mit jenem hölzernen Gartenhaus, in dem Mozart später die Musik seiner Zauberflöte schreiben sollte. Im Freihaus selber wohnten nicht nur Schikaneder, sondern auch die meisten seiner Schauspieler-Sänger, wodurch Mozart – als er im ›Zauberflötenhäuschen‹ seine Musik schrieb – von den ihm großenteils befreundeten Schauspielern versorgt werden konnte.

Zur Eröffnung des Theaters hatte Schikaneder eine ›komische Oper‹ verfaßt, ›Der dumme Anton im Gebirge oder die zween Anton‹. Die Musik hierzu lieferten die schon erwähnten und bewährten Benedikt Schack und F. X. Gerl, wobei den ›Anton‹ – eine Variation des Wiener Kasperls – der Prinzipal selber sang. Wegen des großen Erfolges – das Stück wurde 1789 über dreißigmal aufgeführt – ›dichtete‹ Schikaneder noch sechs Fortsetzungen, die nicht weniger beliebt und erfolgreich waren.

Wie die Zeitgenossen Schikaneder beurteilten, der auf der Höhe seiner Laufbahn zu den bekanntesten Persönlichkeiten des süddeutsch-österreichischen Theaterlebens gehörte, geht aus den Ausführungen des Gothaer Theater-Almanachs hervor. Seinen Stuttgarter Aufführungen von 1778 wurde eine solche Vollendung zugesprochen, daß »selbst strenge Richter ihren Beyfall zu geben gezwungen waren«. Schikaneders besondere Stärke liege in der Gebärdensprache, in der Rolle des Hamlet habe er »mit redenden Augen und Mienen« eine Glanzleistung vollbracht. Auch in niedrigkomischen Rollen, in denen er österreichischen Dialekt sprach, sei er »ganz unvergleichlich«. Zudem hatte Schikaneder in Stuttgart, wie später auch in Wien, »zur Beförderung der Illusion einige Theaterkunststücke angebracht, welche gute Wirkung taten«.

Ebenso berichtet der Theater-Almanach im Jahre 1779, daß Schikaneder die Auswahl seiner Stücke nicht nur sehr sorgfältig traf, sondern auch jedem Spieler seine Rolle ins rechte Licht zu setzen wußte. Seine Gesichtszüge und sein Wuchs werden als vorteilhaft und schön bezeichnet: »Er ist groß, wohlgewachsen und hat eine ausgebildete, schöne Stellung ... Herrn Schikaneders Anstand, seine männliche reine Sprache, sein Gebärdenspiel, das er so sehr in seiner Gewalt hat, zeigt in ihm den großen Schauspieler. In Singspielen bewirbt er sich meist um die komischen Rollen, die er zwar mit viel Beyfall spielt, aber manchmal ins gar zu niedrig-komische fällt – er übertreibt.« Es wurde ihm zuerkannt, daß er »mit einem Wort unter die Reihe der ersten Schauspieler und der einsichtsvollen Direktoren gesetzt zu werden verdient.«

Innerhalb dieser äußerst positiven Charakterisierung ist freilich bereits jene dämonische Seite Schikaneders angedeutet, die ihm zwar Jahre hindurch große Popularität verschaffte, aber schließlich auch seinen Untergang herbeiführte: »er übertreibt«. Denn Schikaneder, ein ausgezeichneter Bühnen- und Geschäftsmann, war maßlos und verschwenderisch. Er suchte von Jahr zu Jahr die Phantastik und die glanzvolle Ausstattung seiner Stücke immer mehr zu steigern, was zwar der Pöbel unterhaltsam fand, aber schließlich selbst bei seinen Freunden Unwillen und Widerspruch hervorrief. Leopold Mozart schrieb nach einer solchen, mit übertriebenem Szenenaufwand durchgeführten Aufführung Schikaneders im Juni 1786 an seine Tochter: »Das Urianische Schloß war eine der erstaunlichsten Kindereyen, wo alles Lächerliche, Hanswurstische darinn war, was es immer giebt. Katzen und Hunden Aria, Schneider Aria, Bärn, der Würth (Schikaneder selber) in ein Frauenzimmer verkleidet. Ein Componist, mit der Violin unterm Arm, ein kleiner Contradance, Feuersbrunst mit Gelärm von löschenden Leuten. Bauern mit Dreschschlageln und Mistgabeln etc. Kurz, alles erdenkliche.«

In Augsburg und Regensburg inszenierte Schikaneder Freilichtaufführungen, die ihm – wie Reinhardt 200 Jahre später – den Aufmarsch von Darstellermassen und einen großen szenischen Apparat erlaubten. Hierzu waren insbesondere Möllers ›Waltron‹ und Schikaneders soldatisches Rühr- und Schauerstück der ›Grandprofoss‹ von 1787 geeignet, aber auch das ebenfalls von ihm verfaßte Ritterstück ›Der Kampf Hanns Dollingers mit dem Heiden Krako‹, das er im Juli 1788 auf der Donauinsel ›Oberer Werd‹ mit riesigem Gepränge aufführte. In barockem Überschwang und Geltungsdrang konnte er sich nicht genug tun an Pracht, Getümmel, Schlachten und Turnieren oder – wie bei seiner Aufführung von Schillers ›Räubern‹ – der realistischen Durchführung des Brandes und des Einsturzes des Grafenschlosses.

Über den Darstellungsstil Schikaneders in seiner Wiener Zeit von 1789 an geben die ›Vertrauten Briefe zur Charakteristik Wiens‹ hinreichenden Aufschluß. Da heißt es: »Er versteht die Geister- und Cörper-Welt gleichsam zu amalgamieren, und man ist bei dem Anschaun des Abenteuerlichen und Wunderbaren zweifelhaft, ob man bei dem Herrn Direktor die verworrenen Ideen seiner Phantasie, oder die feine Politik eines speculativen Kopfes bewundern soll. Da aber seine komischen Produkte, worin Götter, Geister, Menschen und Thiere aller Art, untereinander gemischt sind, worin Silphen, Gnomen, Faunen, Najaden, Tritonen und Furien durch den Schlag der Zauberruthe auftreten, und selbst leblose Dinge oft besser wie die Götter des Olymps schwazen, großen Beifall beim edlen und unedlen Theil des Publikums fanden und seine Casse sich wohl dabei fand, so kann man es ihm so sehr nicht verdenken, daß er den Verstand dabei verleugnete und den Hang eines sinnlichen Volkes zum Wunderbaren und Uebernatürlichen zu seinem Vortheil brauchte.« Aber immerhin verdanken wir der Kraft seiner »ungezügelten, kühn waltenden Phantasie«, die nur einer, nämlich Mozart mit seinem hohen theatralischen Geschmack, in Schranken zu weisen wußte, das blühende Götter-, Geister- und Menschenreich der Zauberflöte.

Die Entstehungsgeschichte der Zauberflöte

Schikaneder und sein Freihaustheater hatten allerdings in der älteren Bühne Marinellis in der Leopoldstadt eine große und lästige Konkurrenz. Um durch sie nicht um den Erfolg gebracht zu werden, mußte Schikaneder danach trachten, Marinelli immer erneut zu überbieten. Gegenseitig suchten sich die beiden Theaterdirektoren, beides tüchtige Vertreter ihres Faches, den Erfolg abzujagen. Und um dies zu erreichen, waren sie gezwungen, die Qualität ihrer Stücke und Aufführungen immer mehr zu steigern. Unter anderem führte dieser Theater-Wettkampf zur Planung und Entstehung der Zauberflöte. Denn Schikaneder suchte Mozart – von dessen Begabung er ebenso überzeugt war, wie er von seinen mißlichen Geldverhältnissen wußte – für sich, und wohl nicht nur für einmal, zu gewinnen. Durch die Zusammenarbeit mit Mozart hoffte Schikaneder seine bisherigen Erfolgsserien fortsetzen und Marinelli endgültig überbieten zu können.

Der Zusammenhang zwischen der Situation des Theaters und der Entstehung der Zauberflöte war ungefähr dieser: Der in bezug auf Erfolgschancen äußerst hellfühlende Theaterdirektor Schikaneder nahm damals, in Konkurrenz zu Marinelli, eine neue Gattung von Stücken in seinen Spielplan auf, nämlich Zauberopern. So brachte er am 11. September 1790 die heroisch-komische Oper ›Der Stein der Weisen oder die Zauberinsel‹ mit der Musik seines Tenors Schack zur Aufführung. Diese Art von Opern hatte – wie alle Zauberopern und -schauspiele – in ihrer Mischung von Maschinenkomödie, Lokalposse, exotischem Milieu und utopischen Menschheitsidealen ihre Wurzeln im Barocktheater; dieser in Wien entstandene Typus wirkte bis in die Zeit der Romantik fort. Die eigentümliche Zweischichtigkeit der Zauberstücke, die Verbindung von einander ergänzender natürlicher und übernatürlicher Handlung, das wunderbare Ineinandergreifen von Geister- und Menschenwelt, lag tief im Wesen des katholischen Weltbildes begründet. Die Neigung zur Allegorie, dem Mitwirken aller Reiche der Schöpfung, die Verwendung von Geistererscheinungen, Träumen und Visionen, das Auftreten von Einsiedlern, Zauberern und Feen, das wunderbare in Verbindung mit der äußeren und historischen Wirklichkeit, das Zusammenwirken von Religion und Kunst, hat der theatralischen Kultur Österreichs vom Barocktheater bis zu Grillparzer, Raimund und Nestroy die Prägung verliehen und über E. Th. A. Hoffmann bis zu Hofmannsthal fortgewirkt.

Die Anregung zur Zauberflöte ging wohl von dem Mozart befreundeten Schikaneder aus. Mozart soll, als dieser ihm den Plan vorlegte, zuerst abgewehrt haben: er fürchte einen Mißerfolg, denn er habe noch keine Zauberoper geschrieben. Aber Schikaneder wußte ihn anscheinend bald umzustimmen. Offensichtlich waren sich die beiden Freunde darin einig, daß dies ein Werk aus dem Geiste des Freimaurertums werden sollte, was schon darum nahe lag, weil beide dem Freimaurer-Bunde angehörten; Schikaneder wurde freilich schon in Regensburg wegen seiner Skandale aus dem Bunde ausgeschlossen. Vermutlich lag Mozart, der für die Bedürfnisse der Loge manches Musikwerk geschaffen hat, der Gedanke an eine Oper aus dem Geiste des Freimaurertums schon vor 1791 nahe, angeregt durch den Textdichter Da Ponte, den Verfasser der Libretti des ›Don Giovanni‹, von ›Figaros Hochzeit‹ und von ›Così fan tutte‹. Denn Da Ponte, der einst dem italienischen Librettisten Mazzolà in Dresden bei der Fertigstellung seiner freimaurerischen Oper ›Osiris‹ behilflich gewesen war, die dann der Freimaurer J. G. Naumann komponierte, mag Mozart von deren Handlung erzählt haben. Mazzolà war es auch, der für Mozart das Textbuch Metastasios zum ›Titus‹ für die Aufführung in Prag bearbeitete. Auch in der Oper ›Osiris‹ kommt es – wie in der Zauberflöte – zu einer dramatischen Gegenüberstellung der Repräsentanten des himmlisch-guten und des unterweltlich-bösen Prinzips, ebenso werden Prüfungsszenen in ägyptischem Gewande geschildert.

Als eine Vorgängerin der Zauberflöte kann die romantisch-komische Oper ›Oberon, König der Elfen‹ gelten, die der Schauspieler Gieseke (von 1789–1800 am Freihaustheater) nach einem Feenmärchen aus ›Dschinnistan‹ von Wieland verfaßt hatte und die Schikaneder im November 1789 zur Aufführung brachte. Aber dieser ›Oberon‹ Giesekes war das Plagiat eines Stückes von Friederike Seyler, der berühmten Schauspielerin, ›Madame Hensel‹. Die Musik stammte von jenem Paul Wranitzky, dem Jahre später Goethe seine ›Zauberflöte, zweiter Teil‹ zur Komposition anbot. Mozart kannte Wielands ›Oberon‹; der Text fand sich in seinem Nachlaß. Gieseke nahm 27 Jahre nach der ersten Aufführung der Zauberflöte, angeblich bei seiner Durchreise durch Wien 1818, die Autorschaft des Textes für sich in Anspruch, ohne allerdings dafür den geringsten Beweis erbringen zu können. Leider hat sich diese Legende, daß Gieseke – der als Professor der Mineralogie in Dublin gestorben ist – der Verfasser des Zauberflöten-Textes sei, durch die erste umfassende Mozartbiographie von Jahn fortgezeugt. Erst Egon Komorzynski hat sich vor dem Ersten Weltkrieg das Verdienst erworben, durch authentische Nachweise die Irrealität dieses hartnäckigen Gerüchtes darzulegen.

Auch eine andere Legende aus dem Bereich der Entstehungsgeschichte der Zauberflöte ist zu erwähnen. Verschiedene Musik- und Literarhistoriker – an ihrer Spitze wiederum der sonst verdienstvolle Mozart-Biograph Otto Jahn – glauben im Text der Zauberflöte einen Bruch feststellen zu können. Demnach hätte die Königin der Nacht angeblich im ersten Akt noch den Charakter einer guten Fee, entsprechend dem Vorbild in Wielands ›Lulu oder die Zauberflöte‹ aus der Märchensammlung ›Dschinnistan‹; erst im zweiten Akt werde sie zur Repräsentantin der lichtfeindlichen Gegenmacht. Ebenso sollen der Gestalt Sarastros noch Reste des Charakters eines bösen Zauberers anhaften. Was hat zudem der geile Mohr Monostatos als Wächter der lieblichen Pamina in Sarastros Lichtreich zu suchen? Wieso vermag die »böse Königin« dem Prinzen die hilfreiche Flöte zur Rettung Paminas zu übergeben, und warum vermag sie zudem dem ungleichen Paar Tamino und Papageno die Hilfe der zauberischen Luftgeister, der drei Knaben oder Genien, zu verheißen? Die durch kein Faktum beweisbare Legende, die einzig im Briefe eines einstigen Schülers Mozarts, Seyfried, enthalten ist – Seyfried aber war 1791 erst 15 Jahre alt –, will wissen, daß Mozart seit

Monaten schon an der Zauberflöte arbeitete, als am 8. Juni 1791 im Leopoldstädter Theater eine Zauberoper ›Kasperl, der Fagottist oder die Zauberzither‹, Text vom Hausdichter jenes Theaters, J. Perinet, Musik von W. Müller, aufgeführt wurde. Diese Oper, deren Stoff ebenfalls dem ›Dschinnistan‹ Wielands entnommen war, habe die denkbar größte Ähnlichkeit mit dem Text der Zauberflöte aufgewiesen. Bestürzt sei Schikaneder zu Mozart gekommen und habe mit ihm zusammen den Charakter der Gestalten des Zauberflöten-Textes ins Gegenteil verkehrt, wobei durch die hastige Arbeit eine Reihe von Widersprüchen stehen geblieben sei, die als ein Bruch im Gefüge des Textes noch heute kenntlich sein sollen. Aber diese Überlieferung ist eine bloße Fabel. Mozart besuchte am 11. Juni 1791 das Leopoldstädter Theater und sah dort ›Kasperl, der Fagottist‹. Aber er schrieb darüber seiner Frau nach Baden: *Ich ging dann, um mich aufzuheitern, zum Kasperl, in die neue Oper der Fagottist, die so viel Lärm macht, – aber gar nichts ist dran.* Und ein solches Urteil Mozarts wiegt schwer, denn er besaß einen ausgezeichneten und geübten Theaterverstand.

Es kann also von einer Änderung des Zauberflöten-Textes wegen eines theatralischen Wettbewerbs keine Rede sein. Alle Indizien weisen darauf hin, daß die Gesamtanlage der Zauberflöte von Anfang an feststand. Nachdem sich Mozart im März 1791 zur Komposition bereit erklärt hatte – teils aus Lust am Thema und wegen seines längst gehegten Wunsches, eine deutsche Oper zu komponieren, teils aus Not, die ihn zwang, jeden Auftrag anzunehmen –, wurde zweifellos der Plan des Stückes gemeinsam ausgearbeitet. Wir wissen von Mozarts Verhalten in bezug auf andere Textbücher seiner Opern, wie tief er oft, aus einem untrüglichen dramatischen Instinkt, in den Aufbau und die Handlung seiner Textbücher eingriff. Dies läßt den Schluß zu, daß gerade das Wesentliche des Textes, das hohe Ethos und die freimaurerische Symbolik von Mozart stammen, während bezeugt ist, daß die Gestalt des Papageno auf Schikaneder zurückgeht; er hat sie sich gewissermaßen auf den Leib geschrieben und sie dann auch äußerst wirksam zu spielen gewußt. Notwendigerweise mußte die Komposition von der Idee und der Struktur des Ganzen ausgehen. Die pragmatische Operndramaturgie bestimmte den musikalischen Stil; der Plan, der auf diese Weise entstand, war für die Gestaltung der Musik äußerst günstig durch seine Konsequenz und Klarheit.

Denn mit den Mitteln des Zaubermärchens griff Schikaneder auf ein Urmotiv der menschlichen Seelengeschichte, auf den Gegensatz und den Kampf von Licht und Finsternis, Hell und Dunkel, Gut und Böse zurück, die in jedem Menschen eine unwillkürliche Reaktion hervorrufen, weil sie an die Grundprobleme jedes Menschenschicksals erinnern. Die Oper, die dem Theaterdirektor vorschwebte, sollte ›giocosa‹ und ›buffa‹ sein und in einer atemraubenden Inszenierung revueartig dargeboten werden. Aber Mozart war nicht damit einverstanden, bloß ein Pasticcio zu einer handfesten theatralischen Unterhaltung beizusteuern. Zweifellos wollte er mit seinem Beitrag zur Gestaltung des Textes und vor allem mit seiner Musik über eine bloße Zauberkomödie hinausgelangen.

Bereits am Rande seines Lebens angelangt – was der Meister zumindest ahnte – sah er nicht nur das dramatische Spiel auf der Bühne des Lebens, sondern auch hinter dessen Kulissen. Das Spiel der Liebe, das sonst den Inhalt seiner Opern bildet, war bereits in seinem ›Don Giovanni‹ durch einen Einbruch aus der anderen Welt aus seiner rauschhaften Seligkeit aufgescheucht worden. Und was mit diesem erschütternden Einbruch begonnen hatte, vollendete sich nun in der Zauberflöte, in welcher Mozart das Ungenügen des naturhaften Lebens, wie es der Mensch vorfindet, darstellte und als Heilmittel die Wandlung des Naturmenschen zum Geistesmenschen, seine Reinigung durch Prüfungen hindurch und seine Erlösung durch die Kräfte der Liebe, der Freundschaft und der Weisheit verkündete. Diese vom Elend der Spaltung und Ichsucht befreienden Kräfte waren in Mozarts Intention von einer universalen Grundkraft des Seins umfaßt, und zwar durch die Musik. Sie ist für ihn der Widerklang der göttlichen Urharmonie, der harmoniae mundi. So verkündet er die Heilkraft der Musik, die den Mißklang in Einklang, die Bosheit in Güte, den Haß in Liebe zu wandeln und Licht ins Dunkel zu senden vermag. Die Töne der wunderbaren Flöte stammen zugleich aus dem tiefsten Grunde der Welt, wie aus dem Bereich des Osiris, der Gottheit schlechthin. So wurde durch den Einfluß Mozarts aus der von Schikaneder mit bühnenwirksamer Virtuosität entworfenen Zauberoper mit ihren traditionellen Figuren der Fee und des Magiers, des verfolgten, unschuldigen Liebespaares, des lüsternen Intriganten und seines Gegenspielers, des Hanswursts oder Kasperls ein Mysterienspiel vom Weltkampf der Urmächte und von der Erlösung des Menschen. Und da der wendige Schikaneder, schon um des angestrebten Erfolgs willen, auf die Mitarbeit Mozarts größten Wert legen mußte, fiel es ihm gewiß nicht schwer, sich dessen Wünschen anzupassen. So wurden die alten, aber immer gleich wirksamen, derben Späße seines zum Vogelmenschen Papageno gewandelten Wiener Hanswursts mit den alten Mysterienlehren verbunden, die Mozarts Sinn bewegten und die zudem im Brennpunkt der Geistesmode jener Zeit standen.

Im März 1791 begann Mozart die Arbeit an der Musik der Zauberflöte. Die früheste schriftliche Bezeugung davon findet sich in einem Brief Mozarts an Konstanze nach Baden, wo er am 11. Juni schreibt: *Aus lauter langer Weile habe ich heute von der Oper eine Arie componiert – ich bin (allerdings) schon um halb 5 aufgestanden.* Er muß, trotz seiner schlechten körperlichen Verfassung und seiner immer wiederkehrenden Depressionen, sehr fleißig, und dies bedeutet: von seinem Vorhaben begeistert gewesen sein. Am 3. Juli hat Mozart anscheinend mit der Instrumentierung des ersten Aktes der Zauberflöte begonnen. Denn am 2. Juli schreibt er an Konstanze nach Ba-

1 Hellenistische Kultzeremonie (Isiskult?)
Wandgemälde aus Herculaneum, um 30 n. Chr.

2 Vogelmensch

Tusch- und Federzeichnung in der Art des Parmigianino
16. Jahrhundert.

3 Hanswurst als Hahnreiter
Gebäckmodel. 18. Jahrhundert.

4 Aufnahmezeremonie eines ›Neophyten‹
in einer Wiener Freimaurerloge zur Zeit Mozarts
Gemälde eines anonymen Meisters, um 1785.

5 Porträt des Grafen Franz Joseph Anton Thun.

den: *Ich bitte dich, sage dem Süßmayr dem Dalketen buben, er soll mir vom ersten Ackt, von der Introduktion bis zum Finale, meinen Spart schicken, damit ich instrumentiren kann, gut wäre es, wenn ers heute noch zusammen machte, damit es mit dem ersten Wagen morgen früh abgehet, so bekomme ich es doch gleich zu Mittag.*

Ende Juli war Mozart mit fast allen Teilen fertig – außer mit dem Priestermarsch am Beginn des zweiten Aktes und der Ouvertüre, die er erst zwei Tage vor der Uraufführung komponierte. Und dies wurde möglich, obwohl er während dieser vier Monate auch noch sein letztes Streichquintett, die ergreifende Motette ›Ave verum corpus‹, sowie eine Freimaurer-Kantate und die Variationen über Schikaneders Lied ›Ein Weib ist das herrlichste Ding‹ geschaffen hat. Während der Arbeit an der Zauberflöte erhielt er außerdem im Juli den Auftrag zum Requiem, dessen Grundgestalt er – von übermächtigem Schaffensdrang getrieben – sogleich skizzierte.

Am 26. Juli wurde Mozarts sechstes Kind Franz Xaver Wolfgang geboren, das zweite, das am Leben geblieben ist. Da Konstanze sich zuvor zur Kur nach Baden begeben hatte und erst kurz vor ihrer Niederkunft nach Wien zurückkehrte, war Mozart während seiner Arbeit an der Zauberflöte meistens Strohwitwer. Aber Schikaneder, dem am Fortschreiten der Arbeit Mozarts gelegen war, und die Sängerfreunde vom Freihaustheater nahmen sich seiner an. So schrieb er die Partitur zum kleinsten Teil in seiner Wohnung an der Rauhensteinstraße, die ihm am 5. Dezember des gleichen Jahres zum Ort des Sterbens werden sollte; ein anderer Teil entstand in der Wohnung des Bassisten Franz Gerl, des ersten Darstellers des Sarastro, wo ihn dessen Frau freundlich betreute. Vor allem aber arbeitete Mozart in dem dadurch zu historischer Bedeutung gelangten Gartenhäuschen Schikaneders im Garten des Freihaustheaters auf dem nun in Mozarts Geburtshaus in Salzburg verwahrten Clavichord. Dort unterhielten ihn Schikaneder, die Sänger und Sängerinnen und der junge Kapellmeister Henneberg; dort fanden auch jene kleinen Gelage statt, die Mozart liebte und die ihn in seinen Depressionen und in seinem Unbehagen wegen Konstanzes Abwesenheit aufheitern sollten.

Dennoch schrieb Mozart am 5. Juli an Konstanze nach Baden: *Sey nicht melancholisch, ich bitte Dich! Ich hoffe Du wirst das Geld erhalten haben – für Deinen Fuß ist es doch besser, du bist noch im Baade, weil Du da besser ausgehen kannst – ich hoffe Dich Samstag umarmen zu können, vielleicht eher – Sobald mein Geschäft zu Ende ist, so bin ich bei Dir – denn ich habe mir vorgenommen, in Deiner Umarmung auszuruhen; ich werde es auch brauchen – denn die innerliche Sorge, Bekümmernis und das damit verbundene Laufen mattet einen doch ein wenig ab* ... Und schon am 7. Juli schrieb er ihr wieder: ... *Du kannst nicht glauben, wie mir die ganze Zeit lang um Dich war! – Ich kann Dir meine Empfindung nicht erklären, es ist eine gewisse Leere – die mir halt weh tut – ein gewisses Sehnen, welches nie befriedigt wird, folglich nie aufhört – immer fortdauert, ja von Tag zu Tag wächst .... Welch traurige, langweilige Stunden ich hier verlebe – es freuet mich auch meine Arbeit nicht, weil, gewohnt bisweilen auszusetzen und mit Dir ein paar Worte zu sprechen, dieses Vergnügen nun leider eine Unmöglichkeit ist – gehe ich ans Klavier und singe etwas aus der Oper, so muß ich gleich aufhören – es macht mir so viel Empfindung* ...

Derart hin- und hergerissen zwischen Schaffensfreude, Berufsarbeit, kurzen Erheiterungen, Wehmut, Depressionen und Sehnsucht nach Konstanze entstand die einzigartige, ebenso heitere wie tiefsinnige Musik der Zauberflöte, die das Urbild und die Vollendung der deutschen Oper ist. Ende Juli, vor der Geburt seines zweiten Sohnes, war die Hauptsache der Musik geleistet. Nun wurde die Arbeit ohnedies unterbrochen durch den Auftrag, die Oper ›Clemenza di Tito‹ zur Krönung Kaiser Leopolds II. zum böhmischen König in Prag zu komponieren, was teilweise im Reisewagen dorthin, jedenfalls aber innerhalb von achtzehn Tagen geschah. Den größten Teil des August verbrachte Mozart mit der besorgten Konstanze und dem hilfreichen Süßmayer in Prag. Wenige Tage nach der Uraufführung des Titus am 6. September kehrte er nach Wien zurück. Aber »schon in Prag kränkelte und medizinierte Mozart unaufhörlich. Seine Farbe war blaß und seine Miene traurig, obschon sich sein munterer Humor in der Gesellschaft seiner Freunde doch oft noch in fröhlichem Scherz ergoß. Bei seinem Abschied von dem Zirkel seiner Freunde ward er so wehmütig, daß er Tränen vergoß. Ein ahnendes Gefühl seines nahen Lebensendes schien die schwermütige Stimmung hervorgebracht zu haben, denn schon damals trug er den Keim der Krankheit, die ihn bald hinraffte, in sich« – so berichtet sein Zeitgenosse F.X. Niemetschek in der ersten Lebensbeschreibung Mozarts.

In Wien gab es gewiß viel zu tun, um die Uraufführung der Zauberflöte vorzubereiten. Das große Ereignis – im Rückblick wohl das größte in der Theater- und Musikgeschichte Europas – fand am Freitag, dem 30. September, einen Tag nach dem Fest des Sonnenengels Michael, im Vorstadttheater auf der Wieden statt – vollendet sich nicht die Handlung der Zauberflöte in der Sonne? Erst am 28. September schuf Mozart den Priestermarsch und die Ouvertüre, dies Herzstück seines geistigen und künstlerischen Testamentes, der Zauberflöte. Die anstrengenden Proben hatte ihm weitgehend der junge Kapellmeister des Wiedener Theaters, J.B. Henneberg abgenommen, der die Partitur genau kannte, da er Zeuge ihrer Entstehung gewesen war. Mozart dirigierte die Premiere selber am Flügel »aus Hochachtung für ein gnädiges und verehrungswürdiges Publikum und aus Freundschaft gegen den Verfasser«, wie der Theaterzettel besagt, während Süßmayer, der neben ihm saß, ihm die Notenblätter umwendete.

Schikaneder hatte sein Theater festlich mit Kerzen illuminiert. »Die Ausstattung war prächtig, zwölf verschiedene Dekorationen waren neu geschaffen worden, zehn Verwandlungen fanden auf offener Szene statt.« Nach dem berühmt gewordenen Theaterzettel der Uraufführung »schmeichelten sich Herr Gayl, Theatermaler, und Herr Neßlthaler als Dekorateur, nach dem vorgeschriebenen Plan des Stückes mit möglichstem Künstlerfleiß gearbeitet zu haben«. Drei große Versenkungen und das zuletzt mit lauter Rosen geschmückte ›Flugwerk‹, auf dem die drei Knaben niederschwebten, funktionierten ausgezeichnet. »Bei der Erscheinung der Königin der Nacht teilte sich die Berggegend auseinander und wurde zu einem prächtigen Gemach, in dessen Mitte die nächtliche Königin auf einem mit leuchtenden Sternen gezierten Thron saß. Die Priester versammelten sich in einem Palmenwald, dessen Bäume aus Silber, dessen Blätter aus Gold waren; achtzehn kleine Pyramiden standen ringsum, in der Mitte eine mächtige Palme hinter einer großen Pyramide. Pamina schlief in der Rosenlaube eines Gartens, dessen Bäume ›nach der Art eines Hufeisens‹ gesetzt waren. Bei der Feuer- und Wasserprobe sah man zwei große Berge, in dem einen einen brausenden Wasserfall, der andere spie Feuer aus; über dem Feuer ein hellroter Horizont, über dem Wasser schwarze Nebel. Jeder Berg war durch eine eiserne Türe verschlossen, in der Mitte stand eine große Pyramide, auf der sich die Tafel mit dem Einweihungsspruch befand, den die beiden schwarzen Wächter zu singen hatten. Zum Schluß öffnete sich nach langem Feuergeprassel, Windgeheul, Ton eines dumpfen Donners und Wassergeräusch ›der Eingang in einen hell beleuchteten Tempel. Dieser Anblick stellte den vollkommensten Glanz dar‹. Endlich verwandelte sich unter Donner, Blitz und Sturm die ganze Bühne in eine Sonne, in der Sarastro, umgeben von den Priestern, das treue Paar willkommen hieß« (Komorzynski).

Die Besetzung der Rollen war eine ganz ausgezeichnete: der Tenor Benedikt Schack sang den Tamino, der Bassist Franz Xaver Gerl den Sarastro, seine junge Frau die Papagena. Mozarts Schwägerin Josefa Hofer sang die Königin der Nacht, für deren ›geläufige Gurgel‹ Mozart die schwierigen Koloraturen ihrer Arien geschrieben hatte. Die Gestalt der Pamina wurde durch die von Mozart selber sorgfältig ausgebildete, erst 17jährige Sängerin Anna Gottlieb (das erste Bärbchen des ›Figaro‹), die er ungemein schätzte, vielleicht wirklich liebte, zur Glanzrolle des Abends. Und den Papageno gab mit aller Bravour der Theaterdirektor höchstselbst, Emanuel Schikaneder, der sich diese Prachtrolle auf den Leib geschrieben hatte.

Aber trotz dieses großen Aufwandes und der ausgezeichneten Sänger-Darsteller schien es zuerst, als ob die Oper ein Mißerfolg werden würde. Nach der Ouvertüre blieb das Publikum recht reserviert. Aber der damals noch knabenhafte Johann Schenk, der spätere Komponist der erfolgreichen Oper ›Der Dorfbarbier‹, der im ausverkauften Haus nur noch im Orchesterraum einen Platz gefunden hatte, kroch – hingerissen von der Kunst und der Schönheit der Ouvertüre – nach den letzten Takten derselben durch die Reihen der Musiker hindurch und zu Mozart hin und küßte ihm voll Ergriffenheit die linke Hand. Mozart streichelte, während er bereits den Takt für die Eröffnungsszene angab, die Wange des jungen Freundes. Danach aber wurde Mozart immer unruhiger, denn auch nach dem ersten Akt hielt die kühle Stimmung des Publikums an. Er war schließlich dadurch derart enttäuscht, daß er blaß und bestürzt hinter die Kulissen geeilt sei, wo ihn Schikaneder, der an die Wechselfälle des Erfolgs gewöhnt war, zu beruhigen wußte. Aber im Laufe des zweiten Aktes entdeckte das Publikum schließlich doch die Schönheit und Bedeutungsfülle des Werkes, so daß Mozart, der sich am Ende der Oper aus Verzweiflung versteckt hatte, schließlich stürmisch gerufen, trotz seines Widerstrebens von Schikaneder im Triumph auf die Bühne geführt wurde.

Aber von der zweiten Vorstellung an steigerte sich der Erfolg des Werkes von Abend zu Abend derart, daß Schikaneder noch im Oktober 1791 vierundzwanzig Aufführungen ansetzen konnte, die alle so ausverkauft waren, daß jeweils viele Besucher wegen Platzmangels umkehren mußten. Schon am 7. Oktober konnte Mozart Konstanze in dem ersten der vier

Briefe nach Baden, wohin sie zur Kur zurückgekehrt war, schreiben: *Liebes, bestes Weibchen! Eben komme ich von der Oper; Sie war so voll wie allzeit – das Duetto Mann und Weib etc. und das Glockenspiel im ersten Act wurde wie gewöhnlich wiederholet – auch im 2. Act das Knabenterzett – was mich aber am meisten freut, ist der Stille beifall! – man sieht recht, wie sehr und immer mehr diese Oper steigt ...*

Und am 8. Oktober schrieb Mozart nach Baden: *Die Oper ist, obwohl Sammstag allzeit wegen Posttag ein schlechter Tag ist, mit ganz vollem Theater mit dem gewöhnlichen beifall und repetitionen aufgeführt worden ... Nur ging ich auf das theater bey der Arie des Papageno mit dem Glockenspiel, weil ich so einen trieb fühlte, es selbst zu Spielen. – da machte ich nun den Spaß, so Schikaneder einmal eine haltung hat, so machte ich ein Arpegio – der erschrack – schauete in die Szene und sah mich – nun hielt er und wollte gar nicht mehr weiter – ich erriet seinn Gedanken und machte wieder einen Accord – dann schlug er auf das Glöckchenspiel und sagte: ›Halts Maul‹ – alles lachte dann – ich glaube, daß viele durch diesen Spaß das erstemal erfuhren, daß er das Instrument nicht selbst schlägt. Übrigens kannst du nicht glauben, wie charmant man die Musik ausnimmt in einer Loge, die nahe dem Orchestre ist, viel besser als auf der gallerie ...* In diesem kleinen Spaß tritt noch einmal die Papageno-Seite des so gerne zu Kapriolen aufgelegten und doch tiefernsten Mozart hervor.

Noch einmal ermuntert sich Mozart – der Erfolg der Zauberflöte bereitet ihm freudiges Behagen inmitten seiner schwierigen Umstände. Sogar das Lob Salieris, seines langjährigen Gegenspielers und Neiders in Wien, notiert er in einem Briefe an Konstanze, obwohl es ihm zweifelhaft sein mußte, ob dieses Lob aufrichtig gemeint war: *Sie (Salieri und die Sängerin Cavalieri) sagten beide (dies sei) ein Operone – würdig, bey der größten Festivität vor dem größten Monarchen aufzuführen.* Zwei Tage später holte Mozart Konstanze von Baden ab; es war kalt geworden, der Winter mit seinen Schwierigkeiten stand vor der Türe, der Todeswinter in Wien.

Auch dann hörte Mozart nicht auf, rastlos zu arbeiten. Er arbeitete so viel und mit solcher Schnelligkeit, daß es schien, als habe er sich aus materiellen Nöten in die Schöpfungen seines Geistes flüchten wollen. »Er überanstrengte sich dabei in einem solchen Grade, daß er nicht nur die Welt, die ihn umgab, sondern sogar seine Müdigkeit vergaß. Plötzlich sank er ohnmächtig zusammen und man mußte ihn zum Bett tragen« – so berichtet der dänische Legationsrat Nissen, später der zweite Mann Konstanzes, in seiner Mozartbiographie, die darum von Bedeutung ist, weil er durch Konstanze über manche näheren Umstände unterrichtet war. Nach diesem Verfall kündete sich immer deutlicher, in verschiedenen Phasen, mit scheinbaren Besserungen und erneuten Rückfällen, die Todeskrankheit an.

Mozart befand sich »am Abend des 4. Dezember 1791 schon in Fieberphantasien und wähnte, im Wiedener-Theater der Zauberflöte beizuwohnen; fast die letzten, Konstanze zugeflüsterten Worte waren: *Still, still! jetzt nimmt die Hofer das hohe F; – jetzt singt die Schwägerin ihre zweite Arie: ›Der Hölle Rache‹; wie kräftig sie das B anschlägt und aushält: ›Hört! hört! hört! der Mutter Schwur!‹* «, berichtet Mozarts junger Schüler Seyfried

Mozart starb, eingehüllt in die Atmosphäre und die Botschaft der Zauberflöte, deren Verkünder er gewesen war. Seine irdischen Reste wurden, ohne ein letztes Geleite durch seine Freunde, auf dem weit von der Stadt gelegenen St.-Marxer Friedhof in ein mehrfach belegtes Schachtgrab versenkt. Den Ort seines Grabes kann man nicht mit Sicherheit bezeichnen.

Doch der große Erfolg der Zauberflöte hielt weiter an. Sie wurde schließlich zum weitaus einträglichsten Zugstück des Theaters auf der Wieden und in der Theaterlaufbahn Schikaneders. Dieser konnte bereits im November 1792 die hundertste, drei Jahre später die zweihundertste Aufführung ankünden, Zahlen, die zwar leicht geschönt, doch der Wahrheit nahe kamen. Die Einnahmen aus der Erfolgsserie der Zauberflöte waren so groß, daß es Schikaneder – nachdem ihm der

Pachtvertrag des Wiedener Theaters wegen der Feuergefährlichkeit seiner Inszenierungen gekündigt worden war – möglich wurde, das prachtvolle, weitaus größere Theater an der Wien zu erbauen, das er 1801 eröffnete und dessen Portal noch heute mit der reizenden Plastikgruppe ›Papageno mit seinen Kindern‹ geschmückt ist.

Nach Mozarts Tod wurde im alten Theater das Orchester verstärkt; ihm standen nun zwei Kapellmeister und Orchesterdirektoren vor – die Konzerte des Theaters wurden berühmt in Wien. Unermüdlich war Schikaneder im Erfinden und Finden immer neuer Stücke und im Vergeben von Aufträgen an Dichter und Musiker. Da war zum Beispiel die Oper von Mozarts Schüler Süßmayer ›Der Spiegel von Arkadien‹, deren Erfolg so groß war, daß sie in einem Monat sechsundzwanzigmal gegeben werden konnte. Die von Schack und Gerl vertonte Oper ›Der wohltätige Derwisch‹ beruhte auf zwei Märchen aus dem ›Dschinnistan‹ Wielands, dem auch ein Hauptmotiv des Zauberflöten-Textes entnommen war. Auch die Musik der ›heroisch-komischen‹ Oper ›Der Königssohn aus Ithaka‹ schuf einer der Freunde Mozarts, nämlich Franz Anton Hoffmeister, während der Text, wie so oft, von Schikaneder stammte. Vor allem im ›Spiegel von Arkadien‹ und im ›Königssohn aus Ithaka‹ leben Motive und Gestalten aus der Zauberflöte fort. Mozart wirkte nach seinem leiblichen Tode geistig weiter in der Ausgestaltung einer Operngattung, deren höchstes Beispiel er geschaffen hatte und dessen Vollendung nach ihm niemand mehr erreichen sollte. Dies wird besonders deutlich in dem von Schikaneder 1798 geschaffenen zweiten Teil der Zauberflöte: ›Das Labyrinth oder der Kampf mit den Elementen‹, mit der Musik von Winter. Obwohl auch diese Oper ein Zugstück wurde, das große Einnahmen brachte, kann sich das Werk in keiner Weise mit dem Vorbild messen; es wurde nur eine gefällige, aber unzulängliche Nachahmung – denn es fehlte sowohl Mozarts Künstlergeist wie sein Menschentum.

Emanuel Schikaneder als Papageno

Schließlich erreichte Schikaneder den Höhepunkt seiner Laufbahn, als er 1801 das neue Theater an der Wien beziehen konnte. Aber schon zwei Jahre später mußte er sein Privilegium für 100000 Gulden verkaufen, da seine Stücke nicht mehr gefielen und er zudem krank wurde. Nun zog er sich vom Theater in ein schönes Landhaus bei Nußdorf zurück, wo er im großen Saal ein Deckengemälde von Vinzenz Sacchetti, dem Maler des Theaters an der Wien, malen ließ, die Königin der Nacht, Monostatos, die drei Damen und die drei Knaben darstellend. Wohl trat er ein Jahr später wieder im Theater an der Wien auf; aber er vermochte sich nicht mehr durchzusetzen – er hatte seine Kunst überlebt. Noch ein zweites Mal wurde er – von 1804 bis 1806 – vom neuen Besitzer des Theaters an der Wien als künstlerischer Beirat zurückgerufen. Unter der Führung Schikaneders konnte Beethoven zur Mitarbeit gewonnen werden; er schrieb für das Theater an der Wien seinen ›Fidelio‹ und sein einziges Violinkonzert.

Im Jahre 1807 übernahm Schikaneder die Direktion des Brünner Stadttheaters und führte es mit gutem Erfolg bis 1809. Dann hoffte er, das neu zu erbauende Josefstädter Theater in Wien für sich zu gewinnen. Aber die Invasion Napoleons warf nicht nur seine Pläne über den Haufen; es gab keine Arbeit mehr für ihn und er mußte von seinem Vermögen leben. Da dieses aber durch die Geldentwertung von 1811 dahinschwand, geriet er schließlich in völlige Armut. Jetzt verließen ihn auch mehr und mehr seine geistigen Kräfte – er versank in Wahnsinn. Und endlich erlöste ihn der Tod am 21. September 1812 von einem zerstörten, sinnlos gewordenen Leben. Wie Mozart, dem hellsten Stern seines Lebens, der ihm für kurze Zeit in die Sphäre der großen, unvergänglichen Kunst vorangeleuchtet hatte, war auch ihm auf dem Friedhof vor der Nußdorfer Linie nur ein Armengrab gegönnt. So traurig endete das Leben des köstlichen Spaßmachers und Papagenos, des Reinhardt des 18. Jahrhunderts – fast genau 21 Jahre nach der Uraufführung der Zauberflöte.

Ein tragisches Nachspiel

Im Jahre 1786 schrieb Mozart in das eigenhändige Verzeichnis seiner Werke: *Den 29. April. Le nozze di Figaro ... Signore: Storace, Laschi, Bussani e Nannina Gottlieb.* Hier taucht – jedenfalls schriftlich – zum ersten Male der Name der jungen Sängerin Anna Gottlieb auf, für die Mozart die Rolle der Gärtnerstochter Barbarina in ›Figaros Hochzeit‹ geschrieben hat und die durch Mozarts Tod tief betroffen wurde, mehr noch als Konstanze, die sich zu helfen und bald auch zu trösten wußte. Anna war die jüngste Tochter der Schauspielerfamilie Gottlieb, die in einem am Kärntnertortheater angebauten Hause lebte und mit welcher Schikaneder – als er 1785 im Kärntnertortheater auf Wunsch Kaiser Josephs II. deutsche Singspiele aufführte – freundschaftlich verbunden war. Durch Schikaneder wird Mozart die junge Anna kennengelernt haben und auf ihre Stimme aufmerksam geworden sein. Sie wurde bald seine von ihm sorgfältig betreute Schülerin, und sie muß wohl von großer Begabung gewesen sein, daß er ihr schon mit zwölf Jahren die Rolle der Barbarina anvertraut hat.

Im Jahre 1791 war Anna Gottlieb inzwischen 17 Jahre alt geworden und gehörte als Sängerin der Truppe Schikaneders im Freihaustheater an, die bekanntlich zumeist aus hervorragenden Sänger-Schauspielern bestand. Sie muß sich als Sopran in Hauptrollen bereits bewährt haben, so zum Beispiel als Prinzessin Amande in der Oper ›Oberon‹, wenn ihr jetzt Mozart nicht nur die Rolle der Pamina in der Uraufführung der Zauberflöte übertrug, sondern sie geradezu für Anna Gottlieb geschrieben hat. Denn es gehörte zur Praxis des damaligen Opernbetriebes, daß die Sprech-, aber noch mehr die Gesangrollen eigens auf die Fähigkeiten und Eigenheiten jener Künstler abgestimmt wurden, die sie zuerst zu verkörpern hatten. Auch Mozart fand diese Praxis so selbstverständlich, daß man heute noch an der musikalischen Einfachheit oder Schwierigkeit der Gesangspartien seiner Opern den Stimmumfang und die Besonderheiten der Sänger und Sängerinnen ablesen kann, für die er die Rollen komponiert hatte.

Anna Gottlieb, die erste dramatische Sängerin des Freihaustheaters, muß – nach den Arien zu urteilen, die Mozart für sie schrieb und die er ihr, seinem Kunstverstand nach, auch zumuten durfte – von lichter, klarer Schönheit gewesen sein. Wie hätte Anna die G-moll-Arie *Ach, ich fühls, er ist entschwunden, ewig hin der Liebe Glück*, das abgrundtiefe Liebesleid Paminas, singen können, wenn sie nicht echter Empfindung fähig und auch imstande gewesen wäre, dies künstlerisch zum Ausdruck zu bringen! Anna hat, noch als alte Frau, Mozart ›ihren Lehrer‹ genannt. Sie muß demnach mindestens von 1786 bis 1791 in Graden immer höherer Vollendung seine Schülerin gewesen sein. Daß er mit ihr in ständiger Verbindung stand – ob er sie liebte, wissen wir nicht, aber es läßt sich vielleicht erahnen –, geht auch daraus hervor, daß er ihr, als er 1790 nach Frankfurt zur Kaiserkrönung fuhr, wo er zwar viel Ehr, aber wenig Geld gewann, einen Fächer als Geschenk mitbrachte.

Anna Gottlieb sang die Pamina bis zum Tode Mozarts; auch sie hatte durch ihre vorzügliche Darstellung dieses lieblichen, durch Not und Tod zur Frau heranreifenden Mädchens teil an dem ständig steigenden Erfolg der Zauberflöte. Aber Seltsames geschah nach dem Tode Mozarts. Anna wurde durch diesen Verlust so tief erschüttert, daß sie ihre Stimme verlor und nie mehr imstande war zu singen. So mußte die Siebzehnjährige auf ihre Laufbahn als Sängerin verzichten; sie schied Ende 1791 aus der Truppe Schikaneders aus und ließ sich von da an als Schauspielerin beim Konkurrenten Schikaneders, dem Direktor Marinelli vom Leopoldstädter Theater, engagieren. Aber obwohl sie bei den Schauspielern durch ihre Freundlichkeit und Güte beliebt war, vereinsamte sie mehr und mehr. Ihre Mutter starb 1797, ein Jahr später ihr bereits pensionierter Vater, 1825 ihre Schwester Josepha; auch ihre beiden andern Schwestern überlebte sie. Zu heiraten lehnte Anna ab und war darin der letzten Liebe des alten Goethe, Ulrike von Levetzow, ähnlich, die als über Achtzigjährige als Stiftsfräulein starb.

Ihr Leben wurde so immer bescheidener und eintöniger. Sie war zuletzt am Leopoldstädter Theater nur noch in Nebenrollen beschäftigt, und schließlich kündigte der damalige Direktor Steinkellner die Vierundfünfzigjährige ohne Grund und ohne ihr eine Pension zu gewähren.

Niemand nahm sich nun der schutzlosen Frau an. Sie blieb aus Anhänglichkeit in der Nähe des Leopoldstädter Theaters, wo sie in einem bescheidenen Zimmer wohnte; drückende Armut war fortan ihr Los. Sie wurde auch dann nicht wieder ans Leopoldstädter Theater zurückgeholt, als dessen Direktor Steinkellner 1831 wegen übermäßiger Schulden ins Ausland floh. Zu den wenigen, die sich um sie kümmerten, gehörte der Burgtheater-Schauspieler Laroche. Aber noch einmal lebte Anna Gottlieb auf, damals, als 1842 davon die Rede war, Mozart in Salzburg ein Denkmal zu errichten. Es drängte sie, bei der Enthüllung dieses Denkmals für ihren geliebten Meister zugegen zu sein. Laroche riet ihr, sich an die Zeitungen zu wenden; vielleicht könnten diese ihr das Reisegeld verschaffen. So begab sie sich zur Redaktion der Wochenzeitschrift ›Sonntagsblätter‹, deren Schriftleiter berichtet, daß ihn eine alte Frau »nicht hoch, mit weißen Haaren und großen schwarzen Augen« besucht habe – das wäre einst die erste Pamina gewesen. Sie erzählte ihm, daß sie eigentlich zu Fuß nach Salzburg wallfahren wollte, »aber mein Alter und andere Umstände machen das unmöglich«. Sie berichtete weiter, wie sehr Mozart ihre Stimme gelobt habe und daß er ihr von der Kaiserkrönung zu Frankfurt einen prächtigen Fächer mitgebracht habe, den sie noch besitze.

Am nächsten Sonntag erschien in den ›Sonntagsblättern‹ (Nummer 35 des Jahres 1842) ein langer Aufsatz über ›Die erste Pamina‹ mit der Aufforderung zu Geldspenden, um dieser die Reise nach Salzburg zu ermöglichen. Aber niemand opferte auch nur ein einziges Geldstück für die freundliche alte Frau. So wurde Mozarts Denkmal unter großem Gepränge ohne Anna Gottlieb enthüllt. Im Jahre 1856 feierte die Stadt Wien den hundertsten Geburtstag Mozarts mit Festen und Konzerten, aber niemand gedachte mehr des letzten noch lebenden Menschen, der Mozart gekannt hatte. Bald danach wurde Anna Gottlieb krank und wußte, daß sie sterben müsse. Am 4. Februar 1856 ist sie, fast zweiundachtzigjährig, gestorben. Als Laroche kam, um alles für das Begräbnis vorzubereiten, fand er sie mit Mozarts Fächer in den erkalteten Händen.

Begraben wurde Anna Gottlieb wie Mozart, ihr Meister, auf dem St. Marxer Friedhof. Das Grab ist noch erhalten. Durch die verschiedenen Veröffentlichungen von Egon von Komorzynski, der mit liebevoller Beharrlichkeit zum Biographen dieser einst so schönen und von Mozart auf eine zarte Weise geliebten und dann so bescheidenen Frau geworden ist, wissen wir das Wesentliche über ihr Schicksal. Durch ihn veranlaßt, hat 1937 die Stadt Wien auf ihrem Grab eine Tafel anbringen lassen, die das Andenken der ersten Pamina in diesem längst aufgelassenen Friedhof wachhält. So hatte der Tod Mozarts, dieses Erstlings eines neuen Geschlechtes, noch ein fast unbekannt gebliebenes, tragisches Nachspiel. Alle an Mozarts Leben Beteiligten, ausgenommen Haydn, wußten sich bald über seinen Hingang zu trösten und hatten die Kraft, sich danach sogar noch besser als vorher in der Welt einzurichten. Nur der einen forderte sein Tod das Opfer des Kostbarsten ab, das sie besaß: ihre Stimme – der ersten Pamina, Anna Gottlieb.

Drittes Kapitel

Text und Musik der Zauberflöte

Die Ouvertüre

Mit der Zauberflöte beginnt nicht nur innerhalb der europäischen Musik, sondern auch in Mozarts Werk etwas Neues, etwas bis dahin buchstäblich ›Unerhörtes‹. Aber dieses Neue ist nicht nur bedingt durch den großen Reichtum an musikalischen Formen und Stilen, die vom volkstümlichen Lied, der Prunkarie der ›Opera seria‹, über die Humanitätsmusik der Priesterchöre bis zum figurierten Choral reichen. Denn dieser musikalische Reichtum wird von Mozart, anders als von den meisten seiner Vorgänger, im Sinne einer expressiven Dramatik verwendet. Mit seinem hohen Kunstverstand vermag er die verschiedensten Stilarten der Opera buffa und seria, der volkstümlichen und der gelehrten Musik zu einer staunenswerten Einheit einzuschmelzen. Auf diese Weise schuf Mozart einen musikdramatischen Stil, der es ihm erlaubte, jede musikalische und dramatische Situation mit jeweils ganz verschiedenen, aber ausdrucksgemäßen Mitteln darzustellen.

Diese Eigenart der Zauberflöten-Musik ist auch für die Ouvertüre kennzeichnend. Diese ist in ihrem geistigen und musikalischen Gehalt umso bedeutungsvoller, als sie die letzte, abschließende Komposition Mozarts zur Zauberflöte ist. Er hatte sie – wie seine handschriftliche Eintragung in das Werkverzeichnis bezeugt – zwei Tage vor der Uraufführung geschrieben. Wenn man aber mit gutem Grund die Zauberflöte als das geistige Testament Mozarts versteht, dann ist die Ouvertüre dessen Herzstück. Noch einmal empfindet und durchdenkt er den Weg des Menschen im Angesicht der Götter, noch einmal schaut er den schimmernden Bogen, der sich von der himmlischen Welt zur Erde herabsenkt. In dieser Ouvertüre hat darum Mozart das Innerste seiner künstlerischen Absichten, seines sittlichen Empfindens und seines vor der Welt verborgenen Gemütslebens in Klangfiguren ausgesagt.

Mit drei mächtigen Posaunenakkorden von aufsteigender Dreiklangmelodik hat Mozart ein alles zusammenfassendes Motto über das Ganze der Ouvertüre und damit auch über die Zauberflöte gesetzt. Er erinnert damit an die weihevollen Posaunenstöße der Priesterversammlungen. Die Es-Dur Tonart, die hier aufklingt, ist die Tonart der Erhabenheit in der Musik der Zauberflöte. Darum wird schon mit den ersten Tönen der Ouvertüre nicht ein Märchen, sondern ein Mysterienspiel mit seinen Geheimnissen angekündigt. Die drei Posaunenakkorde kehren sodann in der Ouvertüre als Unterbrechung des Allegros in den Takten 97-102 wieder. Die geheimnis- und weihevolle Stimmung wird noch betont durch den punktierten Rhythmus, der in der Ouvertüre bereits den Charakter der späteren Priestermusik, das Motiv der Wanderung und des Fortschreitens auf dem Prüfungsweg ankündet. Diese feierlichen Dreiklänge leiten das Adagio ein, in dem das rhythmische Motiv der drei Posaunenstöße zuerst von den Bässen aufgenommen, dann von den ersten Geigen fortgeführt wird. Das sich dem Adagio anschließende Allegro ist ein Sonatensatz, der zu Beginn und in einem Teil der Durchführung in fugiertem Stil behandelt wird, während das übrige freie symphonische Arbeit ist als Verbindung von kontrapunktischen und thematischen Elementen.

Da nach Waltershausen in der Ouvertüre der Zauberflöte die Tätigkeit des Intellekts mit rein musikalischen Symbolen gedeutet und dadurch der Weg gefunden ist, nicht nur Vorstellungen, sondern auch Begriffe musikalisch auszudrücken, und zwar durch das stärkste Ausdrucksmittel der Programmmusik, die Assoziation, mag es auch zulässig und möglich sein, die inneren Situationen und Entwicklungen der Ouvertüre in Handlung zu übersetzen. Das läßt sich freilich nicht in einer absoluten, jede andere Deutung ausschließenden Weise, sondern nur in einer ungefähren Annäherung vollziehen. Es sind gewiß auch andere, wenn auch ähnliche Auslegungen möglich. So scheinen die sechzehn Takte des Adagios einen ehrfürchtigen Schauder auszuströmen; schon die drei Posaunen-Akkorde zeigen die Nähe der Gottheit und ihrer Diener, der Priester, an. Aber die Wirkung dieser Nähe auf die unvorbereitete, noch unerschlossene Menschenseele, ist das Gefühl der Ohnmacht, der Bedrückung, von dem düstere, schleppende Töne zeugen. Es ist die dumpfe Stimmung jener Menschen, die sich gequält vor ernste Lebensfragen gestellt wissen, ohne sie vorerst lösen zu können.

Als Gegensatz hierzu kündet sich im ersten Teil des folgenden Allegros der heitere Ernst und die frohgemute Tätigkeit im Bund der Eingeweihten an. Hier herrscht der Geist lebendiger Ordnung im Weisheitsbunde. Alles greift leicht und mühelos ineinander, ein großer und bedeutungsvoller Leitgedanke arbeitet sich durch das Dickicht vieler Möglichkeiten. Wie spielend scheinen sich die Stimmen zusammenzufinden, um in ein zweites Thema zu münden, das durch sechsmalige Wiederholung und den mehrfachen Wechsel von Tonika und Dominante zu jener gewaltigen Spannung führt, die in den nochmaligen drei, im Dreiklang aufsteigenden Bläserakkorden ihren Höhepunkt und ihre Auflösung finden. Es sind jene Bläserakkorde, welche die Zulassung Taminos zu den Prüfungen besiegeln, zugleich eine Erinnerung an jene Klopfzeichen, durch die in den Freimaurerlogen der sich zur Prüfung meldende Novize angekündigt wurde.

Nun aber wird der heitere Charakter im zweiten Allegrosatz durch die Moll-Tonart abgelöst, als Ausdruck der strengen, rastlosen Arbeit des Prüflings während seiner Wanderung zum Licht. Von Takt 117 an folgen die Stimmen einander, gleichsam bedrängt und ungeduldig, in Engführung: Ausdruck der Anstrengung, des mühevollen Strebens des Einzuweihenden auf seinem Wege. Aber nach einer bedeutsamen Generaltaktpause (Takt 127), die wie ein erschöpftes Innehalten im Kampfe wirkt, gehen allmählich Angst und Mühe in Vertrauen und Gewißheit über. Der Prüfling, der bisher im Dunkel wanderte, ahnt erstmals den fernen Schein des Lichtes. Und mit den Takten 130-31 wird zudem die Beharrlichkeit des Weisheitsstrebens durch einen Anklang an das Papagenothema unterbrochen, das mit einer heiteren Schalmeienfigur bereits in Takt 64 aufgeklungen ist. Denn die Weisheit ist nicht nur ernst und schwer, sie kann sich nicht minder als ›spielende Weisheit‹ in der Gestalt des Kindes und des Narren zeigen. Auch der vogel- und weibchennärrische Papageno ist eine – allerdings humorvolle – Ausdrucksform der Weisheit. Nun klärt sich mehr und mehr die Stimmung; schon ertönen helle Jubeltöne – die Moll-Tonart wendet sich unvermittelt vom Es-moll zum lichten und erhabenen Es-Dur. Aber noch einmal führt ein drängendes Crescendo das Schlußthema zu einer gleichsam letzten Anstrengung aller Kräfte, zu einer letzten gefährlichen Erprobung. Aber dann ist endlich der Sieg errungen; der Neugeweihte tritt für immer aus Beschwerlichkeit und Dunkelheit in den strahlenden Glanz des Heiligtums. Drei dröhnende Schläge schließen den Satz als Ausdruck höchster Pracht und feierlichen Ernstes ab. Das Licht ist endgültig durch alle Finsternis durchgebrochen, und die letzten Töne der Ouvertüre lassen das Rauschen eines unbegrenzten Lichtmeeres ahnen. Der zum Meister Herangereifte schaut in diesem Glanze, wie es die alten Mysterien bezeugen, ›die Sonne um Mitternacht‹.

Das Vorspiel

Der Zauberflöte sind, so seltsam es auch klingen mag, zwei Vorspiele beigesellt. Das eine ist die Ouvertüre, deren Klänge den Hörer zur Empfänglichkeit für das kostbare Klanggewebe des Mysterienspieles stimmen. Aber es gibt noch ein zweites Vorspiel, das freilich von den Textdichtern nicht eigens herausgestellt wurde, sondern in der Handlung und in den Erzählungen der Hauptgestalten verborgen bleibt. Erst nach und nach erfährt der Hörer und Zuschauer die Vorgeschichte der Handlung und damit den Hintergrund auch der Musik der Zauberflöte. Auf der Bühne beginnt zwar der erste Auftritt in dem mit Felsen umgebenen Hain der Königin der Nacht, in den Tamino, von der Schlange verfolgt, hereinstürmt. Daß es aber überhaupt zu der sich nur allmählich entfaltenden dramatischen Handlung kommen kann, ist eben in der Vorgeschichte, die wir das dramatische ›Vorspiel‹ nennen, begründet.

Es ist die Königin der Nacht, die im Auftritt des zweiten Aktes ihrer Tochter Pamina, die sie zum Mord an Sarastro gewinnen will, die Vorgeschichte des Dramas enthüllt. Nach dieser Erzählung war der Vater Paminas ein mächtiger Sonnenkönig. Als er aber starb, ging mit seinem Tode auch die Macht seiner Gattin, der Königin der Nacht, zu Grabe. Denn Paminas Vater hatte zuvor sein Herrschaftszeichen, den siebenfachen Sonnenkreis, den Eingeweihten übergeben. Diesen mächtigen Sonnenkreis trägt seitdem Sarastro auf seiner Brust. Als aber die Mondgöttin – denn dies ist die Königin der Nacht – ihren sterbenden Gatten an dieser Übergabe hindern wollte, lehnte er ihr Verlangen mit den Worten ab: *Weib, meine letzte Stunde ist da – alle Schätze, so ich allein besaß, sind dein und deiner Tochter. Aber der alles verzehrende Sonnenkreis ist den Geweihten bestimmt. Sarastro wird ihn männlich verwalten wie ich bisher. Deine Pflicht aber ist es, dich und deine Tochter der Führung weiser Männer zu überlassen* – eine Forderung, welche die

Königin der Nacht wegen ihres Stolzes und Hochmutes unter keinen Umständen zu erfüllen gewillt war. Als Herrin des Mondes, des nächtlichen Reiches und der weiblichen Fruchtbarkeit, wollte sie auch noch über die geistigen, zeugenden Sonnenkräfte verfügen, das will sagen, die Weltherrschaft an sich reißen.

Dieser mächtige, verzehrende, siebenfache, auf der Brust getragene Sonnenkreis erinnert an die Schicksalstafeln, die der babylonische Lichtgott und Heilbringer Marduk von seinen Mitgöttern als Herrschaftszeichen empfängt und auf der Brust trägt, nachdem er die babylonische ›Göttin der Nacht‹, Tiamat, besiegt und dadurch der Herrschaft der Finsternis ein Ende bereitet hatte. Nicht minder erinnert der Sonnenkreis an die mit zwölf verschiedenfarbigen Edelsteinen besetzte Tafel oder Tasche, den Ephod, der zur Amtstracht des hebräischen Hohenpriesters gehörte und ihn als den beauftragten Vertreter des sonnenhaften Weltenherrn bezeugt, und ebenso auch an den siebenfachen Regenbogen, der in der Apokalypse des Johannes den Thron Gottes umgibt.

Als sich nun die Königin der Nacht dem Bund der Eingeweihten nicht unterordnen wollte und Ränke spann, um den Bund zu verderben und sich des Sonnenkreises zu bemächtigen, ging Sarastro zum Gegenangriff über. Er hatte nämlich – so wird im dritten Auftritt des ersten Aufzuges berichtet – die Macht, sich in jede erdenkliche Gestalt zu verwandeln; auf diese Weise hatte er Pamina ihrer Mutter entführt, ein Motiv, das an den griechischen Mythus von der Entführung der Kore Persephone durch den Hades erinnert. In jenem Mythus klagt deren Mutter ebenso über den Verlust der Tochter wie die Königin der Nacht um Pamina. Gewiß kann man es verstehen, wenn die nächtliche Königin den Sarastro als einen mächtigen, bösen Dämon fürchtet, schon weil er sich als ihr überlegen erweist. Im Laufe der Handlung stellt es sich zudem heraus, daß Sarastro mit seinem ›Raub‹ einer menschlichen und kosmischen Katastrophe zuvorzukommen suchte

– nämlich der Verkehrung der Weltordnung durch die nächtliche Königin, ihrer Absicht, sich das solare Königtum anzumaßen. Solange der Sonnenkönig und die Mondkönigin durch Liebe – durch eine Liebe, deren Frucht Pamina ist – verbunden waren, bestand diese Gefahr nicht. Aber nachdem der Sonnenkönig gestorben war – vielleicht sogar wie Osiris getötet wurde –, wird die magna mater ›böse‹, indem sie Ort und Macht des Männlichen zu usurpieren sucht.

Sarastro ›raubt‹ aber Pamina auch darum, weil sie nicht nur die Tochter der Königin der Nacht, sondern auch die ausdrückliche Erbin des Sonnenkönigs ist. In ihr wirkt, neben dem lunaren Muttererbe, solare Götterkraft, auch wenn sie vorerst dessen noch nicht bewußt ist. Im ursprünglichen Textbuch kommt dies durch eine bisher kaum bemerkte Farbsymbolik zum Ausdruck. Im vierzehnten Auftritt des ersten Aufzuges findet Papageno die Tochter der nächtlichen Königin auf Grund des Bildnisses, das die Königin Tamino gesandt hatte, um seine Liebe zu erwecken. Er beschreibt die Augen Paminas als schwarz – Zeichen ihrer Herkunft von der Nachtgöttin –, aber ihre Haare als blond, ein Farb-Reflex des Sonnenreiches.

Daß Pamina trotz der Liebe zu ihrer Mutter die Tochter ihres Vaters ist, geht auch aus ihrer Antwort auf die Aufforderung der Königin der Nacht zum Mord an Sarastro hervor. Sie erinnert sich an ihre Kinderzeit: *Mein Vater selbst war ja mit diesen weisen Männern verbunden: er sprach jederzeit mit Entzücken von ihnen, pries ihre Güte, ihren Verstand, ihre Tugend. Sarastro ist nicht weniger tugendhaft.* Diese Erinnerung erregt freilich den Zorn der auf Rache an Sarastro sinnenden Königin. Doch auch die Flöte, welche schließlich im Höhepunkt des Dramas die glückliche Lösung herbeiführt, ist ein Werk des Sonnenkönigs; sie ist der Mondgöttin, die sie offensichtlich selber nicht spielen kann, nur zu treuen Händen, wohl als Mitgift für den künftigen Gatten Paminas, anvertraut. Pamina weiß aber um deren Herkunft und um ihr Geheimnis – und in der

Stunde der höchsten Not, während der letzten Prüfung der Feuer- und Wasserprobe, enthüllt sie dies ihrem Gefährten Tamino.

Im Banne der Königin der Nacht

Dies nun ist die Ausgangs-Situation zu Beginn des ersten Aktes. Der javonische Prinz Tamino (er ist der Sohn des Lichtkönigs im Osten – ex oriente lux) flieht auf der Jagd, nachdem er alle seine Pfeile verschossen hat und so wehrlos geworden ist, vor einer Riesenschlange in den heiligen Hain der Königin der Nacht. Tamino ist kein Held im Sinne der heroischen Oper; er gleicht durch seine Herzensreinheit und Unerfahrenheit, durch seine Aufrichtigkeit, Standhaftigkeit und schlichte Innigkeit eher dem reinen Toren Parsival. Da er waffenlos ist – er hält einen Bogen ohne Pfeile in seiner Hand – kann er auch nicht als feig und unmännlich erscheinen. Die Musik charakterisiert die Situation mit größter Dramatik. In einem mit C-moll einsetzenden, wie atemlos dahinstürmenden Allegrosatz wird Taminos Angst und seine Erschöpfung, in schweren Dreiklangschritten der Streicher das Herankriechen der bösen Schlange in unheimlicher Körperlichkeit lautmalerisch, wie sonst selten in Mozarts Musik, charakterisiert. Aber schon naht die rettende Wendung, in der Musik durch das nun aufklingende Es-Dur zum Ausdruck gebracht.

Tamino fällt in Ohnmacht; drei verschleierte Damen mit silbernen Speeren kommen aus dem Tempel hervor und »stoßen die Schlange in drei Teile entzwei«. Nachdem die ›drei Damen‹, Huldinnen der Königin der Nacht, triumphierend ihren Sieg über das Ungeheuer verkündet haben, fällt freilich die kriegerische Gesinnung von ihnen ab. Der Übergang vom feierlichen Es-Dur zum weichen As-Dur zeigt die aufkeimende Verliebtheit der Damen in den schönen Prinzen an. Aber wenn sie auch besorgt von der Königin der Nacht und deren Seelenruhe sprechen, so belauern sie sich gleichzeitig gegenseitig als Nebenbuhlerinnen, was durch die Wand-

lung zu Molltonarten charakterisiert wird. Aber Mozart läßt den Streit nicht zum üblen Austrag kommen. Mit der kindlich-unschuldigen G-Dur-Tonart wendet er ihn ins Volkslied- und Märchenhafte und löst so die Spannung in anmutige Schelmerei auf. Und schließlich gehen die Damen unter den Klängen eines heroischen Nachspiels »alle drei zum Tempel ab«.

Während nun Tamino wieder zu sich kommt, betritt der gefiederte Papageno mit seinem großen Vogelkäfig und seiner Panflöte die Szene, mit dem typischen Auftrittslied des Singspiels. Sein Lied: *Der Vogelfänger bin ich ja*, mit dem er sich als eine in Wien bekannte Figur vorstellt, ist von schlichter Melodik und Harmonik; ein einfaches Strophenlied, welches den Umfang einer Oktave nicht überschreitet, wie es auch vor Mozart in volkstümlichen Singspielen heimisch gewesen war. Es ist auch längst zu einer Art Volkslied geworden. Das angegebene Tempo, Andante, zeigt das behagliche Dasein eines unbesorgten Naturburschen an. Er ist ängstlich und erstaunt in bezug auf Tamino – denn er hat noch nie einen Menschen, außer den geisterhaften ›Damen‹, gesehen.

Aber schließlich ermuntert sich Papageno und nimmt prahlend die Tötung der Schlange in Anspruch, wofür er sogleich von den wiedererscheinenden Damen durch ein Schloß vor den lügenhaften Mund und durch den Entzug von Speis und Trank bestraft wird. Die Damen bringen Tamino im Auftrag der noch in ihrem Tempel verborgenen Königin der Nacht das Bildnis ihrer Tochter Pamina, in der Hoffnung, daß er sie aus der Gewalt Sarastros retten werde. Der Jüngling antwortet mit der wunderbaren Bildnisarie: *Dies Bildnis ist bezaubernd schön*, in welcher seine aufkeimende Liebe zu Pamina erst zart, dann immer hingerissener zum Ausdruck kommt. Das Orchester, aus Streichern, Klarinetten, Fagott und Hörnern, zeichnet – vor allem im Mittelsatz der dreiteiligen Ariette mit den synkopisch eintretenden Bläserakkorden und den abgerissenen Zweiunddreißigstelfiguren der ersten Vio-

Die ›sternflammende Königin‹

Originalentwurf von Simon Quaglio
für die Bühnenbilder
der Münchner Aufführung
der Zauberflöte 1818.

München, Theatermuseum

linen – die Fassungslosigkeit der aufkeimenden Liebe; erst am Schluß der Arie finden Tamino und die Musik wieder zur ruhigeren Fassung zurück.

Die Königin der Nacht hat aber Taminos Liebe wahrgenommen und erscheint nun in einer feierlichen Szene, in der sie sich als nächtliche Himmelskönigin und als gekränkte Mutter offenbart, um den Prinzen für die Rettung der Tochter aus der Macht Sarastros zu gewinnen. Dies geschieht in einer zweiteiligen Seria-Arie, deren schwierige Koloraturen bis zum dreigestrichenen F reichen, mit einem einleitenden, nur zehntaktigen Rezitativ. Gewiß stammt dieser kalte Kunstgesang aus der italienischen Opera seria; aber in Mozarts Behandlung wird er zur reinen Expression, zur Kennzeichnung der in weltferner, funkelnder Eiseskälte thronenden Göttin. Vor allem zeichnen die Stakkati und Triller im Allegro moderato treffend das flimmernde Gewand der *sternflammenden Königin.* Gewiß versucht Mozart dem Wesen der erdfernen Herrscherin auch wärmere Töne als Ausdruck des Mutterschmerzes abzugewinnen. Dennoch steht der musikalische äußere Prunk und der hohle Glanz der Koloraturen ihrer Arie unüberhörbar in Gegensatz zu der herzenswarmen Atmosphäre Sarastros und seiner Umgebung.

Die Königin verschwindet wieder in unnahbare Ferne. Die Damen leiten nun in einem überaus kunstvollen Quintett – einem der reichsten und sprühendsten Stücke der Partitur – den nach der Rettungstat begierigen Tamino und den, sich nur widerwillig an dieser beteiligenden Papageno dazu an, wie sie in Sarastros Reich einzudringen vermöchten. Sie bringen dem Prinzen im Auftrag ihrer Fürstin die Zauberflöte, deren Klang – so verheißen sie – aller Menschen Sinn jeweils in das Gegenteil zu verwandeln vermag. Papageno aber erhält zu seinem Schutz ein Glöckchenspiel. Doch nicht genug, sie künden dem ungleichen Paare noch eine weitere Hilfe an: *Drei Knaben, jung, schön, hold und weise, – Umschweben euch auf eurer Reise; – Sie werden eure Führer sein, – Folgt ihrem Rate ganz allein.* Bei dieser Ankündigung nimmt die Musik einen weichen, lichten Charakter an. Im Andante wird die Begleitung nur durch Geigen, Klarinette und Fagotte durchgeführt und zwar – schon die Romantik ankündend – in leisem, tonmalendem Pizzicato; gleichzeitig nimmt der Gesang der Damen eine eigentümlich geheimnisvolle Färbung an. In einem wechselseitig mehrmals wiederholten *Auf Wiedersehn* klingt das Quintett aus.

Im Reiche Sarastros

Nun verlassen Tamino und Papageno das Herrschaftsgebiet der Königin der Nacht – sie wissen noch nicht, daß es für immer sein wird –, um sich auf die Suche nach der prächtigen, sorgsam bewachten Burg Sarastros zu begeben. Die Szene beginnt mit einem Terzett im Innern der Burg. Pamina, voll Sehnsucht nach ihrer Mutter, hat einen Fluchtversuch gewagt; sie wurde von dem grausamen und lüsternen Mohren Monostatos – sein Name bedeutet sinngemäß: der Einbeinige, der Fanatiker – und seinen Mohrensklaven wieder gefangen. Nun ist sie ihrem Peiniger hilflos ausgeliefert. In knappster Form folgen einander jetzt, klar und lebensvoll gezeichnet, die entgegengesetztesten Empfindungen. Der wilden Ungeduld und Grausamkeit des Mohren entsprechen die drängenden Achtel der Bässe, die synkopischen Figuren und die kleinen Triller der Geigen. Davon sticht grell die atemlose Angst Paminas ab, die dennoch lieber den Tod als Schmach und Schande erleiden will. Da taucht – zugleich mit einem G-Dur Dreiklang – plötzlich Papageno auf: der Mohr und der Vogelmensch – beides Randgestalten des Menschlichen – erblicken einander und halten sich gegenseitig für den Teufel. In nur einundsiebzig Takten entfaltet sich der Gegensatz zwischen den beiden Vertretern des uneingeschränkten, primitiv-phallischen Prinzips: die naiv-unschuldige Sinnlichkeit Papagenos und die lüstern-gierige des Mohren. Schwirrende Tremolos der Geigen und Bratschen charakterisieren den lüsternen Monostatos und aufsteigende Dreiklangsgänge – an sein Vogelfängerlied erinnernd – den Papageno. Von Entsetzen gejagt, fliehen beide hinweg. Doch dann kehrt Papageno zurück. Da er die Welt nur aus der Vogelperspektive zu verstehen vermag, macht er sich klar, daß es ebenso schwarze Menschen geben könne, wie es schwarze Vögel gibt.

Paminas Klage um ihre Mutter, der sie entrissen, schlägt nun nach D-moll um. Nun kommt es zur Begegnung von Pamina, dem unschuldigen, eben zur Liebe erwachenden Mädchen, mit dem naiv-sinnlichen Papageno. Beide leben in der Sehnsucht nach Liebe, wenn auch auf die denkbar entgegengesetzte Weise. Die Liebe bildet den Inhalt ihres entzückenden Duettes, in dem sich die Unvereinbarkeit der Partner in der höheren Oktave vereint; es endet mit jenem gewichtigen Satz – würdig der alten Mysterien und des neuen Mysteriums des Menschen –, daß nämlich Mann und Weib bis an die Gottheit anreichen. Dies bedeutet ein Vielfaches: unter anderem, daß sich in Mann und Weib gleichermaßen die Gottheit abbildet und daß beider Wesen sich nicht im Hiesigen und Sinnlichen begrenzt, auch wenn es vorerst daran gebunden ist, sondern daß es – weil von dort herstammend – bis in die Sphäre des Göttlichen reicht. Schikaneder drang anscheinend bei Mozart darauf, dies Duett im Volkston zu gestalten, weil er mit seinen begrenzten Stimmitteln den Papageno zu singen hatte. Aber Mozart, der dieses Duett mindestens zweimal (nach anderen Quellen drei- bis fünfmal) komponierte, gab ihm eine zwar unsentimentale, aber weihevolle Stimmung; ja er läßt das Duett sogar mit der Grundtonart der Zauberflöte, dem erhabenen Es-Dur, beginnen. Dann wird der Ausdruck so geheimnisvoll, daß er in seinem zweiten Teil geradezu an Sarastros Arie erinnert. Jedenfalls gelang es Mozart in diesem Duett, höchste Würde, reinste Gesinnung mit Innigkeit und Schlichtheit derart zu verbinden, daß dieses Stück eine seiner volkstümlichsten Melodien geworden ist.

Doch erst mit dem ersten Finale, dessen staunenswertem Reichtum an Melodien, Motiven und Einfällen, seinen immer neuen Wendungen der Handlung, eröffnet sich das eigentliche Reich des Mysteriums; jetzt beginnt das Erhabene aufzutönen. Das ursprüngliche Textbuch schildert die Szene: »Das Theater wandelt sich in einen Hain. Ganz im Grunde der Bühne ist ein schöner Tempel, worauf die Worte stehen: ›Tempel der Weisheit‹. Dieser Tempel führt mit Säulen zu zwei anderen Tempeln, rechts auf der einen Seite steht: ›Tempel der Vernunft‹, links steht: ›Tempel der Natur‹. Drei Knaben führen Tamino herein, jeder hat einen silbernen Palmzweig in der Hand.«

Ein feierlicher, langsamer Marsch ertönt nun, intoniert von leise geblasenen Posaunen, Trompeten und gedämpften Paukenschlägen. Die Einheitlichkeit dieser vielfältigen Szene ist musikalisch gewährleistet durch die Grundtonart C-Dur. Zum ersten Male ertönen die Silberstimmen der drei Knaben, in denen der Wortgesang Ariels zu Beginn des zweiten Faust vorgebildet ist. Das über dem Hauptthema schwebende, von den Flöten und Klarinetten durchgehaltene ›g‹ hüllt das Erscheinen der arielhaften Knaben in wie überirdischen Lichtglanz. Die punktierten Rhythmen dieses Engelsgesanges deuten nicht nur auf ihre Zugehörigkeit zu Sarastros Reich, sondern auch auf das die ganze Zauberflöte durchziehende Ethos, das in den Worten der Knaben gipfelt: *Sei standhaft, duldsam und verschwiegen!*

Nun aber versucht Tamino, nachdem er beschlossen hat, die Weisheitslehre der Knaben, die sich ihm »für ewig ins Herz gegraben«, zu befolgen, durch einen der drei Tempel in Sarastros Reich einzudringen. Er hält diesen immer noch für einen Bösewicht, obwohl die Pforten, die Säulen, die symbolische Dreierordnung ihm anzeigen, daß in jenen Mauern doch »Klugheit und Arbeit und Künste« – ein typisch freimaurerischer Dreiklang – wohnen. Doch als er, nach freimaurerischer Lehrlingsweise, am linken und rechten Tempel anklopft, ertönt ihm ein herbes »zurück« entgegen. Erst der mittlere Tempel der Weisheit öffnet sich ihm; der alte ehrwürdige Sprecher der Eingeweihten, der insbesondere Sarastro repräsentiert, tritt hervor. Das Motiv des Schreitens von Tempel zu Tempel (das Umwandeln des ganzen Tempelbezirks sinnbildend), die auch aus den Mysterien des Altertums bekannte circumambulatio, erklang zuerst in hoffnungsfrohem D-Dur, das sich nach der Zurückweisung in das gedrückte G-moll und dann in das resignierende C-moll wandelt. Doch mit dem Erscheinen des Sprechers wendet sich die Tonart des Orchesters in das beglückend schöne As-Dur von ruhiger Feierlichkeit.

In dem nun folgenden Gespräch des Sprechers mit Tamino, mit dem die Vorstufe seiner Lehrlingschaft ihren Anfang nimmt, wird allmählich das Bild der Königin der Nacht in das Gegenteil verkehrt. Erschien sie erst als die durch den Raub ihrer Tochter gekränkte Mutter, so wird jetzt ihre wahre Gesinnung aufgedeckt. Tamino ist dadurch verwirrt; es ist dies gleichsam die erste Enttäuschung seines Lebens – er wird nun immer mehr Schein und Sein unterscheiden lernen und so aus einem begeisterungsfähigen Jüngling zu einem der Unterscheidung der Geister fähigen Mann heranreifen. Aber noch fühlt er sich in Dunkelheit gehüllt und ruft schmerzlich aus: *Wann also wird die Decke schwinden?* Ihm wird zur Antwort – es ist dies einer der großen Grundgedanken der Zauberflöte: *Sobald dich führt der Freundschaft Hand ins Heiligtum zum ew'gen Band.* Damit aber erklingt in höchster Feierlichkeit – in A-moll, für Mozart die Tonart des Fremd-Geheimnisvollen – und in den punktierten Rhythmen der Priestermusik und der Sarastro-Sphäre das zweite Leitmotiv der Zauberflöte: neben der Liebe, die Mann und Weib bis zur Gottheit erhebt, ist es die Freundschaft, welche den Frieden unter den Männern und damit den Frieden in der Welt bewirkt.

Nur durch Freundschaft also läßt sich – nach der Lehre der Zauberflöte – Weisheit gewinnen. Freundschaft erfordert aber die Überwindung der ungezügelten Begierden und des Kampftriebes durch Zucht und Gehorsam, Standhaftigkeit und Wohltätigkeit (was wohl Nächstenliebe und Schutz der Schwachen bedeutet), kurzum durch typisch männliche Tugenden. Um männlich zu siegen im Dienst des Geistes, muß der Jüngling erst in die Tugenden des Mannes eingeweiht und eingeübt werden. Dies ist in einer Hinsicht der Sinn all jener ›Jünglingsweihen‹, welche die alten Völker kannten und viele heute lebende noch kennen. Tamino ist am Ende des ersten Aktes im Begriffe, sich den mit dieser Weihe verbundenen Prüfungen zu unterwerfen. Ob Prinz, wie Tamino, ob Bauer oder Handwerker, kein Jüngling vermag Mann zu werden und männlich zu handeln, ohne solche ›Einweihung‹, die einst mit dem Ritterschlag oder mit der Annahme zum Gesellen und Meister besiegelt wurde. Freilich gehört zu solcher ›Einweihung‹ auch die Aufklärung des Prüflings über den rechten Ort von Mann und Frau, sowohl in der Gesellschaft wie im Weltganzen. Nach der Lehre der Zauberflöte ist der Mann dazu berufen, das Weib zu leiten, *denn ohne ihn pflegt jedes Weib aus seinem Wirkungskreis zu schreiten*, wobei auf das Verhalten der Königin der Nacht, die sich die Macht des ›Männlichen‹ anmaßt, als besonders eindringliches Beispiel hingewiesen wird.

Nachdem der ehrwürdige Priester Tamino allein gelassen, tröstet ihn ein unsichtbarer Chor, daß das Dunkel, das den Prinzen jetzt noch umgibt, bald schwinden werde und daß – ersehnte Nachricht – Pamina noch am Leben sei. Erfreut und getröstet durch diese Botschaft, erinnert sich Tamino seiner Flöte und beginnt auf ihr zu spielen *um mit jedem Tone seinen Dank* an die Götter zu schildern. Er ist überrascht über die Wirkung des Zaubertones seiner Flöte; denn von ihm angelockt, versammeln sich wilde Tiere um Tamino, im Frieden untereinander und mit dem Flötenspieler, und hören ihm zu. Zum ersten Male erweist die Flöte ihre allversöhnende Macht.

Aber nicht nur die Tiere, auch Pamina und Papageno werden durch das Spiel der Flöte angelockt. Papagenos schrilles Faunen- und Vogelfängerpfeifchen antwortet dem edlen Flötenton. Aber o Unglück, die sich mit Schmerzen suchen, verfehlen sich: Taminos und Paminas Augen sind noch nicht so weit erleuchtet, daß sie einander erschauen können – noch bleiben sie sich gegenseitig die Unbekannten. Mit einem heiteren kleinen Duett: *Schnelle Füße, rascher Mut* erscheint das ungleiche Paar Pamina und Papageno, um aber sogleich von dem lauernden Mohren und seinen Sklaven gefangen zu werden. Da – in höchster Gefahr – erinnert sich Papageno des ihm verliehenen Glöckchenspiels. Sobald er es zu spielen beginnt, singen die dadurch faszinierten, zum Tanzen gezwungenen Verfolger das Lied: *Das klinget so herrlich* ..., das wie die Glöckchen vom Pizzicato der Saiteninstrumente umspielt wird. In einem Lied im schlichten Volkston: *Könnte jeder brave Mann* ..., jubelt das Paar über seine wunderbare Befreiung.

Aber neues Verhängnis naht, nämlich Sarastro selber, auf dem von sechs Löwen gezogenen Triumphwagen – eine Erinnerung an den Löwenthron des Königs Salomo –, mit seinem Gefolge. Die Musik führt ihn mit einem rauschenden Marsch, dem kraft- und würdevollsten aller Opernmärsche Mozarts, und mit dem durch Trompeten und Pauken instrumentierten Chorsatz: *Es lebe Sarastro* ... ein, in welchen das ganze Volk einstimmt. Im Kapitel über die Flöte ist dargelegt, was diese Trompeten bedeuten; daß sie nämlich im Altertum und im Mittelalter überall dort, wo ein solares Königtum bestand, das Nahen des Herrschers anzeigen. Ebenso wurde der Auf- und Niedergang der Sonne jeweils mit Trompetenstößen, Klangopfer an den kosmischen Allherrscher, begrüßt. Die Trompeten dieser Szene charakterisieren darum Sarastro nicht in seiner priesterlichen Würde, sondern als sonnenhaften, alles überblickenden, Licht und Leben vermittelnden Herrscher. Aber auch Pamina erweist sich als ›Sonnentochter‹. Denn auf das angstvolle Gewinsel Papagenos: *Wie wollt ich mich verstecken ... mein Kind, was werden wir nun sprechen?* antwortet

Pamina: *Die Wahrheit!* Denn Licht, Sonne, Gold und die Wahrheit sind Sinnbilder der gleichen Seinswirklichkeit. Die Wahrheit ist das Wort der Sonne – und die Tochter des Sonnenkönigs ist bereit, dieses zu sprechen.

Diese ihre Gesinnung ist die eigentliche Ursache, daß das Mädchen Pamina – entgegen dem Brauch jedes Männerbundes – nach erfolgter Prüfung in das Sonnenmysterium eingeweiht werden kann. Pamina erweist sich trotz ihrer Schwachheit vom gleichen Geiste durchdrungen wie Sarastro, der Repräsentant der *dreisonnigen Gottheit.* Pamina wirft sich Sarastro mit edlem Anstand, zwar demütig, aber ohne Furcht zu Füßen. Der Dialog von Sarastro und Pamina ist dramatisch und musikalisch ein Meisterstück; hier klingen zum erstenmal in der Musik der Zauberflöte jene dunkel und geheimnisvoll tönenden Bassetthörner auf, die in der Musik des Freimaurerbundes eine so bedeutungsvolle Rolle spielen und welche die priesterliche und fürstliche Erhabenheit Sarastros, sowie die Welt der Eingeweihten charakterisieren.

Die Unruhe Paminas, wenn sie auf das geile Liebesverlangen des Mohren zu sprechen kommt, wird durch die Sechzehntelfiguren des Orchesters zum Ausdruck gebracht. Sarastro jedoch tritt ihr mit großer Ruhe und Überlegenheit gegenüber. Hier enthüllt sich erstmals die Größe, Hoheit und Milde des Priesterfürsten. Auf seinen Gesang: *Steh auf, erheitre dich, o Liebe ...* folgt eine Kantilene, die von tiefem Verständnis für die Herzensnot Paminas zeugt. Aber obwohl das Mädchen von jedem Zwang frei bleiben soll, gibt er ihr die Freiheit nicht, denn Pamina als ›Weib‹ bedarf der Lenkung des Herzens. Was aber Sarastro damit meint, wird sogleich offenbar, wenn der Mohr im Triumph Tamino herbeischleppt und dem Paar so, wider Willen, die erste Begegnung – wenn auch in der Gefangenschaft – ermöglicht. Die zugleich barbarische und niederträchtige Gesinnung Monostatos' wird ausdrucksvoll durch den abwärtsschreitenden, mit Vorschlägen durchsetzten Gang der Violinen charakterisiert. Tamino und

Pamina liegen sich beseligt in den Armen; der Mohr aber erhält anstatt der von ihm erhofften Belohnung siebenundsiebzig Sohlenstreiche.

Das Sichfinden des Paares bedeutet aber einen solchen Höhepunkt sowohl der Handlung wie der Musik, daß diesem Vorgang nur noch ein kurzer Schluß folgen kann. Sarastro entscheidet in seinem, von den drei Akkordschlägen, dem Leitmotiv der Zauberflöte, eingeleiteten Rezitativ, daß Tamino und Pamina mit verhüllten Häuptern in den Prüfungstempel eingeführt werden sollen (letzteres ist, wie erwähnt, eine unerhörte Neuerung). Sie sind jedoch noch nicht zur eigentlichen Prüfung, sondern vorerst nur zur ›Reinigung‹ zugelassen – denn der Prüfungsweg im Sinne der alten Mysterien oder als Weg des Aufstiegs der Mystik, gliedert sich in die drei Stufen: Reinigung, Erleuchtung, Einigung. Dann erklingt der Schlußchor des ersten Aktes, dessen frische Kraft, dessen hinreißende Energie im Dienste der Verkündigung der ›Frohen Botschaft‹ der Zauberflöte steht: der Botschaft vom Kommen des Gottesreiches auf Erden und der Verwirklichung der verheißenen Vergöttlichung des Menschen. Hier wird die alte, vorderasiatische Botschaft von der Erlösung nicht nur des Menschen, sondern auch der Erde – die im christlichen Glauben ihre reinste Ausformung erfahren hat –, in der Sprache und Gesinnung einer neuen, mit der Zauberflöte und ihrer Lehre vom ›reinen Menschen‹ anhebenden Menschheitsperiode ausgesprochen und ausgetönt.

Der Prüfungsweg

Der zweite Akt und damit das Kernstück der Zauberflöte wird eingeleitet mit dem von Mozart erst kurz vor der Uraufführung komponierten Priestermarsch. Er eröffnet feierlich die Priesterversammlung in einem »Palmenwald, in dem alle Blätter silberartig, die Bäume von Gold sind. Achtzehn Sitze von Blättern; auf einem jeden Sitz steht eine Pyramide und ein großes schwarzes Horn mit Gold gefaßt. In der Mitte ist die größte Pyramide, auch die größten Bäume. Sarastro nebst andern Priestern kommen mit feierlichen Schritten.« Der Sonnenfürst zeigt sich nun in seiner Priesterwürde. Er bittet in offensichtlich freimaurerischen Wendungen die *in dem Weisheitstempel eingeweihten Diener der großen Götter Osiris und Isis* um ihre Zustimmung zur Aufnahme Taminos in den Kreis der Eingeweihten, wobei er erklärt, daß Tamino als Voraussetzung hierfür sowohl Tugend wie Verschwiegenheit und Wohltätigkeit besitze. Die Priester geben durch dreimaliges Blasen ihrer schwarzen Hörner, mit dem schon aus der Ouvertüre bekannten dreimaligen aufsteigenden Dreiklang, ihre Zustimmung. Nun verkündet ihnen Sarastro ferner, daß er Pamina ihrer Mutter – die sie als Instrument des Verderbens gebrauchen wollte – entrissen habe, um sie Tamino zu vermählen. Auch hierzu geben die Priester ihre Zustimmung und flehen sodann in dem herrlichen Gebet: *O Isis und Osiris, schenket der Weisheit Geist dem neuen Paar* die Götter um Schutz für die zu Vermählenden an. Im Orchester verstummen jetzt die Flöten, die ersten und zweiten Geigen, die Hörner und die Kontrabasse während sich Bassetthörner, Posaunen und Bratschen zu weihevollen Klängen, und zwar in Dreiergruppierung der Instrumentalstimmen, verbinden.

Nach dem Gebet »verwandelt sich das Theater in einen kurzen Vorhof des Tempels. An den Seiten hohe ägyptische Türen, welche Seitengebäude vorstellen« – es ist dies, als ein nächtlicher Ort des Schreckens, die erste Prüfungsstation. Mit Handschlag geloben Tamino und Papageno den beiden Priestern, die ihre Führung übernommen haben, nicht mit Weibern zu sprechen. Auch werden sie ermahnt: *Bewahret euch vor Weibertücken, dies ist des Bundes erste Pflicht.* Es handelt sich hierbei nicht um den Ausdruck einer männerbündlerischen Feindschaft den Frauen gegenüber, sondern um die erste Erprobung der Standfestigkeit und Zuverlässigkeit des Novizen, jener für das Handeln unerläßlichen männlichen

J Alberti fc

Die Zauberflöte.

Eine

große Oper in zwey Aufzügen.

Von

Emmanuel Schikaneder.

Die Musik ist von Herrn Wolfgang Amade Mozart, Kapellmeister, und wirklichem k. k. Kammer-Compositeur.

Wien,
gedruckt bey Ignaz Alberti, 1791.

Festigkeit, die gegen die Verführung aus dem Bereich der Triebe, symbolisiert durch die ›drei Damen‹ der Königin der Nacht, gefeit sein muß. Die dabei geforderte unbedingte Schweigsamkeit und Selbstbeherrschung sind in allen Riten, die auf Erweckung des Menschen abzielen, das Kennzeichen für die zu erringende Bewußtseinsstärke und Ichfestigkeit. Aber gerade um zu verhindern, daß sich der Mann, um männlich zu handeln, der weiblichen Gefühlswelt entringt, nahen sich die drei Damen; sie wollen Tamino und Papageno zum Schwatzen verleiten. Das Quintett, das sich nun zwischen den Damen und den beiden Männern entwickelt – ein Gegenstück zu jenem im ersten Akt im Hain der Königin – und in dem Mozart das Zischeln und Schwätzen der Damen musikalisch köstlich zum Ausdruck bringt, wird jedoch gestört durch den unsichtbaren Chor der Priester. Mit schrecklicher Dissonanz fahren die Damen in das Reich der Finsternis hinab, worauf der Sprecher Tamino bestätigt, daß er die erste der Prüfungen *standhaft männlich* abgeleistet habe und darum die Wanderschaft fortsetzen dürfe.

Nun zeigt die Szene einen lieblichen Garten mit einer Rosenlaube, in welcher Pamina schläft. Wiederum naht sich ihr der Mohr, begierig, sie zu umarmen. Aber er wird von der Erscheinung der Königin der Nacht vertrieben, die von Pamina Auskunft über den Verbleib des von ihr ausgesandten Tamino fordert. Als sie erfahren muß, daß dieser unter den Einfluß der Eingeweihten geraten ist, enthüllt sich die bisher noch unter dem Mantel des Mutterschmerzes verborgene wirkliche Natur der nächtlichen Göttin: alle ihre sympathischen Züge verschwinden und die wilde Dämonie der Hölle bricht aus ihr hervor. Durch ihre sich mehr und mehr steigernde Wut, durch den wüsten Haßgesang verblaßt aller weiblicher Reiz, und nur das entlarvte Scheusal bleibt übrig. Die Mutter verlangt von ihrer Tochter, die sie zum Instrument ihrer Rache machen will, die Ermordung Sarastros und die Auslieferung des in seinem Besitz befindlichen siebenfachen Sonnenkreises. In dieser hochdramatischen Arie brodelt die Leidenschaft, vor allem in den von der Königin der Nacht wie Naturschreie hervorgestoßenen Stakkatokoloraturen. Mit einem Schwur an die Rachegeister versinkt die rasende Königin.

Der Mohr, der diese Szene belauscht hatte, will sich Pamina durch seine Mitwisserschaft endlich gefügig machen. Er droht ihr den Tod an, falls sie sich ihm wieder verweigert. Das Erscheinen Sarastros rettet sie vor seiner Zudringlichkeit und seinen Mordgelüsten. Und da der alles überblickende Sonnenpriester um das Vorgefallene weiß, entgegnet er dem Haß der Mutter und der Sorge der Tochter mit dem Evangelium der Vergebung und der Feindesliebe: *In diesen heil'gen Hallen kennt man die Rache nicht* ... Da sich hier Sarastro ganz als mitfühlender Mensch und väterlicher Freund gibt, fehlen hier die punktierten Rhythmen der Priestermusik. Eine Welt des Friedens und der edlen Gesinnung eröffnet sich in diesem typisch deutschen Lied, das bewußt in Gegensatz zur italienischen Prunkarie der Königin der Nacht gestellt ist. Beglükkend mischen sich das Gleichmaß und die tiefe Ruhe des Basses mit dem verklärten Orchesterklang.

In den grotesk-komischen Zwischenspielen, den Satyrspielen Papagenos, versucht dieser, mit den Schrecknissen und Beschwernissen des Prüfungsweges auf seine Weise fertig zu werden. Denn eigentlich geht er gar nicht mit Tamino, sondern er wird nur gleichsam mitgeschleppt. Zwischen Angst, Klage und der immer neu erwachenden Begierde nach Essen, Trinken und – wenn es sein kann – nach einem Weibchen, verbringt er die Stationen des Weges. Einweihung begehrt er nicht, denn er ist ja nur ein Naturmensch, wie es so viele gibt. Da er nicht, wie Tamino, freiwillig auf seine Begierden verzichten kann und will, so wird er von diesen genarrt. Papagena in Gestalt einer alten Frau unterhält und foppt ihn zugleich; sie nötigt ihm schließlich ein Heiratsversprechen ab, das er bei nächster Gelegenheit zu brechen entschlossen ist.

Papageno begreift in keiner Weise, was sich eigentlich begibt; er bejammert nur sein Alleinsein, die Dunkelheit, die Ungewißheit. Er hat kein Ziel, er ist sich selbst genug. Dabei ist er – im Gegensatz zu Monostatos – kein schlechter Kerl. Er ist sogar ein Charmeur, der nie Gewalt anwendet, aber zu bezaubern weiß; er ist zwar triebhaft, aber nicht lüstern. Er kennt ja nichts anderes als die Kräfte der Natur, und ihrem Wirken gehorcht er ebenso treu wie Tamino der Stimme des Geistes. Weil er für Pamina ein guter, hilfsbereiter Kamerad ist, denkt er nicht daran, sie zu begehren wie Monostatos. Er spürt mehr als er denkt, daß dieses Mädchen ihm nicht gemäß ist. Er begehrt einzig seine Entsprechung, nämlich ein Vogelweibchen, zwar nicht – wie Tamino – als Gefährtin zur Verwirklichung des tieferen Sinnes des Lebens, sondern als lustige Gefährtin und als Partnerin im Liebesspiel. Er will und wird *das himmlische Vergnügen der Eingeweihten nie fühlen*, aber durch all die Nöte, in die er wider Willen hineingezogen wurde, reift er – wenn auch auf der Stufe, auf der er verharrt – geläutert zum Gatten und künftigen Vater heran. Das Problem des unvereinbaren Gegensatzes von Tamino und Papageno rückt zudem in ein neues Licht, wenn man bedenkt, daß die Zauberflöte nicht das Drama der Götter, sondern das des Menschen ist.

Im Grunde geht es in der Zauberflöte darum: Wie wird man ein Mensch? Um eine Antwort hierauf zu finden, muß der ganze Mensch konstelliert werden, der Sinnen- und der Geistesmensch, die erst zusammen ›den Menschen‹ bilden. »Zwei Seelen wohnen, ach, in meiner Brust« läßt sich Goethe hierzu vernehmen; die eine – papageno-artig –, die in ›derber Sinnenlust‹ sich an die Erdenwelt klammert, und die andere, die begehrt, hinaufzusteigen zum ›Gefilde hoher Ahnen‹, die es, wie Tamino, danach verlangt, das unverlierbare Erbe des Menschen in Besitz zu nehmen. Der Mensch bedarf, um im Geiste mächtig zu werden, der Hilfe seiner Triebkräfte. Sie zu verleugnen, sie abzuschneiden, würde nicht zur Vergeistigung, sondern zur Vertrocknung des Menschen führen. Das entspricht offensichtlich auch der Einsicht Mozart-Schikaneders: zusammen lassen sie das ungleiche Paar das Ziel erreichen, den einen vorwärtsdrängend, den anderen nachhinkend.

Es ist darum keineswegs seltsam oder sinnwidrig, daß dem so entschieden und ernst auf sein Lebensziel zustrebenden Tamino ein solches, von seinen Trieben umhergejagtes Naturwesen wie Papageno zur Seite gestellt ist. Gewiß mag Schikaneder ein solches Paar, die Kontrastfiguren des idealistischen Jünglings und des realistischen Narren, nach alter Theatertradition geschaffen haben. Er wußte nicht nur aus seiner Theater-, sondern auch aus seiner Lebenserfahrung, daß der unerbittliche Ernst eben nur durch den ihn umspielenden Humor erträglich wird. Es ist aber für Mozart und seine Gesinnung kennzeichnend, daß Papageno in seiner Eigenart zwar recht drastisch als gefräßig, feig, sinnlich, jedes höheren Interesses bar gezeichnet wird (doch ein Lügner wie Monostatos ist er nicht), daß aber kein liebloses Urteil über ihn gefällt wird. Er ist wie er ist und in seiner Beschränkung ist auch ihm Erfüllung bereitet. ›In meines Vaters Haus sind viele Wohnungen‹ – auch für Papageno ist eine dort vorhanden.

Nun aber schweben die Knaben zum zweiten Male aus ihrem Geisterreich zu dem Prüfling Tamino hernieder. Ihr Schweben scheint sich in ihrem lichten, luftigen, nur vom Streichquartett, von Flöten und Fagotten begleiteten Terzett auszudrücken. Wie zarte Libellenflügel bewegen sich die leichten Zweiunddreißigstelfiguren auf und ab. Sie bringen Tamino die Flöte, Papageno das Glöckchenspiel wieder zurück, die ihnen vor Beginn ihres Prüfungsweges abgenommen worden waren. Tamino beginnt sogleich die Flöte zu spielen; ihr Ton lockt die umherirrende und ihren Geliebten suchende Pamina herbei. Sie ist überglücklich, Tamino wiederzufinden, aber sie wird umso mehr in Verzweiflung gestürzt, da sie das Tamino auferlegte Schweigen – sie weiß ja nichts von diesem Gebot – nicht begreifen kann. Ihre Qual und Verzweiflung, ihren Schmerz bringt sie in einem liedartigen Satz von großer Innigkeit, der wehmütigen G-moll-Arie, zum Ausdruck. Die Mutter hat sie verstoßen, der Geliebte ist unzugänglich und scheint sich von ihr abgewandt zu haben; was bleibt ihr, als *Ruh' im Tode* zu ersehnen.

Pamina ist damit zur Todesgrenze gelangt; aber den Tod, die Verlassenheit, die Einsamkeit innerlich zu erleiden, das eben gehört zu ihrem Prüfungsweg. Denn – dies wird damit deutlich – die Wege zur Reifung, zur Mannwerdung des Jünglings, zur Frauwerdung des Mädchens, sind für beide Geschlechter durchaus verschieden. Auf der ersten der drei Stufen werden Jüngling wie Mädchen gleicherweise ›gereinigt‹ – aber dann trennen sich die Wege: der Jüngling muß den Gefahren und Versuchungen aktiv entgegentreten, das Mädchen aber erleidet das ihr Auferlegte, ohne um dessen Sinn zu wissen. Es muß alles verlieren, um fähig zu werden, alles zu gewinnen. Der Wahnsinn, der geistige Tod, befällt Pamina; sie versucht, sich zu erdolchen – im Dolch erblickt sie ihren Todesbräutigam. Nur durch das erneute Eingreifen der drei Knaben, die selber erschüttert sind von dem Leidenszustand Paminas, wird sie wieder ins Leben zurück und erneuter Hoffnung zugeführt. In einem Quartett im Volkston: *Zwei Herzen, die von Liebe brennen...* wird die Unsterblichkeit wirklicher Liebe gefeiert.

Nun aber gehen Tamino und Pamina – zuerst noch getrennt, dann aber vereint – der letzten Prüfung entgegen. Doch bevor das finstere Tor des Schreckens gähnt, werden sie noch einmal vor Sarastro und seinen Priestern zusammengeführt, um sich das letzte Lebewohl zu sagen. Die Klänge eines gewaltigen Chores erinnern zum Beginn dieser Szene an den Kampf zwischen Licht und Finsternis. Sie künden den kommenden Sieg des Lichtes an und preisen Tamino als Diener desselben der Einweihung würdig. Pamina beginnt das unvergleichliche Abschiedsterzett: *Soll ich dich, Teurer, nicht mehr sehen?* Deutlich ist eine Wandlung im Verlaufe des Terzettes wahrzunehmen. Zuerst schließen sich die Stimmen Taminos und seines Schutzgeistes Sarastro eng zusammen, so daß auch klanglich die Einsamkeit Paminas deutlich wird. Dem verzweifelten G-moll Paminas antworten die Männer in Es-Dur, der priesterlich-erhabenen Tonart der Zauberflöte. Als aber der Schmerz Paminas seinen Höhepunkt erreicht und Sarastro in düsterer Mollwendung zum Aufbruch drängt: *Die Stunde schlägt, nun müßt ihr scheiden...*, löst sich die Stimme Taminos von der Sarastros und nähert sich derjenigen Paminas, mit der sie sich vereinigt. Es ist nicht nur zu fühlen, sondern auch zu hören, daß die Herzen der beiden Liebenden unlösbar miteinander verbunden sind; immer inniger werden die Töne, die Jüngling und Mädchen für einander finden. In äußerster Zartheit, in der Ferne verklingend, denn sie werden in verschiedenen Richtungen auseinander geführt, endet dies herzergreifende Terzett.

Doch jetzt naht die dritte Prüfung, die Feuer- und Wasserprobe. Das alte Textbuch beschreibt die Szene: »Das Theater verwandelt sich in zwei große Berge, in dem einen ist ein Wasserfall, worinnen man sausen und brausen hört; der andere speit Feuer aus; jeder Berg hat ein durchbrochenes Gitter, worin man Feuer und Wasser sieht. Zwei schwarze geharnischte Männer führen Tamino herein. Auf ihren Helmen brennt Feuer, sie lesen ihm die transparente Schrift vor, welche auf einer Pyramide geschrieben steht.« Diese letzte und eigentliche Prüfung des Jünglings und des Mädchens, die bisher auf verschiedenen Wegen geleitet worden waren, wird nun im gemeinsamen Gang durch die Feuer- und Wasserhölle vollzogen. Keiner vermöchte diese ohne die im bisherigen Prüfungsweg erworbenen Geistesgaben der Demut, der Hoffnung, der Beharrlichkeit, der Furchtlosigkeit, der Hingabe und der Liebe zu den Göttern heil zu durchschreiten. Erst im Angesicht des Todes, der ihnen möglicherweise bevorsteht, wird der höchste Sinn, die ungetrübte Kraft, die reinste Liebe, in beiden entbunden: sie werden zum Paar in einer Todeshochzeit inmitten der Gefahr.

In den Elementen untergehend, auferstehen sie aus diesen als unsterbliche, von ewiger Liebe durchpulste Wesen. Diese Todesfeier gehört zu den ergreifendsten Szenen der gesamten Dramenkunst, in ihr ist das persönliche und das ewige Geschick des Paares innig ineinander verwoben, hier wird der höchste Sinn des Paarseins offenbar. In den Mysterien der Antike wird immer nur die Vergöttlichung des einzelnen Menschen angestrebt; der Mensch vermag da, durch die Gottschau, die ihm gewährt wird, Gewißheit von seinem gnädigen Geschick in der Todeswelt zu erlangen. Denn da er durch die Einweihung in das Mysterium – vor allem in dem von Apuleius geschilderten hellenistischen Isis-Mysterium – vergöttlicht wurde, hat er in seinem Sein Anteil gewonnen an der göttlichen Welt. Aber der Weg der Zauberflöte führt noch über diesen alten Mysterienweg hinaus. Die strahlende Kunde der Zauberflöte, die sich in dem von Sphärenklängen umwogten Finale enthüllt und erfüllt, betrifft nicht mehr nur die Vergöttlichung des Einzelnen, sondern die des Paares.

Aber zuvor gilt es, die Schreckenspforte zu durchwandern. Tamino ist allein gekommen und findet zwei schwarz Geharnischte als Wächter der letzten Stufe des Mysteriums an den Pforten, die gleicherweise zum Tode wie zum Leben führen. Zuvor aber lesen, singen ihm die beidenGeharnischten, welche der letzten Stufe der Einweihung vorstehen, den auf der Pyramide eingegrabenen Mysterientext vor, in dem – aus Abbé Terrassons ›Sethos‹ übernommen – der Sinn des gesamten Prüfungsweges zu einer Quintessenz zusammengefaßt ist. Hier hat Mozart sein Größtes im strengen Stil geleistet. Für die Melodie dieses Gesangs der beiden Geharnischten hat Mozart den lutherischen Choral ›Ach Gott, vom Himmel sieh darein‹ verwandt, die er aus Johann Philipp Kirnbergers ›Kunst des reinen Satzes‹ entnommen hat; aber sie erscheint schon früher im Erfurter ›Enchiridion‹ von 1524 und geht darum auf die Lutherzeit zurück. Dieser »figurierte Choral, dessen letzte Wurzeln in Johann Sebastian Bach liegen, entrollt ein erschütterndes Stimmungsbild: die Wanderung durch die dunkle Straße des Lebens, an deren Ende der Tod lauert, und das Gefühl der Ohnmacht, das den Wanderer mehr und mehr zu Boden drückt. Es liegt eine dämonische Unruhe in dem unausgesetzten, gleichmäßig tickenden Gang des Kyrie-Themas, das Mozart der Missa S. Henrici von 1701 des in Salzburg wirkenden Heinrich Biber entnommen hat, und den ihm beständig antwortenden Seufzern; die Choralmelodie schreitet wie das eherne Schicksal selbst durch das vielverschlungene Geflecht der Stimmen dahin« (Jahn-Abert). Die Tonart bleibt vor allem in den Zeilenschlüssen das ernste C-moll, um schließlich in der letzten Zeile völlig in bange Todesstimmung einzumünden.

Mit diesem Gesang der Geharnischten, die das Mysterium verkünden und zur Todespforte hinleiten, hat Mozart eine Tat von – ihrem inneren Sinn nach – unübersehbaren Folgen vollzogen. Er hat die ehrwürdige christliche Tradition, die er sich betend und lernend angeeignet hatte, zur Trägerin und Zeugin einer neuen, sie umfassenden, aber auch übersteigenden Frömmigkeit gemacht. Er nutzte die edelsten Formen lutherischer Kirchenmusik und der katholischen Messe, um der letzten Stufe des Heilsweges des ›neuen Menschen‹, um der letztmöglichen Läuterung des liebenden Paares einen auf die Zukunft weisenden Ausdruck zu verleihen. Zugleich aber wird in dem figurierten Choral und dem gleichbleibenden Schreitmotiv die unheimliche Bewegung der Elemente, des Feuers und des Wassers, spürbar – denn zur Durchquerung der Elemente soll er ja hinleiten. Dieser figurierte Choral, von Flöten, Oboen, Fagotten und Posaunen begleitet, der die Mühsal und den Ernst der bevorstehenden Prüfung so eindringlich schildert, bildet durch die Kraft seiner Aussage den eigentlichen Höhepunkt des ganzen Werkes. Um ihn in seiner Bedeutung genugsam hervorzuheben, hat Mozart zur Feuer- und Wasserprobe, so sehr auch die Handlung hierzu herausfordern mag, keine die Kraft und Eigenart der Elemente illustrierende Musik geschrieben. Die Musik überschreitet hier nicht den Umkreis des allerdings mysterientief verstandenen Menschlichen. Über den leisen, kurzen Akkorden der Hörner, Trompeten und Posaunen, denen sich geheimnisvolle Paukenschläge zugesellen, schwebt in edler Siegesgewißheit der Klang der Flöte, als die inmitten der Not ertönende Stimme der Gottheit.

Nachdem ihm die beiden Geharnischten die Inschrift auf der Pyramide als Deutung seines bisherigen und seines künftigen Einweihungsweges vorgelesen haben, ist Tamino bereit, sich der letzten Prüfung zu unterziehen: *Mich schreckt kein Tod, als Mann zu handeln – Den Weg der Tugend fortzuwandeln. – Schließt mir die Schreckenspforten auf –, Ich wage froh den kühnen Lauf.* Doch bevor er noch die Schwelle der Todespforte zu überschreiten vermag, erscheint Pamina. Nach langer trostloser Irrfahrt hat sie ihn endlich aufgefunden. Sie umarmen sich und feiern in einem kurzen Duett ihr beglückendes Wiedersehen. Pamina will Tamino nun nie mehr verlassen; sie ist bereit, mit ihm zusammen den Todesgang zu wagen. Und dies wird ihr gestattet, denn: *Ein Weib, das Nacht und Not nicht scheut, ist würdig und wird eingeweiht.*

Aber nun ereignet sich angesichts der tödlichen Gefahr etwas Überraschendes. Pamina, die bisher der Führung des männlichen Geistes, repräsentiert durch Sarastro und die Männer des Weisheitsbundes, unterstellt war, erwächst, da sie durch Wahnsinn und Verzweiflung den Tod in ihrem Gemüt überwunden hat, zur Fülle ihres Weibtums. Sie ist zum wissenden Weibe geworden, das es vermag, wie einst Ariadne den Theseus durch das Labyrinth, wie Beatrice Dante durch die Himmelssphären, nun auch Tamino sicher durch die doppelte Gefahr des Feuer- und des Wasserreiches zu führen. Hier wird zum Ereignis, daß das Weib, nach den Worten des zweiten Kapitels der Genesis, dem Manne im höchsten Sinne zur Hilfe, zur ›Gehilfin‹ gegeben ist.

Merkwürdigerweise wird diese neue Situation nicht nur

»Der, welcher wandert diese Straße voll Beschwerden, ... «
(Die Geharnischten, II, 28)

durch Worte, sondern zugleich durch eine bedeutungsvolle Geste zum Ausdruck gebracht, deren Sinn freilich bisher nicht beachtet worden ist. Sobald das Paar nämlich die Schreckenspforte durchschreitet, ergreift Pamina, nach dem Textbuch Schikaneders von 1791, die Hand Taminos. Da sie ihn aber zugleich bittet, die rettende Zauberflöte ›anzuspielen‹, dies aber nur mit beiden Händen möglich ist, so ist ein solches Handergreifen praktisch unmöglich. In den späteren Textbüchern ist darum das Ergreifen der Hand Taminos sinngemäß dadurch ersetzt worden, daß Pamina ihre Hand auf Taminos Schulter legt und so zugleich mit ihm wandelt und ihn geleitet. Anders kann es auch in der Inszenierung der Zauberflöte durch Schikaneder nicht gewesen sein – das Einander-beiden-Händen-halten ist unmöglich; dennoch ist ein sichtbares Zeichen der Verbundenheit in dieser Szene notwendig. Doch dieser von Pamina vollzogene Schultergriff ist keinesfalls zufällig, sondern uralt, selbst die ältesten bildnerischen Denkmäler der Menschheit bezeugen dieses bereits.

Herbert Fischer, der Erforscher der Gebärden-Symbolik, hat die Bedeutung dieses ›Schultersymbols‹ in einem hierfür grundlegenden Aufsatz in der Zeitschrift ›Antaios‹ als Sinnbild ehelicher Verantwortung aufgedeckt. Was Fischer hierfür in der Kunst und Überlieferung der Völker des Altertums, insbesondere der Ägypter, gefunden hat, das gilt auch für das ›Schultersymbol‹ Paminas. Fischer legt in seinem Aufsatz dar, daß diese Gebärde der Handauflegung auf die Schulter bereits im Alten Reich Ägyptens von den verschiedensten Würdenträgern, vom königlichen Prinzen bis herab zum kleinen Dorfbeamten vollzogen wurde, und zwar als Ausdruck dafür, daß einem Gleichwertigen oder Untergebenen Verantwortung auferlegt wird. »Damit wird ein Urphänomen berührt, das die Symbolik der Schulterwaagrechten als Region der ›Antwort‹ zum Gegenstück macht für die Senkrechte im Menschen, die das vom Scheitel herabwirkende ›Wort‹ darstellt, den göttlichen Urimpuls zur Schaffung und Auferlegung der Aufgabe,

6 »Das klinget so herrlich ...«
Aus den Radierungen von Max Slevogt zu Mozarts Handschrift der Zauberflöte.

Figuren der Zauberflöte

PAMINA

KÖNIGIN DER NACHT

7–10 Figurinen zur Zauberflöte für die Berliner Aufführung, 1816
Kolorierte Stiche von C. F. Thiele nach Entwürfen
von Stürmer zu den Bühnenbildern von Schinkel.

PAPAGENO

SARASTRO

11 Kostümprobe zur Zauberflöte zur Zeit der Aufführung am Weimarer Hoftheater unter Goethes Leitung
Aquarell von Kraus in Schloß Tiefurt, 1794.

12 Figurine zum Monostatos
Zeichnung von Leo Pasetti, 1921.

deren geistige Erfassung und Bewältigung eben die ›Antwort‹ des Geschöpfes darstellt, seine lebendige Reaktion. Eine sehr bedeutungsvolle Sondergruppe dieser Symbolik aber zentriert sich um die Grundfunktionen der Ehe.«

Fischer weist nun an Hand eines aufschlußreichen Bildmaterials nach, daß die Berührung der Schulter, sei es von dem ehestiftenden Priester oder Beamten, sei es durch den einen oder andern Ehegatten, die Auferlegung der ehelichen Verantwortung bedeutet. »Und damit ist eben schon die Last der Aufgabe und ihrer Verantwortung angeschlagen, die den roten Faden aller Schultersymbolik der Ehe als geistigen Institutes bildet«, wobei es freilich verschiedene Typen dieser Hand-Schultergeste gibt, jeweils anders abgewandelt in Ägypten, Griechenland, Rom und Etrurien. Insbesondere erscheinen in der altägyptischen Hochkultur das Männliche und das Weibliche zwar gleichwertig, aber nicht identisch. »Die männliche Verantwortung offenbart sich in der Schaffung und Sicherung eines Lebensraumes für die eheliche Gemeinschaft, die weibliche Verantwortung in der Bildung und Aufrechterhaltung eines gemeinsamen Mittelpunktes. Ihr Wirken ist daher verborgener, wie aus dem Hintergrund; sie gibt dem Gatten den Rückhalt. Den deutlichsten Niederschlag dieser Auffassung bildet es eben, daß in den ägyptischen Ehebildern es immer die Frau ist, die von rückwärts ihrem Gatten die Hand auf die Schulter legt, während dieser etwa bewaffnet den feindlichen Mächten gegenübertritt, so zum Beispiel auf der Grabstele von Atfa und Menthu-nekhta aus der 12. Dynastie im British Museum. Aber auch wenn die Gatten nebeneinander stehen, ist es wiederum die Frau, die über den Rücken den Schultergriff vollzieht.«

Darum enthüllt sich der Schultergestus Paminas in der Feuer- und Wasserprobe, während Tamino durch das Spiel der Flöte die Hände gebunden sind, als ein uraltes Symbol der ehelichen Verbindung und Verantwortung. Wir werden dadurch zu Zeugen der Verbindung Taminos und Paminas, welche im Sinne gegenseitiger geistiger Verantwortung die Ehe vollziehen, bevor sie noch Sarastro in der letzten Triumphszene im Angesicht der Sonne und ihres alldurchdringenden Lichtes vereint.

Pamina übernimmt durch Wort und Gebärde während der Feuer- und Wasserprobe die Führung Taminos. Jedoch vermag sie dies nicht aus eigenem Vermögen. Auch sie ist eine Geleitete, denn, so singt sie: *Ich werd' an allen Orten an deiner Seite sein. Ich selber führe dich, die Liebe leitet mich.* Dies ist demnach das Geheimnis Paminas: sie ist, weil sie den Tod erfahren und überwunden hat, derart von Liebe durchdrungen, daß sie stets und allerorten auch von Liebe geleitet wird. Und so durch Liebe hellsichtig geworden, vermag sie auch den ihr bestimmten Mann auf *grauser Bahn* heilsam zu leiten und zu stärken. Und aus dem gleichen Zusammenhang ist es auch Pamina, welche Tamino in dieser Schicksalsstunde dazu drängt, die Zauberflöte zu spielen. Zugleich enthüllt sie ihm deren Herkunft aus dem Erbe des Sonnenkönigs, ihres Vaters: aus dem Grund der tausendjährigen Eiche, des Lebensbaumes, hat er sie einst in geheimer Stunde geschnitten. Seine, des Gottkönigs eigene Stimme, so ist zu vermuten, tönt darum aus dem hölzernen Rohre. Und diese ist es darum auch, die die Elemente beschwichtigt, so daß das nun vereinte Paar, von einer eigenartigen, feierlichen Marschmusik begleitet, *wandelt durch des Tones Macht, froh durch des Todes düstre Nacht.* Nachdem beide auf diese Weise die Feuer- und Wasserhölle durchschritten haben, »öffnet sich eine Türe; man sieht einen Eingang in einen Tempel, welcher hell beleuchtet ist. Dieser Augenblick muß den vollkommenen Glanz darstellen. Sogleich fällt der Chor unter Trompeten und Pauken ein«.

So ist die Einweihung des Paares vollzogen und zugleich der Sieg des Lichtes errungen. Aber der Tragödie folgt – ganz im Sinn des Altertums – das Satyrspiel; und der Satyr ist in der Zauberflöte eben Papageno. »Das Theater verwandelt sich wieder in den vorigen Garten.« Papageno, der im Grunde mit der Einweihung nichts zu tun haben wollte, ist allein geblieben; eine Papagena hat ihm zwar der Priester verheißen und er hat sie auch wirklich schon gesehen, wenn er sie auch nicht berühren durfte. Aber die Verheißung hat getrogen – er ist ohne ein Weibchen geblieben. In seiner Verzweiflung will er sich – in Parallele zu Paminas Selbstmordversuch – das Leben nehmen. Der Arme will der *schwarzen Welt* gute Nacht sagen. Zwar macht er vorher noch einen letzten Versuch, indem er sich an die schönen Mädchen im Publikum wendet. Aber als auch dies und sein dreimaliges Pfeifen keinen Erfolg hat, will er, in die trübe Moll-Tonart verfallend, Ernst machen und sich erhängen. Da, im letzten Augenblick, schweben die drei Knaben herab, die nicht nur die ›Engel‹ Taminos und Paminas, sondern auch Papagenos wie aller Liebenden und Sehnsüchtigen sind. Sie hindern ihn an seinem Vorhaben; zwar meint Papageno, daß sie doch kein rechtes Verständnis für seine Not hätten, dennoch aber nimmt er ihren Rat an, nämlich das Glöckchenspiel zu gebrauchen, um Papagena herbeizurufen. Und tatsächlich, mit einem Male steht sie in ihrer ganzen Jugendschönheit vor ihm. Köstlich ist das stammelnde Duett des Entzückens, mit dem sich Hahn und Henne begrüßen. »Die ganze Bühne ist erfüllt von einem riesigen Gebalze.« Und nachdem sie sich gegenseitig die Freuden ihrer künftigen Elternschaft ausgemalt haben, eilen beide überglücklich in ihre Hütte.

Aber noch einmal kehrt die Königin der Nacht mit ihrem Gefolge zu einem Anschlag auf das Heiligtum, auf Sarastro und die Seinen zurück. Eine richtige Verschwörermusik, mit einem unheimlich pochend-zappelnden Motiv beherrscht die Szene. Die Königin hat Monostatos die Hand Paminas versprochen, wenn er ihr zu ihrer Rache verhelfe. Im Vorgefühl des Sieges huldigen die Verschwörer in feierlich-düsterer Weise der Königin der Nacht. Aber unter einem Donnerschlag bricht die Macht der Finsternis – in einem großen verminderten Sextakkord – zusammen. Mit dem Jammerrufe: *Zer-*

schmettert, zernichtet ist unsere Macht, wir alle gestürzet in ewige Nacht versinken die Empörer gegen das Licht.

»Sogleich verwandelt sich das Theater in eine Sonne. Sarastro steht erhöht; Tamino, Pamina, beide in priesterlicher Kleidung. Neben ihnen die ägyptischen Priester auf beiden Seiten. Die drei Knaben halten Blumen.« Sarastro enthüllt sich nun als der wahre Sonnenkönig, der Tamino und Pamina in seine Priesterschaft aufnimmt und – wie dies Goethe in seiner Fortsetzung der Zauberflöte deutet – zum König und zur Königin krönt. Damit erscheinen beide als die Repräsentanten jenes priesterlichen Königtums, zu dessen Bildung das Alte und das Neue Testament alle Menschen nachdrücklich aufruft. Nach dem kurzen, bedeutungsvollen Rezitativ Sarastros: *Die Strahlen der Sonne vertreiben die Nacht, zernichten der Heuchler erschlichene Macht* ... setzt der mit Posaunen und Trompeten instrumentierte Schlußchor zuerst mit einem Andante ein. Dann aber strahlt das Es-Dur, die Tonart der priesterlichen Erhabenheit und der freien Brüderlichkeit in vollem Glanze auf: *Heil sei euch Geweihten! Ihr dranget durch Nacht. Dank sei dir, Osiris und Isis gebracht!* Hier geht die Musik in einen feierlichen Tanzrhythmus über und schließt mit einem jubelnden Allegro: *Es siegte die Stärke und krönet zum Lohn die Schönheit und Weisheit mit ewiger Kron.*

Viertes Kapitel

Die Flöte als Symbol und Instrument

Musik und Ritus

Je tiefer man in Sinn und Intention der Zauberflöte eindringt, desto deutlicher wird es , daß dies Zauber- und Mysterienspiel nicht nur ein musikalisches Drama, sondern darüber hinaus das Drama der Musik ist. In der Zauberflöte wird das Wesen und die Wirkung der Musik aufgeschlüsselt und eine Schau davon vermittelt, woher die in Instrumente gebannten Klänge stammen und wie sie auf den Ablauf des Lebens wirken. Gewiß ist in der Zauberflöte – weil sie in einer Spätzeit als Zeugnis eines künftigen Menschheitszustandes entstanden ist – das Verständnis des Lebensprozesses bereits weitgehend humanisiert. Aber es ist gerade das Bedeutungsvolle, daß trotzdem sowohl ihre Handlung wie ihre Musik immer wieder transparent werden auf den mythischen Hintergrund aller Lebensstufen. Darum kann das menschliche Geschehen der Zauberflöten-Handlung erst durch die Konfrontation mit dem Mythus wirklich aufgeschlossen werden.

Obwohl die Zauberflöte als Mysterienspiel Anleitung und Anweisung zum rechten, zum erfüllten Menschsein vermittelt, ergibt sich bei genauerer Betrachtung, daß eben dies dem Menschen anscheinend in seine Verfügung gegebene Sein nicht von ihm selber, sondern durch die göttlichen Mächte des Welthintergrundes bestimmt wird. Denn diese Götter berufen oder hindern, fördern oder verderben die Menschen. Und wodurch? Durch die Klänge der Musikinstrumente, welche die Götter oder Geistwesen den Menschen verleihen, in deren Klängen sie wirken und gegenwärtig sind. Die Musik ist in der Erfahrung der alten Kulturen ein Geschenk der Götter; weil sie von diesen stammt, als Fortwirkung des göttlichen Urklanges, ist es möglich, mit der Musik – im Hymnus, im Lied, im Klang der Instrumente – auch die Götter zu ›rufen‹. In der Musik ereignet sich die Epiphanie der Götter – oder aber der Dämonen, je nachdem, welche Klänge und Rhythmen erzeugt werden. Denn der Mensch vermag mit den ihm gleichsam von der Gottheit geschenkten Instrumenten, mit den Klängen derselben, Leben und Tod, das höhere Sein wie seine Vernichtung heraufzubeschwören. Den Griechen war darum alles künstlerisch-schöpferische Gestalten, aber insbesondere die Musik, auf das engste mit dem Wirken der Musen verknüpft. »Von allen antiken Gottheiten (und die Musen sind echte Stammverwandte des Olympischen Zeusreiches) sind die Musen die einzigen, deren Name in den europäischen Sprachen weiterlebt und ihnen unentbehrlich ist zur Bezeichnung des gewaltigen Reiches der Töne. Wir sprechen ihn gemeiniglich aus, ohne dabei mehr zu denken, als was in dem nüchternen Wort ›Tonkunst‹ liegt. Aber er kann und sollte uns doch daran erinnern, daß der Zauber der Töne durch den Namen ›Musik‹ als eine Gabe der Gottheit gekennzeichnet wurde, ja als ihre eigene heilige Stimme« (Walter F. Otto).

Wegen dieser himmlischen Herkunft der Musik ist sie seit den ältesten Zeiten ein wichtiges, unentbehrliches Element im Kult der Götter oder der Gottheit. Musik und Ritus sind Geschwister, die eigentlich erst zusammen ihre volle Wirksamkeit und Heilkraft zu entfalten vermögen. Erst in den Spätzeiten der Kulturen werden diese beiden Formen des Gottesdienstes nach und nach getrennt. Die Musik löst sich vom Kult, vom Ritus. Aus der ›musica divina‹, in deren Klängen sich die Gottheit manifestiert, wird die ›musica humana‹, die der sinnlichen Entzückung, der Erhöhung des Menschen-

Ichs dient. Im chinesischen ›Yo-Ki‹ wird der Zusammenhang von Musik und Kult folgendermaßen geschildert:

»Die Musik ist die Harmonie des Himmels und der Erde; das Zeremoniell ist die Hierarchie zwischen Himmel und Erde. Durch die Harmonie entstehen und entwickeln sich die Wesen; durch die Hierarchie wird die Vielheit gegliedert. Die Musik erhält ihre Wirkungskraft vom Himmel; die Riten entwickeln ihre ordnende Kraft auf der Erde. Die Musik steht am Anfang der Schöpfung, die Riten gehen von dem irdischen Wesen aus.«

Die heidnische wie die christliche Kultmusik ist darum nicht nur eine bloße Beigabe zum Ritus, die auch weggelassen werden könnte, sondern sie gehört zum Wesentlichen eines jeglichen Kultes. Zudem ist die Musik ein wichtiges Element des Opferrituals; neben dem Rauchopfer, das durch das Verbrennen von Holz, Harzen oder Tierleibern dargebracht wird, steht als die andere gleichwertige Opfertat das Klangopfer, das Lobopfer der Lippen im Lied, im Hymnus oder im Harfen-, Flöten- oder Trommelklang. Um erscheinen zu können, verkörpert sich die Gottheit in den Hauchleibern des Opfer-Klangs und des Opfer-Rauchs.

In der Zauberflöte zeigt sich – freilich in einer Spätform und bereits als Nachklang der alten hohen Kulte – die Verbindung von Musik und Ritus am deutlichsten in den Priesterversammlungen der Eingeweihten, mit ihrem strengen Zeremoniell, ihren Chören, ihrer Posaunenmusik und mit den genau geregelten Stufenfolgen der Weihungen. Aber zudem künden sich die Gottheiten selber durch die Klänge jener Instrumente an, die sie den Menschen verliehen haben. Auch läßt sich an den Klängen unterscheiden, welche Art von Gottheiten jeweils wirksam werden: ob es sich um Geistwesen handelt, die dem zeugenden Urklang noch nahe sind, und welche Menschen, die auf sie hören, zu diesem emporführen, oder um Geistwesen, welche, in die Tiefe des Seins abgesunken, im Abgrunde hausen und als Licht und Klang einsaugender

Gegenpol zum frei flutenden Licht-Klang wirken. Im Klangleib der Zauberflöte manifestieren sich hörbar gegensätzliche göttliche Wesen.

Syrinx und Flöte

Insbesondere sind es drei Instrumente, welche auf den Gang der Handlung der Zauberflöte einwirken. Zwei von ihnen werden augenscheinlich von der Königin der Nacht verliehen: so erhält Tamino von ihr die Flöte, Papageno das Glöckchenspiel; sein ›Faunenflötchen‹, die antike Syrinx, war ihm anscheinend schon von jeher eigentümlich. Aber diese Verleihung der Instrumente gibt vorerst zu trügerischen Schlüssen Anlaß; denn zumindest in bezug auf die Flöte wird auf dem dramatischen Höhepunkt der gesamten Handlung eine noch bedeutungsvollere Herkunft enthüllt. Es ist gewiß weder zufällig noch beliebig, daß das ganze Werk seinen Namen nach der Flöte und nicht nach einem anderen Instrument erhalten hat. Denn wie noch darzulegen ist, bildet die Bedeutung der Flöte den Schlüssel zu allen Rätseln des ebenso hintergründig-geheimnisvollen wie vordergründig-verstehbaren Spiels. Mit der Enthüllung ihres Geheimnisses bahnt sich die Wende des ganzen Einweihungsgeschehens an: die Krisis zum Tode wird zur Krisis zum Leben.

Obwohl durch die Flöte und ihren Klang die Wende des Dramas herbeigeführt wird, bleibt ihre Bedeutung im größeren Teil der Zauberflöte im Dunkeln: allmählich, in drei ›Schritten‹ oder Phasen, kommt die Flöte zur Wirkung. Denn dreimal macht Tamino Gebrauch von seiner geheimnisvollen Mitgift: zuerst, als er vor den Mauern des Tempels als ein ›neuer Orpheus‹ die wilden Tiere durch den Ton der Flöte anlockt und zähmt; eine wortlose Szene von wunderbarem Zauber, in welcher der vorwörtliche, noch ungeteilte Zustand des Seins aufklingt. Denn der Klang ist ›älter‹ als das Wort, dieses ist die innerweltliche Manifestation des überweltlichen göttlichen Klanges. Wenn darum der Urton aufklingt, wird in ihm das Wort verschlungen. Zum zweiten Male spielt Tamino die Flöte auf der zweiten Stufe seines Prüfungsweges. Zuvor hatte der Sprecher der Gemeinschaft der Eingeweihten dem Tamino (und Papageno) *heilsames Schweigen* auferlegt. Damit sie dies bestehen können, bringen die drei Genien aus dem luftigen Zwischenreich dem Tamino die Flöte, Papageno das Glöckchenspiel zurück, die ihnen beide zu Beginn der Prüfungen von den Priestern abgenommen worden waren. Die zauberischen Luftgeister singen:

Seid uns zum zweiten Mal willkommen,
Ihr Männer, in Sarastros Reich!
Er schickt, was man euch abgenommen,
Die Flöte und die Glöckchen euch.

Wenn wir zum drittenmal uns sehen,
Ist Freude eures Mutes Lohn!
Tamino Mut! Nah ist das Ziel.
Du, Papageno, schweige still.

Während nun Tamino, den Tönen lauschend, die Flöte spielt, kommt Pamina, von den Flötenklängen angelockt, herbei. Tamino muß jedoch – scheinbar grausam – die ratlose, schließlich verzweifelte Pamina ohne Auskunft und Zuspruch lassen, wenn er seine Schweigegelübde nicht brechen will. Könnte Pamina freilich die Klänge seiner Flöte verstehen, so würde sie die Freude der Lösung ahnen, die ihrer am Ende des Prüfungsweges wartet. Aber noch ist ihr Ohr für den göttlichen Sinn der Musik verschlossen; ihr Geist ist noch nicht empfänglich für die Botschaft des reinen, ungetrübten Lebens. Erst beim dritten Male, als Pamina sich mit Tamino zusammen der Feuer- und Wasserprobe unterzieht, vermag sie das Geheimnis der heilenden, rettenden Flöte auszusprechen.

So wird die Flöte erst bei ihrem dritten Ertönen zum Instrument der Schicksalswende und zum Medium einer Botschaft, die im bisherigen Gang der Handlung und des Prüfungsweges – weil nur angedeutet – im Unbestimmten blieb. Die beiden Mächte, zu deren Realisierung der Mensch (repräsentiert durch Tamino) in der Zauberflöte aufgerufen wird, sind Liebe und Freundschaft. Wer sich diese zu eigen macht, wer sich durch sie führen und bestimmen läßt, der wird von den Erbübeln der Ichsucht, der Habsucht und der Herrschsucht befreit und erblüht – sein enges Ich übersteigend – zur Fülle des Menschseins. Und doch ist die treue Aneignung dieser beiden Grundkräfte des menschlichen Seins noch nicht genugsam. Es bedarf vielmehr des Hinzutretens einer dritten Kraft, durch welche diese beiden ersten aufgeschlossen, gleichsam fermentiert und im Irdischen stabilisiert werden können. Die Mysterienlehre der Zauberflöte verkündet die göttliche Gnade als diese dritte Kraft, durch welche »die stagnierenden Grundkräfte der Welt in Bewegung gebracht werden« (Marius Schneider), und durch die höherer Wirklichkeit hiesige Gestalt verliehen wird. Als Urklang oder als das göttliche Urwort hat sie die Schöpfung aus dem gestaltlosen Chaos hervorgerufen und durchwirkt sie seitdem dauernd. Dieser göttliche, alles Sein schöpferisch gestaltende und umgestaltende Urklang des Lichtes aber wird vernehmbar im Erklingen der Flöte. In ihrem Klang offenbart sich der Gott und bildet als Helfer und Vollender mit dem durch die Wasser- und Feuerhölle wandernden Paar eine menschlich-göttliche Dreiheit. Es wird noch von der versöhnenden Eigenschaft der Flöte, in der sich das obere und das untere, das solare und das lunare Prinzip vereinen, des näheren zu sprechen sein.

So wird das Geheimnis der Flöte, das Geheimnis der göttlichen Wirklichkeit, erst enthüllt und wirksam, wenn sich Tamino und Pamina aus freiem Willen und gegen alle Kausalität vereint haben. Zwar besaß Pamina, die Tochter des Sonnenkönigs, längst dies Geheimnis, aber sie vermochte es erst zu offenbaren, als ihr Wesen durch das erfahrene Leid und die erlittene Todesnähe von Schlacken reingeglüht und für die Lichtkraft durchlässig geworden war. Als sie sich entschlossen hatte, zusammen mit dem zum Priester-Fürsten bestimmten Tamino die letzte und schwerste Prüfung zu bestehen, wurde ihr die Zunge gelöst. Während sie als eine neue Ariadne und Beatrice ihren Geliebten durch die Feuer- und Wasserhölle hindurchgeleitet, als *ein Weib, das Nacht und Tod nicht scheut*, enthüllt sie Tamino die Herkunft der Flöte.

Wie schon angedeutet, wird das Geschehen der Zauberflöte durch diese Aufdeckung überhaupt erst wirklich transparent, und die bisher nur erahnbaren Hintergründe werden deutlich umrissen. Pamina aber berichtet: Ihr Vater, der Sonnenkönig, war anscheinend – wie Osiris, dessen menschliche Spiegelung er darstellt – von dem Widersacher aus dem Dunkel getötet worden; er wurde dann vermutlich – wie Osiris – zum Herrn der Unterwelt. Aber bevor er unterging, hat er ein heilbringendes Instrument geschaffen. Er schnitt »aus dem tiefsten Grunde der tausendjährigen Eiche die wundertätige Flöte« im Aufruhr der Elemente, unter Blitz und Donner, wohl in nächtlicher Stunde – das will sagen, aus dem Grund der Welt. Die Flöte, das ›singende Rohr‹, ist gleichsam eine Hieroglyphe für ›Baum‹ – sie vertritt als ein Teil dessen Ganzheit, dessen ganzes Wesen. Der Baum aber ist mehr als ›nur ein Baum‹ – er ist der Inbegriff des zwar vielverästelten, aber dennoch einheitlichen Lebens, der den Tod – ohne den es kein Leben gibt – immer erneut überwachsenden, das heißt ›besiegenden‹ Lebenskraft. Die ›tausendjährige Eiche‹ ist – da tausend als Symbolzahl der unbegrenzten Fülle gilt – nichts anderes als der aus vielen Mythen bekannte Lebensbaum (auch die Bibel kennt ihn als den Paradiesbaum). Die Flöte ist demnach der ›Baum‹ und ihr Klang die unzerstörte oder wiederhergestellte Weltmelodie.

Der Musikwissenschaftler Marius Schneider, der durch seine Kenntnis insbesondere des indischen Mythus dem Bezug von Musik und Weltschöpfung nachgegangen ist, hat in einem Vortrag ›Musikinstrumente, Götter, Werkzeuge und Symbole‹ eine Fülle von Material und Einsichten, auch zur Mythologie der Flöte, beigebracht. So berichtet er von einer Erzählung der amerikanischen Moki, nach der die ersten Menschen den Weg aus ihrer dunklen Geburtshöhle mit Hilfe von zwei Flötenspielern fanden, wohl einem menschlichen und einem göttlichen. Um aber eine drohende Überentwicklung und Erstarrung der Materie und des Gesichtssinns zu verhindern, hatte der Donnergott, nach Schneider, in seiner Licht- und Tonwelt (Atmosphäre) einen heiligen Raum, den ›Kanal‹, hinterlassen, durch den er, der Unsichtbare, auch nach der Vollendung seines Werkes noch weiterhin, insbesondere als Beschützer der Fruchtbarkeit, mit den Menschen in Beziehung bleiben konnte.

Dieser heilige Raum, den er unter dem sogenannten ›Nabel der Welt‹ schuf, war ein großer hohler Baum oder Pfeiler. Der später auftretende Heilbringer oder Kulturstifter nahm Wohnung in diesem ›Baum‹, so er sich »nicht selbst mit diesem Baume identifizierte« (Schneider), und unternahm es von dieser »zentralen Opfer- und Resonanzhöhle« aus, die erstarrte, materialisierte Welt wieder erneut in Vibration zu setzen und rhythmisch zu durchklingen, um sie so wieder in einen vibrationsfähigen Zustand zurückzuführen. »Der geistige Impuls der Götter und die (wieder) vibrationsfähig (gewordene) Materie sollten sich im Instrumentenklang zusammenfinden.«

Wenn man diese von Schneider vorgelegten ›musikalischen Urmythen‹ (von denen Mozart-Schikaneder freilich bei der Gestaltung der Zauberflöte nichts wußten, die sie aber als Künstler intuierten) mit dem Flötenmythus der Zauberflöte konfrontiert, dann wird dieser mit einem Male transparent. Paminas Vater, der Sonnenkönig oder -gott, enthüllt sich dann als ein Heilbringer, als Kulturbringer, der über seinen Tod durch den Widersacher hinaus, welcher die Welt in Nacht und Erstarrung zu versetzen versucht, den lebenspendenden Urklang im Ton der Flöte überliefert. Und es ist dann, wie so oft in den weisheitserfüllten Märchen und in den wahr-sagenden Mythen, daß derjenige Jüngling zum Erben der königlichen Urkraft oder des getöteten Kosmokrators wird, der es vermag, das geheimnisvolle, aus dem Herzen der Erde oder aus dem Weltenbaum geformte Instrument – in diesem Fall die Flöte – zu spielen. In Vollmacht und als ein erlösendes Geschehen vermag dies der Jüngling erst, wenn ihn die Tochter des Gottkönigs, hier Pamina, durch die nicht nur dem Menschen, sondern auch einander feindlichen Elemente führt und ihm, inmitten der Gefahr, das Geheimnis der Flöte erschließt. Schneider macht weiterhin deutlich, was dadurch bewirkt werden kann, und zwar am Beispiel des ursprünglichen Heilbringers, den nachzuahmen, mit dem sich zu identifizieren, der eigentliche Sinn der Initiation, auch derjenigen Taminos, ist.

Nach der chinesischen Überlieferung nämlich schuf der Heilbringer oder ›Kulturheld‹, um die starr oder chaotisch gewordene Welt in eine ›konzertierende Ordnung‹ zu bringen, zwei Panpfeifen zu je sechs Flöten, das bedeutet ein Bündel von zwölf Tönen. Aus dieser musikalischen Grundstruktur und »aus den Größenverhältnissen seiner klingenden Bambusrohre gewann der Heilbringer auch die Maßnorm zur Abgrenzung der Felder und Errichtung sakraler Bauten und nicht zuletzt das rituelle Maß von dreiundzwanzig Centimetern, das (auf ein Bambusrohr übertragen) den Grundton seines Tonsystems ergab und zugleich dem leidenschaftslosen Singen des Gelben Flußes entsprochen haben soll. Aber ob er nun den Flüssen ihren Lauf, den Tempeln ihre Maße oder jeder Jahreszeit ihre Riten und Gesänge vorschrieb, ob er den Flöten ihre Grifflöcher, den Sippen ihre Eigenlieder und jedem Beruf das ihm sozial entsprechende Musikinstrument zuteilte, es ging ihm immer nur darum, die Kräfte der Welt wieder nach ihrer musikalischen Grundgestalt zu ordnen und zu kanalisieren« (Schneider).

Der Heilbringer – und jeder Lichtheros gilt und wirkt als

solcher – hat demnach die Aufgabe, die ›harmonia mundi‹, die musikalische Ordnung des Universums, die durch Dissonanzen gestört und getrübt worden ist, wiederherzustellen. Oder – was im Grunde das gleiche ist – er vermag die vibrationslos gewordene Stofflichkeit wieder derart in Schwingung zu versetzen, daß der Urklang durch alles Gestaltete hindurch zu tönen vermag. Auch der sonnenhafte, das heißt der göttliche Vater Paminas ist als ›Flötenmacher‹ ein Heilbringer und Wiedererwecker des Urklanges oder der durch die Götter repräsentierten Urklänge. Obwohl es nicht ausdrücklich erwähnt wird, ist auf Grund der vielfachen mythischen Parallelen anzunehmen, daß der Sonnenkönig, der durch den siebenfachen Sonnenkreis als der bevollmächtigte Hüter der kosmischen und sittlichen Ordnung gekennzeichnet wird, in seinem Werk der heilsamen Harmonisierung des Universums durch seinen Tod gehindert wurde. Von seinem Mörder ist zwar in der Zauberflöte nicht die Rede, aber vielleicht gibt es doch heimlich in der Passion des Sonnenkönigs eine dem Seth, dem Mörder des Osiris, ähnliche Gestalt. Sicher ist jedoch, daß die Königin der Nacht nach dem Tode ihres Gatten, des Sonnenkönigs, seine Flöte in ihren Besitz bringt und zudem sein Macht- und Herrschaftszeichen, den siebenfachen Sonnenkreis, mit Hilfe Taminos zu erlangen sucht. In dieser Absicht übergibt sie dem Jüngling, *unschuldig*, *weise*, *fromm*, die Flöte als Hilfe beim Raub des siebenfachen Sonnenkreises und bei der ›Befreiung‹ ihrer Tochter Pamina.

Dennoch läßt sich nicht behaupten, daß sich die Königin der Nacht die Flöte unrechtmäßig angeeignet habe; auch sie und die Kräfte ihres nächtlichen Reiches haben mit Anteil an der Erschaffung der Flöte. Denn diese ist symbolisch ein androgynes Wesen; in ihr sind die Kräfte des Männlichen und Weiblichen, des Solaren und des Lunaren, der Zeugung und der Geburt, der Wurzeltiefe und der Gipfelhöhe, die Kräfte von Tod und Leben vereint. Klang und Holz, Logos und Eros verbinden sich in der ›göttlichen Flöte‹ zur Einheit.

Im Gegensatz zur Trommel, deren bauchige Gestalt als weiblich, deren Klang als männlich gedeutet wird, gilt die Flöte ihrer Form nach als männlich-phallisch, in ihrem Ton als weiblich. An der Flöte sind die männlichen und weiblichen Grundkräfte des Seins beteiligt: der Sonnenkönig, der sie geschaffen und die Königin der Nacht, die sie beseelt. Darin liegt auch die Lösung des Rätsels, warum Tamino die wundertätige Flöte – deren Klänge sowohl die Wildheit der Tiere wie die Zerstörungskraft der Elemente besänftigen – gerade aus der Hand der Königin der Nacht empfängt: auch ihr Wesen ist in der Flöte mitenthalten; ihr Anteil an der Flöte bleibt so lange legitim, als sie nicht das Ganze des Weltinstrumentes und seine Wirkung für sich beansprucht. So ist, nicht unmittelbar durch den Text, sondern durch den Mythus der Flöte, Positives von der Königin der Nacht ausgesagt. Sie gehört – wie ihr Gatte, der Sonnenkönig – zu den Grundkräften des Daseins und dies so lange, als sie nicht versucht, *aus ihrem Wirkungskreis zu schreiten.* Die Königin der Nacht ist nicht an sich böse – aber die Handlung der Zauberflöte erklärt, warum sie sich schließlich geradezu zu einer Verkörperung der Bosheit wandelt, dadurch nämlich, daß sie – nur Teil des Ganzen – dieses dennoch zu beherrschen sucht.

Das Wesen der Flöte ist demnach von androgyner Art; in ihm sind die Gegensätze nicht nur enthalten, sondern durch ihre Verschmelzung auch überwunden. Darum entspricht es dem Wesen und dem Geheimnis der Flöte, daß ihr Klang erst beim dritten Male zur vollen Wirksamkeit gelangt: in einer Situation, in welcher Mann und Weib, die beide nach der Mysterienlehre der Zauberflöte an die Gottheit anreichen, in einem Willen vereint und auf ein Ziel ausgerichtet sind. Erst wenn die Gegensätze und Widersprüche der Geschlechter durch die Kraft der Liebe verschmelzen (einmal waren auch der Sonnenkönig und die Königin der Nacht so vereint), kann auch die ›göttliche Flöte‹, ein Klangsymbol für die ›Vereinigung der Gegensätze‹, zur Hilfe und Rettung des liebenden Paares ertönen. Die Flöte ist darum die klingende Ausdrucksform des Mysteriums der Einung. Wenn Menschen, in unstillbarem Verlangen nach ewiger Schönheit über sich hinauswachsend, sich der Urkraft der Liebe ergeben, dann antworten ihnen seelenerhöhende, Einheit wirkende und Erlösung verkündende Klänge, Klangfiguren, die unmittelbar aus dem göttlichen Urton hervorgehen, der nichts anderes ist, als erklingende Liebeskraft.

›Dschinnistan‹

Bevor wir die Symbolik der Flöte weiter verfolgen und ihre Gründe aufzudecken versuchen, ist daran zu erinnern, daß die Flöte der Zauberflöte nicht nur symbolisch, sondern auch aus ihrer literarhistorischen Herkunft zu verstehen ist. Denn Schikaneder-Mozart haben den Titel, sowie einige Motive ihres Textbuches Wielands ›Dschinnistan‹, der dreibändigen Sammlung ›auserlesener Feen- und Geistermärchen‹, entnommen, die 1786–88 in Winterthur erschienen ist. Diese Märchensammlung war damals für viele Theaterschriftsteller eine Fundgrube der Motive. Aber mehr als das bloße Material haben Schikaneder-Mozart aus dem Märchen ›Lulu oder die Zauberflöte‹ nicht übernommen. Was haben sie aber aus den uralten, von Wieland im Geschmack des Rokoko neu gemünzten Überlieferungen gemacht! Manche Motive des Märchens haben die Verfasser teilweise in die gegensinnige Bedeutung gewandelt. So beginnt das Märchen mit dem Erscheinen einer im morgenrötlichen Glanze leuchtenden ›guten Fee‹, die den Prinzen Lulu, nachdem sie seine reine Gesinnung und ›Unschuld‹ geprüft hat, dafür gewinnt und dazu bestimmt, ihre Tochter Sidi aus der Gewalt eines bösen Zauberers zu befreien und von diesem auch den ›goldenen Feuerstahl‹ zurückzuholen, den er entwendet hatte.

Als Hilfe bei dieser Aufgabe schenkt die Fee dem Prinzen eine wunderbare Flöte, »welche die Kraft hat, jedes Hörers

Dschinnistan
oder
auserlesene
Feen-
und
Geister-Mährchen,
theils
neu erfunden,
theils
neu übersetzt und umgearbeitet.

Zweyter Band.

Winterthur,
bey Heinrich Steiner und Compagnie, 1787.

Liebe zu gewinnen und alle Leidenschaften, welche der Spieler verlangt, zu erregen oder zu besänftigen«. Mit den Klängen dieser Flöte lockt der Prinz Lulu (ähnlich wie in der Oper der Prinz Tamino) Vögel und sonstige Tiere an, »die ihm zuhören, als ob sie den Sinn seiner Töne verstehen würden«. Der Zauberer jedoch, üblen Sinnes, vermag der Flöte nur Mißtöne zu entlocken, vor denen die von Lulu herbeigerufenen Tiere angstvoll entfliehen. Nach vielen Abenteuern gelingt es Lulu, den Zauberer zu entmachten, ihm den Feuerstahl, der seinen Besitzer zum Herrn der Geisterwelt macht, zu entreissen, das Mädchen Sidi zu befreien und zur Gattin zu gewinnen. Der Zauberer wird in einen Vogel verwandelt und die in ihrem Wolkenwagen einherziehende Fee, die nun selber die Flöte spielt, erschüttert den Palast des Zauberers durch deren Klänge dermaßen, daß er zusammenstürzt.

Das Gemeinsame und das Unterscheidende von Märchen und Operntext ist offensichtlich; in beiden Fällen treten halbgöttliche oder göttliche weibliche Wesen auf, die mit kosmischer Macht begabt sind; das eine Mal erscheinen sie als ›gut‹, das andere Mal als ›böse‹. In beiden Fassungen steht sowohl der ›guten Fee‹ wie der ›bösen Königin der Nacht‹ eine ihnen überlegene Macht entgegen; im Märchen der ›böse Zauberer‹, in der Oper der ›gute Sarastro‹. Jeweils wird im Menschenreich ›das Mädchen‹ (das Abbild der zukunftspendenden Göttin Kore) als höchster Wert betrachtet, den zu besitzen jeder Einsatz gerechtfertigt erscheint. Unter den Geräten ist es einmal der goldene Feuerstahl, der Macht über die Geister verleiht, das andere Mal die Flöte, durch welche die kosmische und sittliche Ordnung wiederhergestellt werden kann. Sowohl in der Märchen- wie in der Opernfassung der Zauberflöte ist der Flöte zuerst nur eine bescheidene Rolle zugewiesen; dennoch wird schließlich durch sie die Krisis der Handlung herbeigeführt. Freilich ergeben sich in den beiden Fassungen tiefreichende Unterscheidungen in bezug auf die geistige Bedeutung der Flöte. Im Märchen dient sie der ›guten

Fee‹ als Zauberinstrument, während sie in der Oper als Medium göttlicher Urmächte wirkt. Darum gehört die Flöte im Märchen dem Bereich des Magischen, im Mysterienspiel aber dem des Religiösen an.

Aus der Geschichte der Flöte

Neben der literarischen Herkunft des Flötenmotivs ist jedoch auch ihre historische Herkunft und Entwicklung wenigstens in Kürze zu bedenken. Die Heilige Schrift verlegt die Entstehung der Flöte in die Zeit der Urgeschlechter. Sie schreibt nämlich die Erfindung der Musikinstrumente – in zwei Typen, als Zither und Flöte zusammengefaßt – dem Kainssohn Jubal zu, wobei festzustellen ist, daß nach dem 4. Kapitel der Genesis die gesamte Kulturerfindung durch die Nachkommen Kains erfolgt. Diese sind demnach die Kulturbringer der Menschheit, zumindest ihres semitischen Teils. Jedenfalls gab es nach W. Wiora schon in der Mitte des Aurignacien – also um 60000 v. Chr. – Flöten, wahrscheinlich zur Begleitung jener kultischen Tänze, die wir aus den eiszeitlichen Felsbildern erschließen können; es gab ›gestimmte‹ Flöten bereits in der älteren Steinzeit. Gewiß wurde die Flöte (und zwar bereits die Griffloch-Flöte) seit dem Aurignacien zur Verständigung mit den Jagdgenossen und zur Anlockung der Tiere gebraucht. Zugleich aber hatte sie als ›leiblose Stimme‹, als magisch ›singender Knochen‹, einen über den Menschen hinausweisenden, religiösen Sinn. Wahrscheinlich hatte das damals ebenfalls schon bekannte Schwirrholz, das heute noch bei den Australnegern und andern, auf der Stufe der steinzeitlichen Kultur stehenden Völkerstämmen in Gebrauch ist, eine ähnliche Bedeutung: im Klang der Flöte wie des Schwirrholzes vernahm der Mensch die Stimme des Gottwesens.

Die Flöte ist in der Gestalt der Langflöte eines der ältesten Musikinstrumente der Menschheit. Mit der Rohrflöte erzeugte der frühe Mensch sowohl in der freien Weite wie in den hallenden Höhlen, die er lange bewohnte, die Urform der späteren Kultmusik und mit der schrillen Knochenflöte die anspornende Jagdmusik. Die frühesten Flöten, von denen wir auf Grund von Funden Kenntnis haben, waren aus Vogelknochen gefertigt. Dies mag davon herrühren, daß diese ›Vogelflöten‹ infolge ihrer vorgegebenen Hohlheit schon ›von Natur aus‹ als Blasinstrumente geeignet waren. Zudem war der steinzeitliche Mensch, der nicht logisch, sondern in Analogien der magischen Weltsicht dachte und imaginierte, davon überzeugt, daß ihm durch Gebrauch des Vogelknochens auch des Vogels Fähigkeit zu singen, zu pfeifen und zu flöten zu eigen werde. Neben den grifflochlosen Vogelknochen-Flöten wurden jedoch schon früh auch Beinflöten mit Grifflöchern verfertigt.

Eine andere frühe Form der Flöte ist die Pan- oder Hirtenflöte, im Altertum Syrinx genannt. Eine Panflöte besteht aus einer Anzahl aufeinander abgestimmter Röhren, die an ihrem unteren Ende geschlossen und in Floßform miteinander verbunden sind. Wie durch die Grifflöcher der Flöte, lassen sich, durch verschieden lange, aufeinander abgestimmte Rohre, verschiedene Tonhöhen erzielen. Für unsere Zeit ist die Panflöte durch das ›Faunenflötchen‹ Papagenos (wie sie im ersten Textbuch der Zauberflöte genannt wird) klassisch geworden.

Die Rohrblatt-Blasinstrumente stellen eine relativ früh feststellbare Abwandlung des Flötentypus dar. Bei diesen wird die Flöte durch ein schwingendes Rohrblatt zum Klingen gebracht – so bei der Klarinette und der Oboe. Bei der Oboe schlagen zwei Rohrblätter gegeneinander, oder das Blatt besteht – bei primitiven oboenartigen Instrumenten – lediglich aus einem hohlen Stück Rohr, das flachgedrückt wird, so daß die gegenüberliegenden Blattseiten gegeneinander schlagen können. Nach C. Sachs können bestimmte Einblattinstrumente bis in die Steinzeit zurückdatiert werden; im Königsfriedhof von Ur wurde bereits eine silberne Doppelpfeife mit zylindrischer Bohrung gefunden.

Jedenfalls sind die Urformen der beiden, das ganze Altertum hindurch immer wieder um- und fortgebildeten Instrumenten- und Klanggruppen schon in vorgeschichtlicher Zeit entstanden: Blasinstrumente wie Trompete, Pfeife, Flöte, Oboe, Klarinette, und Saiteninstrumente wie Harfe, Leier, Kithara, Laute. Schon früh – in Ägypten wahrscheinlich im 3. Jahrtausend v. Chr. – wurde neben der ursprünglichen Langflöte auch die Querflöte (und eine solche bläst Tamino) ausgebildet und gebraucht. In Europa wurde letztere freilich erst im Mittelalter, wahrscheinlich erst durch die Kreuzzüge, bekannt. Jedenfalls läßt sich die am Rande geblasene Rohrflöte in Oberägypten bis in die Zeit vor den historischen Dynastien zurückverfolgen. Später wurde sie in Ägypten neben Harfen und verwandten Saiteninstrumenten sowohl als Soloinstrument wie im Orchester verwendet, »während sie bei den Sumerern, obgleich sie vor allem eine Hirtenpfeife war, auch als Ritualinstrument im Tempel gebraucht wurde. Gleich den Rasseln und Schellen, Pfeifen und Schwirrhölzern, mit denen sie in der prähistorischen Periode zusammengehörte, war diese lange Flöte im Wesen primitiv, ähnlich gewissen ›harmonischen Flöten‹ primitiver Kulturen, bei denen die melodische Reichweite zunächst vom Gebrauch der höheren natürlichen Obertöne des Rohrs abhängt und ferner von einer Mindestzahl von Grifflöchern, mittels welcher die kleinen Zwischenräume zwischen den Obertönen ausgefüllt werden müssen. Die älteren ägyptischen Flöten, von denen einige Exemplare in Grabstätten gefunden wurden, hatten gewöhnlich drei Grifflöcher. Die moderne Anordnung mit sechs oder mehr Löchern geht auf die hellenistische Zeit zurück« (Anthony Baines).

»Um das Ende des dritten Jahrtausends v. Chr. ging diese Flöte in den ländlichen Gebrauch auf den Dörfern über. In den Städten nahm ihren Platz eine Reihe eigenartiger Blattpfeifen ein, die dann auch die gesamte Blasmusik der Antike monopolartig beherrschten, im griechischen ›Aulos‹ und in der römischen ›Tibea‹ ihren Höhepunkt erreichten und sogar bis ins frühe Mittelalter in Verwendung blieben. Es waren kurze, schlanke Pfeifen aus Rohr oder Holz; sie wurden durch Rohrblätter zum Klingen gebracht – wir wissen, daß die Griechen doppelte Rohrblätter benutzt haben – und fast immer in Paaren gespielt, wobei der Spieler in jeder Hand eine Pfeife hielt und gleichzeitig auf beiden blies.« Während der Aulos in der städtischen Holzblasmusik vorherrschte, wurden im Bereich der Hirten des Altertums drei oder vier Pfeifenarten ausgebildet, darunter die ›Parallelpfeife‹, zwei eng nebeneinander liegende, mit Grifflöchern und einem primitiven Blatt versehene Pfeifen, die mit den Fingern einer Hand umspannt und gespielt werden konnten.

»In Sizilien brüstete sich einer der bei Theokrit erwähnten Hirten, daß er vier verschiedene Pfeifen benutze: die ›Syrinx‹ oder Panflöte, den ›Aulos‹ und ›Plagiaulos‹ – hier eine Traversflöte – und den ›Donax‹ – wörtlich ›Rohr‹, aber hier vielleicht die erwähnte Parallel-Doppelpfeife. Julius Pollux gibt in seinem ›Onomastikon‹, Athen, 2. Jahrhundert n. Chr., ein interessantes Verzeichnis regionaler und nationaler Pfeifen, die den verschiedensten Völkern, von den skythischen Stämmen bis zu den Kelten und den ›Inselbewohnern des Ozeans‹ – wahrscheinlich den Briten, die er als Panflötenbläser bezeichnet – zugeschrieben wurden. Nach dem frühen Mittelalter tauchen ähnliche Pfeifen, ziemlich gleichmäßig über Europa verteilt, wieder auf. Keines der westlichen Holzblasinstrumente jener Zeit braucht Pollux und seinen Zeitgenossen unbekannt geblieben sein; es waren Panflöten und die verschiedenen Doppelpfeifen, die im 2. Jahrhundert v. Chr. mit dem phrygischen Kybelekult (zu dem der Mythus nach Marsyas in Beziehung stand) verknüpft waren« (A. Baines).

Gewiß waren die Blasinstrumente als die ältesten vom Menschen erfundenen, die Pfeifen, Flöten, Rohrblattinstrumente, Trompeten und Hörner, von allen Völkern geschätzt, auch nachdem zu Beginn der Hochkulturen die Saiteninstrumente immer reicher ausgebildet wurden, im Gebrauch – ja sie wurden mit den letzteren in China, Indien und Ägypten oft zu großen Orchestern vereint. Aber nicht bei allen Gelegenheiten waren Blas- oder Saiteninstrumente gleicherweise verwendbar. Ihr Gebrauch hing oft von der musikalisch-geistigen Gestimmtheit der Situation und des jeweiligen Kultes ab. Die Bevorzugung eines bestimmten, durch entsprechende Instrumente erzeugten Klangtypus war jedoch weder nur eine Sache des Geschmacks oder bloß zufällig, sondern hing auf das engste mit dem Wesen des Gottes zusammen, an das die Klänge ›erinnern‹ wollten und sollten. Waren doch immer in Hochzeiten der Kultur alle Kunst- und Lebensformen stets rückbezogen auf göttliche Ursprünge. Denn die Welt war im Verständnis der alten, fromm gesinnten Kulturen eine Erscheinungsform des Göttlichen oder ein Kampf- und Spielfeld von Gottmächten. Alles im Bereich der Welterscheinung hatte darum einen Bezug zu den Urmächten, zu den Göttern, Halbgöttern und Daimonen; Gestalt, Farbe und Ton sind Ausdrucksweisen derselben. Im Kult der Gottheiten aber, in dem das Eigentliche durch das Uneigentliche zur Darstellung kam und kommt, wurde die Sinnenwelt als Organ der Götterwelt offenbar.

Darum gehörte es in allen Kulturen zu den wichtigsten Aufgaben der Priesterschaft, ursprünglich aber auch des Herrschers, über die ›Reinheit‹, das will sagen: die Gemäßheit der im Kult verwandten Mittel zu wachen. Denn von der Epiphanie der Gottheit im Kultgeschehen, die nur durch die ihr entsprechenden und gemäßen Mittel hervorgerufen werden konnte, hing, nach der Überzeugung der Alten, das Wohl der Gemeinschaft ab. In der Mitte der kultischen Begehung aber standen die Musik und die Hymnen. Mit Klängen, die des Gottes waren, wurde ihm gehuldigt, wurden ihm Klangopfer dargebracht, wurde er ›gerufen‹. Aber nicht jeder Klang war jedem Gott gemäß; nicht auf einen jeden ›hörte‹ er. Es war darum nicht möglich, jede Art von Musik und jegliches

Instrument in jedem Götter-Kult zu verwenden. Im Kult des Apollon war die Verwendung der Flöte nicht sinnvoll, denn das Instrument Apollons war die Kithara mit ihren weihevollen, ernsten und gemessenen Klängen; sie wurde in seinem Kult zur Begleitung der kultischen Hymnen und der epischen Gesänge verwandt. Andererseits entspricht der durch die Oboe hervorgebrachte Klang dem enthusiastischen Wesen des Dionysos.

Nietzsche hat den Gegensatz von Apollon und Dionysos, der sich im Apollinischen und Dionysischen von Kunst und Leben manifestiert, als die Grundspannung der griechischen Kultur aufgedeckt. Im Klang der Kithara oder Oboe wird diese Spannung innerhalb der Götter- und Seelenwelt hörbar. Darum ist der doppelrohrige Aulos mit seinem näselnden, sinnlich aufreizenden Oboenklang ein für den Kult des Dionysos, des Weingottes und des Erregers des Enthusiasmus geeignetes und gemäßes Instrument. Sowohl die einrohrige wie die doppelrohrige Oboe wurden in seinem Kult verwandt, ihre Klänge erregten gleichsam die Gegenwart des Gottes in den Seelen der Menschen. Darum spielen die Silene, Satyre und Faune des Dionysoszuges die ein- oder doppelrohrige Oboe (wobei von der Gestalt des Instrumentes her nie zu entscheiden ist, ob es sich um die Flöte oder die Oboe handelt – dies läßt sich alleine am Klang erkennen) zum Tanz der Bacchantinnen und der Bacchanten oder zum Kelterfest. Der Oboenklang ist jedenfalls der Ausdruck der dionysischen Lebenssphäre, in der sich als ein heiliges Mysterium Tod und Leben, Zeugung und Wiedergeburt ineinander verschlingen.

Die Empfindung, daß die Klänge der Blasinstrumente (Trompete, Flöte und Oboe) und der Saiteninstrumente (Harfe, Kithara usw.) zwei einander entgegengesetzten Weisen des Göttlichen und des Seins entsprechen, scheint schon in Frühzeiten der Hochkulturen vorhanden gewesen zu sein. »Sind die Vorstellungen von Dunkelheit, Urgewässer und rhythmischer Urkraft vorwiegend mit der Muschel verbunden, so versinnbildet der Klang der Längstrompete die weithin sichtbare Manifestation der Sonnenkraft. Er gilt als ›Wort der Sonne‹. Fast der ganze Orient kannte einst die Sitte, den Auf- und Niedergang des großen Gestirns mit Trompetenklängen zu begleiten, um das Licht am Morgen mit diesem Gruß zu verherrlichen und ihm am Abend, angesichts der bevorstehenden Reise durch die Schrecken der Unterwelt, ein Klangopfer zu Füßen zu legen. Und so kommt es, daß auch überall, wo ein solares Königtum bestand, Ankunft und Abschied des Herrschers durch Trompetenstöße angekündigt wurde« (Marius Schneider). Dies ist auch die Bedeutung der Trompetenstöße der Priesterversammlungen in der Zauberflöte. Ist doch der Mysterientempel eigentlich kein Heiligtum der Isis, sondern das der Sonne; Sarastro ist ihr Hoherpriester, ja geradezu ihre Verkörperung, wenn er mit dem siebenfachen Sonnenkreis auf seiner Brust auftritt. Die Trompetenstöße der Priester, mit denen sie Sarastros Wunsch zustimmen, Tamino zu den Prüfungen zuzulassen, ihm den Weg zur Einweihung zu eröffnen, sind darum zugleich auch das ›Wort der Sonne‹ als göttliche Zustimmung zur Weihung Taminos.

»Ganz anders ist der Klang, den die Mythen mit der Natur des Menschen zusammenbringen. Hier ist fast ausschließlich von der zarten Stimme der Rohrflöte die Rede. Dünn und zerbrechlich erscheinen Stimme und Körper der leichten Bambusflöte im Vergleich zum vollen Klang der Muscheln und Längstrompeten. Aber deswegen ist ihr Spiel nicht weniger eindringlich. Als feinster Lebenshauch geht der Atem in das Bambusrohr ein, so daß Melodie und Instrument aufblühen wie ein Aronsstab ... So wird es uns auch etwas verständlicher, warum die Flöte so oft als die Trägerin der menschlichen Seele gilt und weshalb die primitive Magie immer wieder versucht, gute Geister dazu zu verlocken, in solchen Flöten ihren Wohnsitz aufzuschlagen. In den alten Kulturen ist das Flötenrohr das Symbol des menschlichen

Körpers ... seine Musik ist die wahre Tanzmusik, mit der der Mensch dem Tode entgegeneilt. Deswegen mußten ursprünglich sowohl die Hochzeitsmusiken wie die Totentänze von der Flöte ausgeführt werden ... Im Zusammenhang mit der Geburt werden besonders oft (in den Mythen) die zarten Stimmen der Panflöte genannt. Andererseits war (nach den altindischen Veden) der erste Rohrbläser Yama, der Totengott, der eigentliche Herr und Schöpfer des sterblichen Menschengeschlechtes. Auch in einer spanischen Volksüberlieferung heißt es noch, daß die Flöte auf dem Baum des Todes gewachsen sei.

Um diese Macht des Todes einzudämmen, verliehen die mythischen Kaiser Chinas jeder großen Familie eine erbliche Flötenmusik. Dies war ein Versuch, wenigstens das Wesen und den Stil jeder Familie über alle Generationen hinweg in Gestalt einer Melodie zu erhalten. Die Flöte ist sterblich, aber ihre Melodie überdauert sie ... Die Flöte umfaßt also das ganze menschliche Leben, aber ihre Melodien wechseln, je nachdem sie die geistige, die vegetative oder sexuelle Ebene unseres Daseins ansprechen. Das eigenste Gebiet des zarten, obertonarmen Flötenklanges scheint das Reich des Geistes zu sein ... Im alten Ägypten war das Bild der Flöte sogar das Ideogramm für geistige Klarheit und Genauigkeit« (Marius Schneider). Auf diese ägyptische Anschauung und Bewertung der Flöte ist noch zurückzukommen. Gibt doch der Text der Zauberflöte vor, ägyptische Mysterien zu vermitteln. Darum bildet auch das Osiris-Isis-Mysterium den Kern der Zauberflöte. Osiris steht jedoch in enger Verbindung mit der Flöte.

Aber trotz dieser geistigen Bedeutung der Flöte in Alt-Ägypten, und obwohl in Alt-Indien der Flötenton das Geheimwissen repräsentiert – was insbesondere ihren Sinn in der Zauberflöte erhellt –, darf die in den Gedankengängen von Schneider angedeutete, entgegengesetzte Bedeutung der Flöte nicht übersehen werden: die Flöte ist nicht nur, aber häufig, ein phallisches Symbol. Sie ist dies nicht nur durch ihre starre, langgestreckte Gestalt, durch ihren einerseits verführerischen, den erotischen Enthusiasmus stimulierenden Klangcharakter. In vielen Kulturen durften darum nur Männer die Flöte spielen, so bei kriegerischen Unternehmen, zur Aufstachelung des Kampfgeistes, bei den Wiedergeburtsmysterien der Jünglingsweihen, bei Erntefesten und Leichenfeiern oder zur Begleitung der Fruchtbarkeitstänze und -riten. Wegen der phallischen Symbolik der Flöte und wegen ihres Bezugs zum männlichen Zeugungsmysterium war den Frauen meist das Spielen der Flöte verwehrt. Wenn aber in gewissen Kulturkreisen und in gewissen Zeiten Frauen das Flötenspiel dennoch zugestanden wurde, so gehörten solche zumeist dem Bereich des Hetärischen an (das in einem Bezug zur Unterwelt steht). So spielten die Priesterinnen des ägyptischen Liebesgottes die Flöte sowohl in dessen Kult wie im Dienst der heiligen Prostitution, zu der sie verpflichtet waren. Auch die griechischen Flötenspielerinnen (die in Wirklichkeit die Oboe bliesen), deren Spiel den Gastmählern, zu denen üblicherweise nur Männer zugelassen waren, erst den vollen Reiz verliehen, waren, als umherziehende Musikantinnen, Vertreterinnen des hetärischen Lebensprinzips. Im Kult der magna mater Kybele waren es die zur Ekstase aufreizenden Klänge der Oboe, die dazu beitrugen, die Männer zu jener Raserei aufzustacheln, in welcher sie sich selber ihrer Zeugungskraft beraubten.

Um aber einem nur in unsrer Neuzeit möglichen Mißverständnis vorzubeugen, muß darauf hingewiesen werden, daß die Bezeichnungen: erotisch, sexuell und phallisch im Altertum weitgehend anders als in der modernen spaltsinnigen Welt verstanden wurden. Eros war für die Griechen, insbesondere für Hesiod, die schöpferische Allkraft, welche nicht nur die Welt, sondern auch die Götter erschuf, und die in all ihren Gestaltungen, auch in der Sehnsucht der Geschöpfe, sich miteinander zu einen, weiterwirkt. Erotisch war darum für die Griechen die nach Gestalt verlangende, nach immer höherer Vollendung drängende Kraft des Lebens. Im leiblichen Eros und in dem zur Höhe und Fülle des Daseins antreibenden dionysischen Enthusiasmus, erfuhren die Griechen die in kein Wort zu bannende, sondern nur im Klang ausdrückbare, alle Schranken übersteigende Macht des Eros. Der Phallus war darum weniger ein Symbol der menschlichen, als der göttlichen Zeugungskraft, welche die Welt immer erneut mit Liebes- und Werdekräften durchwirken will. Darum ist auch die Oboe des Dionysoskultes und ihr zu Tanz und Hymnus erregender Klang weniger ein Mittel zur Stimulierung der menschlichen Zeugungskraft, sondern ein Klangorgan göttlichen Liebens, zur Aufsprengung der menschlichen Ichbefangenheit, damit das so entgrenzte menschliche Wesen des Gottes voll werde.

Da aber – nach der Erfahrung der Alten – Liebe und Tod, Logos und Eros, Zeugung und Wiedergeburt in einer wechselseitigen, einander bedingenden Verbindung stehen, im Zeugungsmysterium die Schranke des Todes durchbrochen, im Tod aber der Maßlosigkeit des Zeugens eine Grenze gesetzt wird, empfanden die Griechen und Ägypter den Klang der Flöte und der Oboe nicht nur als Medium der Liebes- und Lebenslust, sondern auch als das der Unterwelt und des Todes. Mit seinem Flötenspiel lockt der Rattenfänger von Hameln in der mittelalterlichen Sage die Kinderschar in den Berg, was bedeutet: in die Unterwelt. In der Antike, in Babylon, in Ägypten und Israel gehörten die Flötenbläser und -bläserinnen zusammen mit den Klageweibern zum traditionellen Ritual der Totenklage. Auch nach dem 9. Kapitel des Matthäus-Evangeliums ertönt schrilles Flötenspiel im Trauerhaus. Die daimonischen Gestalten der Totensorge in Griechenland – der männliche Siren und die weibliche Sirene, menschenköpfige Vögel mit Armen und Händen – trösteten und erheiterten mit ihren Flötenklängen die Abgeschiedenen in der Unterwelt.

Daß durch die Klänge der Flöte-Oboe und der Kithara zwei

äußerst verschiedenartige Seiten des göttlichen und menschlichen Seins zum Ausdruck kommen, geht besonders deutlich aus dem griechischen Mythus vom musikalischen Wettkampf zwischen dem Musengott Apollon und dem Satyr (oder Silen) Marsyas hervor. Das Instrument des naturdämonischen Marsyas war neben der Hirtenflöte, der Syrinx, der Aulos, der auch im orgiastischen Kult jener Kybele, mit der Marsyas herumzuschweifen pflegte, eine Rolle spielt. Da dieser aber im Altertum auch als Quelldämon galt (viele Quellen und Flüsse waren nach ihm benannt), muß er als eine daimonische Natur-Gestalt verstanden werden, die es vermochte, durch das Spiel des oboenartigen Aulos Enthusiasmus zu erregen und zugleich durch die Quellen die Kräfte der verborgenen, dunklen Innenwelt der Erde zu offenbaren. Denn zwiefach vermag der Mensch sich selber zu übersteigen: durch den Abstieg in die Tiefe des Seins in den das Bewußtsein aufsprengenden, die Sinne entfesselnden Rausch – hervorgerufen durch den Aulos des Marsyas – und durch den Aufstieg zur Klarheit zum Überbewußten der apollinischen Welt, deren Klangordnung durch die Kithara vernehmbar wird.

Begreiflicherweise mußte Apollon, der geistdaimonische Herr der lichten Höhe, der Hüter der Maße und Zahlen, das erregende Flötenspiel als eine Störung der im Kithara-Spiel gesinnbildeten Sphärenmusik ablehnen. Als Folge dieses Gegensatzes kam es am Fuße der Akropolis von Kelaiani zum erbitterten Wettstreit zwischen dem Kithara-Spiel Apollons und dem phrygischen Flötenspiel des Marsyas, in welchem der Satyr unterlag. Aus Rache hängte ihn Apollon danach an einen Baum und zog ihm die Haut ab. Die heilige, nach Marsyas benannte Quelle, die sodann am Ort des Wettkampfes entsprang, soll – gemäß dem Mythus – nach seinem Tode aus den Tränen der trauernden Satyrn, Nymphen und Hirten entstanden sein, deren Sein Marsyas mit seiner Flöte innerhalb der Weltharmonie repräsentiert.

Für die Griechen – vor allem in der klassischen Zeit – war

demnach der Klang des Aulos von minderem Range als der der Saiteninstrumente. Dies mag darin begründet sein, daß die Flöte das typische Instrument einer früheren Kulturstufe ist, nämlich jener der Hirten, als deren Daimon und Archetypus Marsyas auftritt. Die Saiteninstrumente aber, die einer größeren Pflege bedürfen, repräsentieren eine höhere Gesittung, nämlich die städtische, heldische und ritterliche, die in Apollon ihre Geistgestalt erkennt. Darum sind, nach Hesiod, die Sänger und Spieler der Kithara gleichsam Söhne der Musen und des Apollon. »Der Mythus stellt Arten der Musik und ihr Gegeneinander im Bilde von Göttern, Dämonen und ihrer Kämpfe dar. Die musikalischen Wettstreite Apolls mit Pan und dem Satyr Marsyas sind Sinnbilder dafür, wie sich die apollinische Grundströmung der vorgerückten Hochkultur mit einem naturhaft wilden Erbe der Urzeit auseinandersetzte ... Undoktrinär haben die Griechen Pan, Dionysos und niedere Gottheiten nicht zugunsten Apolls verdrängt, sondern als Mächte verehrt, die zum Ganzen der Götterwelt und des ihr folgenden menschlichen Lebens gehören.« So deutet W. Wiora nach C. Sachs den Gegensatz von dionysischer und appollinischer Klangwelt und – von dort hergeleitet – auch die Gegensätzlichkeit des Klanges der Oboe und der Saiteninstrumente.

Die göttliche Stimme

In der Flöte, der Oboe und ihren Klängen manifestiert sich darum eine vielfache, zumindest dreifach gestufte Wirklichkeit, die sowohl den Bereich des Geistes, des vegetativ Wachsenden wie des Erotischen umfaßt. Geistig ist der Flötenklang, weil er geheimes, das heißt göttliches Wissen erschließt, weil in ihm die Stimme des Gottes ertönt. Andererseits steht die Flöte in Bezug zum vegetativen Leben; sie durfte – nach Marius Schneider – nicht in der Saatzeit des Kornes, sondern erst in seiner Reifezeit gespielt werden. Denn der Flötenklang soll die Saat nicht zum Leben erwecken, wohl aber ihr Wachstum fördern. Wegen der erotischen Wirkung und Bedeutung der Flöte (oder der Oboe) ist sie das traditionelle Instrument bei Hochzeitsfeiern und der Hochzeitsmusik. Seit Jahrhunderten gilt sie wegen dieses Zusammenhangs in Spanien als das klassische Hochzeitsgeschenk.

Wenn nach dem indischen Mythus der Gott in der Gestalt des Hirten Krischna die Flöte spielt, so bewirkt er das Wiederaufleben, die Erneuerung der müde gewordenen Welt. In der Flöte (Aulos) des Marsyas hingegen rauscht die Stimme der entflammten Lust der Mänaden und Satyrn; die Sirenen trösten erst die Abgeschiedenen im Hades, dann die Seligen im Elysium mit ihrer Flötenmusik. Aber die wichtigste Überlieferung zur Erschließung der Bedeutung der Flöte in der Zauberflöte bietet der ägyptische Mythus. Die Mysteriengottheiten der Zauberflöte sind bekanntlich Osiris und seine Gattin Isis. Osiris – ursprünglich der Gott des Lichtes, dann, nach seinem gewaltsamen Tode, als Herr der Unterwelt zum Korn- und Auferstehungsgott geworden, demnach in seinem Wirken zugleich der Ober- wie der Unterwelt angehörend, ist nach ägyptischer Überlieferung der Erfinder der Flöte, wenn auch Pindar in seiner 12. Pythischen Ode Athena als Erfinderin der Aulosmusik nennt. Sie verbindet, weil von göttlicher Herkunft, mit ihrem Klang die Ober- und die Unterwelt, das Mysterium der Zeugung mit dem der Wiedergeburt. Darum ist ihre Musik zum Symbol der Auferstehung geworden: im Klang der Flöte ertönt die Stimme jenes Osiris, der als lichte Gottheit getötet und zum Herrn der Unterwelt wurde und der als ein Heilbringer von dorther das Korn, als das wiederkehrende Leben, ins Licht zurücksendet.

Darum verheißt das Erklingen der Flöte, als Stimme des Osiris, während der Feuer- und Wasserprobe, in der Todes- und Unterwelt, in welche Tamino und Pamina abgestiegen sind, Wiedergeburt zu neuem Leben. Und ›neues Leben‹, das bedeutet: erhöhtes Leben als Vorgabe jenes ewigen, das durch die Einweihung in die Mysterien des Osiris und der Isis zu erlangen ist. So schließt sich der Kreis: die Flöte ist eine Gabe des Osiris an die Welt; in ihrem Ton will er ihr gnädig nahe sein. Und wenn in der Stunde der Gefahr auf dem Prüfungsweg der Einweihung der Klang der Flöte ertönt, dann dürfen die Prüflinge gewiß sein, daß der Gott selber jene begleitet, *die wandeln durch des Tones Macht, froh durch des Todes düstre Nacht.*

Fünftes Kapitel

Die Symbolik der Zahlen

Die Welt nach Zahl und Maß

Wir haben es bereits festgestellt: Musik und Text der Zauberflöte sind ein überaus komplexes Gebilde. In diesem hohen Werk ist das Mysterienspiel und die Hanswurstkomödie, die Tradition der Wiener Zauberstücke, mit der Erinnerung an ägyptische und vorderasiatische Weisheit miteinander verschmolzen. Im gleichen Sinne solcher Vereinigung der Gegensätze zu einer höheren Einheit ist in der Gestaltung der Zauberflöte von ihren Urhebern die sinnenkräftig eingängige und bewegende Handlung durchwirkt mit einem strengen Zahlengefüge. Wie die Musik der Zauberflöte über dem Kristallgitter einer sorgsam durchgeführten Ton- und Tonartensymbolik aufgebaut ist, so hat auch die Handlung eine uralte, nach dem Bedürfen und den Absichten der Verfasser abgewandelte Zahlensymbolik zum inneren Gesetz.

Man kann freilich das sinnlich Unterhaltende und das tiefsinnig Erhabene der Zauberflöte genießen, ohne dies Zahlengewebe des Werkes zu kennen oder auch nur zu ahnen; denn die Zauberflöte wendet sich ebenso an kindlich-naive Gemüter wie an die der Tiefe des Lebens Kundigen. Wer aber die Köstlichkeiten dieses Werkes nicht nur naiv genießen, sondern zur Erkenntnis seines Sinnes und der in das Sinnengewand verhüllten Absichten seiner Schöpfer vordringen will, der darf das Vorhandensein eines Netzes von symbolischen, bedeutungsvollen Zahlen sowohl im Aufbau, in der Handlung wie auch in der Musik der Zauberflöte nicht übersehen.

Oskar Goldberg, einer der besten Kenner der alttestamentlichen Esoterik, hat in seiner Schrift: ›Der Pentateuch, ein Zahlengebäude‹ nachgewiesen, daß der aus mancherlei älteren und jüngeren Quellen zusammenkomponierte Pentateuch, die ›fünf Bücher Mose‹ des Alten Testamentes, von einem zwar differenzierten, aber einheitlichen Zahlensystem durchwirkt ist. Dieses längst geahnte, von Goldberg erstmals konsequent dargestellte Zahlensystem des Pentateuch bezeugt, daß das aus den verschiedensten Jahrhunderten und Herkünften stammende Quellenmaterial der ›fünf Bücher Mose‹ in den Dienst einer großen, streng und konsequent durchgehaltenen, durch Zahlen figurierten Idee gestellt worden ist.

Ähnliches läßt sich auch hinsichtlich der Struktur der Zauberflöte aufzeigen. Es wird in einem folgenden Kapitel dargelegt werden, wie die Hauptquellen des Zauberflöten-Textes beschaffen sind. Jedenfalls kann es als gewiß gelten, daß Mozart und Schikaneder, teils durch die Ägypten-Romantik ihrer Zeit, teils durch ihre Zugehörigkeit zum Bunde der Freimaurer, von rosenkreuzerischen und freimaurerischen Ideen und Überlegungen durchdrungen waren und zudem durch die Literatur von ägyptischen und hellenistischen Mysterien wußten. Jedoch erst durch das Gerüst des symbolischen Zahlensystems wird der umfangreiche Komplex von Überlieferungen, welche die Verfasser im Text der Zauberflöte verarbeitet haben, zu einer einheitlichen Gestalt zusammengefaßt. Darum ist die Zauberflöte – so dramatisch bewegt, so wechselnd erheiternd und erhaben auch ihre Handlung ist –, im gleichen Sinne wie dies Goldberg für den Pentateuch nachgewiesen hat, ein auf ein symbolisches ›Zahlengebäude‹ gegründetes Kunstwerk.

Um aber die geistige Botschaft der Zahlen zu verstehen, muß man von ihrer Bewertung als Rechenpfennige – wie dies im Umkreis des Rationalismus üblich ist – absehen. Denn in Wirklichkeit sind die Zahlen, als die geistigen Urprinzipien aller Wesen, die ›Keime‹ oder Entelechien aller Schöpfungsgestalten. Gott hat nach der Heiligen Schrift die Welt ›nach Zahl und Maß‹ geschaffen. Die Zahlen sind darum die Instrumente des schaffenden Gottes, des ›deus geometricus‹; sie gehen als geistige Urbilder allem irdischen Gestalten voraus. Ihre Sinnerforschung leitet deshalb zum Verständnis der schöpferischen Vorgänge, zur Erkenntnis der Seinsstrukturen wie des Willens und Waltens der schaffenden Gottheit an.

Raum und Zeit, das will sagen, Form und Rhythmus, sind durch Zahlenverhältnisse bedingt. Die großen Künstler und Denker des Altertums wie der Neuzeit haben sich darum immer wieder mit den Zahlen, ihrer Bedeutung und ihrer Verhältnisse untereinander, eingehend beschäftigt, so zum Beispiel Pythagoras, Plinius, Leonardo da Vinci, Dürer, Bach, Hodler, Kandinsky und andere. Die Zahlensymbolik war, jedenfalls für den antiken, mittelalterlichen und den barocken Künstler (und Mozart ist, als einer der Testamentsvollstrekker des Barock, der Übermittler von dessen Essenz an das mit ihm anbrechende neue Weltzeitalter), ebenso bedeutungsvoll wie unentbehrlich. Denn alle Künste, die Architektur, insbesondere jene des Kathedralbaus, die Malerei, die Plastik, die Musik und – wie der Bau der ›Göttlichen Komödie‹ Dantes erweist – auch die Dichtung, waren und sind durch symbolische Zahlen und Maße bestimmt. Dies gilt auch für die dogmatische, homiletische und geschichtsphilosophische Literatur des Mittelalters. Ein einleuchtendes Beispiel hierfür ist die Dreizeitenlehre des Kalabreser Abtes Joachim von Fiore aus dem 12. Jahrhundert, der eine für das gesamte europäische Geschichtsbewußtsein folgenschwere Dreizeitenlehre als Ergebnis einer Spekulation mit symbolischen Zahlen entwickelte. Er legte mit den Mitteln des mittelalterlichen Symbolismus dar, daß die Geschichte als Heilsgeschichte in einem Dreierrhythmus verlaufe, wobei das jeweils dritte Zeitalter, für ihn das ›Zeitalter des Heiligen Geistes‹, jeweils die Erfüllung und Lösung der Spannung der vorhergehenden Phasen bringe.

Nicht nur die außermenschliche Natur, sondern vor allem

die Gestalt und der Bewegungsrhythmus des Menschen sind in all ihren Teilen und Abläufen leiblich wie seelisch durch Zahlen und Zahlenverhältnisse bedingt. So besteht auch der Mensch nach christlicher Überlieferung aus drei ineinandergewirkten Teilen, aus Leib, Seele und Geist. Die indische Gnosis weiß von sieben ›Seelenleibern‹ des Menschen, und die Griechen teilen die Entwicklung des Menschen in sieben Lebensalter ein. Uralt ist das Wissen der Menschheit um die Bedeutung der Zahlen als Schlüssel zur Wirklichkeit. Auch die Traumdeutung der heutigen Tiefenpsychologie weiß aus unmittelbarer Erfahrung um die Bedeutung der symbolischen Zahlen im unbewußten Leben des Menschen.

Das Wissen um die struktur- und gestaltbildende Wirkung der Zahlen reicht bis in die Frühzeit der Hochkulturen zurück. Darum ist der neuplatonische Renaissancephilosoph Marsilius Ficinus mit Recht davon überzeugt, daß das Verständnis der Zahlen und ihrer Symbolik seine Wurzeln in den ältesten Menschheitstraditionen habe, nämlich in der babylonischen, ägyptischen und – wir müssen noch hinzufügen – der sumerischen Weisheit. Die Zahlensymbolik der Griechen, wie sie insbesondere von Pythagoras und Platon entwickelt wurde, ist offensichtlich inspiriert durch die Erfahrungen und Überlieferungen der alten vorderasiatischen Kulturen. Zudem legt Ficinus in seinem Werk ›De vita coelitus comparanda‹ dar, daß »die Zahlen den größten Einfluß auf die Grundstoffe haben, die wieder Vorstufen sind zu himmlischen Dingen. Denn die Harmonien der Zahlen besitzen eine wunderbare Macht, den Geist, die Seele und den Leib zu erkennen, zu erhalten und zu bewegen. Sind doch alle Verhältnisse aus Zahlen zusammengesetzt und bilden gleichsam, in Linien oder Punkten, in Bewegung befindliche Figuren.«

Von der Bedeutung der Zahl ›Drei‹

Bekanntlich ist die Schlüsselzahl des Alten Testamentes die Zahl Sieben, so zum Beispiel als Siebentagewerk der Schöpfung, als Siebenerwoche, oder als Siebenheit der Gaben des Heiligen Geistes. Auch wenn noch andere Zahlen in den Berichten des Alten Testamentes festzustellen sind, so beruhen doch die allermeisten Zahlenverhältnisse desselben auf der Siebenzahl oder auf dem Vielfachen der Sieben. Dies Vorwiegen der Siebenheit wirkt sich auch noch im Neuen Testament aus; aber neben diese tritt nun, wesentlich mitbestimmend, die Zwölfzahl. Beide zusammen bilden die geistige Struktur vor allem der Apokalypse des Apostels Johannes, in welcher das reichste und tiefsinnigste symbolische Zahlengebäude der gesamten Weltliteratur aufgebaut wurde. Aber weder die Sieben noch die Zwölf, sondern die Drei ist die Schlüsselzahl sowohl der Musik wie des Textes der Zauberflöte.

Es ist naheliegend, die Drei als Grundprinzip der Oper auf den Einfluß der freimaurerischen Symbolik zurückzuführen, mit der Schikaneder wie Mozart vertraut waren. Denn das Ritual des Freimaurer-Bundes ist grundlegend durch die Dreiheit, sowohl räumlich wie zeitlich, geistig wie sinnlich, bestimmt. Bekannt sind die drei freimaurerischen Grade oder Einweihungsstufen Lehrling, Geselle und Meister. Dreimal muß der Suchende anklopfen, dreimal wird der Lehrling am ›Altar‹ des Meisters vorbeigeführt. Durch drei Säulen werden die Ideale der Freimaurer: Weisheit, Stärke und Schönheit gesinnbildet. In der symbolischen Hiram-Legende, in welche der Freimaurer bei seiner Erhebung zum Meister eingeführt wird, sind es drei Gesellen, die den Meister Hiram töten. Über drei bewegliche und drei unbewegliche ›Kleinodien‹ verfügt die Loge: die drei beweglichen sind die Wasserwaage, das Winkelmaß und das Senkblei; die drei unbeweglichen das Reißbrett, der unbehauene und der behauene Stein. Die drei großen ›Lichter‹ der Freimaurerei sind die Bibel, das Winkelmaß und der Zirkel; die drei kleinen Lichter die Sonne, der Mond und der Meister, der die Loge leitet. Drei Rosen gelten als Sinnbild der Liebe und der Verschwiegenheit; auch werden solche beim alljährlichen Johannesfest am weißen Schurz getragen; ebenso werden drei Rosen zu Geburtstagen oder zu Jubiläen geschenkt oder Verstorbenen gewidmet.

Das Vorwiegen der Dreizahl in der Zauberflöte ist jedoch nicht nur auf die Kenntnis der Freimaurersymbolik zurückzuführen. Zweifellos hat auch das christliche Dogma vom dreifaltigen Gott – die Grundlage von Mozarts christlichem Glauben, dem er bis zum Ende seines Lebens treu blieb – an diesem auffallenden Vorwiegen der Dreiheit Anteil. Von der göttlichen Dreifaltigkeit aus gesehen ist die Drei die Zahl des sich der Welt mitteilenden, schaffenden Gottes. Man hat freilich der Annahme eines solchen Zusammenhangs entgegengehalten, daß die Gottheit in der Zauberflöte nur durch zwei ›Personen‹ repräsentiert wird, durch Isis und Osiris, und daß die dritte Person dieser Göttertrias, Horus, der Sohn beider, ›ausgefallen‹ ist. Wer aber näher zusieht, wird unschwer die ungenannte ›dritte göttliche‹ Person entdecken, und zwar in der Gestalt des Prüflings. Tamino ist als Prinz der ›Sohn‹ eines im Osten, das heißt im Licht regierenden Königs. Seine Einweihung soll ihn, den Auserwählten von Herkunft und Geburt, zum geprüften Auserwählten in der Kraft der Liebe und des Geistes wandeln. Tamino soll durch die Einweihung, durch sein geistiges Sterben und Auferstehen, zu einem ›Zweimalgeborenen‹ werden, wie es jeder Christ durch die Taufe wird. Ähnlich soll er aus dem Sohn eines irdischen Elternpaares zum Sohn der Gottheit, von Isis und Osiris, und damit zum Horus werden, in dem sich der getötete Osiris erneut. Denn wenn auch Pamina für würdig befunden wird, ausnahmsweise zu den Prüfungen und zur Einweihung zugelassen zu werden, so ist doch Tamino die eigentlich zum Priester- und Königtum berufene Gestalt, als der zum ›ewigen Sohn‹ der Gottheit gewandelte Prinz.

Eine weitere Quelle für das Vorwalten der Drei in der Zauberflöte ist im Märchen, und nicht nur im deutschen, zu finden. Die Märchen aller Völker, die in dramatischen Begebenheiten stets eine Psychomachie, den Kampf der Seele mit den sie bedrohenden Mächten der Welt, erzählen, sind übervoll von Dreierfigurationen. Oft ist die menschliche Seele durch ein Mädchen oder ein Kind symbolisiert, zwischen die beiden Gegensatzmächte, zwischen Bösewicht und Held, zwischen die Mächte des Lichtes und der Finsternis, gestellt (so in der St. Georgslegende als Königstochter zwischen den Drachen und den Ritter Georg). Gewiß gibt es im Märchen auch andere Zahlenfigurationen, als die der Dreiheit. Aber diese scheint doch der Grundstruktur der Seele primär zu entsprechen.

Sei es durch Vermittlung von Freimaurergelehrten, sei es durch das dem Zeitgeist entsprechende erhöhte Interesse für die Mythenüberlieferungen, jedenfalls ist es spürbar, daß die Schöpfer der Zauberflöte Kenntnis von antiken Dreierfigurationen besaßen. Wenn schon Isis als Mysteriengottheit im Mittelpunkt der Zauberflöte steht, so mußte die Gestalt dieser Allmutter, Hüterin der Fruchtbarkeit und der Wiedergeburt, auch den Blick auf die dreiköpfige Hekate, die verbreitetste magna mater-Gestalt des Mittelmeerraumes, lenken, die von den Neuplatonikern als die magna mater mundi, als Erscheinung der Weltseele, verstanden wurde. Als Gottheit des Nächtlichen sowie der Unterwelt untersteht Geburt und Tod, alles Wachsende und Werdende ihrer Herrschaft. Ihre drei Köpfe entsprechen den drei Aspekten des weiblichen Lebens, der Jungfrau, Gattin und Mutter.

Auch die Dreiheit im Raume wurde durch Hekate repräsentiert; sie gab sich vorzugsweise an Dreiwegen, am Ort des Zusammentreffens dreier Wege kund, worauf auch ihr lateinischer Name ›trivia‹ hinweist. Ebenso deuten weitere Beinamen Hekates wie triformis, trigemina, triceps die Göttin als Inbegriff einer Dreieinheit unter weiblichem Vorzeichen.

Jedoch waren auch von jeher männliche dreiköpfige Gottheiten häufig, so in Indien Shiva und Vischnu oder im tibetanischen Buddhismus Yamantaka; die Göttertrias findet sich in Ägypten als Osiris, Isis und Horus, im vedischen Indien als Indra, Varuna und Brahma, in Babylon als Anu, Inlil und Ea oder als die Planetenherrscher Sin (Mond), Schamasch (Sonne) und Ishtar (Venus).

Obwohl manche männliche Gottheiten dreiköpfig gebildet werden und obwohl es ausgesprochen männliche Göttertriaden gibt, ist doch die Drei eine Mondzahl – denn sie wird kosmisch an den drei Phasen des Mondes, dem Vollmond, Sichelmond und Schwarzmond, abgelesen. Der Mond, und damit die ihm entsprechende Drei, sind Symbole der Zeit, insofern sie rhythmisch und phasenhaft abläuft; der Mond war der früheste Zeitmesser des Menschen. Die Mondzeit – als Darstellung des Ablaufes des lebendig Organischen – bestimmt das menschliche Leben. Aussaat und Ernte, Wachstum und Reife, Gedeih und Verderb jedes Unternehmens, das auf Entwicklung angelegt ist, sind von den Konstellationen der kosmischen Mondzeit und damit von dem dieser zugehörigen Dreier-Rhythmus abhängig. Zudem sind Neumond und Vollmond das früheste Richtmaß heiliger Zeiten, so im Judentum und heute noch teilweise im Christentum. Der Mond ist darum das Symbol eines Geistes, der ständig wächst und sich wandelt, der »strebend sich bemüht«. Das will sagen, der Mond und die Mond-Drei sind Symbole nicht des in sich ruhenden, allschauend über dem Ganzen schwebenden, sondern des um Erkenntnis ringenden, vorwärtsdrängenden Geistes.

Im Gegensatz hierzu sind die Vier und das Quadrat der Sonne und der Sonnenbahn mit ihren vier kosmischen Wendepunkten im Jahreslauf zugeordnet. Die sonnenhafte Vier ist darum statisch, in sich ruhend und raumbildend, im Gegensatz zur zeithaft wirkenden Drei. Was in der Drei erarbeitet und erstrebt wurde, wird in der Vierheit für Dauer fixiert – im Wirkbereich der Vier wird das Schwebende und Strebende befestigt. Es gibt jedoch große Kulturen, die durch das Bewegungsprinzip der Drei, andere, die vom Beharrungsprinzip der Vier geprägt sind. Leo Frobenius hat diese Unterscheidung seiner Kultur-Morphologie zugrunde gelegt.

Die durch das Prinzip der Dreizahl geformten Kulturen, in denen Bewegung und Aktivität als höchste Tugenden gelten, sind in dem mehr auf das Künftige ausgerichteten Westen und Norden vorherrschend, während die vorwiegend vom Prinzip der Vierzahl bestimmten Kulturen mehr im asiatischen Süden und in Südostasien zu finden sind. Denn Südostasien ist mehr von der schauenden Kraft des ruhenden Sonnen-Prinzips, Westasien und auch Europa hingegen durch das bewegliche, Veränderung und Entwicklung bejahende, mondhafte Zeitprinzip bestimmt. Aus diesen Zusammenhängen läßt sich erschließen, daß das in der Zauberflöte dargestellte Mysterium seine Wurzeln nur in Vorderasien, in den am Mittelmeer, vor allem seinem östlichen Teil angrenzenden Ländern, jedoch nicht im indischen Kulturkreis haben kann. Es ist darum keineswegs zufällig, daß in der Zauberflöte der Weisheitsbund und seine Lehren aus Ägypten hergeleitet werden und zugleich das vorderasiatische Mysterium des Mithras kommemoriert wird. Trotz des angeblich ›japonischen‹ Prinzen Tamino gibt es in der Zauberflöte keinen Bezug zu den süd- und fernöstlichen Überlieferungen und Lehren.

Die Drei bezeichnet jedenfalls stets einen vollendeten Bewegungsablauf – eine ›Einkreisung‹ oder eine ›Auskreisung‹. Nach drei Malen ›geschieht es‹, da vollendet sich ein Ereignis. Im Dreimalheilig der Engel (Jesaia 6,3) vollendet sich ihre Huldigung an die Gottheit; in drei Wallfahrtsfesten kulminiert das jüdische Kultjahr; dreiteilig war der Tempel zu Jerusalem (und in Analogie hierzu das Bundesheiligtum der Zauberflöte), bestehend aus dem Vorhof, dem Heiligen und dem Allerheiligsten. Aber vor allem ist die Drei mit den Mysterien der Unterweltsfahrt und der Wiedergeburt aus dem Tode verbunden. Drei Tage weilten der Gottesknecht im

Grabe und der Prophet Jonas im Bauche des ›Walfisches‹. Denn in der Dreizahl gelangt eine Entwicklung, eine Bewegung zu ihrem Ende. Mit der statischen Vier, in welche die Bewegung der Drei einmündet und zur Ruhe kommt, wird das bewegliche Mondprinzip zum Sonnenprinzip verklärt. Der Prozeß des unaufhörlichen Werdens und Fortschreitens wird aktualisiert in der ›ewigen Ordnung‹ der Vier, als Beharrung in der Gegenwart.

Es ist darum in der geistigen Bedeutung der Zahlen begründet, daß Taminos Prüfungs- und Einweihungsweg – eben weil er ›Weg‹ ist – dreistufig sein muß. Ebenso entspricht es der archetypischen Struktur der Zahlen, daß dieser ›Weg‹ in die ›Sonne‹, in das beharrende, alles belebende und erleuchtende Zentrum der ›Sonne‹, einmündet. In allen Prozessen des Werdens wechseln Tag und Nacht, Licht und Finsternis, Freude und Leid, Wissen und Nichtwissen miteinander ab; jeder Fortschritt ist mit Verlust, jeder Gewinn durch Schmerzen erkauft. Aber in der ›Sonne‹, dem Sinnbild der allsehenden Lichtkraft der Gottheit, angelangt, hört der Wechsel von Freude und Leid, von Tag und Nacht auf; denn nun ist durch Erleuchtung, durch völlige Lichtwerdung des ganzen Menschen der Zustand unwandelbarer Einheit, des Einswerdens mit der Gottheit erreicht. Im 22. Kapitel der Apokalypse des Johannes, in welcher unter anderem ein siebenfach geschlungener Weg mit dem Ziele der Lichtwerdung beschrieben wird, ist der Zustand der Eingeweihten mit den Worten angedeutet: »Und sie werden (Gottes) Angesicht schauen, und sein Name wird auf ihren Stirnen sein ... Und es wird keine Nacht mehr geben, denn Gott der Herr wird über ihnen leuchten und sie werden herrschen in alle Ewigkeit.« Ein solcher göttlich erleuchteter Herrscher zu werden, ist Tamino berufen, als er unter der Leitung des Hohepriesters des Lichts in das Sonnenreich eingeführt wurde. So jedenfalls versteht Goethe in seiner Fortsetzung der Zauberflöte den ›Triumph des Königs Tamino‹ und seiner Gattin, der ›Königin Pamina‹.

Es ist nun offensichtlich, daß die Dreizahl sowohl den gesamten Aufbau der Handlung und der Musik der Zauberflöte, wie auch alle Einzelheiten bestimmt. Die vielfältigen Dreiergruppen sind kennzeichnend für den Aufbau der Oper. So stehen drei ›Damen‹ im Dienste der Königin der Nacht, dreimaliger Donner und der Ruf: *Sie kommt – sie kommt – sie kommt*, künden ihr Nahen an. Dreimal tritt die Königin der Nacht in Erscheinung, am Anfang der Handlung als die der Tochter beraubte Mutter, in der Mitte (Rachearie) und am Schluß (um Sarastro und die Eingeweihten zu töten). Auch ihre ›drei Damen‹ greifen dreimal in die Handlung ein (zu Beginn des ersten Aktes und in den beiden Quintetten). Die Prüflinge werden begleitet und behütet von den drei Genien oder Knaben, die geistig und handlungsmäßig den Gegenpol zu den drei verführerischen Damen bilden. Als Luftgeister erscheinen sie dreimal dem Trio der Prüflinge Tamino, Pamina und Papageno.

Mit noch größerer Bedeutsamkeit herrscht die Drei im Lichtreich des Sarastro vor. Dreimal wirkt dieser als Hoherpriester des Weisheitsbundes im Kreise der achtzehn (das will bedeuten der dreimal sechs) Eingeweihten: zu Beginn des zweiten Aufzuges mit der Arie: *O Isis und Osiris*, wenn er die Aufnahme von Tamino und Pamina als Prüflinge vorschlägt; bevor beide zur letzten Prüfung zugelassen werden und beim Empfang der Geweihten im Sonnentempel: *Die Strahlen der Sonne vertreiben die Nacht*. Außerdem tritt er noch dreimal, nicht als Repräsentant der lichten Gottheit, sondern als Freund und Ratgeber hervor: im ersten Finale, in der Arie der Vergebung: *In diesen heiligen Hallen* und im Abschiedsterzett. Entsprechend der Dreizahl der Einweihungsgrade der Freimaurer, als Lehrling, Geselle und Meister – die schon ein Jahrtausend früher in der christlichen Mystik als Stufen des Aufstieges, als Reinigung, Erleuchtung und Einigung, bekannt waren –, haben die ›Fremdlinge‹ drei Prüfungen zu bestehen.

Die erste ist gekennzeichnet durch das Gebot, nicht mit Weibern zu sprechen – was hier bedeutet, sich als standhaft und getreu zu erweisen –, die zweite durch das Gebot des vollkommenen Stillschweigens, auch dem liebsten Menschen gegenüber, die dritte durch die mit Todesgefahr verbundene Feuer- und Wasserprobe.

Ferner zeigt die Bühne am Ende des ersten Aktes drei Tempel, deren Pforten mit ›Vernunft‹, ›Weisheit‹ und ›Natur‹ überschrieben sind. Dreimal versucht Tamino vergebens, durch Anklopfen zu diesen Tempeln zu gelangen. In Sarastros Reich herrschen Klugheit, Arbeit und Künste; seine Priester fordern von Tamino: *Sei standhaft, duldsam und verschwiegen.* Durch drei Posaunenstöße geben die Eingeweihten ihre Zustimmung zu Sarastros Vorschlag, Tamino zu den Prüfungen zuzulassen – dreimal erklingen zudem diese drei ›mystischen‹ Posaunenakkorde: in der Mitte der Ouvertüre und zweimal in der Priesterversammlung, welche über das Geschick der ›Fremdlinge‹ zu entscheiden hat.

Ferner sind es drei Musikinstrumente, welche die Handlung der Zauberflöte mitbestimmen: die Flöte, das Glöckchenspiel und Papagenos ›Faunenflötchen‹. Jedes dieser Instrumente wird dreimal gespielt. Die Flöte im ersten Finale, wenn Tamino als ›neuer Orpheus‹ vor den Toren des Weisheitstempels die Tiere – Sinnbilder der ungezügelten Triebnatur – befriedet, in der zweiten Prüfungsszene und während der Feuer- und Wasserprobe. Das Glöckchenspiel ertönt im ersten Finale, wo Papageno mit seiner Hilfe die Sklaven tanzen macht, dann in seinem zweiten Lied: *Ein Mädchen oder Weibchen* und zuletzt, wenn er nach seinem verhinderten Selbstmord seine ersehnte Papagena: *Klinget, Glöckchen, klinget* herbeiruft. Auch die Faunenflöte spielt Papageno dreimal: bei seinem Auftrittslied: *Der Vogelfänger bin ich ja*, dann, als er mit Pamina aus dem Reich Sarastros zu entfliehen sucht und gegen den Schluß der Oper, als er, enttäuscht, immer langsamer bis auf drei zählt, bevor er sich aufzuhängen unternimmt.

Schließlich wird durch Tamino und Pamina das Ziel des vielschichtigen Mysterienspieles, die Vergöttlichung des Menschen, für immer errungen und zwar durch die Vereinigung der drei – von den Freimaurern aus den antiken Mysterien und dem Rosenkreuzertum übernommenen – Grundprinzipien der Schöpfung, die in den letzten Worten der Zauberflöte genannt werden:

Es siegte die Stärke und krönet zum Lohn
Die Schönheit und Weisheit mit ewiger Kron.

Doch bevor es zu dieser Lösung, zum Ereignis der Erlösung kommt, klingt das Vergottungsmotiv, gemäß der Einsicht Goethes »Du mußt es dreimal sagen«, auch dreimal auf. Das erste Mal im Duett Pamina-Papageno: *Mann und Weib, Weib und Mann, reichen an die Gottheit an.* Ein zweites Mal kündet der Priesterchor am Schluß des ersten Aufzuges vom Ziel der Einweihung:

Wenn Tugend und Gerechtigkeit
Den großen Pfad mit Ruhm bestreut,
Dann ist die Erd' ein Himmelreich
Und Sterbliche den Göttern gleich.

Und zum dritten Male wird die Vergottung verheißen durch die drei Knaben, die bei ihrem dritten Erscheinen die Wiederkunft des Gottesfriedens ankünden:

O holde Ruhe, steig hernieder,
Kehr in der Menschen Herzen wieder;
Dann ist die Erd' ein Himmelreich,
Und Sterbliche den Göttern gleich.

Erst wenn die Vorstellung des Ziels dreimal imaginiert, wenn dieses dreimal kundgemacht ist, dann tritt es als beseligende Wirklichkeit hervor, dann *prangt, den Morgen zu verkünden, die Sonn auf goldner Bahn.* Diesem dreifachen Stufenweg zur Vergottung entsprechen die drei Tempel, an deren Türen Tamino anklopft, von denen der mittlere, der Tempel der

Weisheit – als das geheimnisvollste und innerste Heiligtum –, von den beiden einander gegensätzlichen der ›Natur‹ und der ›Vernunft‹ flankiert wird. Dies will besagen, daß in der göttlichen Weisheit, die in der christlichen Überlieferung durch die Gestalt der Gottestochter Sophia symbolisiert wird, Natur und Vernunft, das heißt das Außermenschliche und das Innermenschliche, zu einer höheren Einheit miteinander verschmolzen werden.

Aber nicht nur die einzelnen Teile der Handlung und Musik der Zauberflöte sind durch das Prinzip der Dreiheit geprägt. Diese bildet zudem auch die Grundstruktur der ganzen Handlung. Zwar ist die Zauberflöte durch Schikaneder-Mozart in zwei Aufzüge (Akte) eingeteilt. Unterscheidet man aber die Handlung nach ihrem Sinnzusammenhang, so ergeben sich zwanglos drei Teile, die durch deutliche Zäsuren voneinander abgehoben sind. Der erste Teil endet – nach dem alten Textbuch – mit der Einführung von Tamino und Papageno in den Prüfungstempel und mit dem Schlußchor der Priester, der als Ziel der Prüfung die künftige Vergottung des Geweihten verkündet. Der zweite Teil endet mit dem Priesterchor des zwanzigsten Auftritts, der das ›neue Leben‹ des ›edlen Jünglings‹ im Dienste des Weisheitsbundes voraussagt.

Aber mit dem einundzwanzigsten Auftritt zeigt sich im Grund ein neuer Aspekt. Hier wird Tamino nicht mehr alleine geprüft, sondern das Paar; Tamino und Pamina müssen sich, wenn auch auf verschiedene Weise, der sie erwartenden Vergottung würdig, zugleich aber auch einander würdig, erweisen. Das aber bedeutet, daß in diesem ›dritten Teil‹ ein neues Mysterium angekündigt wird, das Mysterium des Paares: das irdische Paar soll zum Ebenbild des göttlichen Paares Osiris und Isis werden. Darum werden schließlich Mann und Weib, an die Gottheit anreichend, gemeinsam des Priester-, und es steht zu vermuten, des Königtums teilhaftig. Der erste Teil ist beherrscht durch chthonische Kräfte, die durch die Königin der Nacht repräsentiert werden. Der mittlere Teil, in dem die lichte Gegenwelt der Sonne und des Weisheitsbundes sowie der Kampf zwischen Licht und Finsternis Ereignis werden, wird gekrönt durch die Geschehnisse des dritten Teiles, die Vereinigung des Männlichen und Weiblichen in der Heiligen Hochzeit zum göttlichen Paar, in dem sich das ›Urpaar‹ Osiris und Isis abbildet.

Die Drei ist zwar die wegleitende Haupt-Symbolzahl, jedoch keineswegs die einzige im geistigen Gefüge der Zauberflöte. Die Sechs erscheint in den sechs Löwen, welche den Triumphwagen des Sonnenhelden Sarastro ziehen, die Sieben in dessen siebenfachen Sonnenkreis. Vor allem ist neben der Drei die Achtzehn als Symbolzahl bedeutsam, ein Faktum, auf das Dieter Kerner aufmerksam machte und das gültig ist, auch wenn man der ausschweifenden Privat-Mythologie Kerners über die Achtzehn nicht zu folgen vermag. Immerhin bestätigt ein so kenntnisreicher Musikologe wie Willi Schuh das mehrfache Vorkommen der Achtzehn in der Zauberflöte: im 18. Auftritt des ersten Aktes erscheint Sarastro erstmals auf der Szene; den 18 Priestern, welche die Curie des Sonnenhohenpriesters bilden, sind 18 Sitze und Trompeten zugeordnet; Papagena berichtet, daß sie 18 Jahre alt sei; der Gesang der drei Knaben *Bald prangt, den Morgen zu verkünden* ... ist in 18 Takte gegliedert, ebenso die Introduktion der Feuer- und Wasserprobe.

Daß es sich hierbei nicht um zufällige Zahlen handelt, sondern um Verschlüsselung von geistigen Prozessen, lehrt ein Blick in die damalige weitverbreitete rosenkreuzerisch-kabbalistische Literatur, insbesondere in die ›Zahlenlehre der Natur‹ des bairischen Hofrates Karl von Eckhartshausen, des berühmten schreibenden ›Magiers‹ im letzten Viertel des 18. Jahrhunderts, der viel eher als Vorbild des Sarastro gelten kann als der zwiespältige Ignaz von Born.

Sechstes Kapitel

Die Quellen der Zauberflöte

Tradition

Der Text der Zauberflöte – von dem Theaterdichter und Theaterdirektor Schikaneder verfaßt, aber zweifellos in den entscheidenden Teilen von Mozart mitgestaltet – erweist sich, wenn man seine Bestandteile prüft, als ein buntes Gewebe aus verschiedenartigen Überlieferungsfäden. Und doch sind diese durch die strenge Idee vom Weltkampf von Licht und Finsternis und durch den Plan eines Einweihungsweges, in dessen Verlauf der Mensch erst lernt, sich selbst zu gewinnen, zu einem großen und wirkungsvollen Muster zusammengefaßt. In der Zauberflöte vereinen sich die Überlieferungen von viertausend Jahren Geistesgeschichte der Menschheit, die Mythen Asiens, die Sagen und Märchen Europas, das Wahre des Heidentums und das Unvergängliche des christlichen Glaubens, die Sehnsüchte und Hoffnungen der Umbruchzeit des 18. Jahrhunderts zu einem höchst merkwürdigen, jedoch einheitlichen neuen Ganzen.

Dies aus bewußter oder unbewußter Kenntnis der Tradition entstandene künstlerische Gebilde verfügt über eine so große Strahlkraft, daß es auch bei einer nachdenklichen Analyse nicht aufhört, das Herz – das auf andere Reize und aus andern Beweggründen reagiert als der Verstand – zu erregen und zu stillen, kurzum, zu beglücken. Wenn man es darum unternimmt, nach den Herkünften der Hauptmotive und -gestalten der Zauberflöte, nach den Quellen ihrer Ideen zu fragen und zu suchen, so wird dadurch keine Auflösung des dichterischen und musikalischen Gewebes bewirkt, sondern vielmehr ein tieferes Verständnis dieses ebenso erheiternden wie tiefsinnigen Werkes.

> Denn keine Zeit und keine Macht zerstückelt
> Geprägte Form, die lebend sich entwickelt.
>
> (Goethe)

Zuerst seien in Stichworten die im Laufe von hundertfünfzig Jahren durch treue Forschung festgestellten Hauptquellen des Zauberflöten-Textes genannt und danach die drei wichtigsten eingehender dargelegt. Die Idee des Bundes, diese Haupt- und Mittelsäule der Architektur der Zauberflöte, tritt seit dem Beginn der Neuzeit immer drängender hervor, sei es als Nachahmungen des Bundes der Pythagoräer oder als Versuche zur Erneuerung der Platonischen Akademie. Auch der Bund der Eingeweihten in der Zauberflöte ist als ein Nachklang dieser beiden Ur-Bünde Europas und der Vorstellungen, die man sich – zu Recht oder Unrecht – von diesen gemacht hatte, zu verstehen. Aber vor allem sind es die hellenistischen Mysterien, deren Ideengut und deren Riten in der Handlung der Zauberflöte unverkennbar aufklingen. Zwar ist das Milieu der Zauberflöte ägyptisch; das ägyptische Mysterium des Osiris und der Isis gibt der Handlung den Rahmen und bestimmt deren Sinngebung. Aber in Wirklichkeit handelt es sich dabei um die Erinnerung an die hellenistischen Mysterien, in welchen allerdings die altorientalischen verblaßt, spiritualisiert und rationalisiert weiterwirken.

Bei den hellenistischen Mysterien, zu deren bekanntesten in der Spätzeit der Antike das Isis-Mysterium gehörte, und in der Zauberflöte handelt es sich zudem um eine ähnliche geistesgeschichtliche Situation. Beide sind gleicherweise älteren Traditionen verpflichtet, die sie aufgehellt und verinnerlicht weiterzuführen und zu erneuern suchen: die hellenistischen Mysterien durch den Rückgriff auf die altorientalischen, die babylonischen, ägyptischen und griechischen; die Zauberflöte durch die Rückbesinnung auf das Mysterienwesen des Hellenismus. Wie dem Bunde der Pythagoräer und der platonischen Akademie, eine Weltperiode später, die Geheimbünde der Rosenkreuzer und der Freimaurer entsprechen, so deren Riten und Lehren denjenigen der spätantiken Mysterien. Die beiden Freimaurer Mozart und Schikaneder hatten von diesen Mysterien Kunde durch einen der bedeutendsten Repräsentanten des Bundes, durch den von Kaiser Joseph II. hochgeschätzten und als Freund behandelten Mineralogen und Bergbaufachmann Ignaz von Born (1742–1791), den Meister vom Stuhl der Wiener Loge ›Zur wahren Eintracht‹.

Eine nicht minder ergiebige Quelle der spätantiken Geistesströmungen und der spätantiken Esoterik war außerdem der damals berühmte Moderoman ›Sethos‹, den Abbé Terrasson 1731 als angebliche Wiedergabe eines alten griechischen Manuskriptes veröffentlichte und der 1777 von Matthias Claudius ins Deutsche übersetzt wurde. Zwei bedeutungsvolle Stellen aus diesem Roman sind wörtlich in den Text der Zauberflöte eingegangen. Zu den zeitgenössischen Quellen gehört nicht minder die Märchensammlung Wielands, ›Dschinnistan‹, die zwischen den Jahren 1786–88 in Winterthur erschienen ist. Das in ihr enthaltene Märchen ›Lulu oder die Zauberflöte‹ hat den Titel der Mysterien-Oper geliefert; auch wurden ihm einige Motive entnommen, die freilich von den Verfassern des Zauberflöten-Textes mit einem neuen, vertieften Sinn erfüllt worden sind. Zu den anregenden Vorbildern der Zauberflöte gehört auch das ägyptisierende Schauspiel ›König Thamos‹ von T. Ph. von Gebler, für das Mozart bereits 1773 Zwischenaktmusik und drei Chöre geschrieben hatte. In gewissem Sinn ist die am 9. September 1790 im Theater der Leopoldstadt aufgeführte Oper ›Das Sonnenfest der Braminen‹ von Hensler und Wenzel Müller (ein Plagiat nach Kotzebues Drama ›Cora, die Sonnenjungfrau‹), mit ihrem Sonnentempel und ihren feierlichen Priesterversammlungen, ebenfalls zu den Vorläufern der Zauberflöte zu rechnen.

Die Rosenkreuzer

Eine der bisher allerdings zu wenig beachteten Quellen des Mysteriums der Zauberflöte ist die Rosenkreuzer-Bewegung. Diese nahm ihren Ausgang zu Beginn des 17. Jahrhunderts durch die drei Rosenkreuzerschriften des damals noch jungen Theologen, Dichters, Gelehrten und Sozialreformers Johann Valentin Andreae, der unter anderm auch der Verfasser des ersten deutschen Faustdramas ›Turbo‹ war. Als Folge dieser drei anonym veröffentlichten Schriften breiteten sich Lehre und Bünde der Rosenkreuzer mit überraschender Schnelligkeit über ganz Europa aus, vor allem im Bereich des Protestantismus. Von den Herrschenden der Absicht des geistigen und politischen Umsturzes verdächtigt und darum vielfach verfolgt, von einer Vielzahl schöpferischer Geister, Theologen, Politiker, Pädagogen, Physiker, Astronomen, Ärzte und Juristen stürmisch begrüßt und nachdrücklich gefördert, erwuchs das Rosenkreuzertum zu einer der mächtigsten geistigen Bewegungen im Europa der Barockzeit. Offensichtlich kam in den drei, zwischen 1614 und 1616 veröffentlichten, handschriftlich schon ein Jahrzehnt früher im Umlauf befindlichen Rosenkreuzerschriften Valentin Andreaes: ›Die Chymische Hochzeit des Christian Rosenkreuz‹, die ›Fama Fraternitatis‹ und die ›Confessio Fraternitatis‹ ein weit verbreitetes, allzulange unterdrücktes Unbehagen an den damaligen geistigen und gesellschaftlichen Zuständen zum Ausdruck. Denn schon zwei Menschenalter nach der Reformation waren die religiösen, sozialen und politischen Zustände Europas derart korrupt geworden, daß nur noch eine ›Generalreformation der ganzen Welt‹ – das will sagen, eine Reformierung aller Verhältnisse und Ordnungen – die erhoffte Wandlung zum Guten bringen konnte. Schon damals wurde also eine Weltrevolution durch ein neues Verständnis der rationalen und irrationalen Seiten des Lebens angestrebt.

In seiner ›Fama‹ und ›Confessio‹ verkündete Andreae nun

das Bestehen eines bisher im Verborgenen wirkenden Geheimbundes, der ›Bruderschaft des verehrungswürdigen Ordens vom Rosenkreuz‹, der freilich nur in seinen Sehnsuchtsträumen existierte. In ihm sei – so ›enthüllte‹ er – durch Gelehrte und Wissende Asiens und Europas die gesamte geheime und offenbare Weisheit der Völker zusammengefaßt, Wissenschaft und Glaube einander neu zugeordnet, der Aberglaube und die falsche Mystik bekämpft und die alten Mysterien unter chymischen Symbolen erneuert worden. Dieser Freundschaftsbund der Wissenden, der nach Andreae hundertundzwanzig Jahre zuvor durch »den geistlichen und hocherleuchteten Vater, Bruder Christian Rosenkreuz, einem Deutschen und unserer Bruderschaft Haupt und Urheber« begründet worden war, hätte ursprünglich nur aus wenigen Gliedern bestanden. Nun aber sei – so verkündet Andreae – die Zeit gekommen, neue Mitglieder aufzunehmen; nur um diese zu gewinnen, habe der Verfasser seine ›Fama‹ und ›Confessio Fraternitatis‹ veröffentlicht. Wie ein Lauffeuer verbreitete sich die Kunde vom Bestehen eines solchen Geheimbundes über Mitteleuropa; zahllose Gesuche um Aufnahme in den Bund und Hunderte, meist recht phantasievolle ›Rosenkreuzer‹-Schriften waren die Folge. Befugte und Unbefugte drängten sich, um in den von Andreae entworfenen Bund aufgenommen zu werden. Da dieser aber nicht aufzufinden war, entstand eine große Anzahl von teils ernsthaften, teils abstrusen geheimen Freundschafts- und Gelehrtenbünden in allen Ländern Europas.

Im Mittelpunkt der sich schnell ausbreitenden Rosenkreuzerei blieb jedoch die geheimnisvolle Gestalt des Stifters Christian Rosenkreuz, dessen Biographie Andreae in seiner ›Fama Fraternitatis‹ mitzuteilen vorgibt. Zweifellos ist diese Gestalt, ebenso wie diejenige Sarastros, aus dem Bereich erleuchteter Dichtung hervorgegangen. Beide – Christian Rosenkreuz und Sarastro – weisen eine derartige Ähnlichkeit im Geistigen und Gestalthaften auf, daß man den Älteren der beiden notgedrungen als den geistigen Ahnen des Jüngeren

Chymische Hochzeit:

Christiani Rosencreütz.

ANNO 1459.

Arcana publicata vilescunt; & gratiam prophanata amittunt.

Ergo: ne Margaritas obijce porcis, seu Asino substerne rosas.

Straßburg/

In Verlägung / Lazari Zetzners.

Anno M. DC. XVI.

bezeichnen muß. Studiert man unvoreingenommen die drei Rosenkreuzerschriften Andreaes, so wird der Eindruck unabweisbar, daß die Rosenkreuzerbewegung nicht nur weitgehend auf die geistige Struktur des erst etwa hundert Jahre später hervortretenden Freimaurerbundes, sondern auch auf Ideengehalt und Gestaltung der Zauberflöte gewirkt hat.

Nach Andreaes Biographie kam Christian Rosenkreuz, der mythische Initiator ›einer allgemeinen Erneuerung‹ Europas, ja der Menschheit, schon mit sechzehn Jahren nach Arabien, wo er von den Weisen des Landes nicht nur in Mathematik, Medizin und Physik, sondern auch im Geheimwissen des Orients unterwiesen wurde. Dort sowie in Ägypten und in Nordafrika, später auch in Spanien, lernte er die in der Natur, in allen Wissenschaften und Künsten wirkende göttliche Einheitskraft verstehen und ebenso die Analogie der ›großen Welt‹ des Kosmos mit der ›kleinen Welt‹ des Menschen. Derart eingeweiht, gründete er den Bund der Wissenden und der zum Wohle der ganzen Menschheit Tätigen, den Bund des Rosenkreuzes. Die Bundesbrüder mußten sich verpflichten, unentgeltlich Kranke zu heilen, über die Geheimnisse des Bundes vor Unbefugten zu schweigen, sich nach geeigneten Nachfolgern umzusehen und das Wort vom Rosenkreuz als Siegel, Losung und als Gepräge der Seele zu bewahren.

Auch verfügten Christian Rosenkreuz und seine ersten Bundesbrüder über die Kunst des Goldmachens. Doch sie achteten diese gering, denn wichtiger war ihnen nach Andreae, »den Himmel offen zu sehen und die Engel auf- und niedersteigen, und zu wissen, daß ihre Namen eingeschrieben seien in das Buch des Lebens«. Hundert Jahre nach dem Tode seines Stifters, dieses Urbildes des Sarastro, sollte der Orden verborgen bleiben, dann aber zur Gewinnung neuer Brüder, die die Generalreformation der Welt herbeiführen sollten, hervortreten.

In der ›Chymischen Hochzeit‹ tritt sodann ein anderer

Christian Rosenkreuz als alter Mann hervor, der – nicht mehr selber agierend – als Zeuge zu einer geheimnisvollen Hochzeit geladen ist. Die Schilderung des märchenhaften und dramatischen Geschehens dieser ›Hochzeit‹ ist jedoch nichts anderes als der Roman einer Einweihung in ›sieben Tagen‹. Wie nach dem biblischen Mythus die Welt in ›sieben Tagen‹ erschaffen wurde, so bedarf es anscheinend auch zur Bildung des ›neuen Menschen‹ der sieben Stufen der Einweihung, auf denen er durch harte Prüfungen und durch Todesschrecken hindurch zur Wiedergeburt in einer höheren Daseinsform, zur Erhöhung und Fülle des Menschseins emporsteigt.

Es finden sich aber in der ›Chymischen Hochzeit‹, außer der Abfolge der Prüfungsstationen, noch andere Parallelen zur Zauberflöte. Im Einladungsschreiben von Sponsus und Sponsa an Christian Rosenkreuz wird ein Berg mit drei Tempeln genannt, zu denen der Einzuweihende sich begeben soll; sie entsprechen den drei Tempeln des Bundes der Eingeweihten der Zauberflöte. Freilich wird das zum Teil höchst bizarre Geschehen der ›Chymischen Hochzeit‹ durch alchemistische Symbole und symbolisch gedeutete chemische Prozesse umschrieben. Darum spielen die vier Elemente in der ›Chymischen Hochzeit‹ – ähnlich wie im Choral der beiden Geharnischten der Zauberflöte, in dem der ganze Einweihungsweg zusammengefaßt wird – eine bedeutsame Rolle.

Auf Grund der vielfachen Parallelen zwischen der ›Chymischen Hochzeit‹ und der Zauberflöte muß angenommen werden, daß die Botschaft der ersteren mündlich oder schriftlich – in originaler oder verstümmelter Form – zur Kenntnis Mozarts gelangt ist. Und dies kann gerade durch den Bund der Freimaurer geschehen sein, der sich in sehr verschiedenartig gesinnte Logen ausgliederte. Die einen beschränkten sich im Sinne der Aufklärung und ihres sittlichen Rationalismus auf die Veredlung des Menschen und verblieben ganz im Bereich des Humanen, indem sie die praktischen Wissenschaften und die guten Sitten zu fördern suchten. Die esoterischen

Logen hingegen vermittelten ihren Mitgliedern platonische Systeme, rosenkreuzerische Synthesen und Böhmesche Mystik in oft sonderbarer Mischung. Zwischen beiden Logenarten bestand heftige gegenseitige Abneigung, die immer wieder zu handfesten Schmähungen führte, zur gegenseitigen Brandmarkung, einerseits als Häretiker, andererseits als rationalistische Aufklärer. Und doch wechselten manche Freimaurer oft genug von einer Logenart zur andern über, wodurch das Wissen der einen in den Kreis der andern einfloß. Schon auf diese Weise muß Mozart mit rosenkreuzerischer Überlieferung vertraut gemacht worden sein.

Zum andern waren nicht erst die Freimaurer, sondern die älteren Rosenkreuzer die eigentlichen Begründer und Vertreter des Bundesgedankens im Europa der Neuzeit. Vor und nach dem Dreißigjährigen Kriege ist eine Unzahl Rosenkreuzer-Bünde, manche von recht zweifelhafter Geistigkeit, entstanden. So trat im 18. Jahrhundert als Zweig der allmählich entartenden Rosenkreuzerbewegung ein ›Orden der Gold- und Rosenkreuzer‹ mit neun Einweihungsgraden hervor, in welchem – ganz entgegen den Absichten Valentin Andreaes – Alchemie, Hermetik, Magie und Okkultismus als Hauptsache betrieben wurden. Dieser Orden dehnte sich allmählich nach Sachsen, Polen und Rußland aus und bildete Zentren in Berlin und Wien. Infolge der Feindschaft zwischen diesem, anderen Rosenkreuzer-Orden und den ›humanen‹ Logen des Freimaurer-Bundes polemisierte auch Ignaz von Born, der Meister vom Stuhl der Loge ›Zur wahren Eintracht‹ in Wien, auf das heftigste gegen die ihm verhaßten ›Esoteriker‹.

Doch auch unmittelbar erfuhr Mozart von rosenkreuzerischen Ideen und Schriften. So zum Beispiel durch den alten, in Böhmen begüterten Majoratsherrn Graf Joh. Joseph Thun (1711–1788) und seinen Sohn Franz Joseph Anton, beide Spiritisten und Mesmeristen, die den magischen, alchemistischen und theosophischen Wissenschaften leidenschaftlich ergeben waren. Mozart verkehrte seit 1781, bald nach seiner Ankunft in Wien, viel im berühmten Salon des jüngeren Thun und war in Prag hochgeschätzter Gast des alten Grafen. Beide Grafen Thun, Vater und Sohn, waren zudem Freimaurer, der ältere sogar deputierter Provinzial-Großmeister der Provinzial-Loge von Böhmen. Rosenkreuzertum und Freimaurerei gingen demnach in vielen der damals wichtigen oder führenden Persönlichkeiten eine Personal-Union ein.

Dafür, daß sich Mozart die rosenkreuzerische Art der Weltdeutung angeeignet hatte, finden sich in der Zauberflöte genugsam Anhaltspunkte. Gewiß zog es den weltzugewandten Mozart weniger zu den Theurgen und Mystikern als zu den Männern der Wissenschaft und der Kunst. Hierfür ist seine Kantate ›Maurerfreude‹ ein Zeugnis; mit dieser feiert er den Naturforscher Ignaz von Born, vor dessen Forscherauge »die Natur ihr Antlitz nach und nach enthüllet«. Aber andererseits liegt dem Orakelspruch der Geharnischten, den Mozart als erstes wirklich bedeutungsvolles Stück der Zauberflöte komponierte, musikalisch eine altlutherische Choralmelodie von 1524 zugrunde, während er textlich über den pseudoägyptischen ›Sethos‹-Roman des Abbé Terrasson auf neuplatonisches Gedankengut zurückgeht. Nach Spuren in seinem Werke zu schließen, war Mozart auch beeindruckt von dem seltsam dunklen, von Matthias Claudius übersetzten Erstlingswerk des Claude von Saint-Martin ›Des erreurs et de la verité‹ (über das freilich Goethe recht negativ geurteilt hat). Mit den Mitteln neuplatonischer Mystik und pythagoräischer Zahlensymbolik – und beide wirken offensichtlich in der Zauberflöte fort – unternahm es Saint-Martin, ein neues, vergeistigtes Menschentum anzukünden, nicht unähnlich jenem, das in den Ideen, in der Handlung und der Atmosphäre der Zauberflöte zum Ausdruck kommt. Schon darum kann die Zauberflöte nicht – wie dies so gerne geschieht – ausschließlich als eine Dichtung aus dem Geist des Freimaurer-Bundes bezeichnet werden. Denn sie hat aus dem geistigen Gut Valentin Andreaes auf vielen Wegen mindestens ebensoviel empfangen, wie aus dem Ideenkreis des hundert Jahre jüngeren Freimaurer-Bundes.

Die Mysterien der Ägypter

»Abgehau'ne Wurzeln schlagen wieder aus; – uralte Dinge kehren wieder. Verdeckte Wahrheiten enthüllen sich; – es ist ein neues Licht; – das nach langer Nacht am Horizonte unserer Erkenntnis hervorbricht.« Dies Wort von Giordano Bruno umschreibt auf eine treffende Weise jenen geistigen Prozeß des 18. Jahrhunderts, der sich schließlich in dem so komplexen Werk der Zauberflöte zu einem funkelnden, das reine Licht in vielen Farben widerspiegelnden Kristall verdichtet hat. Alte Wurzeln schlagen wieder aus – diese Wurzeln, deren lebendiger Schößling die Zauberflöte ist, reichen bis in die Kaiserzeit des Römischen Reiches hinab. Damals – auf dem Höhepunkt der Machtposition des Römischen Reiches – wurden seine Herren und Bürger allmählich vom Geiste jener Völker ergriffen und durchdrungen, die sie gewaltsam dem Reiche eingegliedert hatten. Nach und nach erlagen die Römer der Faszination, die von den Kunstwerken und geistigen Formen, den Religionen der unterworfenen Völker, vor allem Kleinasiens und Ägyptens, ausging.

In der langen Friedenszeit nach der Stabilisierung der Herrschaft des Augustus, da die Grenzen und Straßen des Reiches gesichert waren wie nie zuvor, erwachte in den Römern – ähnlich wie in den Europäern seit dem 18. Jahrhundert – eine leidenschaftliche Reiselust. Die bildungshungrig gewordenen römischen Emporkömmlinge lernten auf ihren Reisen die griechischen Tempel und Mysterien kennen und, da Ägypten ein beliebtes Reiseziel war, ebenso die Pyramiden, die ägyptischen Tempel und die für das Verständnis der reichen Reisenden zurechtgemachten Mysterien. Ägypten wurde Mode; schiffladungsweise schleppten römische Feldherren und Kaiser ägyptische Götterbilder und Obelisken nach Rom zum Schmuck ihrer Villen und zur Verschönerung der Stadt, wie sie es schon vordem mit den griechischen Kunstwerken getan hatten. Noch heute zeugen von diesen Raubzügen die sechzehn ägyptischen Obelisken Roms.

Aber mit den geraubten Götterbildern kamen – als betäubende oder aufreizende Parfüme – auch die orientalischen Religionen und ihre Kulte nach Rom. So vor allem der soldatisch-strenge, ursprünglich persische Kult des Lichtheros Mithras mit seinen sieben Weihegraden und das Isis-Mysterium mit seinem zwölfstufigen Einweihungsweg. Die Bürger der herrschenden Schicht drängten sich fast süchtig danach, dieser und anderer Einweihungen teilhaftig zu werden und dies umso mehr, als der nüchterne Staatskult aus der republikanischen Zeit als langweilig und altmodisch galt, ähnlich wie der christliche Glaube von den Aufklärern und Gläubigen der Vernunft im 18. Jahrhundert empfunden wurde.

Durch wandernde Priesterkollegien verbreitete sich das Isismysterium seit der Zeit des Überganges von der Republik zum Kaisertum und insbesondere in der Kaiserzeit durch ganz Italien. Freilich waren diese inzwischen synkretistisch umgebildeten Mysterien nur noch ein dünner Aufguß des altägyptischen Isis- und Osiris-Kultes, was aber die geistig entwurzelten und von den fremden Göttern und Geheimnissen faszinierten Römer nicht bemerkten. Jedenfalls breitete sich in der Kaiserzeit – ähnlich wie 1700 Jahre später im 18. Jahrhundert – in allen Schichten der Gesellschaft eine Ägyptomanie aus, die zudem noch durch die Werke bekannter Schriftsteller angefacht wurde. Von diesen seien hier nur vier genannt: der Polyhistor Plutarch und sein Bericht über Mythus und Kult von ›Isis und Osiris‹; Diodor, der eine Geschichte der Völker von den Anfängen bis auf Cäsar, die ›Historische Bibliothek‹, schrieb, deren erstes Buch die Ägypter behandelte; Apulejus, der eine satirische Schilderung der römischen Gesellschaft zu Beginn des zweiten Jahrhunderts verfaßte: ›Der goldene

Esel‹, ein Werk, das eine der seltenen Schilderungen einer Einweihung in das Isismysterium enthält. Später, im 3. Jahrhundert nach Christus, schrieb Heliodor seine ›Äthiopischen Geschichten‹, welche die Schicksale eines Liebespaares und dessen Einweihung in Ägypten schildern.

Wie schon angedeutet, gibt es zu dieser spätantiken Ägyptomanie eine Parallele im 18. Jahrhundert. Durch abenteuerliche Forschungsreisen, durch Ausgrabungen, durch die Entzifferung der ägyptischen Hieroglyphen, durch Napoleons Ägyptenfeldzug und durch die um sich greifende Aufklärung, deren Verfechter alte Religionen sammelten wie Edelsteine oder Gemmen – mit der Absicht, das Christentum abzuwerten –, kam es im Laufe des 18. Jahrhunderts zu einer immer weitere Kreise ergreifenden Ägypten-Romantik. Man betrachtete Ägypten als die Urheimat der menschlichen Kultur sowie aller Religionen und jeder höheren Gesittung. Zudem erstand durch die Stiche der Reisebeschreibungen mit ihren Darstellungen des Lebens, der Religion und der Kunst alter oder ferner Kulturen ein neues, teils historisches, teils phantastisches Bild des alten Ägypten. Ein Standardwerk war das seit 1719 nach und nach in vierzehn Bänden erscheinende Werk ›L'Antiquité expliquée et représentée en figures‹ des Baron de Montfaucon, das – wie das seit 1752 in sieben Bänden veröffentlichte Werk des Grafen Caylus – ägyptische, griechische, etruskische und römische Altertümer in Wort und Bild beschrieb. Unter anderm findet die Ägyptenliebe des Barock ihren Niederschlag in den phantastischen Architekturblättern von Piranesi aus der Mitte des 18. Jahrhunderts. Diese wurden später vielfach zu Vorbildern für Bühnendekorationen der Zauberflöte, so zum Beispiel für jene von Anton de Pian in der Wiener Inszenierung von 1818.

Zu den zahlreichen Reisewerken über Ägypten gesellten sich kleinere, wie der berühmte französische Roman ›Sethos‹, der die Einweihung eines Königssohnes in die Mysterien der Ägypter schildert, oder ein anonymes Werk wie ›Crata repoa oder Einweihung in der alten geheimen Gesellschaft der Egyptischen Priester‹ von 1785. Und da die Freimaurer als Glieder einer ausgesprochen romantischen Geistesbewegung von der Überzeugung durchdrungen waren, daß sich in ihren Bünden und Riten die ägyptischen Mysterien erneuern, wirkten die beiden erwähnten Werke auf ihre Gesinnungen und Formen, ebenso wie das von K. Ph. Moritz 1792 edierte Buch von J. G. Bremer ›Symbolische Weisheit der Ägypter aus den verborgenen Denkmälern des Altertums, ein Theil der ägyptischen Maurerei, der zu Rom nicht verbrannt worden‹.

Alle diese Geistesströmungen und Werke, die im Dienste der Ägyptensehnsucht und des Verlangens nach neuen religiösen Erfahrungen, nach Wundern und Geheimnissen standen, bildeten jene Atmosphäre, aus welcher die Zauberflöte hervorwuchs. Es ist anzunehmen, daß Schikaneder und Mozart manches von diesen ägyptisierenden oder ägyptologischen Werken gekannt haben, weil sie großenteils zur Modeliteratur der Rokokogesellschaft gehörten. Es waren vor allem zwei Werke, durch die sie Kenntnis vom ägyptischen Milieu und den wirklichen oder angeblichen ägyptischen Mysterien erhielten: einerseits der erwähnte pseudoägyptische Einweihungsroman ›Sethos‹ und andererseits der große Aufsatz, den der geniale Ignaz von Born, Oberhaupt der Wiener Loge ›Zur wahren Eintracht‹, in dem von ihm begründeten ›Journal für Freymaurer‹ im gleichen Jahr 1784 veröffentlichte, an dessen Ende Mozart in die kleine Wiener Loge ›Zur Wohltätigkeit‹ als Lehrling aufgenommen wurde.

In diesem großen und gründlichen Aufsatz Borns ›Über die Mysterien der Egypter‹, den Mozart als eifriger Teilnehmer an der Logenarbeit und Leser des ›Journal für Freymaurer‹ genauestens kennen mußte, verbindet Ignaz von Born ein zuverlässiges Quellenstudium mit jener Ägyptenbegeisterung, die damals insbesondere für die Freimaurer kennzeichnend war. Aber gerade weil Born seine Darstellung der ägyptischen Mysterien weitgehend auf die Ägyptenberichte des römischen

Geschichtsschreibers Diodor aus der Zeit des Augustus gründet, vermittelt er in seinem Aufsatz weniger Einblicke in die altägyptische Religion als vielmehr in die hellenistische Mysterienreligion. Diese also bildete sodann die ideellen und formalen Voraussetzungen für den Text der Zauberflöte.

Der Aufsatz von Ignaz von Born ›Über die Mysterien der Egypter‹ kann darum in seiner Bedeutung für die geistige Grundlegung und für die Gestaltung der Zauberflöte nicht hoch genug eingeschätzt werden, weil er, neben dem ›Sethos‹, die Brücke zwischen dem Mysterium der Zauberflöte und den hellenistischen und den diesen vorausgehenden orientalischen Mysterien bildet. Sigfried Morenz hat dies in diesem Zusammenhang in seinem Buche ›Die Zauberflöte, eine Studie zum Lebenszusammenhang Ägypten-Antike-Abendland‹ auf eine einleuchtende Weise dargelegt, wobei er nachgewiesen hat, daß die Namen Tamino und Pamina tatsächlich ägyptischer Herkunft sind. Nur ist Schikaneder-Mozart beim Übernehmen dieser Namen in den Text der Zauberflöte eine Verwechslung der Geschlechter unterlaufen, da Pa-min, den Diener des Gottes Min, Ta-min aber die dem Min verpflichtete Frau bedeutet. Der Gott Min galt als der Schutzherr der östlichen Wüste Ägyptens und wurde seit dem Mittleren Reich mit Horus und Amun und später mit Re und Osiris gleichgesetzt.

Dadurch erlangte er im alten Ägypten eine universale Bedeutung; jedenfalls weisen die mit Min zusammengesetzten Namen – und so auch Tamino und Pamina – auf die Mysterien des Sonnengottes und des unterweltlichen Osiris hin. Zudem sind die Namen Pa-min und Ta-min auch in der späteren Zeit Ägyptens häufig und lebten sogar noch in der christlichen Sprachperiode des Koptischen weiter: sie sind noch im Heiligenkalender der koptischen Kirche bezeugt. Es wäre gut möglich, daß diese Namen mit den Pergamenten aus der nitrischen Wüste, die 1730 durch J. S. Assemani für die Vatikanische Bibliothek erworben wurden, durch Gelehrte der Barockzeit im Abendland bekannt geworden sind.

Morenz glaubt auch die Ursachen der Buchstaben- und Geschlechtsvertauschung der beiden Namen aufhellen zu können. Mozart hatte 1773 für das Schauspiel von T. Ph. von Gebler ›König Thamos‹ Chöre und Zwischenaktmusik geschrieben, die er später für die Aufführungen Schikaneders in Salzburg ergänzt hat. Wegen der Lautähnlichkeit hat man immer wieder die Vermutung ausgesprochen, daß Tamino eine Abwandlung von Thamos sei. Doch wäre es dem innern Sinn nach falsch, das Paar Tamino und Pamina auseinanderzureißen, und da beider Namen – wie Morenz nachgewiesen hat – echtes, altes Gut in sich bergen, muß der Bezug von Thamos-Tamino anders gedeutet werden. Den Schöpfern der Zauberflöte sind die beiden Namen Tamino und Pamina – sei es durch Ignaz von Born oder durch Schriften Athanasius Kirchers, sei es über die damals aufkommenden Ägypten-Handbücher – irgendwie zugekommen. Mozart brachte von seiner Arbeit am ›König Thamos‹, auf die er immer wieder zurückkam und deren Chöre für ihn zu Vorläufern der Priesterchöre der Zauberflöte geworden sind, die Erinnerung mit, daß Thamos ein Männername sei und vollzog so, halb unbewußt, die Vertauschung der sprachlichen Geschlechtscharaktere. Der Name Thamos selber aber, darauf weist Morenz hin, stammt aus dem ›Phaidros‹ des Platon – dort wird ein König Thamus von Ägypten genannt. Auch wenn Mozart-Schikaneder von diesen Zusammenhängen nichts wußten, so haben sie doch den rechten Griff getan, denn nomen est omen.

Ignaz von Born benützte für seinen Aufsatz sowohl gelehrte zeitgenössische wie antike Quellen. Von den zeitgenössischen war es vor allem die bedeutende und zuverlässige Sammlung griechischer und lateinischer Zeugnisse zur ägyptischen Religion, die P. E. Jablonski 1750 als ›Pantheon Ägyptiorum‹ veröffentlichte. Diese mußte auch ihrer Gesinnung nach Born entsprechen, denn Jablonski vertrat die These vom ursprünglich monotheistischen Glauben, von der esoterischen Weisheit und strengen Wissenschaftlichkeit der ägyptischen Priester.

Neben der Textsammlung Jablonskis war es vor allem die in der Zeit des Augustus kompilierte ›Historische Bibliothek‹ Diodors, aus der Born reichlich schöpfte; er zitiert Diodor etwa neunzigmal. Dieser war wie die meisten seiner Zeitgenossen der Meinung, daß alle großen Erkenntnisse und Leistungen der Griechen auf die ägyptische Kultur zurückzuführen seien. Von dessen Urteil beeinflußt, war Born – wie seine Freimaurer-Freunde – der Überzeugung, daß alle Weisheit und alle Mysterien (auch die griechischen) ursprünglich aus Ägypten stammen.

Als weitere wichtigste Quelle seines Aufsatzes nennt Born Plutarchs im Jahre 120 n. Chr. entstandenes Alterswerk ›Ueber Isis und Osiris‹. Darin erzählt Plutarch den Mythus von Osiris, der durch Typhon getötet wird; durch die Unermüdlichkeit seiner Gattin Isis, die seine zerstückelten und verstreuten Glieder sammelt, kehrt er in seinem posthum gezeugten Sohn Horus gleichsam wieder. Freilich versteht Plutarch den ägyptischen Mythus aus griechischem Geist, nämlich als Allegorie und Weisheitslehre. Durch solche Spiritualisierung konnte der alte Mythus sowohl von den Gläubigen des Hellenismus wie auch von den Rationalisten des aufgeklärten 18. Jahrhunderts assimiliert werden. Möglicherweise kannte aber Mozart, außer dem von Born nach Plutarch zitierten Isis-Osirismythus, noch einen aus anderer Quelle, nämlich aus der ›Erläuterung der ägyptischen Altertümer durch Übersetzung der Schrift Plutarchs von der Isis und dem Osiris etc.‹ des einst berühmten Philosophen und Philologen J. S. Semler von 1788.

Des Apulejus ›Verwandlungen‹ oder ›Der goldene Esel‹ wird von Born nur viermal – allerdings ausführlich, inbesondere das letzte, auf den Isiskult bezügliche Buch – zitiert. Dieses Werk, eine Art von Decamerone aus der Zeit des spätantiken Synkretismus, enthält die Schilderung der wandernden Priesterkollegien der Isis und der Einweihung in ihr Mysterium. Wir besitzen in diesen ›Verwandlungen‹ – der Titel bezieht sich auf die zauberische Verwandlung des Lucius in einen Esel und seine Rückverwandlung nach langer Leidenszeit in einen Menschen – das weitaus umfangreichste literarische Zeugnis über die Einweihung in eine hellenistische Mysterienreligion. Und zwar ist es eine doppelte Einweihung: in die Mysterien der Isis auf griechischem, in jene des Osiris auf römischem Boden. Auch in Bezug auf das Buch des Apulejus besteht die Möglichkeit, daß Schikaneder-Mozart es auch ohne Vermittlung Borns kennengelernt haben, da es – von A. Rode übersetzt – im Jahre 1780 in deutscher Sprache veröffentlicht wurde.

Merkwürdigerweise erwähnt Ignaz von Born in seinem – doch auf gründlicher Kenntnis der spätantiken Quellen beruhenden – Aufsatz den vierten bedeutenden Tradenten hellenistischer Weisheit und des hellenistischen Mysterienwesens, nämlich Heliodor und seine ›Äthiopischen Geschichten‹, nirgends namentlich. Dennoch hat dieser Roman aus dem 3. Jahrhundert n. Chr., dessen Abenteuer zumeist Ägypten zum Hintergrund haben, sowohl in Borns Aufsatz, wie auch in der Handlung der Zauberflöte seine Spuren hinterlassen. In den ›Äthiopischen Geschichten‹ erzählt Heliodor die verwickelten Schicksale eines liebenden Paares, Theagenes und Charikleia, die wie Tamino und Pamina nach vielen Irrungen und Wirrungen schließlich der Mysterien teilhaftig und zu Priestern geweiht werden.

In bezug auf die Aufnahme der Frau in den Mysterienbund gibt es allerdings in der Antike zwei Traditionslinien. In den Mysterien von Eleusis und im Kult des Dionysos wurden nicht nur weibliche Gottheiten verehrt, es waren auch Frauen als Mysten wie als Priesterinnen zugelassen. In der betont männlich-soldatischen Mysterienreligion des Mithras jedoch waren die Frauen weder zum Kult zugelassen noch konnten sie einen kultischen Rang erlangen; die Mithras-Mysten bildeten einen religiösen Männer-Bund.

Auch in dem vom erleuchteten Gottesfreund und charismatischen Kriegsfürsten Moses gestifteten Gottesbund der

Hebräer und von ihrer ausgesprochen männlich-kriegerischen Religion waren die Frauen sowohl vom Kult wie vom Priestertum ausgeschlossen. Im herodianischen Tempel war die passive Teilnahme der Frauen auf einen ihnen eigenen Vorhof beschränkt. Am Gemeindegottesdienst durften sie – wohl infolge des persischen Einflusses – erst nach dem babylonischen Exil teilnehmen. Dieser jüdischen Tradition folgte im großen ganzen auch die christliche Kirche. Insbesondere stellt die katholische Priesterhierarchie einen typischen Männerbund dar. Keine Frau kann einen der sieben Weihegrade des katholischen Priesters erlangen.

Deshalb läßt sich feststellen, daß der Freimaurer-Bund der Linie der mithräischen, jüdisch-christlichen Überlieferung gefolgt ist, indem er die Frauen von den Mysterien ausschließt. Im Gegensatz zum Bund der Freimaurer entschieden sich Mozart-Schikaneder in der Zauberflöte weder ausschließlich für die eine noch für die andere Tradition. Einerseits stellen sie einen nur aus geprüften Männern bestehenden Weisheitsbund dar, in den man einzig durch das Bestehen der bis an die Todesgrenze führenden Mutproben aufgenommen werden kann – eine Analogie zur Praxis des Mithras-Mysteriums; andererseits wird die Einweihung einer für würdig erachteten Frau, entsprechend den Mysterien von Eleusis und dem hellenistischen Isis-Mysterium, für möglich erachtet. Es bleibt dabei offen, ob Pamina durch ihre Einweihung in den Weisheitsbund der Männer aufgenommen wird – was allerdings ein, den Bund sprengender, revolutionärer Akt wäre –, oder ob sie als Gattin des künftigen Königs Tamino (denn seine Einweihung bedeutet zugleich eine geistige Salbung zur Königsherrschaft) Anteil an der priesterlich-königlichen Weisheit erhält. Die Verfasser des Zauberflöten-Textes verbinden demnach in einer einzigartigen Weise die Riten und Gesinnungen des Mithras-Mysteriums mit dem der Isis. Offensichtlich folgen sie damit jener Überlieferung, die in Heliodors Roman der Einweihung Charikleias gegeben ist.

Neben dem grundlegenden wissenschaftlichen Aufsatz von Ignaz von Born ›Über die Mysterien der Egypter‹ ist zweifellos der französische Roman ›Sethos, histoire ou vie tirée de monumens anectodes de l'ancienne Egypte. Traduit d'un manuscrit Grec‹ eine der wichtigsten Quellenschriften für den Text der Zauberflöte. Sein Verfasser Jean Terrasson (1670–1750), Abbé und Professor der griechischen Sprache am Collège de France, gab vor, mit seinem Werk ein griechisches Manuskript aus der Zeit des Vespasian und der Antoninen wiederzugeben. Als eines der erfolgreichsten Bücher der esoterischen Literatur des 18. Jahrhunderts wurde der Roman neben dem französischen Original in neuen Fassungen sowohl in Italien wie in England verbreitet, ja er war fast ein Jahrhundert lang geradezu eine Art von esoterischem Handbuch, sowohl für die alte Aristokratie als auch für die revolutionären Kreise und für die Freimaurer. Es ist hierfür kennzeichnend, daß ein ernsthafter Christ (wenn auch von aufgeklärter Gesinnung) wie Matthias Claudius den Roman – der angeblich den Schleier von den ägyptischen Mysterien lüftet – durch seine 1777–1778 in zwei Bänden in Breslau veröffentlichte Übersetzung für den deutschen Sprachraum erschlossen hat.

Durch eingehende Schilderungen von unter- und oberirdischen ägyptischen Tempeln, von schauervollen Weihestätten und geheimnisvollen Einweihungsriten, durch seine höchst eindringlichen moralischen Belehrungen und politischen Maximen zur Erziehung von Prinzen und Fürsten wurde der Roman ›Sethos‹ zu einem der populärsten Bücher aller jener Kreise, welche am christlichen Glauben und an seinen Riten kein Genügen mehr fanden und nach ›Urweisheit‹ verlangten. Diese Darstellung eines Pseudo-Ägyptens hat nicht nur die Ägyptomanie jener Zeit wesentlich gefördert, sondern auch auf die Ideologie der Freimaurer gewirkt, sowohl als historische oder pseudohistorische Unterbauung des mit ägyptischen Symbolen und Riten arbeitenden freimaurerischen Misraim-Kultes wie auch als Förderung der verbreiteten These von der Herkunft der Freimaurerei aus Ägypten und aus den ägyptischen Mysterien.

Doch obwohl die Handlung des ›Sethos‹ von seinem Verfasser erfunden ist, sind nicht alle Vorgänge des Romanes nur fingiert. Denn Abbé Terrasson hatte schon vor der Abfassung seines Romans die ›Historische Bibliothek‹ des Diodor Siculus aus der Zeit des Augustus übersetzt, deren erstes Buch den Ägyptern gewidmet ist. Diese Schilderungen aus der Spätzeit der ägyptischen Mysterien, die damals weder ihren originalen Gehalt noch ihre originale Gestalt mehr aufwiesen, bilden das Material zum ›Sethos‹-Roman. Aber Terrasson hat, wie später auch Born, gleichfalls Plutarchs theosophische Deutung des Mythus von Isis und Osiris sowie die Texte der religionsgeschichtlichen Schriftsteller der Spätantike für seinen Roman genutzt.

Im Roman nun wird das Leben und der Einweihungsweg des Prinzen Sethos geschildert, der angeblich ein Jahrhundert vor dem Trojanischen Krieg gelebt hat und nur wenig später als sein Genosse Orpheus in Memphis der Einweihung teilhaftig geworden sein soll. Daß nun Schikaneder und Mozart – wie wohl jeder Freimaurer und jeder Liebhaber höherer Humanität oder der Geheimwissenschaften ihrer Zeit – den ›Sethos‹ genau gekannt haben, wird durch die Vergleichung des Romans mit dem Text der Zauberflöte deutlich. Die Königin der Nacht hat im ›Sethos‹ ihre Parallele in der ränkesüchtigen ägyptischen Königin Dalucca, die nach dem Tode der Königin Nephte, tyrannisch herrschend, den Thronerben Sethos verdrängt. Sarastro hat sein Gegenstück im ›Sprecher‹ Amedes, der den Prinzen in die Mysterien der ägyptischen Priester einführt und der durch Fragen seinen Mut und seine Rechtschaffenheit prüft. Im ›Sethos‹ wird die Priesterversammlung aus zwei Richtern, die dem Oberpriester zur Seite stehen, und sechzehn Priestern gebildet – das Vorbild der achtzehn

Priester-Eingeweihten der Zauberflöte, zu denen noch zweiundzwanzig Eingeweihte kommen, die nicht Priester sind. Ebenso gibt es im ›Sethos‹ achtzehn opfernde Priesterinnen. Auch nach der Freimaurerlegende halten achtzehn Priester Wache am Grabe Hirams, des Erbauers des salomonischen Tempels, der als legendärer Stifter des Freimaurer-Bundes und als Urbild des ›großen Eingeweihten‹ gilt.

Auch für die Posaunen der Priester in der Zauberflöte findet sich ein Vorbild im Roman: der Wagen der toten Königin wird von Schalmeien und Oboen angekündigt; ihnen antworten »in bestimmten Intervallen Trompeten und Pauken«. Die drei Genien der Zauberflöte sind im ›Sethos‹ durch drei Priester vorgebildet, »die bald ernst, bald heiter erscheinen und dem Jünger ein heiliges Stillschweigen in der Nähe des weiblichen Geschlechtes auferlegen«, was bekanntlich auch den Prüflingen in der Zauberflöte dringend geboten wird. Den beiden Priestern, die Tamino und Papageno durch die Prüfungs-Unterwelt führen, entsprechen im Roman jene zwei Priester, die, mit weißen, bis auf die Brust reichenden Schleiern bedeckt, den Jüngling links und rechts flankierend durch das Labyrinth geleiten. Die Farben der Gewänder der Eingeweihten bei den Triumphprozessionen, nämlich blau, violett und rot, sind zwar nicht in die Zauberflöte übergegangen; da aber der ›Sethos‹ einen tiefgreifenden Einfluß auf den Mythus und Ritus des Freimaurer-Bundes ausgeübt hat, finden sich die Farben der Priestergewänder in der blauen Farbe der Johannes-Maurerei und in der roten der Andreas-Maurerei wieder.

Die wichtigsten Parallelen der Oper mit dem Roman zeigen sich im eigentlichen Prüfungsbereich. Eine der beiden Stellen der Zauberflöte, deren Text vom Roman eingegeben ist, lautet:

O Isis und Osiris, schenket
Der Weisheit Geist dem neuen Paar!
Die ihr der Wandrer Schritte lenket,
Stärkt mit Geduld sie in Gefahr.

Laßt sie der Prüfung Früchte sehen.
Doch sollten sie zu Grabe gehen,
So lohnt der Tugend kühnen Lauf,
Nehmt sie in euren Wohnsitz auf.

In der entsprechenden Szene des Romanes wird Sethos, nachdem er drei Proben bestanden hat, von zwei Reihen von Priestern empfangen und den Statuen des Osiris, der Isis und des Horus gegenübergestellt, wobei der Oberpriester betet: »Oh, Isis, Göttin der Ägypter, gib deinen Geist dem neuen Diener, der soviel Gefahren und Beschwerlichkeiten überstanden hat, um vor dir zu erscheinen. Mache ihn aus sich reich in den Proben seiner Seele und lehre sein Herz deine Gesetze, damit er würdig werde, zu deinen Geheimnissen zugelassen zu werden.« Diese Stelle des Romans diente nicht nur als Vorbild für die Gestaltung des Textes, sondern auch für den Wechselgesang Sarastros und der Priester in dieser Szene. Im Roman wiederholen nämlich alle Priester die ersten Worte des Gebetes; ebenso respondiert der Priesterchor in der Zauberflöte der Arie Sarastros.

Die bedeutungsvollste Parallele zwischen dem Text der Oper und dem des Romans ist jedoch im Gesang der die Feuer- und Wasserhölle bewachenden Geharnischten festzustellen. Die Feuer- und Wasserprobe der Zauberflöte, als letzte und härteste Prüfung des ganzen Einweihungsweges, ist auf eine – allerdings umständliche Weise – im ›Sethos‹ vorgebildet. Die Vergleichung beider Texte zeigt, daß in der Zauberflöte eine unüberbietbar klare und einfache Formulierung des Vorbildes im ›Sethos‹ gelungen ist. Da dort der Prinz auf dem vorgeschriebenen Weg in das ›Labyrinth‹ der unterirdischen Einweihungsstätte eindringt, findet er über einer Pforte eine Tafel, auf der (im Originaltext durch Majuskeln hervorgehoben) die Worte eingegraben sind: »Wer diesen Weg alleine geht, und ohne hinter sich zu sehen, der wird gereinigt werden durch das Feuer, durch das Wasser und durch die Luft, und wenn er den Schrecken des Todes überwinden kann, wird er aus dem

Schoß der Erde wieder herausgehen und das Licht wiedersehen, und er wird das Recht haben, seine Seele zu der Offenbarung der Geheimnisse der Göttin Isis gefaßt zu machen.«

Diese Vorstellung der Wanderung des die Einweihung verlangenden Menschen durch die vier Elemente und seine daran sich anschließende Vergöttlichung durch die »Offenbarung der Geheimnisse der großen Göttin Isis« ist typisch, zwar nicht für das altägyptische, aber für das spätantike Isismysterium. Wir finden den Hinweis darauf in dem um 150 n. Chr. von Apulejus verfaßten ›Goldenen Esel‹, in dessen Schlußteil die Einweihung in das Isismysterium – wie sie damals durchgeführt wurde – in knappster Weise geschildert wird. Da heißt es: »Ich ging bis zur Grenzscheide zwischen Leben und Tod. Ich betrat Proserpinens Schwelle, und nachdem ich durch alle Elemente gefahren, kehrte ich wiederum zurück. Zur Zeit der tiefsten Mitternacht sah ich die Sonne in ihrem hellen Lichte leuchten.« Erde, Feuer, Wasser und Luft werden in diesem wegen des gebotenen Schweigens nur summarischen Bericht vom Vollzug des Mysteriums ›alle Elemente‹ genannt; ›Proserpinas Schwelle‹ ist der Eingang zur Unterwelt – damit ist der mystische Tod des Einzuweihenden angedeutet. Die ›Rückkehr‹ meint die Wandlung des Menschen, seine Auferstehung als neue Kreatur; die Mitternachtssonne ist die Gottheit selber, die der Myste in der Nacht – entgegen dem Lauf der Natur – zu sehen gewürdigt wird.

In der Zauberflöte nun führen zwei schwarzgeharnischte Männer, auf deren Helmen Feuer brennt – als Motiv ebenfalls dem ›Sethos‹ entlehnt –, den Tamino herein und lesen ihm eine transparente Schrift vor, die auf einer Pyramide steht:

Der, welcher wandert diese Straße voll Beschwerden,
Wird rein durch Feuer, Wasser, Luft und Erden!
Wenn er des Todes Schrecken überwinden kann,
Schwingt er sich aus der Erde himmelan.
Erleuchtet wird er dann imstande sein,
Sich den Mysterien der Isis ganz zu weihn.

Der Sonnentempel

Originalentwurf von Simon Quaglio
für die Bühnenbilder
der Münchner Aufführung
der Zauberflöte 1818.

München, Theatermuseum

Der Gedanke dieser Verse ist der gleiche wie im entsprechenden Text des ›Sethos‹: nur wer ›die ganze Welt‹ – nicht sie genießend, sondern sie erleidend und sie durchschauend – durchschritten hat, wird fähig, sie auch zu übersteigen, sich ›himmelan‹ zu schwingen und so der ›großen Göttin‹, der Königin Isis in der Mitte der Nacht zu begegnen und ihrer Mysterien teilhaftig zu werden.

Doch die Formel ›durch alle Elemente fahren‹ – das heißt wandern –, hat noch eine weitere Bedeutung. Die vier Elemente sind am geistigen und leiblichen Bau des Menschen beteiligt. Reinwerden durch Feuer, Wasser, Luft und Erde hat darum auch den Sinn des sich selbst Erkennens als Vorstufe des Gottschauens. Es ist wohl eine Quintessenz der griechischen Weisheit der klassischen und nachklassischen Zeit, wenn über dem Eingang zum Tempel von Delphi zu lesen stand: »Erkenne dich selbst, dann erkennst du den Gott.« Goethe, von der Weisheit des Altertums tief durchdrungen, hat diesen Gedanken aufgenommen, indem er in seinem ›Zauberflöten‹-Fragment den Sarastro sprechen läßt: »In diesen stillen Mauern (der Einweihungsstätte) lernt der Mensch, sich selbst und sein Innerstes erforschen. Er bereitet sich vor, die Stimme der Götter zu vernehmen. Aber die erhabene Sprache der Natur (der Elemente) ... lernt nur der Wanderer kennen, der auf ... der Erde umherschweift.« Dieses ›Umherschweifen‹ auf der Erde, das als symbolische Wanderschaft in das Ritual des Freimaurer-Bundes und als Umwandern des Tempelbezirkes, von Pforte zu Pforte, durch Tamino im 15. Auftritt des ersten Aktes der Zauberflöte wiederkehrt, ist ein Gleichnis für das Hinabsteigen in das Labyrinth des eigenen Innern. Denn Selbsterkenntnis geht der Gotterkenntnis voraus. In der Erfahrung aller Religionen ist darum die ›purificatio‹, die Reinigung durch Selbsterkenntnis und die Gewissensprüfung, die Vorbedingung zur ›luminificatio‹, der Erleuchtung, und weiter zur ›unificatio‹, der Einigung.

Auch die Feuer- und Wasserprobe als Überwindung des

Todesschreckens, als Überschreiten der Todesschwelle vom Sterblichen zum Unsterblichen, wird bereits – allerdings in einer plump rationalistischen Weise – im Roman erzählt. So gelangt Sethos am Ende seines Prüfungsweges in eine »gewölbte Kammer«, in der links und rechts zwei brennende Scheiterhaufen aus Holzkloben errichtet sind, deren Flammen, hin- und herlodernd, dem ganzen Raum »das Ansehen eines glühenden Ofens« geben. Zwischen den beiden Scheiterhaufen befindet sich ein rotglühender Rost, den der Prüfling überschreiten muß, um weiter zu kommen, »und Sethos tat dies mit ebenso viel Schnelligkeit wie Aufmerksamkeit«. Nachdem er die Feuerprobe bestanden hat, findet er einen aus dem Nil abgeleiteten Kanal, den er nackt mit einer den Scheiterhaufen entnommenen Fackel durchschwimmt. Danach gelangt er über eine Zugbrücke zu einer verschlossenen elfenbeinernen Türe, welche nur dadurch auf mechanische Weise zu öffnen ist, daß er sich unter fürchterlichem Getöse mittels zwei Ringen an ihr emporziehen läßt. So gelangt er an das Endziel seiner Proben und seiner Wanderung im ›Labyrinth‹ an einen hell erleuchteten Ort. Dort wird er »von den Priestern empfangen, die hinten im Heiligen in zwei Reihen standen. Der Oberpriester umarmte ihn gleich, lobte seinen Mut und wünschte ihm zu dem glücklichen Ausgang seiner Proben Glück.«

In der Zauberflöte ist die – im ›Sethos‹ auf ziemlich nüchterne Weise vorgebildete – Feuer- und Wasserprobe der Höhepunkt der ganzen Mysterienhandlung und zugleich die unmittelbare Vorbereitung zur Deifizierung, zur ›Versonnung‹ des Helden und der mit ihm in treuer Liebe verbundenen Heldin. Tamino und Pamina gehen ›in die Sonne‹ ein – das bedeutet: sie werden eins mit der Gottheit, die im Bilde und als Kraft der Sonne die Bühne, das heißt die Welt, erfüllt. Doch was in der Zauberflöte zur Hauptsache geworden ist, das ist im Roman nur Vorspiel zur Geschichte des Helden. Dort bildet die Nutzanwendung der durch die Einweihung erworbenen Kräfte und Weisheitslehren den Hauptteil der Darstellung. So gewinnt Sethos als Folge der Einweihung ein riesiges Kolonialreich, das sich von Ceylon bis an die Nordküste Afrikas erstreckt. Die ägyptischen Priester im ›Sethos‹ hatten demnach eine andere Absicht mit ihrem Prinzen, als jene der Zauberflöte. In der letzteren soll der Einzuweihende ›vergottet‹ werden, das will sagen, schon hier auf Erden das ewige Heil für immer gewinnen; im ›Sethos‹ dagegen soll Ägypten durch die Einweihung des Fürstensohnes zum Mittelpunkt eines Weltreiches werden.

Siebtes Kapitel

Die Gestalten der Zauberflöte

Mythische Urbilder

Es gibt von altersher zwei Arten des Denkens, und beide sind notwendig, um die Wirklichkeit in und um den Menschen geistig zu gestalten. Da ist das kausalistische, schlußfolgernde Denken, das die Phänomene der Erscheinungswelt mit Hilfe logischer Operationen und mit Begriffen und Formeln in Gesetze zu fassen sucht. Durch die Aufklärungstendenzen der letzten Jahrhunderte hat sich dies rationalistische, die vorgefundene Wirklichkeit zergliedernde Denken mehr und mehr ausgebreitet und ist schließlich für den ›modernen‹, wissenschaftlich-technisch orientierten Menschen bestimmend geworden. Diesem abstrakt-logischen Denken steht jedoch von jeher ein ihm entgegengesetztes zur Seite: das anschauliche Denken in Bildern – eine Weise, der Wirklichkeit inne zu werden, die von der Gestalt des Vorgefundenen ausgeht und diese zu inneren, zu allen Zeiten gültigen Sinn-Bildern umwandelt.

Diese Denkart liegt dem Mythus und dem symbolischen Erfassen der Erscheinungswelt zugrunde. Denn der Mythus ist keine Fabelei, sondern Mitteilung einer Wirklichkeit. Was an der Welterfahrung des Menschen überzeitlich bleibend und den Menschen in seiner Tiefe prägend ist, das schlägt sich in den Erzählungen des Mythus nieder. Die Bausteine des logisch-rationalen Denkens sind die abstrakten Begriffe; die des mythischen, anschaulichen Denkens aber die urtümlichen

Bilder oder Archetypen, die nie nur aus der Erfindung des einzelnen stammen, sondern einen uralten, in jedem Zeitalter immer neu ausgezeugten Besitz eines Volkes, einer Völkergruppe oder der Menschheit bilden. Die mythischen Bilder oder Archetypen waren für diejenigen, die sie ernst genommen haben, nach Karl Kerenyi, immer Seinsbilder, das heißt Bilder, in denen sich die Geheimnisse des Seins offenbaren, Aussagen über das, was »ursprünglich war« oder was »eigentlich ist«. In diesen urtümlichen Bildern ist die ganze Seinsfülle in bildlicher Form zusammengefaßt.

In der Barockzeit wurden der überlieferte griechische Mythus, seine Götter und Genien unbekümmert für das große theatralische Lebensfest des Barock in Dienst genommen. Erst in der Romantik besann man sich grundsätzlich auf das Wesen des Mythus und damit auch auf die Bedeutung der urtümlichen Bilder, aus denen er gefügt ist. So deutet ihn Schelling – einer der Wiederentdecker des Mythus als echte Lebens- und Geisteskraft – »als einen notwendigen Prozeß, dessen Ursprung sich im Übergeschichtlichen verliert ... Die mythischen Vorstellungen (und Bilder) sind weder erfundene noch freiwillig angenommene. Erzeugnisse eines vom Denken und Wollen unabhängigen Prozesses, waren sie für das ihm unterworfene Bewußtsein von unabsehbarer Realität. Völker wie Individuen sind nur Werkzeuge dieses Prozesses, den sie nicht überschauen, dem sie dienen, ohne ihn zu begreifen. Es steht nicht bei ihnen, sich diesen Vorstellungen zu entziehen, denn sie sind in ihnen, ohne daß sie sich bewußt sind, wie. Sie kommen aus dem Inneren des Bewußtseins selbst, dem sie sich mit einer Notwendigkeit darstellen, die über ihre Wahrheit keinen Zweifel verstattet. Weil der Mythus (und seine Bilderwelt) nicht ein künstlich, sondern ein natürlich, ja unter gegebenen Voraussetzungen mit Notwendigkeit Entstandenes ist, lassen sich in bezug auf ihn nicht Inhalt und Form, Stoff und Einkleidung unterscheiden. Die Vorstellungen (der urtümlichen Bilder) sind nicht erst in einer andern

Form vorhanden, sondern sie entstehen nur und zugleich mit dieser Form.«

Die urtümlichen Bilder oder Archetypen, die im Mythus als Handlung dramatisiert werden, sind darum zugleich mit dem Menschen hervorgetreten. In ihnen erkennt er die Ordnung des Kosmos und die Struktur seines eigenen Schicksals; in diesen Bildern oder Symbolen, die der Mensch nicht machen kann, die vielmehr in ihm unwillkürlich bei der Begegnung mit der Welt aufsteigen, offenbart sich ihm die sowohl wandelbare wie unwandelbare Wirklichkeit des Seins. Darum sind die Urbilder oder Ursymbole »die höchsten Äußerungen des bildenden Vermögens. Das Symbolische gilt als die Wurzel alles bildlichen Ausdrucks und ihm ist eigentümlich: das Momentane, das Totale, das Unergründliche ihres Ursprungs und das Notwendige. Im Symbol nimmt ein allgemeiner Begriff das irdische Gewand an und tritt als Bild bedeutsam vor die Augen unseres Geistes. Ursprünglich aber wichen Bild und Wort nicht voneinander ab, sie waren innig gegattet und durchdrangen sich gegenseitig« (Friedrich Kreuzer). Denn »zu arm ist die menschliche Sprache, um (allein) die Fülle der Ahnungen, welche der Wechsel zwischen Leben und Tod wachruft, und jene höheren Hoffnungen, die der Eingeweihte besitzt, in Worte zu kleiden. Nur das Symbol (und das urtümliche Bild) und der sich ihm anschließende Mythus können diesen edleren Bedürfnissen genügen. Das Symbol (und das archetypische Bild) erweckt Ahnungen, die Sprache kann nur erklären ... Die Sprache reiht Einzelnes aneinander und bringt immer nur stückweise zum Bewußtsein, was, um allgewaltig zu ergreifen, notwendig mit einem Blicke der Seele vorgeführt werden muß. Worte machen das Unendliche endlich, Symbole (und Urbilder) entführen den Geist über die Grenze der endlichen, werdenden, in das Reich der unendlichen, seienden Welt. Sie erregen Ahnungen, sind Zeichen des Unsagbaren, unerschöpflich wie dieses, mysteriös wie notwendig und ihrem Wesen nach jede Religion, eine stumme

Rede – darin beruht die (seelen-)ergreifende Macht der mythischen (urbildlichen) Darstellungen« (J. C. Bachofen).

Ein geistiger Nachfahre dieser Symbol- und Mythenforscher der Romantik ist nun der Entdecker des kollektiv Unbewußten, der Psychologe C. G. Jung. Er hat sich in der ersten Hälfte dieses Jahrhunderts intensiv mit der Entstehung, Bedeutung und Wirkung der unwillkürlich hervortretenden Urbilder, für die er den Begriff ›Archetypus‹ erneute, befaßt. So sagt er in seiner ›Symbolik des Geistes‹: »Die Archetypen sind nicht Willkürerfindungen, sondern autonome Elemente der unbewußten Psyche und vor aller Erfindung schon da. Sie stellen die unveränderliche Struktur einer psychischen Welt dar, die durch ihre determinierenden Wirkungen auf das Bewußtsein zeigt, daß sie ›wirklich‹ ist ... Die Archetypen sind gewissermaßen die in der Tiefe verborgenen Fundamente der bewußten Seele..., sind Bereitschaftssysteme, die zugleich Bild und Emotion sind ... Der Archetypus ist nicht nur Bild an sich, sondern zugleich auch Dynamis, welch letztere in der Numinosität, der faszinierenden Kraft des archetypischen Bildes sich kundgibt.«

Diese, von Jung sowohl auf Grund des überlieferten Mythus wie durch seine psychologische Praxis gewonnene Einsicht besagt darum, daß die Urbilder von höchst aktiver Kraftwirkung sind. Aus ihnen wirkt die Numinosität des Transzendenten; sie vermögen den Menschen zu seinem Heil oder Unheil zu faszinieren, sein Inneres auszufüllen und in Besitz zu nehmen. Sind sie von heller, sonnenhafter Art, dann durchlichtet ihre Wirkung den Menschen; manifestiert sich aber in ihnen das Dunkle, Abgründige, Zerstörerische, dann wird der Mensch von ihrer Bildkraft gestört und ›besessen‹. Jedenfalls verändert die Wirkung der Urbilder den Menschen je nach ihrer Art und Gerichtetheit; sie struktuieren sein immer erneut vom Chaos bedrohtes Inneres. Allerdings »läßt sich kein Archetypus auf eine einfache Formel bringen. Er ist ein Gefäß, das man nie leeren und füllen kann. Er existiert an sich nur potentiell, und wenn er einen Stoff gestaltet, so ist er nicht mehr das, was er vorher war. Er beharrt durch die Jahrtausende und verlangt doch immer neue Deutung« (C. G. Jung). Und diese Erfahrung besagt, daß die vor jeder menschlichen Setzung wirksamen Urbilder erst dadurch volle Realität für die Gegenwart erlangen, wenn sie immer wieder neu ›erfunden‹, gestaltet und umgestaltet werden. Dies aber für die größere Gemeinschaft zu vollziehen, die Urbilder für die jeweilige Generation in faßbarer Weise heraufzubeschwören, ist als die unendliche Aufgabe der Dichter und Bildner von weittragender sozialer Wirkung. Denn die jeweils ins Bewußtsein tretenden Urbilder bestimmen Handeln und Schicksal der Menschen. Insofern sind die Urbilder ebenso zeitlos, wie in ihrer jeweiligen geschichtlichen Gestalt zeitbedingt.

Die Reihe der Urbilder ist jedoch unendlich. Alle Lebewesen oder Naturformen, ja auch Kunstgebilde können in tieferer Bedeutung als Urbilder aufscheinen; als lichter Gott, als dunkle Göttin, als duldendes Mädchen, als heroischer Jüngling, als weiser Alter oder böse Hexe, als gute Fee und böser Zauberer, als Mutter-, Vater-, Sohnes- und Tochtergestalt, als göttliches Kind, als roter oder schwarzer Versucher, als Tier- oder Engelmensch, als die den Himmel tragende Säule oder als die chthonischen Mächten zur Wohnung dienende Höhle. In nie endender Verwandlung erzählen Mythus und Märchen von diesen im Bild aufscheinenden Urmächten. Und nicht minder beharrlich wandeln sie durch die Träume der Menschen und bilden deren Sinngehalt.

Auch die Hauptgestalten der Zauberflöte sind in ihrem Kerne solche Urbilder. Schikaneder-Mozart haben diese urbildhaften Gestalten, von denen sie teils aus eigener innerer Erfahrung, teils durch das Überlieferungsgut der Barockzeit wußten, durch ihre dramatische Schöpferkraft derart neu imaginiert, daß die uralten, allen bisherigen Generationen vertrauten Typen und Figuren wie noch niemals dagewesen ins Licht der theatralischen Wirklichkeit zu treten vermochten. Die unerschöpfliche, alle Völker, Stände und Lebensalter ergreifende Wirkung der Zauberflöte beruht gerade auf dem archetypischen Gehalt ihrer handelnden Figuren und der Situationen, in die sie versetzt werden.

Ältestes Menschheitsgut kehrt neu geformt in den Personen der Zauberflöte zurück: der Hohepriester Sarastro ist der Repräsentant sonnenhafter Väterlichkeit; in der Königin der Nacht erscheint die Macht der nächtlichen Fruchtbarkeit und Dämonie; in Tamino, dem Lichtprinzen aus dem Osten, erneut sich die Gestalt des leidenden und siegenden Sohnesgottes; Pamina dagegen ist als Tochter ein Bild der Seele, die zugleich der Unter- wie der Überwelt verbunden ist, während in Papageno die Gestalt des phallischen Vogelmenschen mit seiner unerschöpflichen Sinnenkraft wiederkehrt. Gewiß ist es für den Hörer und Zuschauer der Zauberflöte nicht unbedingt notwendig, von dem urbildhaften Charakter dieser Gestalten zu wissen, denn sie wirken ohnedies auf die dem Bewußtsein entzogenen Tiefen seines Wesens und Imaginierens. Dennoch ist es fruchtbar, sich zu vergegenwärtigen, welche Kräfte und Mächte in den Gestalten der Zauberflöte aus dem Welt- und Seelenhintergrund in den Vordergrund des Anschaulichen treten, welche Urbilder sich in der Zauberflöte konstellieren.

Der Hohepriester der Sonne

Am Beginn jeder geistgewirkten Ordnung steht die Gestalt des göttlichen Vaters; er ist der Erzeuger der Urwelten und der aus diesen hervorgehenden Welt-Teile. Er ist es, der das Licht erschafft, so daß der Kosmos ein durchlichteter und gestalthafter wird. Darum ist das Hervortreten des Lichtes gleichsam die Urtat der väterlichen Gottheit – denn ohne Licht gibt es weder Gestalt noch Schönheit. Freilich kennen manche Kosmogonien auch eine dem Wirken des Lichtgottes vorangehende, gestaltlose, finstere, von einer Göttin beherrschte Urwelt. Ein solcher Zustand der Schöpfung wird zu Beginn des ersten Kapitels der Genesis der Heiligen Schrift als Tehom oder Chaos bezeichnet. Doch geht dieser Weltzustand in der Kosmogonie der Bibel nur der gestalteten Welt, nicht aber dem Weltschöpfer voran. Anders verhält sich dies im Mythus der Babylonier. Dieser beschreibt den lichtlosen, wässerigen und stummen Urzustand der Schöpfung. Im babylonischen Schöpfungsmythus ›Enuma elish‹ erscheint die Götter und Elemente beherrschende Urmutter des Alls, die entsetzliche Tiamat, in Gestalt des urweltlichen Drachens, der in seinem ›Innern‹ alle Werdekeime verschlossen hält, so daß sich in ihm alles mit allem gestaltlos mischt.

Aber die lichten Götter suchen sich gegen die alles einschlingende Chaosmacht zu behaupten. Darum kommt es zum Kampfe zwischen den Repräsentanten der Finsternis und dem Lichte. Die lichten Götter wählen Marduk zu ihrem Führer und schließlich zum Weltherrscher. In einem gewaltigen Kampfe tötet er Tiamat und erschafft aus den Teilen ihres Leibes Himmel und Erde sowie den Menschen; er bringt solchermaßen die lichte, schöngestaltete Welt hervor. Sein Lohn sind die Schicksalstafeln, die er auf der Brust trägt, und die Huldigung der Götter vor ihm, dem Allgott. Auch ist er der Wohltäter der Menschen; er erbarmt sich ihrer Not und heilt ihre Krankheiten. Alljährlich am Frühjahrs-Neujahrsfest wurden seine Heilstaten gefeiert, rezitiert oder pantomimisch dargestellt. Und jeweils übernahm dann der König von Babylon oder Assur die Rolle des Heil- und Lichtbringers Marduk; das aber bedeutet: der König vertrat den Lichtgott; er wurde jeweils in der Zeitwende dessen Hoherpriester. Im Hohenpriester zeigt sich der Gott; er handelt für diesen, als ob er der Gott selber wäre – dies ist ein Grundgesetz jeglichen Kultes und der Riten.

Diese Verschränkung von Gottgestalt und Hohenpriester, die überall in den Religionen und deren Kulten zu beobachten ist, zeigt sich in besonderer Weise am persischen Religionsstifter und Heilbringer Zarathustra, dessen Name und Wesen offensichtlich in dem des Hohenpriesters der Zauberflöte, Sarastro, nachklingt. Zarathustra trat im 6. Jahrhundert v. Chr. als ›Heiler des Lebens‹, das durch die Macht böser Geister krank geworden war, hervor. Von seinen Anhängern aber wurde er als Rettergestalt und Weltheiland verstanden, der als Richter der Toten und Lebenden wiederkommen und im Weltenbrand alle bösen Mächte vernichten wird. Aber eigentlich war Zarathustra der Verkünder und Hohepriester des allmächtigen Weltschöpfers Ahuramazda und dessen Sonnenwelt, der im Kampfe steht mit Angramainju, dem Hinderer der Ausbreitung des Lichtreiches. Am Ende dieses von Ahuramazda siegreich bestandenen Kampfes steht sodann die Auferstehung der Toten, Weltbrand und Weltverklärung.

Der Kampf des Herrn des Lichtes mit den aufständischen Mächten der Finsternis bildet in der Zarathustra-Verkündigung den eigentlichen Inhalt sowohl der Weltgeschichte wie des individuellen Lebens. Um diese Struktur des Seins zu erfahren und einzuprägen, wurden auch in der Zarathustra-Religion Mysterien geschaffen. Denn bereits Zarathustra selbst hatte den großen Gedanken entwickelt, daß sich der große, zur Erlösung des Alls führende Weltkampf zugleich im Inneren des Menschen vollzieht. In seinem Inneren wohnt das göttliche Ichselbst, allerdings von Dunkelheit und Triebmächten, von ahrimanischen Gewalten gefangen gehalten. Aber der große Lichtkönig Ahuramazda sendet aus der oberen Lichtwelt seine Boten, um das in den Schlaf der Unwissenheit versunkene und im Taumel der Trunkenheit ausgeartete göttliche Ich im Menschen hervorzulocken und in die Lichtwelt zurückzuführen. Die zum Lichte befreiten Seelen wirken sodann im großen Kampfe gegen den Fürsten der Finsternis mit und bereiten durch die Mehrung des Lichtreiches auf Erden und im Kosmos die Welterlösung vor. Doch als Stellvertreter und Hoherpriester Ahuramazdas ist es in dieser

Weltzeit Zarathustra, welcher das göttliche Ich im Menschen erweckt und zum Dienst für das Lichtreich anleitet: »Der Lebendigen Kraft und Heil über dich aus deiner Heimat! Folge mir, Sohn der Sanftmut; den Lichtkranz setze aufs Haupt!«

Zarathustra, von dem der Name des Sarastro hergeleitet wird, ist darum der Stellvertreter und Hohepriester des höchsten Lichtherrn; durch den Hohenpriester wirkt die Kraft des Gottes, er spricht gleichsam mit seiner Stimme. Ähnliches läßt sich ergänzend vom einstigen jüdischen Hohenpriester sagen. Nur er durfte sich der göttlichen Gegenwart im Allerheiligsten nahen, nur er wußte durch das Ephod, das er auf der Brust trug, und durch das ›Orakel-Würfelspiel‹ um den göttlichen Willen, den er sowohl dem König wie dem Volke kundgab. Ihm zur Seite stand, wie in anderen Kulten auch, das Priesterkollegium, dem nicht nur der Tempeldienst oblag, sondern das auch auf die Gestaltung von Sitte und Politik weitgehenden Einfluß gewann. Ähnlich verhielt es sich in Delphi, der geistigen und politischen Mitte Alt-Griechenlands, wo der Hohepriester und das hochstehende und seiner Verantwortung bewußte Priesterkollegium die Geschicke Griechenlands durch weise und erleuchtete Deutungen des durch die Pythia vermittelten Apollon-Orakels leiteten. Der Oberpriester war, weil er das Gemurmel der ekstatischen Pythia zu deuten wußte, gleichsam die artikulierte Stimme der Gottheit.

Alle Könige der Alten Welt waren von der Weihegewalt der Hohenpriester abhängig; war doch letzterer in Israel ebenso Gesalbter des Herrn wie der König selber. Darum gelangte auch der ägyptische Pharao erst nach dem Empfang aller Weihen in Heliopolis zur Fülle seiner göttlichen Charismen. Erst durch die vom Hohenpriester unter Assistenz der Priesterschaft vollzogenen Einsetzungsriten wurde der Pharao zu einer Inkarnation des Sonnengottes Re. Zudem mußten in jedem Frühling die Charismen des Pharao durch entsprechende Riten erneuert werden: »... du beginnst deine Erneuerung, beginnst wie der göttliche Sohn des Mondes zu blühen, du bist wieder jung, Jahr für Jahr wie Nut zu Beginn der Zeitalter, du bist wiedergeboren durch die Erneuerung des Sed-Festes.« Erst nach solchen Erneuerungsriten (aus denen dieser Text stammt) war der Pharao wieder voll amtsfähig.

Diese Stellung des Hohenpriesters im Altertum, und noch heute in ähnlicher Weise des Papstes der römischen Kirche, weist darauf hin, daß der Pontifex maximus als Mittler und Brückenschläger zwischen Himmel und Erde und als der Stellvertreter der Gottheit verstanden wurde. Er war zwar nicht die Gottheit selber, aber doch gleichsam deren Doxa, deren Ausstrahlung und Sichtbarwerdung; zudem ist er nach dem Textbuch der Zauberflöte der ›göttliche Weise‹. Der ›weise Mann‹ wurde zwar in der Barockzeit hoch verehrt und seine Gegenwart, sein Wirken erträumt und ersehnt. Sarastro ist insofern ein göttlicher Weiser, als in ihm die Weisheit der Gottheit wohnt, die ihn fähig macht, die Geschicke der Menschheit zu lenken und die Berufenen von den Unberufenen zu scheiden. Darum vermag er nicht nur im Namen der Gottheit, sondern auch ›im Namen der Menschheit‹ zu sprechen, was bedeutet, daß er nicht nur der Hohepriester des Osiris- und Isiskultes, sondern der Mittler eines für die ganze Menschheit heilbringenden Mysteriums ist.

Zugleich aber ist Sarastro – ähnlich wie der Pharao Echnaton um 1375 v. Chr. – der Hohepriester der Sonne, des Lebens- und Erkenntnislichtes des Menschen. Als solcher kennt er nicht Haß und Rache, diese zerstörenden Mächte, sondern nur die bauenden Kräfte von Liebe und Freundschaft. Er ist demnach ein göttlicher Weltherrscher aus der Kraft der Liebe. Daß man ihn trotz seines priesterlichen Amtes als Herrscher bezeichnen muß, rührt davon her, daß in der Zauberflöte der eigentliche Sonnenherrscher tot und daß von einem Nachfolger desselben keine Rede ist. So hat es den Anschein, daß Sarastro durch den ›siebenfachen Sonnenkreis‹ über seine priesterliche Würde hinaus zu einer Art von Kosmokrator geworden ist.

In seiner Gestalt sind darum verschiedene geistige und herrscherliche Funktionen zusammengefaßt: er ist der oberste Führer des Weisheitsbundes; er ist der der Mysterien Kundige; er sieht das Geschehen voraus und weiß darum die Mächte der Finsternis zurückzudrängen und die des Lichtes zu stärken; er verfügt über herrscherliche Autorität und ist doch zugleich Freund und Helfer der Suchenden. Und schließlich ist er als Repräsentant des sich im Sinnbild der Sonne kundgebenden Weltenschöpfers ›Herr der Wahrheit‹ (weshalb sich Pamina zu ihm bekennt, indem sie entschlossen ist, die Wahrheit zu sagen), der Mittler von Lebenskraft und von Charismen; als eine solche solare Gestalt ist er eine Verwirklichung des Urbildes ›Vater‹. Als solcher darf er Gehorsam fordern und trägt er Verantwortung für alles Geschehen rings um ihn her. Als ›Vater‹ aber ist er auch derjenige, der den Sohn zeugt oder wählt. Denn leiblich wird der Sohn zwar gezeugt, geistig aber gewählt. Der Sonnenherrscher und -priester Sarastro hat darum aus der Kraft des Geistes keine leiblichen, sondern ausschließlich Wahl-Söhne. Und ein solcher ist Tamino, dessen Weg Sarastro sorgfältig behütet und beobachtet, den er als Neophyten und – es läßt sich erahnen – als seinen Nachfolger zu gewinnen und zu erziehen sucht und auf den er gleichsam wie Isaak auf Jakob beim Segen seine väterliche Potenz überträgt, die Tamino befähigt, Gatte zu werden. So steht in Sarastro das Urbild des ›großen Vaters‹ mit all seiner Kraft, Weisheit, Verantwortung und schöpferischen Phantasie vor uns als lichtumflossene, ragende Gestalt göttlicher, kosmischer und menschlicher Allväterlichkeit, ein Garant der Würde und der Freiheit des Menschen.

Der junge, starke und unschuldige Königssohn, der in die Welt geht oder von seinem Vater in diese geschickt wird, um die für sein künftiges Königtum notwendigen Erfahrungen, um als der Besondere im Reich des Allgemeinen und Gemeinen Erkenntnis der Welt und zugleich Selbsterkenntnis zu gewinnen, gehört zu den bekannten Urbildern der Heilsgeschichte. Dieser ›puer aeternus‹, der ewige Jüngling, rein und unwissend zugleich, ist eigentlich eine Erlösergestalt – freilich eine heimliche, die ihres Wertes und ihrer Aufgabe noch nicht bewußt ist. Dieser Königssohn, den der Vater des Lichtes, der ewige Sonnenherr, in die Welt sendet, ist gleichsam eine Knospe des Lichtes in dunkler Hülle. Seine Aufgabe ist es demnach, diese Hülle der Unwissenheit zu sprengen und dem inwendig schon vorhandenen, aber ihm noch unfaßbaren Licht zum Durchbruch nach außen zu verhelfen.

Darum ist der aus dem Lichtpalast von der Höhe des göttlichen Berges in die Welt des getrübten Lichtes herabsteigende Königssohn ein Bote der Sonnenwelt. Aber vorerst ist der Jüngling nur Träger und noch nicht der Wirker des Lichtes. Um aber zum Stand des letzteren voranschreiten zu können – so verkünden die vielfältigen Mythen vom jünglinghaften Lichtbringer –, muß dieser erst die Dunkelheit als sein Martyrium erleiden. Er muß tief in die Gefilde der Gegenmacht des Lichtes eintauchen, muß sich dieser gefangen geben und sich seiner aus dem Ursprung stammenden, angeborenen Lichtherrlichkeit entkleiden lassen. Ohne selber finster zu sein, wird er zum Einwohner des nächtlichen Reiches, der Unterwelt. Erst eine solche tiefe und schmerzliche Erfahrung der Finsternis, des Reichs der nächtlichen Göttin, eine solche Verdunkelung des Lichtes durch den Abstieg in die Unterwelt – die mythische Nachtmeerfahrt der Sonne – bereitet die Auferstehung des Lichtes ›nach drei Tagen‹ vor.

Dann wird der ›tumbe Tor‹ zum wissenden Mann, der

Bote wird identisch mit dem Inhalt der Botschaft, der Diener zum Herrn; dann leuchtet durch den sterblichen Fleischesleib hindurch der unsterbliche Geistleib. Einen solchen Zustand der ›Erleuchtung‹, der geistigen Mannbarkeit herbeizuführen, ist Sinn und Absicht der Jünglingsweihen aller Völker. Um diesen im Mysterium der Wandlung anzubahnen, erscheint es notwendig, daß der Jüngling ›stirbt‹, um als Mann aufzuerstehen. Er muß einen symbolischen Tod erleiden, entweder dadurch, daß er, fern von der schützenden Gemeinschaft, der Einsamkeit, der Dunkelheit, Dämonen oder Totengespenstern ausgesetzt wird, oder daß er sich den bis in die physische Todesnähe führenden Mutproben unterziehen muß. Oder der einzuweihende Jüngling muß durch einen engen Korb hindurchkriechen, was einer symbolischen Rückversetzung in den Mutterleib gleichkommt, wobei das Hervorkriechen das Erlebnis der Wiedergeburt in einen höheren Seinszustand, nämlich als wissender, standfester Mann, vermitteln will.

Doch dieser Weg der Einweihung meint nicht nur den Jüngling, sondern zugleich auch den Schicksalsweg der Seele, die, aus dem göttlichen Lichtreich stammend, in die Dunkelheit der Unwissenheit und in die Gefangenschaft der Triebe geraten ist. Sie, als ein Lichtfunke vom Urlicht, muß zwar zur Einkörperung in die dunkle Fleischeswelt hinabsteigen, wobei sie in Gefahr gerät, ihren göttlichen Ursprung zu vergessen. Aber durch die Botschaft »des Lichtes, das in die Finsternis scheint«, wird sie wieder an ihren Ursprung ›erinnert‹ und dadurch befähigt, sich erneut mit ihm zu vereinen. Als eine der tiefsinnigsten und schönsten Überlieferungen von solchem Abstieg des Lichtprinzen und der Seele in das nächtliche Reich und von ihrer Rückkehr aus der Gefangenschaft zum Lichte ist eine wunderbare Dichtung unter dem Namen ›Das Perlenlied‹ bekannt, die aber ebenso zutreffend als ›Lied von der Reise des Königssohns‹ bezeichnet werden könnte. Diese Dichtung ist zur Deutung der Hintergründe der Gestalt Taminos von Wichtigkeit, weil sie aus einer ähnlichen geistesgeschichtlichen Situation hervorgegangen ist, wie im Abstand von fast zweitausend Jahren die Zauberflöte.

Das ›Perlenlied‹ entstand zwischen zwei Zeitaltern, im Übergang vom Heidentum zum Christentum, am Ende der Antike und in der Ahnung des ferne aufdämmernden Mittelalters. Aber nicht nur geistig, sondern auch geographisch stammt es aus einem ›Übergang‹. Denn es wurde irgendwo im Bereich der großsyrischen Länderbrücke zwischen Asien und Afrika und im Angesicht Europas, wahrscheinlich in den Jahren fünfzig bis sechzig n. Chr., geschaffen. In ihm vereinen sich zudem die zarathustrische Botschaft vom allherrschenden Lichte, der parthische Mythus vom Aufstieg der Seele, spätjüdische Weisheitslehren und die christliche Erlösungshoffnung – kurzum alle Erkenntnisse, die damals in Vorderasien und im Mittelmeergebiet herangereift waren und einander allmählich als Gnosis vom wahren Leben durchdrangen. Als Verfasser ist darum ein Syrer zu denken, der mit all diesen Überlieferungen vertraut war, gleichsam ein Vorgänger Wolfram von Eschenbachs und seines Gralsepos.

Denn auch das ›Perlenlied‹ ist seiner Gattung nach ein Epos; wie später in der Zauberflöte, ist hier die mythologische Stufe verlassen, wenn auch der Mythus – wie im Text der Oper – noch überall durch die Weisheitsdichtung durchschimmert. Dieser ›tragische Mythus‹ vom Weg der Seele wird bereits im Gewande des Märchens und der Legende vorgetragen – in einer ähnlichen Geisteshaltung, wie sie der Zauberflöte eigentümlich ist. Die einzelnen Phasen des ursprünglichen Mythus sind hier übertragen auf die märchenhafte Reise eines Königssohnes, der aus dem Osten, von Parthien, aufbricht (in der Zauberflöte kommt Tamino aus dem Ostland ›Japan‹ nach dem Westen, dem Dunkelreich), der Mesopotamien durchzieht und auf dem Landwege nach Ägypten gelangt, wo er die von der Drachen-Schlange bewachte, kostbare, einzigartige Perle holen soll; er verfällt aber der Macht der Schlange und vergißt seinen Auftrag. Erst durch einen Brief aus seiner Lichtheimat wird er an diesen und an seine Herkunft erinnert. Er nimmt der Schlange die kostbare Perle weg, die nichts anderes ist als die Seele in ihrem Urzustand. Er bringt sie dann dem Großkönig, seinem Vater, zurück und wird selber mit dem Lichtgewande der Unsterblichkeit bekleidet. Der Königssohn ist demnach eine Erlösergestalt, die vom Urgott, dem Sonnenherrn, ausgesandt wird, in die Gewalt der Finsternis gerät (hier symbolisiert durch ›Ägypten‹ und die ›Schlange‹); er wird vom geistigen Tode auferweckt, um seine Befreiungstat, die Heimholung der Perle, vollbringen zu können. Zweifellos ist der ferne, alles überschauende und lenkende Großkönig, der ›Vater‹, das Bild der unzugänglichen, in ihrem Lichtpalaste thronenden Gottheit, und der Königssohn der Erlöser, der in die sublunare Welt hinabsteigt. So hat es sich einmal ereignet in zeitloser Zeit, verkündet das Epos, aber zugleich macht es darauf aufmerksam, daß sich dies Geschehen jederzeit wiederholt, nicht nur am mythischen Königssohn, sondern an jedem Menschen, der die Eindunkelung seiner ursprünglichen Natur und seine Erlösungsbedürftigkeit erkennt und den Weg der Berufung zu Ende zu gehen bereit ist.

Im Auszuge lautet das ›Perlenlied‹ folgendermaßen: »Als ich noch ein Knabe war und in meiner Königsherrlichkeit, dem Hause meines Vaters wohnte, und mich erfreute am Reichtum, am Überflusse meiner Ernährer, da entsandten mich vom Osten, unserer Heimat, meine Eltern, nachdem sie mich ausgestattet hatten ... Und sie nahmen von mir hinweg das glänzende, edelsteinbesetzte Kleid, das sie in ihrer Liebe mir gewirkt hatten, und das Purpurgewand, das nach meiner Größe gemessen und gewebt worden war ... Und sie schlossen mit mir eine Übereinkunft und schrieben sie in mein Herz, damit ich sie niemals vergäße: Nachdem du nach Ägypten hinabgestiegen, um die eine Perle aus der Mitte des Meeres zu holen, die von der zischenden Schlange gehütet wird, sollst du wieder anziehen dein Prachtgewand ... und sollst

Erbe in unserm Königreich sein ... Und ich verließ den Osten und stieg hinab ... nach Ägypten. Und begab mich sogleich zum Ort der Schlange, (wartend) bis sie schläfrig würde und sich legte, damit ich die Perle an mich nehme.« Aber die Ägypter gaben ihm, dem sie mißtrauten, von ihren unreinen Speisen zu essen. »Ich vergaß dadurch, daß ich königlichen Geschlechtes sei, und diente ihrem Könige und vergaß die Perle, um deretwillen meine Eltern mich ausgesandt hatten.«

Doch seine Eltern empfanden, daß er in die Gewalt der Schlange geraten war, und sie faßten den Entschluß, ihren Sohn nicht in Ägypten zu lassen. Und sie schrieben und schickten ihm einen Brief, der einem Adler gleich zum Königssohn in Ägypten hinabflog. »Da erinnerte ich mich, daß ich königlichen Geschlechtes sei ... und erinnerte mich der Perle, um deretwillen ich nach Ägypten gekommen war. Und ich begann die schreckliche, zischende Schlange zu beschwören mit dem Namen meines Vaters und dem meiner Mutter, der Königin des Ostens. Und schnell ergriff ich die Perle, warf die unreinen und schmutzigen Kleider (der Ägypter) ab und schlug den Weg der innern Stimme ein zu dem Lichte unserer Heimat, des Ostens.«

Nun schickt ihm der ›Vater‹ das in der Lichtheimat zurückgelassene Königsgewand zurück. »Ich bekleidete mich mit ihm und stieg hinauf zum Tor der Begrüßung und der Ehrerweisung. Ich neigte mein Haupt und erwies Ehre dem Lichtglanz, den mein Vater mir entgegengesandt, da ich seine Befehle ausgeführt ... und ich war bei ihm in seinem Reiche.«

In diesem ›Perlenliede‹, in seiner Erzählung von der Reise eines Prinzen aus dem Osten zu einem verborgenen Schatz, von seiner Verzauberung durch eine Drachen-Schlange, seiner geheimnisvollen Befreiung und siegreichen Heimkehr ins Lichtreich mitsamt der errungenen Lichtperle, ist der alte vorderasiatische Mythus vom leidenden und siegenden Königssohn als Bild des Erlösers und der Seele in der dichtesten Weise zusammengerafft. Und in dieser Form hat Asien sein

Weisheitserbe dem Westen übergeben. In zahllosen Variationen wurde diese alte Kunde von der Psychomachie ausgefaltet und fortentwickelt. Die im Westen bekannteste, populärste Fassung der im ›Perlenliede‹ geschilderten Heimholung der Perle durch den erlösten Erlöser hat in der St. Georgslegende, die viele Wandlungen durchgemacht hat, Gestalt gewonnen. Es mag bedeutungsvoll sein, daß die Georgslegende in ihrer frühesten Form aus Ägypten stammt. In ihrer klassisch gewordenen Fassung bedroht ein Drache seit langem die von König und Königin beherrschte Stadt. Jedes Jahr muß ihm eine Jungfrau ausgeliefert werden. Schließlich trifft es die Königstochter, die unter dem Wehklagen ihrer Eltern und der Stadtbewohner dem Drachen zugeführt wird. Als alles schon verloren scheint, kommt der Ritter Georg als eine Art Gesandter des Lichtreiches zur Schädelstätte, an der der Drache haust. Er kämpft mit ihm ›im Namen des Vaters‹, besiegt ihn, befreit die Königstochter und bringt sie – im Gegensatz zum Märchen, wo der Held die Jungfrau heiratet – wieder zu ihren Eltern zurück. Die Königstochter der Georgslegende aber heißt Margaretha, und dies bedeutet: die Perle. Wie der Königssohn des ›Perlenliedes‹, befreit auch der heilige Georg die Perle aus der Gewalt des Schlangen-Drachens, mit dem Unterschied, daß er sie ihren und nicht seinen Eltern zurückbringt. Seine Ähnlichkeit mit dem Königssohn aus dem Osten wird auch dadurch noch betont, daß Georg in andern Legenden Märtyrer ist.

Der Märchen-Mythus der Zauberflöte ist gleichsam eine dritte Version der aus dem Iran und aus Syrien stammenden Kunde vom erlösten Erlöser und von der Befreiung des Menschen und seiner Seele. Alle Elemente des ›Perlenliedes‹ und der Georgslegende sind auch in der Zauberflöte zu finden, freilich neu zusammengeordnet und in freier Weise umgestaltet. Denn in jedem Weltalter wird die gleiche geistige Wirklichkeit unter verschiedenartigen Aspekten, entsprechend der gewandelten menschlichen Problematik, erschaut und gedeutet. So erscheint in der Zauberflöte der Königssohn aus dem Osten, der Lichtheimat, und der leidende und siegende Georg in der Gestalt des Prinzen Tamino aus Japan, dem Lande der Morgensonne. Diesmal sucht nicht er die Drachen-Schlange auf, sondern sie verfolgt den wehrlos Gewordenen, der alle seine Pfeile vergebens auf sie verschossen hat. Schon dadurch erweist sich die Schlange als ein dämonisch-göttliches Wesen, daß sie nur durch die Speere der amazonenhaften Dienerinnen einer andern Gottheit, der Königin der Nacht, überwältigt werden kann. Auch Tamino gerät, wie seine Vorbilder, in die Macht der Finsternis, nämlich dadurch, daß er von der Königin der Nacht fasziniert wird. Aber selbst nachdem er ihrem Einfluß entronnen ist, muß er noch lange in den dunklen Klüften des Einweihungsweges umherirren, bevor er – seiner eigenen Lichtnatur bewußt geworden – ins Reich der Sonne zurückkehren darf. Er ist zum Sieger über die Mächte der Finsternis geworden, indem er sich selbst besiegt hat. Geister aus dem Lichtreich, die drei Genien, sind ihm Helfer auf diesem Wege. Sie erscheinen – wenn auch in anderer Gestalt – als Helfer des Königssohnes im ›Perlenliede‹.

Auch Taminos Aufgabe ist es, die ›Perle‹ zu befreien und ins Licht heimzuholen. Die Perle aber ist in der Zauberflöte eindeutig Pamina. Sie ist die große Kostbarkeit, um die sich alle, wenn auch in den verschiedensten Weisen und Absichten, bemühen, sowohl die Königin der Nacht wie Sarastro, Tamino wie der Mohr Monostatos; sie ist den Mächten des lichten wie des dunklen Reiches gleicherweise lieb und begehrenswert. Auch sie ist als Tochter des Sonnenkönigs vorübergehend in die Gewalt ihrer Mutter, der Königin der Nacht, geraten, aus der sie befreit werden muß, damit sie – das Bild der Seele – wieder zu ihrem Ursprung, ihrer Lichtheimat, zurückgeführt werden kann. Beide, Tamino und Pamina, Animus und Anima, sind Kinder des Lichtes und beide erleiden ein Martyrium, da es zum Schicksalsweg der Seele gehört, durch

»Wie stark ist nicht dein Zauberton . . .«
(Tamino, I. 15)

Begehren, Sehnsucht und sie überwältigende Triebkraft in das Dunkel einzutauchen.

Nur der Held, der Selbstüberwinder, der sich selber und dadurch die Gottheit erkennt, vermag sich und damit zugleich der ›Perle‹ den Weg zum Tempel und zum Palast des Lichtes zu bahnen. Dies aber ist keineswegs, wie es scheinen könnte, ein Prozeß der Selbsterlösung im Sinne des atheistischen Buddhismus, da dieser Weg ›heim zum Licht‹ unter den Augen und mit Hilfe der Gottheiten gegangen wird. Wie im Kapitel über die Flöte dargelegt, weist gerade der Titel des Werkes, die Zauberflöte, auf die gnadenhafte Anteilnahme der über Tod und Leben gebietenden Gottheit am Erlösungsweg des Menschen, der Befreiung und Heimholung der Perle, der menschlichen Seele, als des unschätzbaren Kleinodes hin.

Die nächtliche Göttin

Für die dämonisch machtvolle und unheimliche Gestalt der Königin der Nacht gibt es in der christlichen Überlieferung keinerlei Parallele. Denn das göttliche oder vergöttlichte Weib des christlichen Mythus, die zur Kaiserin des Himmels und zur Königin der Engel verklärte Magd des Herrn, Maria, ist eine Gestalt ohne Makel und Fehl, ohne die geringste Dämonie. Aus dem Bild der im sonnenhaften Strahlenkranze über der Welt als Heilbringerin aufleuchtenden Gottesmutter Maria sind schon früh alle dunklen Züge getilgt worden. Das Abgründige und Zweideutige, das Verderbliche des Weibes – neben der lichten, seine Schattenseite – haben im Wesen Marias keinen Platz. Selbst die Gestalt des apokalyptischen Weibes, wie sie im 12. Kapitel der Geheimen Offenbarung des Johannes geschildert wird, stehend auf dem Mond, in die Sonne gekleidet, mit einem Diadem von zwölf Sternen gekrönt – Sinnbild aller Lichtherrlichkeit –, wird zwar vom siebenköpfigen feuerroten Drachen bedrängt und verfolgt. Aber sie selber ist der Inbegriff der Reinheit und Schönheit.

Der Grund hierfür ist wohl dieser, daß Maria zur Symbolgestalt des erlösten, ganz und für immer in Licht getauchten Menschen und der Kirche in ihrem verklärten Endzustand geworden ist. Durch die Gestalt Marias wird zwar die menschliche Zukunftshoffnung, die Befreiung von Sünde und Übel repräsentiert, nicht aber jener jetzige und hiesige Mensch, der sich noch im Zwiespalt mit sich selber und mit der Welt befindet. In Maria erscheint darum nicht das Weibliche als Naturmacht, sondern als Vorschein einer künftigen schattenlosen Welt.

Infolgedessen ist es unmöglich, im Christlichen Parallelen zur Königin der Nacht zu finden; hierzu ist man genötigt, sich in die Antike mit ihren großen, teils heilsamen, teils verderblichen weiblichen Gottheiten zurückzuwenden. Denn die Gewalt des Weiblichen im Kosmos und im Menschen wurde in der Antike als ebenso tiefreichend wie schauervoll-unberechenbar empfunden. Die großen Göttinnen, deren Herrschaftsgebiet zumeist das Nachtreich ist, bilden für den antiken Menschen gleichsam das Hintergrundgewebe des Gesamtlebens, das Wurzelreich aller Lebewesen. Unter den verschiedensten Gestalten und in vielfacher Wirkweise erscheinen diese nächtlichen Göttinnen der Fruchtbarkeit, der Geburt und des Todes in den verschiedenen Kulturen und Religionen: als die tausendbrüstige Artemis in Ephesos; als die strenge Herrin Kybele, welche die Männer zur Selbstverstümmelung antreibt; als die dreiköpfige magna mater Hekate oder als Demeter und Persephone in Eleusis, die das Korn und ein gnädiges Jenseitsleben verheißen; in Indien aber als die schwarze, mit Totenschädeln bekränzte und Blut trinkende, furchtbare Kali. So ist die ›große Göttin‹ in ihrer Vielgestalt sowohl die Hüterin und Wirkerin des Wachstums – vor allem der Pflanzen –, andererseits aber auch die Vernichterin der Zeugungskraft und des Lebendigen. Sie ist sowohl die Gefährtin wie die Feindin des Männlichen.

In dem spätantiken ›satirisch-mystischen‹ Roman des Apulejus ›Der goldene Esel‹ werden nun im Sinne des hellenistischen Synkretismus die verschiedenen Gestalten der Göttinnen unter dem Namen der Isis zu einer einzigen, zur nächtlichen Göttin schlechthin, zusammengefaßt. Der in einen Esel verzauberte und nach langen Irrungen und Wirrungen wieder entzauberte Lucius wird schließlich der Einweihung in die Mysterien des Osiris und der Isis gewürdigt. In einem Traumgesicht erscheint ihm die ›große Göttin‹, um ihm selber die Erlaubnis zur Einweihung zu geben. Großartig-feierlich steigt ihre wunderbar schöne Gestalt mit dem von Schlangen und Kornähren umkränzten und mit der Mondsichel gekrönten Haupt aus dem mondbeglänzten Meere auf. Wie bei der Königin der Nacht ist ihr tiefschwarzer, im Winde wehender Mantel mit flimmernden Sternen übersät, zwischen denen der Mond hell hervorleuchtet.

Aber diese weibliche Gottheit ist nicht mehr an einen bestimmten Kulturkreis gebunden, sondern ist, was sie von sich selbst aussagt, die Allgöttin. In der ›großen Offenbarung‹, die sie Lucius zuteil werden läßt, nennt sie sich die Allmutter Natur und Beherrscherin der Elemente, die Höchste der Gottheiten, weil sie in sich alle Götter und Göttinnen vereinte. Sie verkündet, daß sie bisher unter mancherlei Namen von den Völkern verehrt worden war: als phrygische Göttermutter, als athenische Minerva, als paphische Venus, als kretische pfeilführende Diana, als stygische Proserpina, als Allgöttin Ceres, als Juno, Hekate und Bellona. Aber die Äthiopier und die Ägypter, die Besitzer der ältesten Weisheit, verehren sie unter ihrem wahren Namen, als Königin Isis. Das also ist die Allgöttin des späten Altertums und des Hellenismus: die ägyptische Isis.

Erst im 4. Jahrhundert v. Chr. wurde der Isis der erste Tempel außerhalb Ägyptens im Piräus, dem Hafen von Athen, gewidmet, während ihr Kult in Rom noch in der Mitte des 1. Jahrhunderts v. Chr. nicht geduldet wurde. Erst Caligula errichtete auf dem Marsfeld einen Tempel der Isis Campanensis. Aber diese spätantike Isis hatte – wie ihre ›Selbstoffenbarung‹ im ›Goldenen Esel‹ bezeugt – nur wenig mit der altägyptischen gemeinsam, die ursprünglich identisch war mit dem ›Thron‹, dem Sitz der Götter und des Königs – was bedeutet, daß sie als die Mutter der Götter galt, die ihr das Dasein verdanken. Erst später wurde diese Göttermutter mit der Gestalt des Osiris verbunden, als seine, ihn überlebende, Gattin. Denn Osiris, der Herr des Fruchtlandes, der guten Erde, wird von Seth, dem Bruder der Isis (ihrer dunklen, vernichtenden Seite), der Verkörperung der Wüste, getötet und zerstückelt. Aber die treue Isis sammelt und bestattet seine Glieder, ja sie zeugt mit ihm noch nach seinem Tode den falkengestaltigen Horus, den Sohn, der anstelle des Vaters – der nun zum Herrn der Unterwelt geworden ist und von dorther das Korn heraufschickt – die Herrschaft als Gott und König ausübt.

Wie bereits angedeutet, mischen sich in der ›großen Göttin‹ – im Gegensatz zur Kaiserin des Himmels, Maria – die dunklen und lichten Züge miteinander. Ist Maria ein Bild der ›guten Mutter‹ (sie wird ja auch als ›Mutter vom guten Rat‹ angerufen), so ist ihr extremer Gegensatz die schlangenumflatterte, schreckliche Gorgo. Aber in der Gestalt der Isis vereinigen sich die Züge der furchtbaren mit denen der guten Göttin: sie bringt das Leben und wirkt den Tod. In Ägypten wurde der Tote mit dem getöteten Osiris identifiziert; sterben hieß ›zum Osiris werden‹. Aber wie Isis den Osiris auferweckte, indem sie in seinem Samen sein Leben empfing, so erweckt sie auch jeden Toten zur Wiedergeburt in einem seligen Leben. Darin gleicht sie der Persephone von Eleusis, der Herrin der Seelen im Hades und zugleich des wachsenden Kornes. In der Zauberflöte sind jedoch die beiden Seiten der Isis in auffälliger Weise auseinander gespalten und einander schroff gegenübergestellt. Isis gilt da (mit ihrem Gatten Osiris) als die Hüterin des sittlichen, edlen Lebens, der lichten wohltätigen Kräfte des Daseins, ja sie ist – mit Osiris zusammen – dem Mysterium der Sonne, dem ägyptischen Re, derart nahe, daß beider Gestalten und Mysterien in der Zauberflöte zeitweise ineinander übergehen.

Doch dieser Lichtseite der großen Göttin steht schroff ihre dunkle Seite gegenüber, personifiziert durch die Königin der Nacht: herrisch, selbstsüchtig, intrigant, allem, was aus dem Lichte stammt, entgegen und bereit, die Feinde *von der Erd' zu tilgen mit Feuersglut und mächt'gem Schwert.* Es ist auch gewiß nicht zufällig, daß es eine Schlange ist, welche den Lichtsprossen Tamino in den felsenumgebenen Hain der nächtlichen Königin treibt – denn die ›große Göttin‹ ist stets sowohl die Herrin der Schlangen wie der Tiere überhaupt. Nicht nur in Kreta und Indien, sondern auch in Ägypten und Griechenland ist die Schlange das Attribut der weiblichen Gottheit. Es ist von vielen Deutern versucht worden, eine von Schikaneder-Mozart aus äußeren Gründen durchgeführte Wandlung der Charaktere der Königin der Nacht und Sarastros im zweiten Akt der Zauberflöte anzunehmen. Danach wäre die Königin zuerst eine gute Fee, Sarastro ein böser Dämon gewesen. Aber nichts in der Grundanlage der Gestalt der Königin der Nacht weist auf eine solche Wandlung ins Gegenteil hin. Die sternflammende Königin ist von Anfang an mit allen Attributen der nächtlichen Gottheit ausgerüstet, mit dem Sternenmantel und dem Himmelskleid der regina coeli; vom Schauer göttlicher Majestät umhüllt nötigt sie dem Prinzen und Papageno die nämliche numinose Scheu ab, die Lucius vor der großen Isis bei ihrer nächtlichen Selbstoffenbarung empfindet.

Es darf aber, wenn man die Hintergründe der Gestalt der nächtlichen Königin ins Auge faßt, nicht übersehen werden, daß sie sich in der Zauberflöte – wenn auch negativ – als Mutter offenbart. Und zur Mutter gehört nicht nur die Geburt, sondern auch die Verbindung zum Tod und die durch ihn hindurch erfolgende Wiedergeburt. An ägyptischen Särgen kommt dieser Zusammenhang drastisch zum Ausdruck: auf dem Boden dieser Särge befindet sich nämlich oft das Bild der Himmelsgöttin Nut, die den Toten als wiedergebärende Göttin umarmt. Es eignet ihr aber auch Todescharakter als Repräsentantin des dunklen Nachthimmels, der mit dem verschlingenden Dunkel der Erde und mit dem Wasser (siehe das Emportauchen der Göttin Isis aus dem Meer bei Apulejus) in eins gesetzt wird. Und dieser Todescharakter ist auch der Königin der Nacht eigentümlich. Denn so wie diese weibliche Gottheit gezeichnet wird, gehört sie zum Typus der verschlingenden Mutter, die insbesondere das ›Männliche‹, die Geistträger, die sich von ihr, um Licht und Bewußtsein zu erringen, gesondert haben, wieder einzuschlingen versucht; darum muß auch der noch jünglingshaft unbewußte Tamino sich ihrer Machtsphäre entziehen.

Wenn die Königin der Nacht nach dem Besitz des siebenfachen Sonnenkreises trachtet, dann ist es weniger, um mit seiner Hilfe die Lichtreiche zu beherrschen, als um das Licht in ihre Finsternis einzuschlingen und so zum Erlöschen zu bringen. Freilich kann keine Göttin der Nacht den Lichtsamen, den sie ›verschlungen‹, das heißt in sich aufgenommen hat, auf die Dauer bei sich behalten. Als neue Geburt muß sie ihn wieder herausgeben und in die lichte Gestaltwelt entlassen. Darum stehen, jedenfalls vorerst, alle Kinder und Fürsten des Lichtes in Gefahr, von der nächtlichen Göttin ihrem Reiche einverleibt zu werden. »Daß ›Tod und Verzweiflung‹ den so Gefährdeten drohen, besagt nicht nur die Warnung des Priesterchores, auch die Königin der Nacht verkündet selber von sich: ›Tod und Verzweiflung flammt um mich her‹, und wenn sie spricht: ›Der Hölle Rache kocht in meinem Herzen‹, offenbart sie anscheinend das tiefste Geheimnis ihres Wesens. Sie ist als Königin der Nacht dem Lichtprinzip Sarastros gegenüber (aber auch in bezug auf ihre ›lichte Schwester‹ Isis, deren dunkle Doppelgängerin sie ist) das Symbol der Unterwelt und der Hölle, der Urgefahr, die dem Männlichen auf seinem Wege zur Selbstwerdung entgegentritt. Das heißt, die Königin der Nacht ist die Repräsentantin des furchtbaren Aspekts der ›Großen Mutter‹, der ›Göttin der Nacht‹, welche der mythologische Held im Drachenkampf seines Prüfungsweges zu überwinden hat« (E. Neumann).

Das göttliche Mädchen

Es ist bedeutungsvoll, daß der noch vor Beginn der Handlung der Zauberflöte gestorbene oder getötete Sonnenkönig zwischen zwei Frauen steht: seiner Gattin, der Königin der Nacht, und ihrer und seiner Tochter Pamina. Beide hat er zu seinen Erbinnen eingesetzt, sie aber auch zugleich der Vormundschaft der Sonnenpriester unterstellt, deren Haupt er aller Wahrscheinlichkeit nach einmal gewesen ist. Damit aber ist die Zukunft seines Werkes, dessen Früchte er den beiden Frauen mit Ausnahme des ›siebenfachen Sonnenkreises‹ überlassen hat, von deren Gesinnung abhängig geworden. Die Gesinnung der beiden Frauen aber ist äußerst verschieden; während Pamina – sobald sie mit dem Bund der Sonnenpriester in Berührung kommt – sich diesem unterordnet, widerstrebt ihre Mutter, die Göttin der Nacht, solcher Unterordnung auf das heftigste. Sie will selber zur Allherrscherin werden, obwohl sie nur zur Herrschaft über einen Teil der Schöpfung legitimiert ist. Da ihr dies Vorhaben nicht gelingt, bricht – wie schon dargelegt – ihre bisher vom Sonnenkönig zurückgedämmte Bosheit offen hervor.

Aber noch ein zweiter Konflikt ergibt sich aus dem Umstand, daß Mutter und Tochter, trotz ihrer Gegensätzlichkeit, in gleicher Weise vom Sonnenkönig, dem ›Urvater‹, zu Erbinnen eingesetzt worden sind: der grundlegende Konflikt zwischen Mutter und Tochter. Die Verbindung zwischen Mutter und Tochter ist naturgemäß eine engere, als die zwischen Mutter und Sohn; denn Mutter und Tochter teilen das gleiche Geschick, ihnen ist die gleiche Art der Bezogenheit auf den Mann, sind die gleichen Stufen vom Mädchen zur

Frau, die gleichen Leiden und Freuden des Gebärens eigentümlich. Sie gehören beide als Typen des Weiblichen auf die Naturseite des Lebens; beide haben sie zwar Anteil an der intuitiven, verborgenen, jedoch nicht an der bewußt formulierten Weisheit, während der ›Sohn‹, als männlicher Typus, die Geistseite des Lebens, das offenbare Wissen und die Kraft des weltumgestaltenden Handelns repräsentiert. So stehen Mutter und Tochter auf der gleichen Seite des Daseins, während Vater und Sohn, sie ebenso herausfordernd wie ergänzend, ihnen gegenübergestellt sind.

Durch solche Nähe von Mutter und Tochter sind die möglichen Konflikte zwischen ihnen unmittelbarer und schroffer als zwischen Mutter und Sohn; das wird sowohl durch die alltägliche Praxis wie durch die Überlieferungen des Mythus bezeugt. Denn die Mutter ist sowohl die Hüterin als auch, wenn sie das Wohl der Tochter über ihre eigenen Interessen stellt, die Freundin ihrer Tochter. Wenn aber der Geschlechtsneid und der Machtwille der Mutter überwiegen, dann wird sie zu ihrer Tyrannin und Feindin; dann weigert sie sich, ihre Tochter in die Freiheit zu entlassen und versucht, sie in nicht endenwollender Abhängigkeit von sich zu erhalten. Die Beziehung der Königin der Nacht entspricht dieser letztgenannten Tendenz des Festhaltenwollens und des Mißbrauchs der Tochter für ihre eigenen Zwecke. Freilich ist in jeder Liebe ein Element des Machtwillens enthalten. Die Liebe wird erst dann rein und für den geliebten Menschen, Mann, Frau, Sohn oder Tochter heilsam, wenn dieser Machtwille geopfert wird. Wenn aber hierzu keine Bereitschaft vorhanden ist, wie bei der Königin der Nacht, dann treten die Züge der ›verschlingenden Mutter‹ verderblich und tödlich hervor. Denn für die Mutter als die ›furchtbare Göttin‹ gilt das Alles-oder-Nichts-Prinzip: entweder völliger Besitz der eigenen Frucht oder deren Vernichtung.

Aber in Wirklichkeit steht die ›Tochter‹ Pamina, zur Entscheidung herausgefordert, zwischen der lunaren Mutterwelt und dem solaren väterlichen Bereich. Pamina, eine Symbolgestalt der Seele, die, aus dem dunklen Schoß des Muttergrundes hervorwachsend, sich nach der Umfangung des Geistes in der Heiligen Hochzeit sehnt, muß sich von der Mutter, die sie noch naiv-kindlich liebt, trennen, um sich durch Leiden vom knospenhaften Mädchen zur Frau entfalten zu können. Aber gerade dies rechnet ihr die Königin der Nacht, die mit ihrem Rachegelüste an die antiken Erinnyen, die Hüterinnen der Mutterwelt, erinnert, als eine unverzeihliche Sünde an. Nicht nur die Gestalten der Königin und ihrer Tochter, sondern auch deren so zweideutiges und gespanntes Verhältnis, lassen an ein großes mythisches Vorbild – das freilich in der Zauberflöte weder genannt noch genau nachgeahmt wird – denken: an die beiden Göttinnen, die Mutter Demeter und die Tochter Persephone der Mysterien von Eleusis. Kore, das ›Mädchen‹, so wird die junge Göttin genannt – ist der Typus des Mädchens schlechthin.

Der Mythus erzählt in Kürze etwa folgendes: Demeter, die im Gegensatz zu Gaia, der Erde im allgemeinen Sinn, die Kornmutter ist, war durch Zeus in einer ›Raubhochzeit‹ zur Mutter einer Tochter, der Kore Persephone, geworden, die sie zärtlich hütete. Dann aber wurde die blonde Tochter – so berichtet ein homerischer Hymnus – ihrer Mutter geraubt. Sie wurde von Gaia im Auftrag des Zeus nach einer entfernten, besonders schönen Narzissenwiese in die Nysische Ebene verlockt. Dort wurde sie dann vom Hades, dem unterweltlichen Bruder des Zeus, ergriffen; er hob das Mädchen, das er zur Gattin begehrte, auf seinen Wagen und fuhr so mit ihr in sein Unterwelts-Reich, dessen Königin die Geraubte werden sollte. Das Wehklagen des Mädchens hörte einzig die magna mater der Nacht, Hekate, in ihrer Höhle; sie war es dann, welche Demeter von dem geschehenen Raub erzählte. Die Mutter aber, erzürnt und beleidigt, riß sich das Diadem vom Haupte, hüllte sich in Trauergewänder und irrte wie eine Rasende über die Erde, ließ sie verdorren und hinderte so das Wachsen des Korns. Eine Hungersnot breitete sich über die Erde aus. Als Demeter vom allsehenden Sonnengott erfuhr, wer der Räuber war, trennte sie sich erbost von den Göttern und stieg zu den Menschen hinab, und zwar nach Eleusis, den späteren Ort der Mysterien der ›beiden Göttinnen‹.

Als aber das Flehen der Menschen, die zu verhungern drohten, zu Zeus emporstieg, sandte er den Götterboten Hermes zu dem Herrscherpaar Hades und Persephone, die inzwischen zur Herrin der Seelen geworden war, mit dem Befehl, daß die Unterweltsherrin – um das Leben der Menschen zu retten – wieder zu ihrer Mutter zurückkehren müsse, um deren Zorn zu besänftigen. Die Art des Aufstieges der Kore zur Lichtwelt steht in Parallele zu ihrem Abstieg in das Totenreich. Zwar gehorchte Hades scheinbar dem Willen des Zeus. Aber bevor er seine Gattin zurücksandte, gab er ihr einen Kern der Liebes- und Todesfrucht, des Granatapfels, zu essen, um sie dadurch zu zwingen, immer wieder für ein Drittel des Jahres zu ihm und zur Unterwelt zurückzukehren. Erst als Persephone den sie an die Unterwelt zurückbindenden Granatkern gegessen hatte, durfte sie, als die große Herrin aller sterblichen Wesen, ja als Weltherrscherin, den Wagen ihres Gatten besteigen. Hermes, der Seelengeleiter, führt sie sodann zur Oberwelt zurück und zum Tempel Demeters.

Wie eine Mänade sprang Demeter ihrer Tochter, die nun weit über sie erhöht war, entgegen. Als Dank für deren Rückkehr ließ sie die Pflanzen wieder aus der Erde sprießen – das Menschengeschlecht sollte nun nicht mehr durch Hunger untergehen. Persephone aber muß alljährlich für vier Monate in die Unterwelt zurückkehren; doch läßt sie im Frühjahr von dorther das Korn, das ihre Mutter im Sommer zur Reife bringt, aufsprossen; Persephone, die nun zwei Reichen – dem des Lebens und des Todes, des Lichtes und der Finsternis – angehört, ist das Korn selber. In diesem Verständnis ihrer Gestalt und ihres Wirkens feiert sie ein orphischer Hymnus:

»Persephonaia, selige Tochter des großen Zeus, eingeborene Göttin ... Plutons viel gepriesene Gattin. Dein sind die Tore des Hades unter den Schlünden der Erde ... Fürstin der Unterirdischen ... Gespielin der Horen, Bringerin des Lichtes, heilige, leuchtende Glanzgestalt, Göttin des lieblichen Frühlings ... und vermählst dich im Herbst, gewaltsam zum Brautbett geraubt. Du allein bist Leben und Tod des mühebeladenen Menschen, Persephone! Denn du allein bist aller Nahrung und Untergang.«

Ein anderer orphischer Hymnus ist der Demeter von Eleusis gewidmet. In diesem heißt es: »Göttliche Mutter des Alls, Deo, vielgerufene Gottheit! Freundliche Geberin Demeter! Reichtumschenkende Göttin, Ährennährerin, Allesgeberin ... Samenspenderin, sammelnd die Fülle, Göttin der Tennen, sprossend von Früchten, die du wohnst in Eleusis heiligen Grotten ... von den Sicheln des Sommers erfreut: Erdenherrin ... Selige, Ewig-reine, mit des Sommers Früchten beladen; führe den Frieden, die liebliche Ordnung, Reichtum, Fülle des Segens und Gesundheit, du Königin!«

Aus diesen Hymnen wird deutlich: Persephone ist der Frühling und die sprossende Saat; Demeter der Sommer, die Reife und Ernte der Früchte. Während aber Demeter im Herbst zur Königin der Früchte, vor allem der Kornfrucht, aufsteigt, sinkt in der gleichen Jahreszeit Kore wieder in die Unterwelt hinab, in die Situation der einstigen Raubhochzeit. Auffallend ist es aber, daß beide Göttinnen, sowohl die liebliche Persephone wie die hoheitsvolle Demeter, einen doppelten Charakter aufweisen. Beide sind wohltätig und nährend; sie wirken Fülle und Fruchtbarkeit, aber sie sind nicht minder streng und zornig. Drückt sich die dunkle Seite der Demeter in ihrer Raserei aus, in ihrer Macht, die Erde zum Verdorren zu bringen, so ist Persephone, auch wenn sie den größten Teil des Jahres im Lichte wandelt, doch eine Unterweltsgöttin, die das gnädige oder ungnädige Geschick der Seelen bestimmt. Freilich: wer sie im Mysteriengeschehen von Eleusis erschaut, dem ist im Todespalast des Hades ein gnadenvolles Leben im Jenseits beschieden. So sind Demeter als eine Herrin des Diesseits und Persephone als eine solche des Jenseits im Grunde gnädige Göttinnen. Nur reizen darf man sie nicht, denn dann würde in einem tödlichen Furioso ihre zerstörende Seite aktiviert werden.

Nun ist der Mythus der Königin der Nacht und Paminas gewiß nicht identisch mit dem Demeter-Persephone-Mythus. Denn Mozart-Schikaneder – zwar mit vielen, in ihrer Zeit bekannten Mythen vertraut – wollten diese durchaus nicht nachahmen, sondern sie aus der doch immer gleichbleibenden Grundsituation neu erfinden. Darum ist das Mutter-Tochter-Paar der Zauberflöte dem der eleusinischen Mysterien sowohl ähnlich wie unähnlich. Die Königin der Nacht ist eine weithin herrschende Göttin, die sich zuerst als eine liebevolle, dann als eine im Grunde ihrer Natur böse und zerstörende Mutter kundgibt, ein Zustand, der freilich bei Demeter nur ein vorübergehender ist. Wie die unschuldige, liebliche Kore, der Inbegriff des Frühlings, wird auch Pamina ›von einem bösen Dämon‹ geraubt, die erstere von einer Narzissenwiese hinweg, die letztere aus einem Zypressenwäldchen. Beiden widerfährt dies gegen ihren Willen und beide steigen durch die Gewalttat zum Rang von Königinnen auf. Persephone wird Königin der Unterwelt, während es Goethe ist, der Pamina in seinem ›Zauberflöten‹-Fragment als Königin der Lichtwelt erahnt hat.

Kore-Persephone wie Pamina müssen vor ihrer Erhöhung selber eine Todessituation erleiden: Kore, indem sie zur Unterwelt hinabgezwungen wird, Pamina, indem sie auf dem Prüfungsweg durch äußerste Verlassenheit zum Wahnsinn und zum Selbstmord getrieben wird. Beide haben den Tod geschmeckt; gerade durch diese Erfahrung haben sie ihn überwunden. So werden sie danach zu lebenspendenden Genien oder Göttinnen. Denn daß Pamina – obwohl sie durch ihre Liebe so tief ins Menschenreich hinabsteigt – als Tochter der Königin der Nacht eine Göttin ist, kann nicht in Frage gestellt werden. Aus dem Reich der Finsternis kommend, den Tod durchwandelnd, steigt sie zur Lichtherrlichkeit auf, sowohl durch eigenes Erleiden wie als Gattin des Lichtprinzen aus dem Osten, der vom Ursprung her göttlicher Herkunft ist.

Der Vogelmensch

Wie alle Hauptgestalten der Zauberflöte, ist auch die Figur des Papageno, dieses sorglosen, gefräßigen und stets nach Weibchen begierigen Vogelmenschen, über seine Individualität hinaus von tiefgreifender archetypischer Bedeutung. Gewiß ist Papageno eine dichterische Erfindung Schikaneders und als solche ›nie dagewesen‹, sie ist gleichsam aus dem Nichts erschaffen, wie solches dem Dichter zusteht. Und dennoch ist das Urbild dieses naiven Naturburschen, dem es in der Sinnenwelt so behaglich ist, zugleich uralt und war den meisten alten Völkern bekannt. Denn in zahlreichen Abwandlungen taucht die Grundfigur Papagenos, sei es als Vogelmensch, als Vogelfänger oder -händler, als Flötenspieler oder als der menschgewordene Phallus immer wieder, vor allem in der Antike, aber auch im Mittelalter, auf. Gewiß hat Schikaneder, inspiriert vom Geist und der Tradition des Wiener Volkstheaters, die Gestalten des Wiener Kasperls und des Salzburger Hanswursts mit dem weitaus älteren Typus des Vogelfängers auf eine höchst eigentümliche, geniale Weise verschmolzen; doch so, daß sein Urbild durch die höchst bühnenwirksame und unterhaltende Figur noch hindurchschimmert.

Jedoch hatten Schikaneder für seinen Text wie Mozart für seine Musik auch naheliegende Vorbilder für ihren Papageno verarbeitet. Denn das Barocktheater und das Wiener Zauberstück boten genugsam Anregungen zur Gestaltung und musikalischen Deutung des Vogelfängers. Zweifellos gehören

Harlekin und Policinell der toll dahinwirbelnden Commedia dell'arte mit ihren komischen Verwicklungen in die Ahnenreihe des muntern Papageno-Burschen schon dadurch, daß sich gerade in Wien der Übergang von der Stegreif-Posse der Commedia dell'arte zum Singspiel vollzog, insbesondere durch den großen Wiener Hanswurst-Darsteller und Verfasser von Hanswurstiaden, Josef Felix von Kurz, dessen ungemein populäre Stücke nach deren Hanswurstgestalt, Bernadon, Bernadoniaden genannt wurden. In diesen hat Papageno seinen Vorgänger in dem Typus ›Hanswurst als Musikant‹. So kündet ein Theaterzettel von Kurz-Bernadon schon 1766 eine ›Zaubertrommel des Orpheus‹ an; und in einer anderen Bernadoniade ›Die von Minerva beschützte Unschuld‹ ist der Hanswurst der Stadtgeiger von Dripstril und zugleich Fagottist, was wiederum den Typus des von Marinelli im Juni 1791 gespielten Stückes ›Kasper, der Fagottist‹ vorbildet. Andere Vorbilder für Papageno fand Schikaneder ebenfalls im Repertoire seines Konkurrenten Marinelli, so zum Beispiel ›Kaspar, der Guckguckfänger‹ von 1783 oder ›Kaspar, der Vogelkrämer‹ von 1791. Auch mag sich Schikaneder in etwa an seine Hühnerhofkomödie erinnert haben, die er in Preßburg zur Verhöhnung der ihm übelgesinnten Bürger verfaßt und aufgeführt hatte, und in welcher die Spieler als Hühner und Hähne gefiedert auftraten. Überdies war in der Barockzeit die Figur des Vogelfängers sehr populär, wahrscheinlich, weil das Halten von Vögeln damals, vielleicht als Einwirkung Chinas und der Chinoiserien, zum Lebensstil der Epoche gehörte. Dies bezeugt das häufige Motiv des Vogelfängers, der seine gefangenen Vögel im Käfig zum Markt bringt, in der Porzellankunst seit der Mitte des 18. Jahrhunderts. Ein künstlerisch bedeutendes Beispiel hierfür ist eine Meissener Porzellanplastik von der Hand J. J. Kändlers, die den Vogelfänger als Gestalt aus der Commedia dell'arte zeigt, wie er neben dem Käfig einen Vogel hochhält, den eine Katze belauert.

Aber auch die Musik zu Papagenos Auftritten leitet sich,

wenigstens teilweise, aus Traditionen der jüngeren oder älteren Vergangenheit her. Komozynski hat im Mozart-Jahrbuch 1941 glaubwürdig gemacht, daß die Melodie zur Arie: *Ein Mädchen oder Weibchen wünscht Papageno sich* ... nicht Mozarts ursprüngliches Eigentum gewesen, sondern 1782 von dem schwäbischen Dichter und Musiker Ch. Fr. Schubart als ›Lied des Vogelstellers‹ komponiert worden sei. Aber nicht genug damit, auch Rheineck, der Wirt ›Zum weißen Ochsen‹ in Memmingen, Schöpfer vieler volkstümlich gewordener Gesänge, hat 1786 die gleiche Melodie für ein Lied verwandt. Schikaneder, der in eben diesem Jahre 1786 in Memmingen gastierte, wird dies Lied im ›Weißen Ochsen‹ gehört und es vielleicht als Einlage in einem seiner Stücke gesungen und die Melodie in seinem ungewöhnlichen Gedächtnis bewahrt haben. Es hat demnach den Anschein, als ob die Melodie als Volksgut weit verbreitet gewesen war und daß die verschiedensten Komponisten sie für ihre Zwecke jeweils umgebildet und verwendet haben. Mit großer Wahrscheinlichkeit ist darum Schikaneder der Vermittler dieser Melodie an Mozart. Die Überlieferung will zudem wissen, daß Schikaneder, dessen Stimmittel ausdrucksvoll, aber begrenzt waren, Mozart die Melodien der Papagenolieder – denn er selber wollte ja den Papageno singen und spielen – vorgesungen habe, um ihn von zu komplizierten, für ihn nicht mehr singbaren Erfindungen abzuhalten. Er wird hierbei manches volkstümliche Liedgut, das Mozart ohnedies liebte, diesem mitgeteilt haben. Es kann heute zudem als gewiß gelten, daß der Pfiff der Rohrflöte Papagenos, die nur über fünf, stufenweise vom Grundton bis zur Quint aufsteigende Töne verfügt, aus dem augsburgisch-salzburgischen Volksleben stammt. Man weiß, wie alt oft solch einfache Klangfiguren sind und wie sie zuweilen über das Mittelalter bis in die Antike zurückreichen.

Papageno lebt als Vogelfänger im Dienste der Königin der Nacht in deren heiligem Haine, einem von der Welt abgeschiedenen ›Paradiese‹. Er hat diesen Park noch nie verlassen und weiß darum nicht, daß es außerhalb eine anders geartete Welt gibt. Niemand hat ihn gelehrt oder erzogen, er kennt weder Vater noch Mutter. Nur die drei Damen der Königin sind ihm vertraut, denn ihnen liefert er seine gefangenen Vögel ab und erhält von ihnen Speis und Trank. Er wäre völlig zufrieden, wenn er sich nicht ständig nach einem Weibchen sehnen würde – aber ein solches findet sich eben nicht in dem heiligen Haine. Es hat zuerst den Anschein, als kleide er sich nur in die Federn der von ihm gefangenen Vögel. Aber eine Bemerkung Papagenos – er fürchtet, daß Sarastro ihn zur Strafe für sein Eindringen in dessen Reich rupfen lassen werde (1. Aufzug, 8. Auftritt) – deutet darauf hin, daß ihm die Federn angewachsen sind und daß sie ihm nicht nur, wie den bilderbuchartig mit Federschurz und Federkrone dargestellten ›Wilden‹ des 18. Jahrhunderts, als Federkleid dienen. Papageno ist daher als ein Vogel in Menschengestalt zu verstehen, als ein Menschenvogel oder Vogelmensch, als Raubvogel, der Singvögel nicht sich zur Nahrung, sondern zum Verkaufe fängt. Offenbar durch die Zauberflöte angeregt, hat E. Th. A. Hoffmann einen freilich ganz anders gearteten Menschenvogel in dem Kakadu-Sekretär seines ›Goldenen Topfes‹ geschaffen. Als Instrument verfügt Papageno über sein ›Faunenflötchen‹, dessen einfache Klangfigur ihm sowohl die Vögel ins Netz oder auf die Leimrute lockt, wie sie ihm auch als Signal zur Verständigung über größere Entfernungen dient.

Was aber bedeutet es, daß Papageno nicht nur in seinem Äußeren, sondern auch seinem Charakter nach als Vogelmensch ein ›Vogel‹ ist? Die Vögel gehören zu den wichtigsten Symbolgestalten des Mythus. Jedoch waltet im symbolischen Vogelbereich eine Zweiteilung, die Unterscheidung von chtonischen und olympischen Typen. Der Adler, der Geier, der Phönix sind Gestalten, die dem geistigen Bereich oder der Sonnensphäre angehören – sie sind Symbole geistig zeugender Männlichkeit. Diesen steht eine als ›männlich-phallisch‹ symbolisierte Gruppe von Vögeln gegenüber, zu der der Schwan, der Storch, der Gänserich und der Enterich als Tiere des Sumpfbereichs gehören. Wie aber die Vögel der ersten Gruppe männlich-sonnenhaft über das mondhaft-Weibliche dominieren, so sind diejenigen der zweiten der Herrschaft des Weiblichen untergeordnet. Darum ist Papageno ›von Natur aus‹ ein ›Untertan‹ der nächtlichen Göttin. Denn der Vogelmensch Papageno gehört dem unteren, dem Sumpfbereich der symbolischen Vogelwelt an, welche die ungehemmte, im Biologischen und in bloßer Lusterfüllung gebundene Zeugung vertritt, während der Bereich, dem Tamino angehört, über die leibliche Liebesumarmung hinaus auf Zeugung im Geiste hinzielt. Doch für den Vogelmenschen steht die leibliche Liebe auf der gleichen Stufe wie Essen und Trinken; sie ist weder gut noch böse, sondern naturhaft notwendig und darum auch gerechtfertigt. »Machen wirs den Schwalben nach«, heißt es noch in einer modernen Operette. Es ist eindeutig, was damit gemeint ist: die menschliche Nachahmung der naiven und ungenierten Liebesvereinigung der Vögel.

Forschen wir aber in die Vergangenheit zurück nach Frühformen des Vogelmenschen, so finden wir solche sowohl in der Heiligen Schrift wie in der griechischen Daimonenwelt. Es ist merkwürdig festzustellen, daß im 6. Kapitel des Jesaja dem Propheten eine Art Vogelmenschen, nämlich die Seraphim, erscheinen. Sie sind mit sechs Flügeln um und um gefiedert und sind in diese als in ein gewachsenes Federgewand eingehüllt, aus dem nur der Kopf, die Hände und die Füße hervorschauen. Es ist gewiß eine weite Spanne zwischen diesem himmlischen Vogelmenschen Seraph, der im Jubelchor dem Weltenherrn das dreimal Heilig zusingt, und dem Vogelmenschen Papageno mit seinen verliebten Liedern und seinen Begehrlichkeiten. Dennoch ist der so diesseitige Papageno ein ferner Nachklang der seraphischen Engel. Denn es ist ein Lebensgesetz, daß sich das Oberste allzeit im Untersten widerspiegelt. Die Seraphim, die geflügelten Menschen-Engel aber, weisen wiederum auf ältere Gestalten des Mythus im Bereich von Sumer und Babylon zurück – auf die cherubartigen Mensch-Tier-Flügelgestalten oder auf die geflügelten Wächtergenien des Lebensbaumes im paradiesischen Heiligtum, königliche Menschenleiber mit Adlerköpfen und -füßen und mit vier Flügeln versehen. Aus einer ganz anderen Sphäre wiederum stammen die altägyptischen Menschenvögel. Nach ägyptischem Glauben überlebt der Seelenleib den Fleischesleib. Dieser Seelenleib oder das Ba besucht immer wieder die Mumie in Gestalt eines menschenköpfigen Vogels; es trinkt von dem Wasser und ißt von den Körnern, welche die Hinterbliebenen als Totenopfer spenden. So wird es im ägyptischen Totenbuch bildhaft dargestellt.

Doch die vielleicht wichtigste Linie von Papageno zum Mythus führt ins frühe Griechentum zurück und dort zum Siren. Gemeinhin kennt man nur die weibliche Sirene und selbst diese nur in der homerischen Fassung, die nur bedingt dem griechischen Glauben entspricht. Denn seit dem frühen 7. Jahrhundert v. Chr. sind der männliche Siren und die weibliche Sirene bekannt, menschenköpfige Vögel, der Siren mit einem bärtigen Männer-, die Sirene mit einem langbehaarten Frauenkopf. Diese männlichen und weiblichen Sirenen gehörten nach griechischem Glauben der Unterwelt an; sie wohnen als Kinder der alten Erdmutter ursprünglich im Palast des Hades und der Persephone. So wenig wie die Seelen der Abgeschiedenen können die Sirenen jemals, so lehrt Platon, auf die Erde kommen. Dort im Totenreich trösten sie (nach Euripides) die Abgeschiedenen mit den Klängen ihrer Flöten, Schalmeien und mit ihrem Gesang. Erst der spätere griechische Mythus hat diese Hadessirenen – wie Buschor in seinen ›Musen des Jenseits‹ darlegt – dann in nur weiblicher Gestalt, in der sie das spätere Griechentum einzig noch kannte, mit dem Sternenreich verbunden: als Wegbereiterinnen, die die Seelen durch ihre Musik läutern und zum Aufstieg in die höheren Sphären reif machen. Aber die älteren Siren-Gestalten waren fast durchweg männlich; seit dem 5. Jahrhundert v. Chr. von der weiblichen Sirenengestalt allmählich verdrängt, hat sich erst die spielende Mythologie der pompejanischen Wandmalerei wieder des männlichen Siren erinnert.

Dieser griechische Menschenvogel mit Vogelleib, -flügeln und -füßen wurde ursprünglich ohne Musikinstrumente dargestellt und tauchte überall dort auf, wo es sich um Situationen des Kampfes oder des Todes handelte. Seit dem 5. Jahrhundert aber erscheinen auf Vasenbildern und Grabmälern mehr und mehr nebst den Flügeln auch Arme und Hände; diese halten dann die Flöte oder den doppelrohrigen Aulos, später auch die Leier; ihr tönendes Wesen sollte nicht nur durch die alte Singvogelgestalt, sondern auch durch Musikinstrumente anschaulicher gekennzeichnet werden. Aber stets gilt ihr Spiel und ihr Sang den Toten, die sie umsorgen, ob nun die Sirenen in der Frühzeit im Hades oder später auch im Elysium ihr musikalisches Handwerk betreiben. Es mag darum – wenn auch in einem anderen Sinne – auch für Papageno, diesem späten, durch seine derben Späße in eine populäre Atmosphäre gerückten Nachbild des antiken Siren, gelten, was der Deuter antiker Kunst und Mythologie, Ernst Buschor, am Ende seiner Schrift über die ›Musen des Jenseits‹ geschrieben hat: »Mensch und Vogel erscheinen hier in einziger Weise zur vielsagenden Einheit verschmolzen. Ein Wesen steht vor uns, das nicht zu unserer Welt gehört, und das doch in ganz anderer Weise als alle die unverschmolzenen orientalischen Mischwesen und auch als die frühgriechischen Vogeldämonen zu uns gehört.«

Da aber die Zauberflöte ein ägyptisches Mysterium oder doch ein Mysterium in ägyptischem Gewande vermitteln will, so ist immerhin zu fragen, inwieweit sich das Motiv des Vogelfängers durch ägyptische Überlieferungen belegen läßt. Siegfried Morenz ist dieser Frage nachgegangen. Er weist darauf hin, daß Ägypten das klassische Land des Vogelfanges war und geblieben ist – davon muß durch die im 18. Jahrhundert so beliebten Reisebücher mit ihren reichen Kupferstichillustrationen gewiß Kunde zu Schikaneder-Mozart gedrungen sein. Zudem berichten die Denkmäler Ägyptens vielfach von Vogelfang und Vogelfänger; denn beides gehört für lange Zeiten zu den typischen Symbolen und Darstellungen der Grabbilder. Ist doch der Vogel in den meisten primitiven und hohen Kulturen ein Sinnbild der Seele – der Vogelfänger darum ein Vertreter der Unterwelt, der den Vogel, die Seele, aus dem hellen Himmelsraum wegfängt und ihn in die Gefangenschaft der Unter- und Totenwelt überliefert, wie es doch Papageno tut, wenn er die gefangenen Singvögel der Macht der sternenflammenden Königin übergibt. Merkwürdig ist, daß spätantike ägyptische Grabstelen von Isismysten stereotyp einen nackten kauernden Knaben zeigen, der in einer Hand eine Weintraube, in der anderen aber einen Vogel hält; ein Motiv, das häufig auch auf den Darstellungen des Jesusknaben im Mittelalter wiederkehrt. Vogel wie Weintraube sind Sinnbilder für Leben, für das ewige, durch die Einweihung zu erlangende Leben.

Daß andererseits der Vogelfänger, ähnlich wie in der Zauberflöte, in Ägypten als komische Figur galt, weil er sozial verachtet war, können freilich Schikaneder-Mozart nicht gewußt haben. Aber gehörte der Vogelfänger nicht auch in Süddeutschland–Österreich im 18. Jahrhundert zu den untersten, wenig geachteten Volksschichten? Allerdings war in Altägypten wie in der Mozartzeit die Vogeljagd, im Gegensatz zum Vogelfang, ein aristokratischer Sport.

Aus all den weitverstreuten Motiven des Vogelmenschen und des Vogelfängers ergibt sich, daß diese fast überall mit der Unterwelt, mit dem Tode zu tun haben. Der ›Vogelfänger‹ ist eine zwielichtige Gestalt des menschlichen Seelengeschicks. Er gehört dem Sumpfbereich fruchtbarer Weiblichkeit und zugleich dem ›Haus des Hades‹ an und ist darum nächtlichen weiblichen Gottheiten, sei es Hekate, Proserpina, Isis oder der Königin der Nacht untertan. Und da Tod und Zeugung in engster Beziehung stehen, ist es durchaus verständlich, daß der Vogelfänger in der Gestalt Papagenos wie die lunaren Vögel, die er fängt (die solaren sind nicht zu fangen), eine Repräsentation des Phallus, das will sagen der reinen, ungebundenen Wollust ist (siehe Exkurs 1, S. 317 ff.).

Die Engel der Zauberflöte

Ein großer Teil von Mozarts Werk ist geistliche, für den kirchlichen Gebrauch bestimmte Musik. Er komponierte eine Fülle ›kurzer‹ oder langer Messen, Vespern, geistlicher Gesänge und Kirchensonaten. Doch nirgends in seiner Kirchenmusik gedenkt Mozart ausdrücklich der Engel. So hat es zumindest den Anschein, als ob Mozart keinerlei Bezug zur Gestalt, zum Wesen des Engels gehabt habe. Und doch trügt dieser Anschein. Es ist jedoch begreiflich, daß er entstehen konnte; denn der Engel ist so tief in Mozarts Werk und Wesen, gleichsam in dessen Kern versteckt, daß er nur mit den ›Ohren des Herzens‹ vernommen werden kann. Nur einmal treten Engelgestalten in Mozarts Werk sichtbar hervor, nämlich in der Zauberflöte, in welcher er sein künstlerisches und geistiges Credo verkündet. Um aber die Bedeutung dieser mozartischen Engel zu verstehen, muß erst bedacht werden, welchen Ort der Engel in seinem Leben und Schaffen einnimmt.

»Vertieft man sich nämlich« – schreibt Henri Ghéon – »in Mozart, und versucht man, seine Seele zu ergründen, so findet man dort, wo man ihn geliebt hat und sich vor ihm beugte, einen ganz andern als ihn. Nämlich seinen Engel im christlichen Sinne oder seinen Dämon im sokratischen Sinn.« Ghéon meint dies aber nicht nur bildlich, denn ihm ist der Engel in Mozart als eine Wirklichkeit aufgegangen. Dies, was er ›Engel‹ nennt, ist für ihn der Schlüssel zu allem, was an Mozart in Erstaunen setzt: »die Frühzeitigkeit, Raschheit und Sicherheit der schöpferischen Leistung, die Gabe der Verdoppelung; nicht bloß die Zweiheit von Mensch und Künstler, des Leidenden und Schaffenden: die Zweiheit der reinen Erfindung und der vollendeten Arbeit. Mozart ersinnt ein Stück, während er ein anderes ausfeilt. Manchmal besteht sogar eine völlige Geistesabwesenheit des Schaffenden: das Werk entsteht ganz von selber und hinterläßt im Kopfe keine Spur des Werdens. Und dabei weiß man doch, welch ein musikalisches Gedächtnis in diesem Kopfe wohnte, ein wie dienstbares, untrügliches! Sogar die Schwächen und das Versagen erklären sich durch den Engel oder den Dämon. Plötzlich ist gar nichts mehr da, eine Leere, eine Art ›Abdankung‹. Ein anderer Künstler hätte wenigstens noch ›nette Sachen‹ im Vorrat – aber bei Mozart ist dies anders. Wenn sein Engel schweigt, dann ist auch seine Geschicklichkeit im Schwinden ... Denn Mozarts Wesen ist nicht er, sondern diese Gabe in ihm: das Charisma der Töne; der Engel, der ihm die Musik diktiert.«

Dieser ›Engel‹ ist keine bloße Metapher, um das Unfaßbare, die gleichsam aus fernster kosmischer Weite zu uns herabdringenden Töne von Mozarts Musik zu umschreiben und unserm Bewußtsein einzuordnen. Er ist eine Wirklichkeit, die sich selber aussagt. Denn in Mozarts Musik wird, uns immer wieder in Staunen versetzend, ein Wesen hörbar, das offensichtlich durch die Art, wie es sich kundgibt, aus einer helleren, freieren und einheitlicheren Sphäre stammt, als es die unsere ist. In dieser ist anscheinend die schroffe Spannung von Geist und Liebe, von Logos und Eros, von Sollen und Wollen, die Spannung der beiden Seelen in unsrer Brust, die unser aller Leben auf so tragische Weise bestimmt, entweder gar nicht vorhanden oder doch wesentlich gemildert. Es ist die Sphäre der himmlischen oder geistigen Welt, in der alle Vorgänge und Formen gleichsam noch ›flüssig‹, schmiegsam und wandlungsfähig sind. In ihr gibt es keinen Tod, weil sich die Gegensätze so nahe sind, daß sie unaufhörlich ineinander übergehen können; in ihr gibt es darum auch nicht das Drama zwischen Mann und Weib, weil dort »das Männliche mit dem Weiblichen zusammen, weder männlich noch weiblich ist«. Diese Sphäre oder den Zustand, der ihr entspricht, zu erreichen, ist seit den ältesten Zeiten höchste Sehnsucht der Menschen gewesen – wir nennen sie die Androgynität als Zustand der Einheit der Gegensätze, der himmlischen Freude und der Harmonie. Dargestellt wurde und wird in allen Mythen und Religionen dieser Zustand unter dem Bild des Knaben, der noch reinen, unverdorbenen, jungen Menschengestalt und -seele, dem puer aeternus. Alle Heilbringer erscheinen symbolisch in der Gestalt des Knaben, im frommen Heidentum ebenso wie im noch symbolträchtigen Christentum. Das ›göttliche Kind‹ oder der ›göttliche Knabe‹ gehört zu den großen, unvergänglichen Urbildern der menschlichen Seelengeschichte. Aber dies ›Kind‹ darf nicht als Zeichen eines noch vorgeschlechtlichen, sondern eines übergeschlechtlichen, das heißt androgynen Lebenszustandes gedeutet werden – es ist das Sinnbild für den aus der Entzweiung wieder in die Einheit zurückführenden Urklang.

Mozart ist oft mit diesem ›göttlichen Kind‹ verglichen und seine persönliche ›Kindlichkeit‹ als ein irdischer Reflex göttlicher Kindlichkeit verstanden worden. Es ist durchaus möglich, Mozart so zu deuten; denn trotz seiner Triebhaftigkeit, trotz so vieler trüber Erfahrungen, denen Mozart ausgesetzt war, ist sein Wesen fast immer so transparent geblieben, daß die Kraft göttlicher Kindhaftigkeit, und damit die Urklänge des Geisterreiches, durch seine physische Organisation hindurchzudringen vermochten. Es kann gar keine Frage sein, daß Klänge aus dem fernen Geisterreich – wollen wir dieses um der Deutlichkeit willen nicht das Engelreich nennen! – durch Mozart, durch seine Kunst offenbar wurden. Ein so bedeutender Kenner von Mozarts Werk wie Bruno Walter hat dies erfahren, wenn er in seinem Aufsatz ›Vom Mozart der Zauberflöte‹ schreibt, daß dieser »aus unirdischer Sphäre die Obertöne einer ›jenseitigen Konsonanz‹ zu bewahren vermochte. Im Gefühl von dieser in der Seele Mozarts waltenden Inspiration, kann man wohl von einem seraphischen Impuls sprechen, der sein Musikertum und seine Musik beflügelte.« Denn es öffnet sich »in Mozarts Musik, ihrer Schönheit und Vollkommenheit, ihrer hohen Art der Heiterkeit und Reinheit, eine engelhafte Sphäre. Dieses beherrschende unirdische Element in seiner Natur könnte vielleicht auch das Gefühl der Ferne erklären, das sich unserem Bild von der Persönlichkeit des Schöpfers vertrauter Kunstwerke so seltsam und geheimnisvoll beimischt ... Es ist durchaus fraglich, ob sich Mozart seiner höheren Natur bewußt war, die seine Musik impulsierte ... Aber aus der Synthese jenes, wohl unbewußten, Impulses mit den erwähnten moralischen Tendenzen (der Übereinstimmung seines liebeerfüllten Herzens mit den freimaurerischen Lehren der Menschlichkeit und Brüderlichkeit) ist die seelische Sphäre entstanden, die in der Zauberflöte künstlerischen Ausdruck fand.«

Es ist darum für die Mozart eigentümliche Wesensart kennzeichnend, daß in ihm, durch ihn der Engel wirkt und tönt. Und dies war möglich, weil er weitgehend zum Instrument der ihn durchdringenden Geister- oder Engelsklänge wurde, weil er nur selten, und dann gewiß zu seinem und unserem Schaden, dieses unendliche Einströmen durch bewußte Eigenwilligkeit hemmte und störte. Dann freilich, und dies läßt sich an manchen Werken feststellen, schweigt der Engel in Mozart. Aber weil er die allermeiste Zeit seines angestrengten Lebens gehorsam der Stimme des namenlosen Engels lauschte, wurde er fähig, durch seine Musik Engelsbotschaft mitzuteilen; die Botschaft der das Herz von seinen Süchten und Ängsten befreienden Kraft des feuerhaften göttlichen Geistes, der von Aion zu Aion immer mehr danach drängt, die Welt zu durchstrahlen und sie zu wandeln. Shakespeare hat gesehen, was Mozart als ›jenseitige Konsonanz‹ gehört hat:

> ... Sieh, wie die Himmelsflur
> Ist eingelegt mit Scheiben lichten Goldes!
> Auch nicht der kleinste Kreis, den du da siehst,

Der nicht im Schwunge wie ein Engel singt,
Zum Chor der hellgeäugten Cherubim.
So voller Harmonie sind ewge Geister!

Weil aber Mozart als Person von den Klängen aus der Engelwelt durchpulst war, weil sich in den meisten seiner Werke unmittelbar seraphische Klänge manifestieren, darum hat er es weder bedurft noch vermocht, den Engelklang zu sichtbarer Gestalt werden zu lassen. Wir hören den Engel oft und oft in seinen Werken: in der großen C-moll-Messe singt er die Menschwerdung des Herrn, im Klavierkonzert C-Dur, K.V. 467, ist es der Psychopompos Michael, der, tänzerisch schreitend, die Abgeschiedenen über die Schwelle des jenseitigen Reiches geleitet, im Requiem hören wir den Engel die Tuba zum Gericht und zur Auferstehung blasen. Die Engel sind in Mozarts Werk allgegenwärtig – er ist der Meister der Engelsmusik.

Aber nur einmal hat er es geduldet, ja gewollt, daß Engel in seinem Werk nicht nur hörbar, sondern auch sichtbar werden. Weil dies aber in seinem Testament und Credo, der Zauberflöte, geschah, hat dieser einmalige Vorgang eine größere Bedeutung, als sie den meisten der zahllosen Engeldarstellungen der abendländischen Kunst zukommt. Es handelt sich um die drei Knaben oder Genien, die als Luftgeister die Handlung der Zauberflöte durchschweben und durchklingen. Marcel Brion glaubt in ihnen Verkörperungen von Glaube, Liebe, Hoffnung zu erkennen, deren Aufgabe es ist, die beiden Liebenden zu vereinen und ihnen zu helfen, die Prüfungen siegreich zu bestehen. Er wagt sogar die Aussage, daß Mozart selber in den drei Knaben Engel gesehen und daß Schikaneder sich dieser Ansicht begeistert angeschlossen hätte. Jedoch gibt es dafür keinerlei Beweis. Wir wissen von keiner Aussage Mozarts in bezug auf das Verständnis dieser drei engelhaften Knaben, aber wir kennen sie durch Wort und Musik – und darin liegt aller Beweis gegründet.

Diese drei luftigen Genien nehmen in der Zauberflöte eine

seltsame Mittel- und Mittlerstellung ein. Sie wurden zwar von der Königin der Nacht den zur Befreiung von Pamina ausziehenden Tamino und Papageno als Helfer und Führer verhießen; doch stehen sie nicht in ihrem Dienst und vertreten auch nicht ihre Interessen. Eher gehören sie dem durch Sarastro repräsentierten Lichtreich an. Versuchen sie doch, dem Prüfling Tamino bei ihrem ersten Erscheinen die Grundsätze des Mysterienbundes *sei standhaft, duldsam und verschwiegen* einzuprägen. Sie sind demnach Mittler, flüchtige, aber reine Gestalten des Lichtes und als Boten heilender, helfender Kunde im Grunde genau das, was man dem Wesen nach unter ›Engel‹ versteht. Sie geleiten den des Weges unkundigen Tamino zum Weisheitstempel, zu Sarastros Reich; sie bringen ihm und Papageno die Zauberinstrumente, die ihnen abgenommen wurden, zurück; auch halten sie Pamina und Papageno vom Selbstmord ab und geben dem Mädchen Hoffnung auf ein Wiedersehen mit Tamino. Dreimal schweben die Knaben aus dem ätherischen Luftreich, das ihre Heimat ist, herab, um den nach Weisheit Verlangenden und zum Lichte Wandernden beizustehen. Wie könnte man besser den Engelsklang zum Ausdruck bringen, als durch diese Knabenstimmen. So war es von Mozart auch vorgesehen; leider werden aber in den meisten Aufführungen diese drei Genien von Frauen gesungen, wodurch der kühle, vogeltonartige, noch unpersönliche Klang dieser Engelsmusik zu Unrecht vermenschlicht wird.

Wenn die Knaben das erste Mal erscheinen, um Tamino dem Weisheitstempel zuzuführen, nimmt die Musik einen feierlichen Charakter an, der durch leise angeblasene Posaunen, Trompeten und durch gedämpfte Paukenschläge erzeugt wird. »Das über dem Hauptthema schwebende, von den Flöten und Klarinetten ausgehaltene ›g‹, hüllt das Bild der drei Genien gleichsam in einen überirdischen Lichtschimmer« (Merian).

Als die Knaben zum zweiten Male heranschweben, bringen sie zwiefache Gabe – und beide scheinen durchaus einer Engelspende gemäß zu sein: Speis und Trank den angestrengt in den Labyrinthen Wandernden zur Erquickung, die Flöte und das Glöckchenspiel zur Hilfe. »Zu dem überaus lichten, luftigen, nur vom Streichquartett, von Flöten und Fagotten begleiteten Terzett scheint Mozart die thematische Anregung aus dem Flugwerk geschöpft zu haben. Wie zarte Libellenflügel bewegen sich die leichten Zweiunddreißigstelfiguren der Violinen mit ihren zitternden Trillerchen auf und ab« (Merian). Die anmutig-herzliche Volksweise, die in geradezu berückender Instrumentierung verborgen ist, gelangt durch den hellen, lichten Ton des A-Dur-Satzes Mozarts zu zauberhafter Wirkung. Am Schluß des Gesanges der Luftgenien, in dem nun anhebenden Wechselspiel zwischen dem Orchester und den Singstimmen, umschweben die drei Knaben mit ihren Klängen ihre Schützlinge in gleichsam immer engeren Kreisen.

Wenn die Knaben das nächste Mal auf ihrem ›Flugwerk‹ erscheinen, hat sich das Theater in einen ›kurzen Garten‹ gewandelt. Wieder ertönt ein leiser, feierlicher Marsch, der zuerst nur von Klarinetten, Fagotten und Hörnern vorgetragen wird – wir befinden uns im Reiche Sarastros. In dem Terzett der Knaben, das mit den Worten beginnt: *Bald prangt, den Morgen zu verkünden, die Sonn' auf goldener Bahn* ..., strömt in wunderbarer Frische Morgenstimmung hervor. Auch dies Terzett ist wie die vorhergehenden durchwirkt von den punktierten Rhythmen der Priestermusik, die nicht nur für die Klänge aus Sarastros Reich, sondern auch für die Knaben, die offensichtlich diesem zugehören, charakteristisch sind. Die Aufgabe der Knaben ist es, die dem Wahnsinn nahe Pamina, die sich von Tamino verlassen und verstoßen wähnt, vom Selbstmord abzuhalten und ihr die frohe Kunde von der andauernden Liebe des Geliebten zu bringen. Hierzu steigen die Knaben nicht nur zur Erde nieder, sondern nehmen sich auch der erregten Gefühlswelt Paminas an, was sich deutlich in der musikalischen Führung und der Wendung nach C-moll ankündet. Doch sobald die Knaben sich von ihrem Entsetzen und Mitleid erholt haben, kehrt bei der lieblichen As-Dur-Stelle: *Holdes Mädchen, sieh uns an!* der Charakter des jenseitigen Lichtreiches in ihren Klängen zurück; sie sind wieder die tröstenden und mahnenden Engelsboten. Die Knaben vermögen Paminas Wahnsinn zu wenden, sie wieder dem Leben und der Hoffnung zuzuführen, so daß sich schließlich alle vier zu einem vokalen Quartett von berückendem, lichtem Klang verbinden: *Zwei Herzen, die von Liebe brennen.* Im kurzen Nachspiel ist geradezu zu hören, wie die Engelgeister mit sanftem Brausen wieder in ihr Luftreich entschweben.

Noch einmal kehren die Knaben wieder, nachdem Tamino und Pamina die letzte Prüfung bestanden und die Weihe der Isis empfangen haben. Denn Papageno, allein geblieben, sehnt sich vergebens nach einem Weibchen. In seiner Verzweiflung versucht er sich, wenn auch zögernd, aufzuhängen und wird daran durch das Erscheinen der drei Genien, die mit ihm Mitleid haben, gehindert. Sie erinnern ihn an sein Glöckchenspiel, mit dessen Hilfe er dann wirklich seine Papagena ›herzaubert‹. Das kurze Allegretto der Knaben ist bereits von dem Glöckchenklang aus dem Orchester durchwoben, bevor noch das Glockenspiel-Liedchen Papagenos ertönt, unter dessen Klängen die Knaben, die ›Engel der Zauberflöte‹, zu ihrem ›Flugwerk‹ eilen und in ihr Luftreich entschweben.

Achtes Kapitel

Die Freimaurer und die Zauberflöte

Aus der Geschichte des Freimaurer-Bundes

Die Lehren und Riten, die Ideale und Zielsetzungen der Freimaurer haben die europäische Geistesgeschichte des 17. und 18. Jahrhunderts und – nachklingend – auch noch die des 19. Jahrhunderts im wesentlichen mitgeprägt. Darum ist es zum Verständnis der Zauberflöte, der man eine Herkunft aus dem Geiste des Freimaurertums nachsagt, erforderlich, wenigstens in Kürze sich der Geschichte, der Ideen und der Entwicklung des Freimaurerbundes zu erinnern. Der Entfaltung des Bundes in der Zeit des Überganges von einem absterbenden zu einem neuen Weltalter sind schon seit dem Beginn der Neuzeit ähnliche Versuche zu Weisheits- und Menschheitsbünden vorausgegangen. Dies hängt eng zusammen mit der seit der Renaissance immer dringender unternommenen Suche nach einem neuen, vertieften Verständnis dessen, was der Mensch ist und werden soll, mit dem Bedürfnis nach einer über die Grenzen der Konfessionen hinausführenden Gottesverehrung, mit der Ahnung eines neuen nachmittelalterlichen Gottesbildes, mit dem Verlangen, Glaube und Wissenschaft aus einer Wurzel herzuleiten und mit den Versuchen zu einer Erziehung des Menschen zur Humanität und Brüderlichkeit.

Die edelste Blüte dieser vielfach verästelten Suche nach dem ›Menschen‹ seit der Renaissance-Epoche ist zweifellos die Zauberflöte. In dieser Menschheits-Oper ist alles, was gültig und zeitüberdauernd war an jener gesamteuropäischen Geistesbewegung, deren einer Zweig die Freimaurerei ist, zusammengefaßt und geborgen. Das Gedankengut und die Impulse jener Bewegung, welche das heute seiner Ausfaltung entgegengehende ›Zeitalter des Menschen‹ einleiteten, sind längst in das von Europa aus neu konstellierte Bewußtsein der Menschheit integriert worden. Das hat zur Folge, daß die einst als Ferment wirkende Freimaurerbewegung heute eher einen antiquierten Charakter aufweist. Dennoch wirkt dieses Gedankengut auch heute noch durch die Kunst und Botschaft der Zauberflöte immer neu und fruchtbar. Denn »von der edelsten Schöpfung wünschen wir Frucht, auf daß der Schönheit (und Weisheit) Rose nimmer sterbe«.

Die Freimaurer-Ideologen und -Apologeten führen gerne die Institution des Freimaurer-Bundes auf den salomonischen Tempel, auf dessen Baumeister Hiram und seine Bauhütte zurück; seltener – wenn auch zur Zeit Mozarts besonders gern – auf den ägyptischen Pyramidenbau. Aber dies ist zweifellos eine historische Konstruktion, die dem Freimaurerbunde die Legitimität uralter Herkunft sichern sollte, die aber geschichtlich in keiner Weise haltbar ist. In Wirklichkeit lassen sich die Ideen und Gebräuche der Freimaurer aus drei mächtigen übernationalen Geistesbewegungen Europas herleiten. Die eine dieser Bewegungen erschütterte das geistige und soziale Gefüge des Abendlandes in der Zeit vom 11. bis zum 14. Jahrhundert. Es war dies die in vielen Gruppen und Strömungen ausgegliederte, sogenannte Ketzerbewegung, die man auch eine Revolution aus dem Geiste des Evangeliums nennen könnte. Mit größter Intensität, ja auch mit Fanatismus drangen die Glieder dieser revolutionären Bewegungen darauf, die durch die Korruption der Kirche erfolgte Abspaltung des Glaubens vom Leben wieder zu überwinden und den Glauben als Ferment der ganzen Menschenexistenz wirksam zu machen. Gleichzeitig mit diesem evangelischen Aufbruch kam es zum Erwachen des Ich-Bewußtseins in dem damals anhebenden ersten bürgerlichen Zeitalter Europas und als äußere Folge zur Heraufkunft der Stadtherrschaften und der Zunftverfassungen.

In jener Zeit traten nacheinander oder gleichzeitig die revolutionären Gruppen der Katharer, der Joachiten, der Waldenser, der Armen von Lyon, der frühen Franziskaner, der Spiritualen, der Begarden und andere hervor, die auf eine religiöse, soziale und politische Umgestaltung aller Verhältnisse drängten. Vom Standort der verabsolutierten Glaubensdoktrin und der damals vorherrschenden hierarchischen Ordnung mußten freilich diese vielfältigen Ketzer-Gruppen als verdammenswert erscheinen, so daß die Führer von Kirche und Staat ein gutes Werk zu tun glaubten, wenn sie diese durch jede Form von Gewalt zu unterdrücken suchten. Aber wenn diese Gruppen auch allmählich durch Verfolgung versprengt wurden, bildeten sie, nach ihrer geschichtlichen Wirksamkeit im Hochmittelalter, bis heute eine geistige Unterströmung im abendländischen Geistesleben. In den Wende- und Krisenzeiten steigen diese Ideen und Sehnsüchte – in gewandelter Gestalt und ohne daß ihre Herkunft immer erkennbar ist – wieder aus dem Untergrund nach oben und überformen Bewußtsein und Wille der Suchenden und Strebenden.

So ist zum Beispiel vieles von den Intentionen dieser längst untergegangenen ›Ketzer‹ in das Ideengut der Weisheits- und Humanitätsbünde der Barockzeit eingegangen, meist ohne daß es diesen bewußt war. Denn der gewaltige, unwiderstehliche Aufbruch der Renaissance-Epoche wollte nicht nur die griechischen Geistes- und Kunstformen erneuern und damit eine neue, die ganze Fülle des Menschseins umspannende Weise des Daseins realisieren, sondern auch das Christentum aus einer Jenseits- in eine Diesseitsreligion umbilden. Als Instrumente hierzu wurden, vor allem in Italien, Akademien nach dem Vorbilde der platonischen und Bünde nach dem Muster des pythagoräischen geschaffen (jenseits der Alpen Societäten genannt). Die erste dieser platonischen Akademien entstand um 1470 am Hofe Cosimos von Medici in Florenz; sie wurde von zahlreichen italienischen Höfen nachgeahmt. In Deutschland traten solche Akademien in der Gestalt von ›Sprachgesellschaften‹ hervor. Auch wurde in den Saturn-Bünden oder -Orden jene Geheimwissenschaft und die noch auffindbare Symbolik der alten Mysterien gesammelt und gelehrt, von denen zum Beispiel Leonardo da Vinci und Dürer nicht unberührt geblieben sind. Im Zusammenhang damit wies G. F. Hartlaub nach, daß im Werk des Renaissance-Malers Giorgione die esoterische Weisheit dieser Bünde im Bilde dargestellt ist; das gilt insbesondere von seinem in Wien befindlichen Bilde ›Die drei Philosophen‹, das geradezu als Urbild des Freimaurertums und seines Geistesweges gelten könnte. Stellt es doch durch die drei Lebensalter Jüngling, Mann und Greis die drei Handwerks- und Weisheitsstufen Lehrling, Geselle und Meister dar, wobei die drei Repräsentanten des Reifemysteriums (ähnlich wie in der Symbolik der Freimaurer) mit den Instrumenten der Mathematik und der Architektur ausgestattet sind.

In der Blütezeit des Barock mündete schließlich die Arbeit der Akademien, der Weisheits- und Reformbünde in das christliche Rosenkreuzertum ein, das von vielen zur General-Reform der Welt entschlossenen Männern, Theologen wie J. Arndt, Pansophen wie J. V. Andreae, Pädagogen wie J. A. Comenius, Ärzten und Alchemisten wie Michael Maier (dem Leibarzt Kaiser Rudolfs II.), Rechtslehrern wie Christoph Besold in Tübingen, in England vom Arzt und Polyhistor Fludd und ähnlich Gesinnten, entfaltet und verbreitet wurde. Eine wichtige Seitenlinie geht von den Rosenkreuzern zu den

schlesischen Mystikern, zu Jakob Böhme, Abraham von Frankenberg, Angelus Silesius, und von da zu Novalis und Franz von Baader und zu dem Schöpfer einer heutigen Philosophia perennis, Leopold Ziegler.

Die dritte und vielleicht deutlichste Herkunft des Freimaurer-Bundes weist auf die ursprünglich kirchlichen Bauhütten des Mittelalters, deren Glieder – im Gegensatz zu den in städtischen Zünften örtlich gebundenen Maurern – als freie Maurer galten. Weil die Maurer der Dombauhütten überall dorthin gerufen wurden, wo Kathedralen zu errichten waren, war ihnen gestattet, zur Erfüllung ihrer Aufgaben von Land zu Land zu ziehen. Ähnlich wie die Organisation der Kirche, war auch die der Dom-Bauhütten eine übernationale. Dies hatte zur Folge, daß das Handwerks-Wissen und das Geistesgut, das sich im Laufe der Jahrhunderte in den Dombauhütten angesammelt hatte und das sich durch seine Esoterik oft weitgehend von dem allgemeinen Wissen und Glauben unterschied, durch die wandernden Handwerker und Künstler über ganz Europa verbreitet wurde. Ursprünglich waren die Bauhütten jeweils einem Kloster affiliert – so um ein Beispiel zu nennen, der Benediktinerabtei Hirsau (die Hirsauer Mönche haben in der Zeit der Romanik zahlreiche Kirchen und Dome in ganz Europa gebaut) –, so daß die Maurer, Steinmetze und Architekten zumeist Mönche waren.

Dies änderte sich aber grundlegend im Lauf des 12. Jahrhunderts mit dem Emporkommen des Bürgertums. Jetzt traten – bis zum Erlöschen der Bauhütten in der Barockzeit – anstelle der Mönche, welche durch ihre Klosterschulen die Kontinuität des Wissens und der Handwerkskünste seit der Antike bewahrt hatten, die Laien, die von da an ohnedies die Träger der ›modernen Kultur‹ der Hochgotik wurden und seitdem geblieben sind. Die Zentren dieser freien Maurer waren die am Bauplatz errichteten ›Bauhütten‹ oder ›Logen‹, deren bedeutendste und beispielgebende jene von Straßburg, Köln, Wien und Bern waren. Diese waren zugleich Werkstät-

13 Einzug des Sarastro
Bühnenbild für eine frühe Aufführung, 1795.

Bühnenbilder zur Zauberflöte

14 Bühnenbild zur Feuer- und Wasserprobe
für die Aufführung in München, 1793.

15–18 Bühnenbilder zur Zauberflöte
Stiche nach den Originalskizzen des Theatermalers Anton de Pian, Wien 1818.

20 Bühnenbild zur Zauberflöte in der Krolloper zu Berlin, 1930
Entwurf von Ewald Dülberg.

Modelle in Salzburg, Mozart-Museum

21 Inszenierung in der Felsenreitschule in Salzburg, 1957
Entwurf von Caspar Neher.

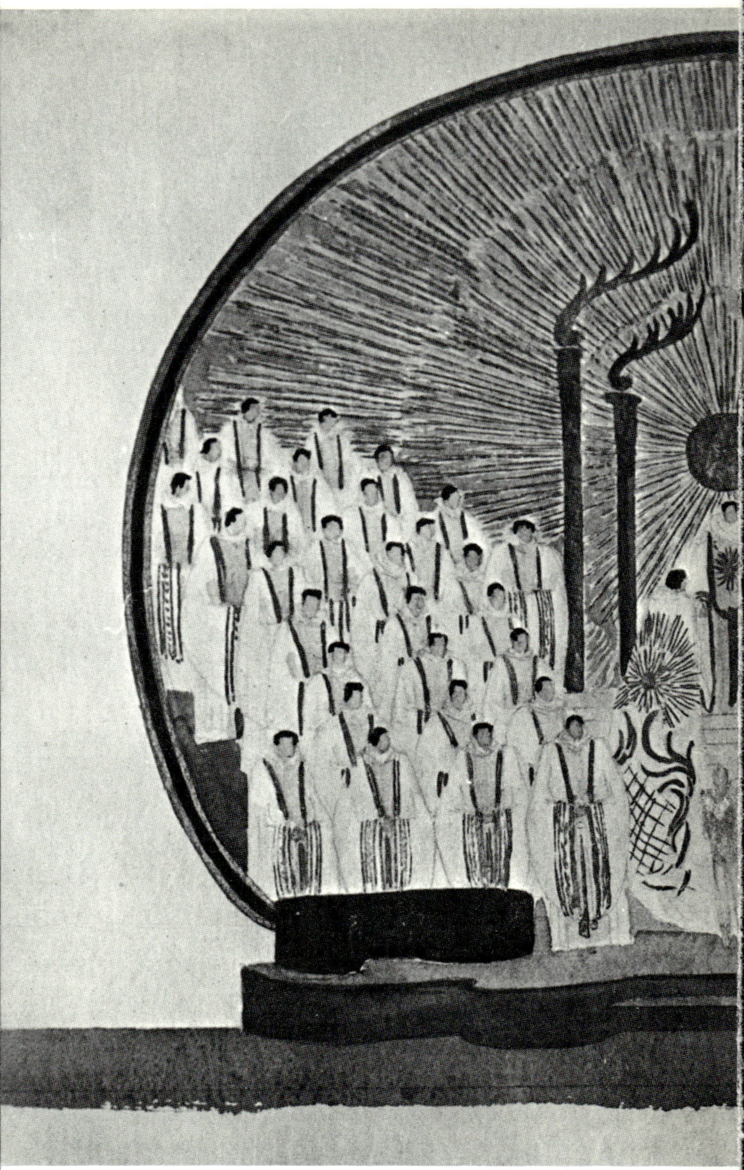

19 Entwurf zum ›Sonnentempel‹ für die Salzburger Aufführung, 1928
Aquarell von Oskar Strnad.

ten, Versammlungsorte und geistige Mittelpunkte der Bau-Bruderschaft. Insbesondere in Deutschland und Frankreich wurden, gemäß der Handwerksordnung, die Architekten und Bauleiter als Meister, die Steinmetze als Gesellen und die neu Eintretenden oder niedrige Anfängerarbeit Verrichtenden als Lehrlinge bezeichnet.

Die einzelnen Bau-Logen waren verbunden in der großen ›Bruderschaft der Bauleute‹, einer ethisch-sozialen Organisation mit eigenen Regeln und Gesetzen, nach denen für die Zulassung makelloser Ruf und würdige Herkunft gefordert war. Der Patron der Bauleute war von altersher Johannes der Täufer, und sein Fest am 24. Juni wurde als das Patrozinium der Bauhütten gefeiert, während die älteren Klosterbauhütten und die Bau-Logen Schottlands besonders den Evangelisten Johannes verehrten. Der Name ›Johannes-Freimaurerei‹ leitete sich später von diesen beiden Patronen ab.

Die Zugehörigkeit zur Bau-Bruderschaft hatte freilich auch materielle Bedeutung. Denn sie wies die ihr zugehörigen Brüder als fachgerechte Steinmetzen aus oder gewährte Hilfe bei Arbeitslosigkeit. Zudem verwahrte die Bruderschaft die Bibel, das Bruderschaftsbuch und die Handwerkssymbole wie Schurz, Winkelmaß, Zirkel, Zweispitz und Spitzhammer; auch wachte sie über deren rechten Gebrauch. Allerdings umfaßten die Bau-Logen in ihrer Spätzeit nicht nur wirkliche Handwerker und Architekten, sondern als ›angenommene Maurer‹ auch handwerksfremde Mitglieder, Theologen, Künstler, Philosophen und angesehene Bürger, die am geistigen Gut der freien Maurer Anteil gewinnen wollten. So ist als erster ›angenommener Maurer‹ der General-Quartiermeister der schottischen Armee, Robert Moray, im Jahre 1661 nachweisbar.

Damit aber war eine Entwicklung angebahnt, die allmählich zur Umwandlung der Bauhütten aus einer religiös-sozialen Handwerker-Gemeinschaft zu einer spekulativen, nur noch geistig-erzieherisch arbeitenden Vereinigung führen mußte. Aus den freien Steinmetzen, die ihr Handwerk zur Ehre Gottes und zu ihrem Lebensunterhalt als ›Kunst‹ betrieben, wurden die ›Freimaurer‹, die für ihre geistige Arbeit die Maurerwerkzeuge nur noch als Symbole benützten. Diese Entwicklung wurde dadurch begünstigt, daß die Bauhütten allmählich ihre Bedeutung verloren, weil der Kathedralbau wie der Kirchenbau der Renaissance und des Barock mehr und mehr verfiel und nicht mehr durch wandernde Bauleute, sondern durch ortsansässige zünftige Handwerker ausgeführt wurde. So hob Franz I. die Baukorporationen in Frankreich auf. Bald löste sich die bedeutendste der Bauhütten, jene von Straßburg, auf und andere folgten ihrem Beispiel. Jedenfalls nahm im Laufe des 17. Jahrhunderts die ›Society of Freemasons‹ – die Bruderschaft, welcher die ›angenommenen Maurer‹ oder die ›Gentleman- oder accepted masons‹ angehörten –, die eine von den Werkmaurern getrennte, aber doch mit ihnen verbundene Körperschaft war, immer größere Dimensionen an, während die alte Werk-Maurerei immer mehr dahinschwand. Zwar wurden im 17. Jahrhundert noch beide Gruppen unter der Bezeichnung ›Free and accepted masons‹ zusammengefaßt. Aber schließlich wurde die Werkmaurerei mehr und mehr zur Geistesmaurerei.

Diese Wende wurde unwiderruflich, als sich am 24. Juni, dem Johannisfest des Jahres 1717, vier numerisch schwache Bau-Logen von ›Free and accepted masons‹, in denen bereits die Philosophen und Aristokraten der englischen Gesellschaft überwogen, zur ersten Großloge unter einem Großmeister vereinten. Die Grundlage dieser neuen, von England ausgehenden Freimaurerei wurde danach das Konstitutionsbuch, das James Anderson 1723 verfaßte und das die sogenannten ›Alten Pflichten‹ enthielt, ein Moralkodex, der in Freimaurerkreisen die Bedeutung der zehn Gebote hat. Dies war die Geburtsstunde dessen, was man Freimaurerei nennt. Eine Großloge – auch Groß-Orient genannt – besteht seitdem aus einer organisatorischen Zusammenfassung von mindestens drei Logen. Was nun begann, war ein Siegeszug ohnegleichen; in der Zeit von etwa vierzig Jahren eroberte die symbolische Maurerei nicht nur das europäische Festland, sondern verbreitete sich durch die Kolonialherrschaft auch über Asien, Afrika und Amerika.

Bald gehörte es zum guten Ton für jene, die in der Gesellschaft etwas gelten wollten, sich in eine Loge aufnehmen zu lassen. Man darf wohl ohne Übertreibung sagen, daß die geistige Elite Europas wenigstens für einige Jahrzehnte in den Logen vereint war, darunter – was im vorliegenden Zusammenhang interessieren muß – auch Mozart. In England war bereits vier Jahre nach der Gründung der Großloge die Maurerei sogar hoffähig geworden; seitdem ist es dort Sitte, die höchsten Logenämter für Persönlichkeiten des offiziellen Lebens und des Hofes zu reservieren.

1732 wurde die erste Loge in Paris konstituiert, zur gleichen Zeit faßte die Freimaurerei Fuß in Italien; bald danach gelangte sie durch Offiziere im fremden Sold auch in die Schweiz. Um 1737 wird die erste deutsche Loge in Hamburg gegründet; um 1740 entstehen Logen in Polen, zehn Jahre später in Rußland. Ein Teil der Logengründungen vollzog sich von Schottland aus. Weil aber dort die Freimaurerei unter dem Einfluß der ehemaligen Ritterorden stand, kam es in den schottischen Logen – im Gegensatz zu den drei Graden Lehrling, Geselle und Meister der englischen Logen – zu den Hochgradsystemen mit ihren spekulativen und großenteils utopischen dreiunddreißig Graden.

Die Freimaurerei ist ein Männerbund, der unter seinen Gliedern keine Frauen duldet und der in den verschiedensten Schattierungen, vom reinen Rationalismus bis zum phantastischen Okkultismus, den Menschen von jedem Autoritätsdenken befreien will. Er vertritt ethische, pädagogische und humanitäre Ideale, mit denen er sich – illusionär oder wirklich – an die ganze Menschheit wendet. Dies alles kommt deutlich in den Schriften der Freimaurer des 18. Jahrhunderts zum

Ausdruck. Der ethische Sensualismus des Earl von Shaftesbury wurde im Denken der Logen vorherrschend; seinem Einfluß ist es zuzuschreiben, daß die mittelalterliche Dreiheit ›Macht, Weisheit, Schönheit‹ als die freimaurerischen Grundprinzipien, als ›Stärke, Weisheit und Schönheit‹ wiederkehrten. Freilich bekannte sich die Freimaurerei seit 1717 – im Gegensatz zum Glauben der alten Werklogen – zum Deismus, zu Gott als Schöpfer, nicht aber als Lenker der Welt. Damit begründete sie zwar keine Religion, aber eine Philosophie, welche zur Verehrung des allwaltenden ›Baumeisters aller Welten‹, zur Nächstenliebe, zur Duldsamkeit und zur geistigen und sozialen Freiheit des Menschen anleiten wollte.
Doch wenn auch das Freimaurertum wesentlich zur Befreiung der Bauern von der Leibeigenschaft, zur Abschaffung der Folter und zum Schutz der Arbeiterklasse – und das heißt, zur Bildung des modernen Sozialstatus – beigetragen hat, so darf doch nicht unterschlagen werden, daß aus dem Deismus zuerst der Pantheismus, dann aber der Atheismus hervorgegangen sind; insbesondere der letztere hat das Anti-Evangelium des Kommunismus vorbereitet. So entbehrt die Geschichte der Freimaurerei nicht der tragischen Aspekte. Ihr Idealismus, ihr Wunsch zur Selbstbefreiung und Veredlung des Menschen, ihre Mithilfe bei der Erklärung der Menschenrechte und ihr Entwurf eines übernationalen Pan-Europa, ihre Idee eines Menschheitsbundes der Völker hat wider Willen mehrmals in den Greueln von Revolutionen geendet. Denn an deren Heraufführung ist die Freimaurerei durch ihre Relativierung des christlichen Glaubens und die Verkündigung einer allein im Menschen begründeten Ethik, ungewollt oder gewollt, nicht unbeteiligt.

In Österreich wurde die Freimaurerei durch einen Kirchenfürsten, den Erzbischof Graf Schaffgotsch von Breslau, eingeführt. Er beauftragte im Jahre 1742 ein führendes Mitglied der Loge zu Breslau, den Reichsgrafen Franz de Grossa, und dessen Bruder mit der Bildung einer Loge in Wien, ungeachtet der

Verdammung der Freimaurerei durch Papst Clemens XII. im Jahre 1738, die freilich auch von der Regierung in Wien nicht zur Kenntnis genommen wurde. Es war ja gerade der österreichische Hochadel, der sich mit vielen hohen Staatsbeamten, Offizieren, Weltgeistlichen und einigen Bürgerlichen dazu drängte, Mitglied der ersten Wiener Großloge zu werden. Aus den Akten dieser ›Aux trois canons‹ genannten Loge wird jedoch ersichtlich, daß die Mitglieder derselben mit rosenkreuzerischen Gedanken und alchemistischen Spekulationen wohl vertraut gewesen waren. Zwar ließ die Kaiserin Maria Theresia die Loge schon 1743 aufheben, aber »die Freimaurerei war geblieben, denn sie wohnte in Herz und Kopf jener Männer, deren sie zum Umbau ihres Reiches nicht entraten konnte. Bei allen Arbeiten und Plänen, Reformen und Neuschöpfungen, sozialen und kulturellen Umwälzungen, waren Freimaurer in hervorragendem Maße beteiligt« (Bernhard Scheichelbauer). Unter diesen finden sich später Männer wie Gottfried van Swieten, Josef von Sonnenfels, Ignaz

von Born (das angebliche Urbild Sarastros), T. Ph. von Gebler, Otto von Gemmingen (der Meister vom Stuhl von Mozarts Loge) und andere, die im Leben von Mozart eine schicksalhafte Rolle gespielt haben.

Aber bereits Joseph II. – nach dem Tode seines Vaters von Maria Theresia zum Mitregenten ernannt – erwirkte die stillschweigende Duldung von Logengründungen im ganzen Reiche. So blühte unter seiner nachfolgenden Alleinherrschaft das Freimaurerwesen in Österreich wieder auf, vielleicht durch die Absicht des Kaisers begünstigt, die Logen für sein vom Geist des aufklärerischen Rationalismus geleitetes Reformwerk zu gewinnen. Trotz ihres großen Einflusses aber waren die Freimaurer in Österreich gespalten und bekämpften sich gegenseitig, entsprechend den beiden großen, einander feindlichen Geistesströmungen des 18. Jahrhunderts; auf der einen Seite das mit alchemistischen und okkulten Tendenzen durchsetzte Rosenkreuzertum – auf der anderen Seite das rationalistisch-humanitäre englische Freimaurertum.

Unter den Wiener Logen ragte die Loge ›Zur wahren Eintracht‹, die von dem berühmten Mineralogen, Geologen und Bergbaufachmann, dem Kenner antiker Überlieferungen und glänzenden Schriftsteller Ignaz von Born erfolgreich geleitet wurde, besonders hervor. Sie war so lange der Mittelpunkt des Wiener Logenlebens, bis sich Born – dessen Ideen und Wesen Mozart tief beeindruckt haben – schon 1786 vergrämt vom Logenleben zurückzog. Dann allerdings erlosch auch der Glanz, den er diesem mitgeteilt hatte. »Das Bestreben der Loge ging (damals) vor allem dahin, die reinen Ideen der Freimaurerei zu pflegen und sie von fremden Zutaten und Einflüssen zu befreien. Zu diesem Zweck wurde erstmalig die Abhaltung von Logenvorträgen eingeführt, die heute allgemein das Kernstück der Logenarbeiten bilden. Soweit die Vorträge von allgemeinem Interesse waren, wurden sie in dem von Ignaz von Born begründeten und von Blumauer redigierten ›Journal für Freymaurer‹ (Wien 1784–1786, 12 Quartalbände) der gesamten Brüderschaft des In- und Auslandes vorgelegt« (Scheichelbauer). In diesem ›Journal‹ findet sich auch Borns bedeutende und kenntnisreiche Abhandlung ›Über die Mysterien der Ägypter‹, welche mit als Quelle für das Textbuch der Zauberflöte gedient hat. Doch mit der Gestalt Ignaz von Borns und mit seinem Aufsatz mündet die Freimaurerei bereits in das Leben und Schaffen Mozarts ein.

Das Leben des Freimaurer-Bundes in Österreich verlor

nach dem Rückzug Borns und nach dem Tode Josephs II. mehr und mehr seine Kraft und seine Bedeutung. Josephs Nachfolger, Kaiser Leopold II., in dessen Regierungszeit die Entstehung der Zauberflöte fällt, förderte wiederum die freimaurerischen und rosenkreuzerischen Bunde. Als er aber nach nur zweijähriger Regierungszeit starb, verbot Franz II., durch die Französische Revolution erschreckt, nicht nur alle Geheimbünde, sondern 1793 auch die Logen des Freimaurerbundes. Erst im Jahre 1848 faßten die Freimaurer wieder Fuß in Österreich. Doch wenn auch die Formen und Formeln des Bundeslebens gleich oder doch ähnlich geblieben sein mögen, der Geist dieses erneuerten Bundes war ein anderer geworden. Der Bund der Freimaurer, in dem sich im 18. Jahrhundert eine Elite versammelte, die eine geistige Untergrundbewegung zur Umgestaltung Europas auslöste, war vielfach durch starre Bewahrung der Ideale der Gründungszeit mehr oder minder steril geworden. Doch in der Zauberflöte dauert der überzeitliche Gehalt des Bruderbundes der Männer fort.

Mozart und der Bund der Freimaurer

Ähnlich wie Pallas Athene, im Glanz ihrer Waffen, als göttliche Weisheit vollendet, dem Haupte ihres Vaters Zeus entsprang, trat der Knabe Mozart an der Hand seines Vaters als strahlender Genius aus dem reizvoll-provinziellen Salzburg in die weite und kalte Welt der europäischen Höfe. Bereits seine frühen italienischen Opern, wie ›Lucius Silla‹, das Oratorium des Vierzehnjährigen: ›Betulia liberata‹ oder seine frühen Symphonien erweisen des ›göttlichen Kindes‹ Berufung zur Meisterschaft. Aber jener Mozart, der zum Genius der abendländischen Musik werden sollte, der es vermochte, durch göttliche Harmonie die Ahnung seligen Lebens, ewiger Schönheit und lächelnder Weisheit zu erwecken, reifte erst im letzten Jahrzehnt seines so hoffnungsfroh begonnenen und schließlich so schmerzlich durchlittenen Lebens heran.

Diese Zeit seiner Vollendung und reifen Meisterschaft hob an mit der Uraufführung seiner Oper ›Idomeneo‹ im Residenztheater zu München, Ende Januar 1781. Von diesen festlichen Tagen in München rief ihn der Erzbischof von Salzburg, Colloredo, nach Wien, wo er Mozarts musikalischer Kammerdienerkünste bedurfte. Aber bekanntlich kam es in Wien unter heftigen Vorwürfen von seiten des Bischofs zum Bruch zwischen diesem und Mozart, dem diese Entzweiung freilich höchst gelegen kam. Schon lange hatte er nach einer Gelegenheit gesucht, um sich dem ihn bedrückenden Dienstverhältnis zu entziehen und zugleich der ihn bisher gängelnden Vormundschaft seines Vaters, der ihn zur Rückkehr nach Salzburg drängte. So blieb Mozart in Wien – jedes Dienstes ledig und taub für die Mahnungen seines Vaters. Nicht nur sein grenzenloses Freiheitsbedürfnis, das er bisher nie befriedigen konnte, sondern sein Wunsch, auch außerhalb des kirchlichen Bereiches schöpferisch tätig zu werden – nämlich in der Gestaltung der Oper, deren größter Meister er werden sollte –, drängten ihn zur Ansiedelung in dem Musikzentrum Wien.

Er wollte frei sein, um dem Fatum, den Zeichen seines Genius folgen zu können. Dieser führte ihn zwar zu unsterblichem Ruhm, zugleich aber immer tiefer in Not, Elend, Krankheit und zum frühen Tod. Denn Mozart hatte gehofft, sich als freischaffender Künstler durchsetzen zu können, obwohl er wissen mußte, daß innerhalb der sozialen Ordnung seiner Zeit für die Realisierung dieser Lebens- und Arbeitsform keine Möglichkeit vorhanden war. Damals war es für einen Künstler unumgänglich notwendig, im Dienste eines musikliebenden Fürsten zu stehen, wenn man nicht, wie Gluck, als kaiserlicher Kammerkompositeur ein ehrenvolles und nicht geringes Gehalt empfing, das dennoch wenig Verpflichtungen auferlegte, oder – wie später Beethoven – von adeligen Kunstfreunden einen Ehrensold bezog, der ihm während mehr als eines Jahrzehntes ein sorgloses Schaffen ermöglichte.

Jedoch Mozart verfügte über nur geringe Hilfsmittel, um

eine wohl freie schöpferische Tätigkeit äußerlich durchzustehen. Gewiß gelang ihm bereits im ersten Jahre seiner Wiener Zeit der glückliche Wurf und der große Erfolg seiner ›Entführung aus dem Serail‹. Dadurch in seinen Hoffnungen und Erwartungen gestärkt, wagte er endlich, einen eigenen Lebensbereich für sich abzugrenzen, indem er – halb gedrängt, halb drängend – Konstanze Weber heiratete. Nun entstand in unbegreiflicher Fülle und Schnelligkeit eine Perlenkette herrlichster Werke. Darunter befand sich – als Höhepunkt seiner für die Kirche bestimmten Schöpfungen – die solenne C-moll-Messe von 1783, deren freudige, männlich gefaßte Frömmigkeit ihre Verklärung in seinem letzten, unvollendet gebliebenen Werk, dem Requiem, erlangte. Schon zu Beginn seiner Wiener Jahre unternahm Mozart seine musikalischen ›Akademien‹, für die er eigens Werke, vor allem Klavierkonzerte, schrieb. Durch diese Akademien wurde er für einige Jahre zum Liebling Wiens, der Hauptstadt des Klavierlandes, und der Wiener Adelsgesellschaft. Die hohen Erträgnisse der Akademien haben in den Wiener Jahren den wichtigsten Teil seines Einkommens gebildet.

Aber trotz dieser und anderer Erfolge, trotzdem er als hochgeschätzter Gesellschaftsmusiker in den Salons des Adels willkommen war, und obwohl er den vornehmen Damen hochdotierten Klavierunterricht erteilte, entbehrte damals Mozarts soziale und materielle Situation jeglichen verläßlichen Fundamentes. Trotz seiner oft so verhängnisvollen Sorglosigkeit, fühlte er mit Unbehagen das Unbeständige und Schwankende seiner Lage. Von der Kirche, deren Feste und Liturgien er mit den Kostbarkeiten seiner Musik geschmückt hatte, durfte er – weil im Streit mit einem ihrer Fürsten – keine wesentliche Förderung mehr erwarten. Zudem hatte er längst, selber ein Glaubender von kindhaft-frommer Art, die Selbstsucht und die Eitelkeit der kirchlichen Würdenträger durchschaut. Ein Vorbild für seine geistige Haltung und für seine Lebensführung konnte er in diesen Kreisen nicht finden.

Auf den Adel, der auch noch am Vorabend der Französischen Revolution seine Privilegien unbedenklich ausnützte, durfte Mozart auf die Dauer nicht bauen, oder doch nur solange, als er der vornehmen Gesellschaft immer neue, möglichst unverbindliche musikalische Genüsse zu bieten hatte. Solange er nach dem Bedürfen der Gesellschaft des späten Rokoko musizierte, war Mozart wohlgelitten, und der Adel subskribierte seine Konzerte. Als ihn aber sein Genius dazu antrieb, immer höher zu fliegen, um – gleich dem Adler der Legende – die Strahlen der Sonne mit seinen Flügeln aufzufangen, wandte sich der Adel von Mozart ab, da ihm dessen Musik zu mühsam, zu persönlich, zu sehr unmittelbare Aussage des Wirklichen erschien. Nach der Aufführung von ›Figaros Hochzeit‹ fühlte sich der Adel durch Da Pontes Text (der in Wirklichkeit eine äußerst gemilderte Nachdichtung von Beaumarchais' sozialkritischem Schauspiel ›Ein toller Tag‹ ist) gekränkt und an den Pranger gestellt.

So war Mozart schließlich auf sich selber verwiesen und fühlte sich nach den ersten erfolgreichen Wiener Jahren innerlich und äußerlich vereinsamt. Der junge Meister – nach einem graphologischen Gutachten »ein geistig eigenartiger, den Durchschnitt weit überragender, seelisch reich erfüllter, tiefer Mensch, bei dem das Gefühl stärker war als der Wille« (Alfred Gernat) – suchte darum nach einer Gemeinschaft, die ihm Schutz und geistige Führung gewähren konnte. Er fand dies umfassendere Verständnis des Menschen, das er bereits geahnt hatte, und Gleichgesinnte im Bund der Freimaurer, in dessen Humanitätsideal, in der freimaurerischen Verkündigung allgemeiner Brüderlichkeit über alle Schranken von Religion, Rasse und Volkstum hinaus. Er mußte auf Grund der Thesen der Freimaurer den Eindruck gewinnen, daß diese den Menschen nicht nach Herkunft und Stand, sondern nach seinem inneren Wert und nach dem Maß der erworbenen Tugenden zu schätzen wußten. ›Das Herz adelt den Menschen‹ war ohnedies ein Lieblingsgedanke Mozarts; er hoffte, daß sich auch der Bund der Freimaurer von solcher Gesinnung leiten ließe.

Lange bevor Mozart im Dezember 1784 um Aufnahme in die Wiener Loge ›Zur Wohltätigkeit‹ nachsuchte, stand er bereits in Verbindung mit Freimaurern. Dies war schon darum unausweichlich, weil die meisten Männer von Rang und Schöpferkraft damals dem Freimaurerbunde angehörten oder ihm gesinnungsmäßig nahestanden. So war er befreundet mit dem kurpfälzischen Kämmerer und Hofrat, Freiherrn von Gemmingen (1755–1836), Mozarts Gönner während seines Mannheimer Aufenthalts und danach in Wien; Mozart hatte zudem erwogen, Gemmingens Melodrama ›Semiramis‹ zu komponieren, der Plan blieb jedoch unausgeführt. Nachdem der kurpfälzische Hof von Mannheim nach München übergesiedelt war, kam Gemmingen 1782 nach Wien, wo er – da er bereits zuvor Freimaurer gewesen war – schon 1783 zum Meister vom Stuhl der Loge ›Zur Wohltätigkeit‹ aufstieg, für welche er sodann Mozart auf Grund ihrer Freundschaft und auf Grund seiner unseligen Lage und seiner Schutzbedürftigkeit unschwer gewinnen konnte.

Auch der ebenso tüchtige wie skrupellose Theaterdirektor und Schriftsteller Schikaneder, auf dessen Anregung die Zauberflöte entstanden ist, war Freimaurerbruder einer Loge in Regensburg. Mozart lernte ihn 1780 bei einem Gastspiel seiner Truppe in Salzburg kennen und schätzen. Auf die Bitte Schikaneders komponierte er für das von ihm aufgeführte Schauspiel des Freiherrn von Gebler – dem späteren Vorsteher der Loge ›Zur neugekrönten Hoffnung‹, der Mozart im zweiten Teil seiner Maurerzeit angehörte –, ›Thamos, König von Ägypten‹, fünf Orchestersätze und drei große Chöre, die wie Vorahnungen der Humanitätsmusik der Zauberflöte anmuten. Auch der in Böhmen begüterte Graf Johann Josef Anton Thun (1711–1788), Rosenkreuzer und Freimaurer, wie auch sein ältester Sohn, der Okkultist und Magnetiseur, in dessen berühmten, auch von Joseph II. besuchten Salon Mozart seit

1781 viel und gerne verkehrte, gehörten, wie schon erwähnt, längst vor seiner eigenen Freimaurerzeit, zu den freimaurerischen Freunden und Gönnern Mozarts.

Damals, als Mozart in die Loge ›Zur Wohltätigkeit‹ aufgenommen wurde, war dem Bund durch das Wohlwollen Kaiser Josephs II. eine kurze, fruchtbare Blütezeit beschieden. Unter den acht Johannes-Logen Wiens war die von Ignaz von Born 1781 begründete und von ihm auch einige Jahre lang geleitete Loge ›Zur wahren Eintracht‹ die weitaus bedeutendste. Ihr gehörten zweihundert Brüder an, darunter die führenden Männer der Intelligenz, des Adels und des Bürgertums von Wien. Diese Versammlung der Elite der Stadt ist zweifellos bewirkt worden durch die faszinierende Persönlichkeit Ignaz von Borns, des berühmten Mineralogen, Bergwerkkundigen und Schriftstellers. Er galt als »einer der markantesten, verdienstvollsten und ungewöhnlichsten Männer der josefinischen Zeit, vom Kaiser sehr geschätzt, ausgezeichnet und als Freund behandelt«, wie dies die ›Josefinischen Curiosa‹ berichten. Weit über das sonst vom Bund der Freimaurer Unternommene hinaus, plante er die Errichtung einer Art von freimaurerischer Akademie der Wissenschaften unter der Voraussetzung der Gewissens- und Denkfreiheit. Da sich aber von Born schon ein Jahr nach Mozarts Eintritt in den Bund – als Protest gegen die von Joseph II. befohlene Reform der Logenorganisation – vom aktiven Leben des Bundes zurückzog, blieb der Plan jedoch unausgeführt. Born schildert in einem Briefe an Reinhold – einem der frühesten Kantianer, der Wien wegen seiner revolutionären Umtriebe verlassen mußte, in Jena sich an Schiller anschloß und der Schwiegersohn Wielands wurde – die damalige Situation in Wien: »Nach und nach schließt sich ein geschickter junger Mann nach dem anderen an unsern Kreis; Eintracht unter den helldenkenden Köpfen und guten Schriftstellern Wiens ist auch immer unser Streben und die Verarbeitung der Aufklärung unsere Arbeit.«

Unter der Führung Borns fanden sich demnach viele der

tätigsten Schriftsteller, Musiker, Beamten und führende Männer des Adels und des Bürgertums zusammen, so der Schriftleiter des von Born gegründeten ›Journal für Freymaurer‹ Alois Blumauer; der Bassist Fischer, der erste ›Osmin‹; Haydns und Mozarts Verleger Toricella, von Trattnern und Artaria; der Kustos der Wiener Universitätsbibliothek C. J. Michaeler; die Grafen Thun, Ayala, Franz Esterhazy; der berühmte Weltumsegler Forster; Leber, der Leibarzt der Kaiserin Maria Theresia und so viele andere. Von größter praktischer Bedeutung sollte für Mozart die Bekanntschaft mit dem Kaufmann Michael Puchberg werden, der schon seit 1777 Mitglied der Loge ›Zu den drei Adlern‹, später der Loge ›Zum Palmbaum‹, war. Denn dieser war es, der Mozart – vor allem seit 1788, als dessen Ansehen in Wien und damit seine Einnahmen allmählich auf den Tiefpunkt sanken und sein wirtschaftlicher Ruin unaufhaltsam schien – während einiger Jahre mit größeren und kleineren Beträgen ausgeholfen hat; er wurde auch nach Mozarts Tod zum Vormund seiner Kinder Karl und Wolfgang.

Am 14. Dezember 1784 wurde Mozart als Lehrling in die Loge ›Zur Wohltätigkeit‹ aufgenommen. Am 24. Dezember besuchte er vor seiner Beförderung zum Gesellen die Loge ›Zur wahren Eintracht‹, der Ignaz von Born vorstand; in der 343. Arbeit dieser Loge wurde er dort per delegationem für die Loge ›Zur Wohltätigkeit‹ am 7. Januar 1785 in den zweiten Grad befördert. Die kurze Zeit zwischen seinem Lehrlings- und Gesellenstand ist auffallend, weil sonst ein Zeitabstand von acht Monaten (heute einem Jahr) zwischen den beiden Graden vorgeschrieben ist. Am 11. Februar wurde sodann Josef Haydn in die Loge ›Zur wahren Eintracht‹ aufgenommen und am 16. April des gleichen Jahres fand die Beförderung Leopold Mozarts zum Gesellen derselben Loge statt; schon am 22. April wurde er in den Meisterstand eingeweiht. Fortan waren Vater und Sohn, deren Verhältnis durch Wolfgangs Willen zur Selbständigkeit und durch seine Heirat getrübt worden war, durch die gemeinsam erfahrene maurerische Einweihung auf einer höheren Ebene wieder verbunden.

Eine Wende im Leben der Wiener Logen bedeutete jedoch das Edikt Josephs II., durch das, um die der Regierung unerwünschten Mitglieder aus den Logen auszuschließen, die bestehenden acht Logen zu nur zweien: ›Zur Wahrheit‹ und ›Zur neugekrönten Hoffnung‹ vereinigt wurden. Die Leitung der ersteren übernahm nochmals, wenn auch nur für kurze Zeit, Ignaz von Born, während die letztere den Freiherrn von Gebler zum Meister vom Stuhl erwählte. Die Zahl der Brüder aber wurde von etwa tausend auf nur dreihundertsechzig reduziert. Bei der erneuten Ballotierung (Auslosung der neu Aufzunehmenden durch weiße und schwarze Kugeln) wurde auch der als Rosenkreuzer bekannte Mäzen Mozarts, Graf Thun, nicht wieder aufgenommen. Aber auch Ignaz von Born zog sich allmählich vom Bunde zurück, obwohl er im Mai 1786 mit großer Mehrheit erneut zum Meister vom Stuhl der Loge ›Zur Wahrheit‹ gewählt worden war. Mit Born aber verließen auch seine Freunde sowie die bedeutendsten Männer die Loge, die nun »zum Sammelplatz umnebelter Köpfe« wurde. Die Folge davon war, daß im Juni 1787 die Einstellung der Logenarbeit auf unbestimmte Zeit und zwei Jahre später die Auflösung der Loge ›Zur Wahrheit‹ beschlossen wurde. Born blieb zwar in den kommenden Jahren den Kreisen der Freimaurer und der Suchenden verbunden. Doch wandte er sich seit seinem Rückzug vom Bundesleben bis zu seinem Tode im Jahre 1791 – dem Todesjahr Mozarts – völlig und mit größtem Erfolg seinem engeren Fachgebiet, der Montanistik, zu.

Jedoch zwei der acht Wiener Logen, diejenigen ›Zum heiligen Joseph‹ und ›Zur Beständigkeit‹, welchen die meisten ›Magier‹ rosenkreuzerischer Prägung und ›Asiatische Brüder‹ angehörten, entzogen sich dem von oben her befohlenen Prozeß der Zusammenlegung, indem sie sich auflösten und ihre Bundesgelder an die Armen verteilten. Erst unter dem Nachfolger Joseph II., dem Kaiser Leopold II., lebten durch

Journal für Freymaurer.

Als Manuskript gedruckt
für
Brüder und Meister des Ordens.

Herausgegeben
von den Brüdern der □ zur wahren Eintracht
im Orient von Wien.

Ersten Jahrgangs
Erstes Vierteljahr.

Wien,
Gedruckt bey Christian Friedrich Wappler.
1784.

kaiserliche Duldung die rosenkreuzerischen Bünde wieder auf. Doch Mozart blieb auch nach der Neuordnung des Wiener Logenwesens eifrig an der Arbeit der Logen beteiligt. Doch da er am 5. Dezember 1791 schon starb, mußte er den Niedergang und die Auflösung des Freimaurer-Bundes in Österreich unter der Herrschaft von Franz II. (1792-1834) nicht mehr erleben.

Den Wiener Logen gehörte auch eine Anzahl Musiker an, denn die Musik galt im Bund der Freimaurer als eines der wichtigsten und wirksamsten Mittel der Menschenbildung. Unter ihnen befand sich Paul Wranitzky, zuerst der Kapelle des Grafen Esterhazy zugehörig, später Hofkapellmeister, der Komponist der von Schikaneder 1790 im Freihaustheater aufgeführten Oper ›Oberon‹, deren Textbuch bereits Motive der Zauberflöte enthält. Der gleichen Loge ›Zur gekrönten Hoffnung‹ gehörten die Musiker Josef Bertha, Vittorio Colombazzo und vor allem der Tenor Valentin Adamberger an, der verschiedene der Freimaurer-Kompositionen Mozarts erstmals in der Loge sang. Johann Holzer, der Komponist verschiedener Freimaurer-Lieder, war hingegen ein Bruder der Loge ›Zur wahren Eintracht‹.

Abgesehen von den deprimierenden Bettelbriefen an seinen Mitbruder Puchberg, ist merkwürdigerweise nur wenig über das Leben Mozarts im Bunde bekannt; was er aber musikalisch zu diesem beizutragen vermochte, hat den alten Freimaurerbund des 18. Jahrhunderts überlebt. Aus Mozarts, anläßlich von Logenfeiern spürbar aus dem Geist des Freimaurertums entstandenen Werken ist seine tiefe und herzliche Verbundenheit mit dem Bunde abzulesen. Denn zu dem regen Musikleben der Logen steuerte Mozart gewiß das beste bei, was, jedenfalls in diesem Kreise, geschaffen wurde. Ein Beispiel hierfür ist das Konzert in der Loge vom 20. Oktober 1785, bei dem Mozart, Vater und Sohn, und der Klarinettist Stadler mitwirkten, für den Mozart später sein letztes Klarinettenkonzert (KV 622) geschrieben hat. Damals wurden zwei eigens für die Loge komponierte Symphonien von Wranitzky und von Mozart die Kantate ›Maurerfreude‹ sowie ein Klavierkonzert und ein Konzert für Bassetthorn aufgeführt, wonach Mozart auf dem Klavier zu phantasieren begann.

Die älteste, für die Logenarbeit bestimmte Komposition Mozarts ist jedoch das Lied ›Gesellenreise‹ vom März 1785 (KV 468) für eine Singstimme mit Orgelbegleitung, das fast gleichzeitig auch von Holzer komponiert worden ist. Es ist das ein Gesang, welcher die Brüder bei ihrer Erhebung in den zweiten Grad des maurerischen Weges begrüßen sollte. Erstmals erklang er am 16. April 1785, als Leopold Mozart in den Gesellengrad aufgenommen wurde. Bald nach der ›Gesellenreise‹ schuf Mozart die Kantate ›Maurerfreude‹ (KV 471) für Tenor, Männerchor und Orchester. Der Text dieser am 20. April komponierten Kantate stammt von dem Weltpriester uud Freimaurer Franz Petran, dem Hausdichter der Loge, dessen Patronatsherr der Rosenkreuzer und Freimaurer Graf Thun war. Diesem Werke kommt aber noch eine besondere Bedeutung zu: Text und Musik wurden zu Ehren des genialen Meisters vom Stuhl und des Freundes Mozarts, Ignaz von Born, geschaffen, um ihn als Günstling Josephs II. zu feiern, vor dessen Augen die Natur ihre Geheimnisse enthüllt. Dieser Anlaß wird eigens vermerkt auf dem schönen gestochenen Titelblatt der vom Freimaurer Arteria »zum Besten der Armen« verlegten Partitur. Dieser Freimaurer-Kantate ist später ein katholischer Text (Lauda Sion) und 1810 – aus Anlaß der Reformationsfeier in Leipzig – ein protestantischer unterlegt worden.

Das ebenfalls 1785 entstandene Freimaurer-Lied »Zerfließet heut, geliebte Brüder, in Wonn und Jubellieder« – im Autograph mit der Überschrift versehen: »Zur Eröffnung der Loge von Br. Mozart komp.« – hat die von Joseph II. diktierte Vereinigung aller Wiener Logen zu zwei Großlogen zum Anlaß, von denen die eine die ›Neugekrönte Hoffnung‹ war, der

Mozart angehörte. Darauf weist jene Stelle des Textes hin, die besagt, daß »Josephs Wohltätigkeit uns, in deren Brust ein dreifach Feuer brennt, unsere Hoffnung neu gekrönt hat«. Der Anfang dieser Komposition für Singstimme, dreistimmigen Chor und Orgel erweckt bereits Vorahnungen an den Gesang der drei Knaben in der Zauberflöte: *Bald prangt, den Morgen zu verkünden*... Wahrscheinlich spiegelt sich in diesem dreistimmigen Satz die Dreier-Symbolik des freimaurerischen Rituals wider, welche sodann im Text und in der Musik der Zauberflöte zu reicher Entfaltung gelangt.

Die weitaus bedeutendste, für die Logenarbeit des Freimaurerbundes von Mozart komponierte Musik ist jedoch die ›Maurerische Trauermusik‹ für Orchester (KV 477), die 1786, zwei Jahre nach der Aufnahme Mozarts in den Bund, entstanden ist und am 17. November das erste Mal ertönte. Mozart schuf sie für die, den verstorbenen Brüdern Franz Graf Esterhazy und Herzog Georg August von Mecklenburg-Strelitz gewidmete Trauerloge. Diese Trauermusik Mozarts ist von tiefem Ernst und inniger Gläubigkeit durchwirkt; die drohenden düsteren Klänge des Anfangs werden abgelöst durch die Ergebung in die Unabänderlichkeit des Todes. Noch einmal klingt in der Mitte der Komposition der wilde Schmerz des mit dem Schicksal ringenden Menschen auf, aber schließlich geht auch dieser in eine wehmütige Stimmung der Ergebung über, deren milde Klänge gleichsam im Weltall verhallen.

Diese ›Maurerische Trauermusik‹ ist das schönste und edelste Beispiel der von Mozart zur Vollendung geführten, »von metaphysischer Wärme durchglühten« Humanitätsmusik, die in der Zauberflöte mit weihevollen Klängen ein kommendes Zeitalter des Menschen ankündet. Zweifellos ist Mozart die Ausbildung dieser Humanitätsmusik – neben dem kirchlichen, der zweite sakrale Stil in seinem Werk – erst durch sein Leben im Bund der Freimaurer gelungen. In der Zauberflöte mit ihren weihevollen Priesterchören und den Arien

Sarastros ist schließlich diese Humanitätsmusik zu blühender Fülle und ergreifender Schönheit herangereift.

Alfred Einstein, der profunde Kenner der Musik Mozarts, deutet die ›Maurerische Trauermusik‹ mit den Worten: »Sie rechtfertigt vielleicht am meisten die scheinbar seltsame Tatsache, daß wir die Logenkompositionen Mozarts ins Kapitel Kirchenmusik einreihen. Sie ist kein Kirchenwerk, aber eine religiöse Komposition; sie ist das Band zwischen der solennen Messe in C-moll und dem Requiem. Die gleiche Tonart wie im Kyrie der Messe; was die Posaunen der Messe andeuten, das sagen jetzt die Bläser aus, in einem feierlichen Choral oder Marsch: Trauer, Ernst, Gefaßtheit, Trost. Wenn man will, kann man alle Symbole des Freimaurertums in den neunundsechzig Takten finden: die parallelen Terzen und Sexten, die Bindungen, den Klopfrhythmus. Es ist der Gedanke an den Tod, der schon das Kyrie beherrscht hatte; nur daß das Kirchliche jetzt gewandelt ist in das Maurerische: aber hinter dem Kirchlichen und Maurerischen steht das gleiche große menschliche Gefühl Mozarts ... Kirchlich und weltlich fließen in eins zusammen.«

Das letzte Werk, das Mozart noch selber vollendete und auch als letzte Nummer in sein eigenhändiges Werkverzeichnis eintrug, war die ›Kleine Freimaurer-Kantate‹ (KV 623), deren Text von Schikaneder stammt. Dieser, für Männerstimmen (Tenöre und Baß), zwei Violinen, Viola, Baß, Flöte, zwei Oboen, zwei Hörner und Chor komponierte und zwei Rezitative, eine Arie und ein Duett umfassende Jubelgesang zu Ehren des neu eingeweihten Tempels der Loge ›Zur neugekrönten Hoffnung‹ wurde am 18. November 1791 noch unter Mozarts Leitung aufgeführt. Die Partitur der Kantate wurde 1792 bei Josef Hraschansky, einem früheren Mitglied der Bornschen Loge ›Zur wahren Eintracht‹, veröffentlicht, mit dem Hinweis: »Mozarts letztes Meisterstück ... vor seinem Tode im Kreise vertrauter Freunde.«

Denn siebzehn Tage nach diesem seinem »letzten Meisterstück« starb Mozart und wurde ohne Geleite seiner nächsten Freunde sang- und klanglos in ein Armengrab versenkt; keiner seiner Brüder aus dem Bund fand sich an seinem Grabe ein. Der gefühllose Rationalismus jener Zeit erlaubte angesichts des Todes keine Bezeugung jener Brüderlichkeit, die zu üben sich die Freimaurer verbunden und verpflichtet hatten. Wenige Wochen nach dem Tode des Meisters engelhafter Musik fand zwar – anläßlich einer Meisteraufnahme – eine Trauerloge für Mozart statt. Denn wenn man auch den wirklichen Tod aus dem Bewußtsein verdrängte, so vermochte man doch sentimentale und ergreifende Worte für Mozart zu finden. In dieser ›Maurerrede auf Mozarts Tod, vorgelesen bei einer Meisteraufnahme in der ehrw. St. Joh.-Loge Zur neugekrönten Hoffnung im Orient von Wien vom Br. H.....r, Wien, gedruckt beym Br. Ignaz Alberti 1792‹, heißt es:

»Dem ewigen Baumeister der Welt gefiel es, eines unserer geliebtesten und verdienstvollsten Glieder aus unserer Bruderkette zu reißen. Wer kannte ihn nicht? Wer schätzte ihn nicht, unsern würdigen Bruder Mozart? ... Wer von uns, meine Brüder, hätte ihm damals (bei der Einweihung des Logentempels) den Faden seines Lebens so kurz zugemessen? Wer hätte gedacht, daß wir nach drei Wochen um ihn trauern würden? ... Er war ein eifriger Anhänger unseres Ordens. Liebe für seine Brüder, Verträglichkeit, Einstimmung zur guten Sache, Wohltätigkeit, wahres inniges Gefühl des Vergnügens, wenn er einem seiner Brüder durch seine Talente Nutzen bringen konnte, waren Hauptzüge seines Charakters – er war Gatte, Vater, Freund seiner Freunde, Bruder seiner Brüder – nur die Schätze fehlten ihm, um nach seinem Herzen Hunderte glücklich zu machen.« Aber trotz aller schönen Worte im Rahmen der Loge, hatten deren Mitglieder den Untergang Mozarts nicht verhindert. Es gibt keine Gruppe im damaligen Wien, die sich, wegen ihrer Gefühllosigkeit und Hartherzigkeit Mozart gegenüber, nicht hätte Vorwürfe machen müssen. Einzig Haydn hatte in letzter Stunde versucht, den von ihm Hochverehrten nach England zu bringen, wo sich Mozart eine weitgespannte und hochbezahlte Tätigkeit eröffnet hätte. Aber es war bereits zu spät; die Würfel des Geschicks waren anders gefallen. Es blieb dem herzensguten Haydn nur noch zu klagen übrig: »Ich war über seinen Tod eine geraume Zeit ganz außer mir und konnte es nicht glauben, daß die Vorsehung so schnell einen unersetzlichen Mann in die andere Welt fordern sollte ...«

Durch Mozart hat die damals revolutionäre Verkündigung der Menschenbrüderlichkeit, der Gesinnung freier Zusammenordnung ihre höchste und unüberbietbare Verklärung empfangen. Aber die Freimaurer waren schließlich doch zu schwach, um das hohe Erbe Mozarts bewahren und fortzeugen zu können. Denn die meisten der Freimaurerbünde versanken im 19. Jahrhundert in die diesseitige Behaglichkeit und geistige Genügsamkeit des emporkommenden Bürgertums und identifizierten sich schließlich mit den, weithin durch Geschäftsinteressen bestimmten, politischen Machenschaften dieser Schicht.

Die Zauberflöte – freimaurerisch oder christlich?

Gemeinhin wird die Zauberflöte als eine Verherrlichung der Ideale des Freimaurerbundes angesehen. Die Ansichten hierüber widersprechen sich allerdings. So bestreitet E. Conrad die Herkunft der Zauberflöte aus der Ideologie des Freimaurertums. Er polemisiert gegen Aberts Auffassung von der Zauberflöte als »Verherrlichung der Freimaurerei« und spricht die Überzeugung aus, daß die Vorliebe für fingierte Mysterien, für das ägyptische Lokalkolorit, für Einweihungen, Prüfungen und geheimnisvolle Meister ganz allgemein zur literarischen Mode der Entstehungszeit der Zauberflöte gehörten. Hingegen erkannte der Bund der Freimaurer in vielen Formulierungen, Riten und Begehungen sein eigenes Geistesgut wieder.

Außerhalb des Bundes war Leopold von Sonnleithner (1779 bis 1873) einer der ersten, welche die freimaurerische Herkunft der Zauberflöte vertraten. Ihm folgten in polemischer Absicht der Schriftsteller G. Fr. Daumer, der Leipziger Prediger und Freimaurer-Historiker M. A. Zille oder der Jesuit J. Kreitmeier, der den Text der Zauberflöte »geist- und poesielos« und »eine willkommene Propaganda für den Orden der Freimaurer« nannte. Hermann Cohen ist in seinem Buch ›Die dramatische Idee in Mozarts Operntexten‹ davon überzeugt, daß Mozart mit der Zauberflöte eine Freimaurer-Allegorie schaffen wollte, während Hans Merian in ›Mozarts Meisteropern‹ darlegt, daß Mozart nur einen Teil des äußeren Rituals von den Freimaurern übernommen habe. Allerdings haben die bedeutendsten Interpreten der Zauberflöte in diesem Jahrhundert, wie B. Paumgartner, L. Schiedermair, H. Abert, die Herkunft des Werkes aus dem Umkreis des Freimaurerbundes als selbstverständlich erachtet, während A. Einstein das Freimaurerische der Zauberflöte nachdrücklich hervorgehoben hat. Doch werden alle Deuter, falls sie nicht bloße Apologeten sind, darin einig sein, daß Mozart in seinem Werk zwar von den Formen und Idealen des Freimaurertums ausgegangen, aber in seiner unnachahmlich reichen und kühnen Schöpfung auch weit über dieses hinausgegangen ist.

Mozart ließ das Zeitbedingte des Freimaurertums, das ihm auch heute noch wie ehemals anhaftet, weit hinter sich. Denn er war Freimaurer *und* Christ – »kirchlich und weltlich fließen (für ihn) in eins zusammen«. Er vermochte darum diese beiden scheinbar unvereinbaren und doch im Grunde einander verwandten Geistes-Richtungen so ineinander zu verschränken, daß sie eine neue Einheit bildeten. Das männlich-drängende Streben nach Tugend und Vollkommenheit der Glieder des Bundes und die Liebe der Gottheit, die den Strebenden nicht wegen seiner Verdienste, sondern wegen seiner Sehnsucht »aus Gnade« zu sich emporzieht, sind hier nicht mehr voneinander zu trennen. Mozart gelang – vielleicht erstmals seit Platon und Dante (und wie seinem Zeitgenossen Goethe) – wieder die innige Verschmelzung des Mysterium divinum mit dem Mysterium humanum. Darum ist Mozart Freimaurer und zugleich mehr als dies, nämlich ein Christ universalistischer Prägung.

Aber auch darin mag Mozart ein Christ, allerdings zukünftiger Art, sein, daß er zwar der Befolgung und Verkündigung der Botschaft Christi lebt, aber diese in seinen nicht der Kirche dienenden Werken niemals ausdrücklich nennt. So hat es gerade in der Zauberflöte den Anschein, als ob er ausschließlich den durch das Freimaurertum erneuerten, mysterienhaften Reifungsweg des Menschen des Hellenismus und die Wiederherstellung des harmonischen Dreiklanges von Gott, Natur und Mensch verkünde und darstelle. Das Christliche ist jedoch – ohne daß es in der Zauberflöte benannt wird – in jener, in der Antike noch mangelnden Durchseelung nicht nur der Gottheiten, sondern auch der Menschen spürbar, das heißt aller miteinander ringenden, einander helfenden oder hindernden Gestalten. Wie im christlichen Mysterium, können sich auch in dem in der Zauberflöte phantasierten die machtvollen ›alten Gottheiten‹ nicht mit dem Menschen einen – der Abstand zwischen ihnen ist zu groß geworden. Die Weltwaage schwankt, weil nicht Liebe, sondern Macht sie allzustark bewegt. Um die in der Welt entstandene Dissonanz aufzulösen, steigt die Gottheit selber von ihrem Thron, um dem Menschen, Mann und Frau, voranzuschreiten, um so den Weg der Erlösung freizulegen und um die Verbindung zwischen dem abgesunkenen Menschen und dem weltfernen Gott wiederherzustellen. Die ›Symbolik der Flöte‹ bezeugt, daß in ihrem Klang die Gottheit wohltätig und heilend im Getriebe der strebenden Menschen gegenwärtig ist. Wenn darum auch der Text der Zauberflöte eine Frucht der durch das Freimaurertum humanisierten und durch die Aufklärung verdünnten hellenistischen Mysterien ist, wenn auch Gestalt und Wirkung Christi nicht ausdrücklich bezeugt wird, so ist es

Der Felsentempel

Farbiger Aquatintastich
nach dem Originalentwurf
von Friedrich Schinkel
für die Berliner Aufführung
der Zauberflöte 1816.

München, Theatermuseum

– nach Vergleichung dieses Textes mit entsprechenden der Antike – doch offensichtlich, daß ohne die Erschließung der Tiefendimensionen der Seele durch den christlichen Glauben den Gestalten der Zauberflöte jegliche Transparenz mangeln würde. Aber die christliche Substanz in Mozart hat sowohl das Derbe wie das Tiefsinnige, das Abgründige wie das Erhabene dieses Werkes auf die Gottheit durchscheinend gemacht.

In der Zauberflöte ist der Mensch unterwegs nach der ihm noch unbekannten Gottheit. Aber auch von diesem ›Menschen‹ (als Paar stellvertretend für ›alle‹) läßt sich mit Augustinus sagen: »Du hättest mich nicht gesucht, wenn du mich nicht schon gefunden hättest.« Die Gottheit ist in Verhüllung nahe; denn wir sind alle, ob wir es uns eingestehen oder nicht, »christlich wie weltlich betrachtet, unterwegs zwischen ›Paradies‹ und ›Hölle‹. Stammen wir nicht aus Gott und gehen zu Gott, durch alle Feuer und Wasser der Zeit, Schmerz und Tod hindurch? Und warum sollen wir uns nicht mit der Zauberflöte, einer ungeheuren Ahnung von Liebe, Licht und Herrlichkeit, von ewiger Wahrheit und Harmonie, durch alle Dissonanzen des Daseins leiten lassen? Gibt es eine bessere, ja überhaupt eine andere Art, den Adel unserer Gotteskindschaft zu bekunden, als diese stete Vergegenwärtigung, woher wir sind und wohin wir streben? Alle die der Menschheit als Vorbild galten, haben es so zu halten versucht und zunächst Derjenige, der sich als Sohn des Vaters wußte, der allzeit dessen Antlitz vor Augen hatte und dessen Willen vollbrachte. Mozart will schaffend und lebend sein Jünger sein, und er dient damit, daß er den Triumphgesang der umgefallenen und wiederauferstandenen Schöpfung hörbar macht, in dem Leid und Schuld nicht als ferne Erinnerung, als ›Vergangenheit‹ sind, sondern als überwundene, verziehene, durchklärte Gegenwart« (Urs von Balthasar).

Daß es Mozart gelang, auf eine lebendige und schöpferisch fruchtbare Weise das christliche und das freimaurerische

Geistesgut in sich zu vereinen, daß er das Divine und das Humane zu einer neuen Gestalt weltdurchdringenden Glaubens zu verschmelzen vermochte, war freilich in seiner Zeit nichts mehr Ungewöhnliches. Schon die Entstehung der Freimaurerei in Österreich weist auf solche Möglichkeit und Zielsetzung hin; denn diese wurde auf Wunsch des Erzbischofs von Breslau, Graf Schaffgotsch, in Wien eingeführt. Es gab aber in Mozarts Lebenszeit noch manche Persönlichkeiten von geistigem Rang, welche bewußt die Ideale des Freimaurer-Bundes mit dem christlichen Glauben zu vereinen suchten. Eine der originellsten derselben war Joseph de Maistres, in seiner späteren Lebenszeit Gesandter des Königreichs Sardinien am russischen Hofe. Als solcher schrieb er sein berühmtes Werk ›Soirées de Saint-Petersbourg‹, in dem er sich als ein extrem konservativer Denker bezeugte. Doch in den Jahren nach 1781, in denen sich Mozart dem Bunde der Freimaurer näherte, gehörte de Maistres bereits demselben an. War er doch 1778 unter dem Maurernamen Josephus a Floribus in die Loge ›La Sincérité‹ aufgenommen worden. Wie er sich die Verbindung der Freimaurerideale mit dem kirchlichen Glauben dachte, geht aus einer Denkschrift hervor, die er 1782 dem Herzog Ferdinand von Braunschweig-Lüneburg, Großmeister der schottischen Freimaurerei der ›Strikten Observanz‹, anläßlich des Konventes von Wilhelmsbad überreichte.

In dieser erweist er sich als ein ebenso entschiedener Christ wie als kämpferischer Freimaurer. Er wendet sich zuerst ge-

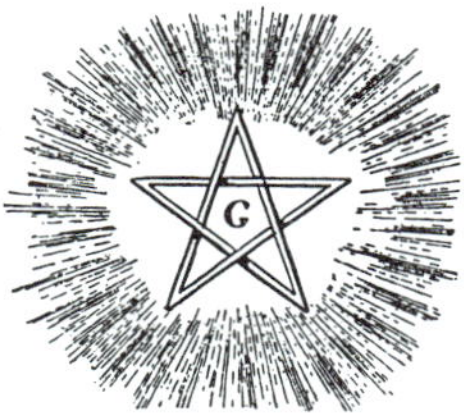

gen die Legende vom templerischen Ursprung des Freimaurer-Bundes, gegen dessen angebliche Herkunft aus der ägyptischen Pyramiden-Baukunst und gegen ähnliche Pseudologien. »Beweisen wir, daß wir nicht von gestern sind«, schreibt er, »aber machen wir uns eine klare und unser würdige Ahnentafel. Binden wir uns endlich an das Evangelium und lassen wir die Narrheiten von Memphis bleiben ... Beweisen wir, daß wir Christen sind.«

De Maistres entwarf in seiner Denkschrift eine christliche Freimaurerei in drei Graden. Der erste Grad sollte dazu bestimmt sein, das Wohltun, die Moral und die allgemeine und besondere Politik zu lehren. Der zweite Grad sollte versuchen, die Regierungen zu belehren und die ›christlichen Sekten‹ (gemeint sind die Konfessionen) zu vereinen, wofür de Maistres Ideen entwickelte, die der heutigen Ökumenischen Bewegung sehr nahe kommen. Als Instrument dieser von de Maistres als dringend notwendig erkannten Einung der christlichen Kirchen aber bezeichnete er die Freimaurerei!

»Sicherlich ist de Maistres Katholik, aber die Lösung, die er im Auge hatte, ist keinesfalls die Rückführung der getrennten christlichen ›Sekten‹ in die Einheit mit Rom. Das Christentum, von dem er 1782 spricht, ist weder dasjenige der katholischen Kirche noch irgendeines getrennten Bekenntnisses, sondern das ›transcendente Christentum‹. Zum dritten Grad übergehend, schreibt er: ›Nun sind wir endlich beim dritten Grad angelangt, dessen Gegenstand das transcendente Christentum ist. Es scheint sicher, daß die Mehrzahl der Brüder, die infolge ihrer Aufgeklärtheit und ihrer Begabungen für den zweiten Grad geeignet waren, unfehlbar zum dritten aufsteigen werden, weil jeder Mensch, der sich zum christlichen Glauben hingezogen fühlt, unbedingt entzückt sein wird, in den Kenntnissen, die wir besitzen, die Lösung mancher lastenden Schwierigkeiten zu finden‹« (Mellor).

In seinen ›Soirées de Saint-Petersbourg (1797) erklärt er später, was er unter dem ›transcentendalen‹ Christentum versteht: ein gradweises Emporsteigen zu jenen höchsten Erkenntnissen, wie sie die ersten Christen besaßen, die, wie er meint, echte Eingeweihte waren. Ihre Lehre bezeichnet er als eine Mischung aus Platonismus, Origenismus und hermetischer Philosophie auf christlicher Grundlage. Wie Origenes, der Vater der christlichen Allegorie, und wie Joachim von Fiore, der große Prophet des Mittelalters, versuchte auch de Maistres, hinter den Wortsinn der Heiligen Schrift in ihren transcendenten übergeschichtlichen Sinn einzudringen. In diesem, so glaubte er, würden sich alle einander entgegengesetzten Erkenntnisse sternartig treffen und einen.

De Maistres war nicht nur überzeugter Christ und durch persönliche Entscheidung Freimaurer, sondern er versuchte auch auf eine aktive Weise beide Bereiche zu verbinden und aus ihnen etwas Neues und Zukünftiges zu schaffen. Freilich hat seine Denkschrift, mit welcher er seine Ideen und Überzeugungen darlegte, keinerlei Wirkung auf die Freimaurer und auf die Christen ausgeübt. Die Geschichte der Freimaurerei nahm einen völlig anderen Verlauf als er es in Frankreich – und sein Mitbruder Mozart es zur etwa gleichen Zeit in Österreich – erträumte. De Maistres entwarf in seiner Denkschrift von 1782 mit neunundzwanzig Jahren ein maurerisches Einweihungschristentum; Mozart hingegen schuf mit fünfunddreißig Jahren mit seiner Zauberflöte ein durch maurerische Riten und Symbole strukturiertes Einweihungsdrama, das vom, allerdings nicht konfessionell gebundenen, christlichen Geiste durchwirkt ist. Beide, de Maistres und Mozart, waren zugleich ernsthafte Christen und überzeugte Freimaurer, beide versuchten, der eine als Denker, der andre als Künstler, den christlichen Glauben aus dem Geist des Maurertums zu erneuern (siehe Exkurs 2, S. 322 ff.).

Neuntes Kapitel

Das Fortwirken der Zauberflöte

Auf den Spuren des Erfolgs

Der todkranke Mozart durfte in den letzten Wochen seines irdischen Daseins noch erfahren, wie die Zuschauer und Hörer seiner Zauberflöte sein künstlerisches und menschliches Testament mit ›stillem Beifall‹ aufnahmen. Doch es blieb nicht lange bei nur ›stillem‹ Applaus. Nicht nur wurde das Werk zu einem Zug- und Erfolgsstück zuerst des Wiedener Theaters und später von Schikaneders Theater an der Wien; es wurde am 24. Februar 1801 endlich auch im Kärntnertor-Theater, also an der Hofbühne, in glanzvoller Weise aufgeführt. Ihm folgte 1810 das Leopoldstädter Theater. Aber nicht genug, daß die Zauberflöte im Laufe von neunzehn Jahren die verschiedenen Wiener Theater derart eroberte, daß sich die Bühnen gegenseitig an größerer Pracht der Ausstattung zu überbieten suchten; auch Schikaneders Schaffen stand seit der Uraufführung des Werkes mehr und mehr im Zeichen der Zauberflöte. Dies betrifft vor allem seine Opernbücher, so zum Beispiel den ›Wohltätigen Derwisch‹ von 1792, den ›Spiegel von Arkadien‹ mit der Musik des Mozart-Schülers und -Freundes Süßmayer von 1794 und ›Babylons Pyramiden‹ vom Jahre 1797. Von Schikaneders eigentlicher Fortsetzung der Zauberflöte wird noch zu sprechen sein.

Doch der Erfolg der Zauberflöte blieb nicht auf Wien beschränkt. Unaufhaltsam trat das Werk seinen Siegeszug durch ganz Mitteleuropa an; das Außerordentliche und Einzigartige seiner Diktion, seine starke theatralische Wirkung, die Vollkommenheit der in seltenem Maße geglückten Musik, die Vereinigung von Tiefsinn und Unterhaltung wurde überall erkannt und gewürdigt. Die erste Aufführung außerhalb von Wien fand bereits am 25. Oktober 1792 in Prag statt, in jener Stadt, in der schon zu Lebzeiten Mozarts seine Werke in einem viel höheren Grade geschätzt und gefeiert wurden als in Wien. Dann brachte die Hofoper in München die Zauberflöte mit den reizenden Bühnenbildern Quaglios im Stile des Rokoko zur Aufführung. Im Jahre darauf, am 15. April 1794, folgte Frankfurt, wo nach dem Bericht von Goethes Mutter im Laufe von zehn Monaten vierundzwanzig ausverkaufte Vorstellungen gegeben wurden. Im Jahre 1794 wurde das Werk auch in einer besonders glänzenden Ausstattung in Berlin inszeniert und am 16. Januar des gleichen Jahres unter Goethes Leitung in Weimar aufgeführt. In Braunschweig wurde die Zauberflöte 1794, allerdings in französischer Sprache, und in Dresden in italienischer Bearbeitung gegeben. Erst im Jahre 1818 gelang es C. M. von Weber, einem Verwandten von Mozarts Frau, diese in Geist und Gestalt deutsche Oper in ihrer Originalfassung aufzuführen.

Vor allem durch den Berliner Erfolg, der der deutschen Oper zum Übergewicht über die italienische verhalf, war die Bahn bereitet für die weitere Ausbreitung des Werkes auf deutschen Bühnen; schon 1794 wurde es in Hamburg, 1795 in Stuttgart und Breslau gegeben. Die Folge war, daß man seitdem begann, auch die italienischen Opern Mozarts in deutscher Fassung aufzuführen. Durch den ungeheuren Erfolg der Zauberflöte wurde Mozarts Opernwerk überhaupt erst auf den deutschen Bühnen heimisch. Allerdings blieben den Italienern – und dies bis heute – die Opern Mozarts und insbesondere die Zauberflöte fremd. Zwar erlebte das Werk seit 1816 in Mailand achtunddreißig Wiederholungen, während es 1818 in Florenz durchfiel. Der Grund hierfür mag wohl darin zu suchen sein, daß sich mit der Zauberflöte eine

Umwälzung des Menschengeschlechtes ankündigte, die ihre Wurzeln im Wollen und Imaginieren des Westens und des Nordens, nicht aber – wie einst in der Renaissance – im Süden hatte. Die Verbindung von derbem Humor und höchster Geistigkeit war zu ungewohnt für italienische Gemüter.

Der Erfolg der Zauberflöte in Paris, wo sie von 1801 bis 1827 unter dem Titel ›Les Mystères d'Isis‹ hundertdreißigmal gegeben wurde, beruhte allerdings auf ihrer in peinlicher Weise verstümmelten Gestalt. Die Verantwortung dafür trägt der ursprünglich in Prag tätige Musiker Ludwig Wenzel Lachnith, in dessen Bearbeitung der Oper Papageno zu einem weisen Schäfer wurde. Die Champagner-Arie aus ›Don Giovanni‹ und eine Arie aus ›Titus‹ wurden – zu Duetten verarbeitet – eingefügt. Die Oper begann zudem mit dem Schlußchor, nach dem sechs Priesterinnen das Terzett der drei Knaben sangen; die Arie des Monostatos wurde von der umbenannten Papagena vorgetragen und Pamina sang die erste Arie der Königin der Nacht. Trotz der herben Kritik der Sachverständigen, die den französischen Titel als ›Misères d'ici‹ persiflierten, wurde dieser musikalische Mischmasch zu einem großen Publikumserfolg. Erst im Jahre 1865 lernten die Pariser die Originalfassung der Zauberflöte kennen.

Gewiß hat es auch nicht an Kritik, vor allem am Text der Zauberflöte, gefehlt. Besonders in Norddeutschland nahm man vielfach Anstoß an der drastischen Dramaturgie des Barocktheaters und an den ›Possen‹ der Wiener Vorstadtkomödie. »Ewig schade, daß Mozart und Schikaneder hier beisammen stehen, Apollo und Satyr«, so wurde zum Beispiel lamentiert, freilich in Unkenntnis des unlösbaren Zusammenhangs von Tragödie und Satyrspiel, der nicht nur in der Heimat des europäischen Theaters, in Griechenland, bekannt ist. Doch immer nachhaltiger setzte sich das Urteil Beethovens durch, der die Zusammenfassung der verschiedensten Stilarten in der Musik der Zauberflöte besonders bewunderte, und der sie für das größte deutsche Opernwerk erklärte.

Auch Richard Wagner trat vorbehaltlos bewundernd für die Zauberflöte ein: »Der Deutsche kann die Erscheinung dieses Werkes gar nicht erschöpfend genug würdigen. Bis dahin hatte die deutsche Oper so gut wie gar nicht existiert: mit diesem Werk war sie erschaffen... Welch göttlicher Zauber weht vom populären Liede bis zum erhabensten Hymnus in diesem Werke! Welche Vielseitigkeit, welche Mannigfaltigkeit... In der Tat, das Genie tat hier fast einen zu großen Riesenschritt, denn, indem es die deutsche Oper erschuf, stellte es zugleich das vollendetste Meisterstück derselben hin, das unmöglich übertroffen, ja dessen Genre nicht einmal mehr erweitert und fortgesetzt werden könnte.« In ähnlicher Weise erklärte in den zwanziger Jahren unseres Jahrhunderts der Komponist H. W. von Waltershausen das Textbuch der Zauberflöte als einen der besten Operntexte, weil es ohne literarische Prätention und dramatisch genial entworfen sei.

›Der Zauberflöte zweiter Teil‹ von Goethe

Auch Goethe, der Zeitgenosse Mozarts, der ihn um ein Menschenalter überlebte, war tief beeindruckt, sowohl von der theatralischen Wirkung wie von der Bedeutungsfülle der Zauberflöte. Mit seinem untrüglichen Instinkt für alles menschlich und dichterisch Bedeutsame witterte er im Text und in der Musik dieses Werkes, in dessen Verkündigung der Liebe und der Freundschaft als heilende und rettende Mächte, ein Mittel zur Erschließung des höheren Menschentums. In diesem Werk verschränkte sich, wie auch in Goethes Werken der hohen Reife, das Mysterium divinum mit dem Mysterium humanum. Zudem konnte Goethe, der selbst dem Freimaurerbunde nahestand, in der Zauberflöte das Fortwirken der von diesem verkündeten Humanitätsideale feststellen. Dies alles ermunterte Goethe, eine Fortsetzung der Zauberflöte zu versuchen.

Es scheint symbolhaft, daß es Goethes Mutter gewesen ist – der er, nach seiner eigenen Aussage, die Lust zum Fabulieren verdankte –, die ihn anscheinend als Erste auf die Zauberflöte hingewiesen hat. Denn am 9. November 1793 schrieb die Frau Rath Goethe aus Frankfurt ihrem Sohn nach Weimar: »Neues gibts hier nicht, als daß die Zauberflöte 18 mahl ist gegeben und daß das Haus immer gepfropft voll war – alle Handwerker, Gärtner, ja gar die Sachsenhäuser, dern ihre Jungen die Affen und Löwen machen, gehen hinein, so ein Spektakel hat mann hir noch nicht erlebt – das Hauss muss jedes mahl vor 4 Uhr auf seyn – und mit alledem müssen immer einige hunderte wieder zurück, die keinen Platz bekommen können – das hat Geld eingetragen!«

Auf diese Weise erfuhr Goethe vorerst weniger vom Wert, als vom theatralischen und finanziellen Erfolg der Frankfurter Aufführungen des Werkes. Aber wie hätte es da den Theaterdirektor Goethe nicht reizen sollen, den Frankfurter Erfolg auch in Weimar herbeizuführen! Zwar fand er das Textbuch (wie er sich später im Gespräch äußerte) voller Unwahrscheinlichkeiten und Späße, jedoch habe es der Autor verstanden, durch Kontraste zu wirken und hohe theatralische Effekte herbeizuführen. Zu dieser Erkenntnis von der Bühnenwirksamkeit der Zauberflöte gesellte sich das Verständnis für den Tiefsinn des Werkes. Denn – so äußerte sich Goethe fünf Jahre vor seinem Tode – es genüge, »daß die Menge der Zuschauer Freude an der Erscheinung habe; dem Eingeweihten wird zugleich der höhere Sinn nicht entgehen, wie es auch bei der Zauberflöte und anderen Dingen der Fall ist«.

So ging denn das Werk bereits ein Vierteljahr nach dem Bericht von Frau Rath am 16. Januar 1794 in Weimar in Szene – freilich nicht in der Originalfassung, sondern mit dem durch Goethes Schwager, den Moritaten-Dichter Chr. A. Vulpius, ›verbesserten‹, in Wirklichkeit aber verballhornten Text. Von den Dekorationen, die wahrscheinlich nach Goethes Angaben gemalt wurden, sind keine Abbildungen erhalten.

Doch erlauben die Szenenanmerkungen seines Zauberflöten-Fragmentes einige Rückschlüsse. Das Aquarell von G. M. Kraus im Schloß Tiefurt zeigt zumindest die Art der Kostümierung der Sänger bei der Erstaufführung der Zauberflöte auf dem Weimarer Theater. Der Stil dieser Kostüme spiegelt die Vieldeutigkeit der Zauberflöte und ihre Stellung zwischen Barock und Romantik. Im Jahre 1818 berief Goethe dann den Bühnenmaler Friedrich Beuther nach Weimar, der neue Bühnenbilder für die Zauberflöte schuf, in denen der Wandel der klassizistischen zur historizistischen Auffassung seit 1794 deutlich zum Ausdruck kam. Der Erfolg des Werkes war in Weimar so groß wie anderswo; die Zauberflöte wurde während Goethes Theaterleitung bis zum Jahre 1814 insgesamt achtzigmal gegeben. Und noch im Jahre 1824 berichtet Eckermann, daß er mit Goethes Sohn ins Theater ging, wo man die Zauberflöte gab.

Der Erfolg der Aufführungen auf seiner Bühne regte aber Goethe nicht sogleich zu einer Fortsetzung des Mysterienspiels an. Die erste Frucht der Beschäftigung mit dem Werke – etwa ein halbes Jahr nach der Weimarer Erstaufführung – waren vielmehr die Fragment gebliebenen ›Geheimnisse‹. Dieser Entwurf zu einem ›religiösen Epos‹ stand noch unter dem Einfluß Herders und seines Gedankens von der einheitlichen humanen Substanz als gemeinsamer Grund aller Weltreligionen. Durch die Gestalt des Humanus – einer zwar von Goethe erfundenen, aber offensichtlich durch Sarastro angeregten Figur seiner ›Geheimnisse‹ – suchte Goethe diese vermutete menschliche Einheitssubstanz aller Religionen zu symbolisieren. Durch zwölf Repräsentanten sollte zudem »jede besondere Religion in einem Moment ihrer höchsten Blüte und Frucht« zur Darstellung gelangen. Gewiß zeigt Goethe in diesem Epos die Symbole verschiedenartiger religiöser Haltungen und Stiftungen in der Absicht, sie zu einer Synthese zusammen zu führen. Jedoch steht im Mittelpunkt des Epos vor allem »das Kreuz, von Rosen dicht umschlungen« als Sinnbild der Einheit von Gott und Natur, der gegenseitigen Durchdringung des Mysterium divinum und des Mysterium naturale.

Jedoch beschäftigte Goethe die Schau des Göttlichen in den historischen Religionen im Sinne Herders weniger als das Wirken des Göttlichen in der Natur. Das Symbol des letzteren jedoch ist gerade das von Rosen umwundene Kreuz, jenes Rosen-Kreuz, dessen Bedeutung Goethe in seiner Jugendzeit in Straßburg durch paracelsistische und – im Frankfurt seiner jugendlichen Klettenberg-Periode – durch rosenkreuzerische Schriften kennengelernt hatte. Das Rosenkreuz jedoch war das Symbol der von Valentin Andreae vor dem Dreißigjährigen Kriege durch seine Schriften ›Die Chymische Hochzeit des Christian Rosenkreuz‹ und ›Fama Fraternitatis oder Veröffentlichung der Bruderschaft des verehrungswürdigen Ordens vom Rosenkreuz‹ veranlaßten Reformbewegung der Rosenkreuzer. Diese war eine Vorläuferin des späteren Bundes der Freimaurer, dem Goethe wie Mozart angehörten und dessen Geisteshaltung in Goethes Werk vielfache Spuren hinterlassen hat, so unter anderem im ›Wilhelm Meister‹, in den ›Geheimnissen‹, in seiner Gedenkrede auf Wieland und im Fragment seiner ›Zauberflöte zweiter Teil‹.

Gerade weil Goethe davon überzeugt war, »daß mehr Bildung dazu gehört, den Wert dieses Opernbuches zu erkennen, als ihn abzuleugnen«, mußte es ihn, sowohl als Dichter und ›Eingeweihten‹ wie als Theaterpraktiker reizen, den scheinbar so einfachen, jedoch auf archetypisch bedeutungsvollen Motiven beruhenden Text weiterzudichten; war er doch nach Goethes Überzeugung zu jeder Steigerung und Vergeistigung geeignet. Anscheinend begann Goethe die Arbeit an seiner ›Zauberflöte zweiter Teil‹ erst im Frühjahr 1795, nachdem der Fortgang der ›Geheimnisse‹ endgültig ins Stocken geraten war und bevor er im gleichen Jahre sein ›Märchen‹ begann und vollendete. Nicht nur wegen der unmittelbar aufeinander folgenden Entstehungszeiten der ›Zauberflöte zweiter Teil‹

und des ›Märchens‹, sondern wegen ihres gleichen geistigen Wurzelgrundes und ihrer einheitlichen divin-humanen Substanz, bilden diese Werke – nicht dem äußern, aber dem innern Verstande nach – eine Art von Trilogie: die mehrfache Ausfaltung einer schöpferischen Idee, die zu ihrer Fülle und Erfüllung erst in der Gestaltung des zweiten Teiles des ›Faust‹ gedeihen sollte.

Immerhin gelangen Goethe 1795 in seinem Versuch einer ›Zauberflöte zweiter Teil‹ eine Reihe von Szenen und Fragmenten von reiner und bedeutungsvoller Schönheit und zudem der skizzierte Plan des Ganzen. In einigen Szenen wird – wie im späteren zweiten Teil des ›Faust‹ (zum Beispiel die Arielhymne und die Euphorionszene) – das Wort in so hohem Grade zu Musik, daß die von ihm erhoffte Komponierung als ausgeschlossen erscheint. Aber gerade um die Komposition seines Textes zu erreichen, hatte Goethe seinen Versuch der Fortsetzung der Zauberflöte unternommen. Er vermochte lange nicht zu erkennen, welche – die Musik ausschließende – Wortvollendung ihm in diesen Fragmenten gelungen war. Darum wendet er sich an den Musikdirektor beim Grafen Esterhazy und späteren Kapellmeister der Wiener Hofoper, Paul Wranitzky, mit der Bitte, den noch unfertigen Text der Wiener Hofoper für den Betrag von hundert Dukaten anzubieten. Zugleich trägt er Wranitzky, der schon im Jahre 1789 die Oper ›Oberon‹ für Schikaneders Theater komponiert hatte, die Vertonung dieser Zauberflöten-Fortsetzung an. Aber die Direktion der Hofoper wollte nicht mehr als fünfundzwanzig Dukaten für Goethes Libretto aufwenden; bekamen doch die Modedramatiker jener Zeit, Kotzebue und Iffland, auch nicht mehr. Zudem behagte es der Leitung der Hofoper nicht, die Fortsetzung eines Stückes aufzuführen, das damals noch immer an einem Vorstadttheater gespielt wurde. Wranitzky selber lehnte zudem die Komposition mit der Begründung ab, er fühle sich unwürdig, Mozart fortzusetzen, auch wenn Goethe als Textdichter gewiß einem Schikaneder überlegen sei. Der Dichter war von diesen negativen Resolutionen aufs tiefste enttäuscht; er hüllte sich fortan Wien gegenüber in Schweigen.

Dennoch beschäftigte ihn die Fortsetzung der Zauberflöte weiterhin. Drei Jahre nach dem Scheitern des Planes schreibt er nach einem Besuch des berühmten Schauspielers und bedeutenden Theaterdirektors Iffland in Weimar – den er bestimmen wollte, die Leitung des Weimarer Theaters zu übernehmen – am 9. Mai 1798 an Schiller: »Lust zu einer Arbeit hat mir Iffland zurückgelassen. Er erfuhr, daß ich an einem zweiten Teil der Zauberflöte gearbeitet hatte und bezeigte den Wunsch, das Stück für das Berliner Theater zu besitzen mit einer Lebhaftigkeit, sowohl gegen mich als andere. Darüber ist mir der Gedanke wieder lebhaft geworden, ich habe die Akten wieder vorgenommen und einiges daran getan. Im Grunde ist schon so viel geschehen, daß es törig wäre, die Arbeit liegen zu lassen, und wäre es nur um des leidigen Vorteils willen, so verdient auch der eine schuldige Beherzigung, um so mehr als eine so leichte Komposition zu jeder Zeit und jeder Stunde gearbeitet werden kann und doch noch überdies eine Stimmung zu etwas Besserem (in mir) vorbereitet.«

Mit diesem »Besseren« ist zweifellos die Arbeit am ›Faust‹, zu der ihn Schiller sanft und beharrlich drängte, gemeint, von deren allmählichem Fortschreiten Goethe am 5. Mai des gleichen Jahres dem Freund berichtet hatte. Aber Schiller steht dem Zauberflöten-Projekt mißtrauisch gegenüber; er fürchtet, daß dieses dem Faustthema gefährlich werden könnte und sieht zudem auch äußere Schwierigkeiten im Gefolge dieses Operntextes. Darum schreibt er am 11. Mai 1789 an Goethe: » ... Daß Sie sich durch die Oper nur nicht hindern lassen an die Hauptsache (den ›Faust‹) recht ernstlich zu denken ... Wenn Sie zu der Fortsetzung der Zauberflöte keinen recht geschickten und beliebten Komponisten haben, so setzen Sie sich, fürchte ich, in Gefahr, ein undankbares Publikum zu finden, denn bei der Repräsentation selbst rettet kein Text die

Oper, wenn die Musik nicht gelungen ist, vielmehr läßt man den Poeten die verfehlte Wirkung mit entgelten.«

Zwar antwortet Goethe noch einmal hinzögernd; nur ungern nimmt er Abschied von diesem poetischen Mythus, dessen Bedeutung zulänglich nur durch des Dichters eigene Worte aus der ›Zueignung‹ von 1794, der Zauberflöten-Epoche Goethes, umschrieben werden kann:

> Aus Morgenduft gewebt und Sonnenklarheit
> Der Dichtung Schleier aus der Hand der Wahrheit.

Aus seinem Zwiespalt heraus antwortet er Schiller: »... Es war nicht uninteressant, mich einige Tage mit der Zauberflöte abzugeben, und die Arbeit, die ich vor drei Jahren angefangen hatte, wieder aufzunehmen und durchzukneten. Da ich nur handelnd denken kann, so habe ich dabei wieder recht artige Erfahrungen gemacht, die sich sowohl auf mein Subjekt als auf das Drama überhaupt, auf die Oper besonders und am besondersten auf das Stück beziehen.«

Aber schließlich nimmt Goethe doch den Rat seines Freundes an und gibt den Plan der Vollendung seines Zauberflöten-Fragmentes auf. Dennoch begleitet ihn deren Thema, die Verkündigung einer neuen, universalen Humanität und die Erlösung durch die Liebe, über seine klassische Zeit hinaus durch alle weiteren Phasen seines Lebens bis zu dessen Ende. So schlägt er, wenn auch wieder vergeblich, im Jahre 1803 seinem Freund Zelter die Komposition seiner ›Zauberflöte zweiter Teil‹ vor, und im März 1814 erinnert er sich erneut an seinen einstigen Plan, dem er wehmütig entsagt hatte, und hofft auf einen ›Frühlingsäther‹, der ihm helfen sollte, die Arbeit an diesem wieder in Gang zu bringen. Aber in Wirklichkeit waren die Weichen seines Geistes bereits für ein anderes Geleise gestellt. Er wußte dies auch; denn wie er Schiller berichtete, war ihm die Beschäftigung mit dem Zauberflöten-Thema gleichsam das Übungsfeld für die Gestaltwerdung seines zweiten ›Faust‹. Und er vermochte das geliebte Fragment schon darum nicht zu vollenden, weil er dessen Motive und Gestalten als Architekturelemente seines ›Faust‹ benötigte. Erst in Helena, Faust und Euphorion findet der Dreiklang Tamino, Pamina, Genius (beider Kind) sein volles Austönen.

Der Inhalt von Goethes ›Zauberflöte zweiter Teil‹

Goethe hat in seiner Fortsetzung der Mozart-Schikanederschen Dichtung deren Gestalten und ihr Handeln noch konsequenter und bewußter entwickelt als seine Vorgänger. Und dies war ihm schon darum möglich, weil er mit den mythischen Überlieferungen weitaus besser vertraut war als Mozart und Schikaneder, die sich damit nie systematisch befaßt hatten. So ist zum Beispiel der Charakter der Königin der Nacht entschieden zum Bösen hin fortentwickelt. In der Goetheschen Fassung thront sie bald als Unterweltsgottheit in Grüften verschlossen, bald in der nächtlichen Himmelshöhe »zum Trutz der stolzen Lichter«. Auch trägt die Königin der Nacht nun Züge der babylonischen Urgöttin Tiamat, welche die Welt in lautloser Stille, Finsternis und Chaos verschlossen zu halten sucht. In deren Geist antwortet sie darum ihrem künftigen Gatten Monostatos aus fernster Ferne:

Wer ruft mich an?
Wer wagts, mit mir zu sprechen?
Ich höre nichts – so bin ich denn allein!
Die Welt verstummt um mich – so soll es sein.

Demnach ist sie die Verkörperung des finsteren Urchaos, und Monostatos, der Repräsentant des ›Dunklen‹ in der Welt, ist – gleichsam als Sohnes-Gatte – »des Chaos liebster Sohn«, wie sich Mephisto mit Stolz selbst bezeichnet. Schon dadurch wird deutlich, daß Goethe seinen Monostatos als eine Parallelfigur zu Mephisto entworfen hat.

Dem glücklich vereinten Paar Tamino und Pamina ist ein Knabe geboren worden; die unersättlich rachsüchtige Königin der Nacht sucht sich seiner zu bemächtigen und schickt, um dies zu bewerkstelligen, Monostatos und seine schwarzen Gehilfen aus. Zu Beginn des Fragments kehren diese eben zur Königin der Nacht zurück mit der Nachricht, daß sie das Kind seinen Eltern entrissen und, für diese unerreichbar, in einen goldenen Sarg eingeschlossen haben. Zwar ist der Sarg, als sie ihn wegschleppen wollten, immer schwerer und schwerer geworden, so daß die Räuber mit ihm zu Boden gezogen wurden:

> Dort bleibt er fest und läßt sich nicht bewegen.
> Gewiß, es wirkt Sarastros Zaubersegen.

Um aber die Befreiung des Knaben weiterhin zu hindern, hatte Monostatos den Sarg mit dem Siegel der Königin der Nacht verschlossen, so daß der Knabe auf ewig in ihn gebannt schien. Zwar wurde der Sarg – nach Monostatos' Abzug federleicht geworden – von seinen Hütern feierlich dem »brüderlichen Orden, der still in sich gekehrt die Weisheit lernt und lehrt« übergeben, doch durch den Fluch der nächtlichen Göttin sollen Tamino und Pamina in Schlaf verfallen, wenn sie einander begegnen würden, und das Kind sollte sterben, wenn die Eltern seiner ansichtig wurden. Dieser scheinbar unauflösbaren Tragik steht die Klage Papagenos und Papagenas über ihre unerwartete Kinderlosigkeit gegenüber. Durch einen unsichtbaren Chor stellen die Götter jedoch den beiden die Erfüllung ihres Wunsches in Aussicht. Die nächste Szene zeigt die Versammlung der Eingeweihten; hier trifft Sarastro das Los, das ihn zu zeitweiliger Wanderschaft bestimmt. Denn, so spricht er:

»In diesen stillen Mauern lernt der Mensch sich selber und sein Innerstes erforschen. Er bereitet sich vor, die Stimme der Götter zu vernehmen; aber die erhabene Sprache der Natur, die Töne der bedürftigen Menschheit, lernt nur der Wanderer kennen, der auf den weiten Gefilden der Erde umherschweift. In diesem Sinne verbindet uns das Gesetz, jährlich einen von uns als Pilger hinaus in die Welt zu schicken. Das Los entscheidet, und der Fromme gehorcht. Auch ich, nachdem ich mein Diadem dem würdigen Tamino übergeben habe, nachdem er mit junger Kraft und frühzeitiger Weisheit an meiner Stelle regiert, bin heute zum ersten Male in dem Falle, so wie jeder von euch in das heilige Gefäß zu greifen und mich dem Ausspruche des Schicksals (durch das Los) zu unterwerfen.«

Nun erscheint Pamina mit ihrem Gefolge, um den goldenen Sarg auf dem Altar der Sonne zu weihen; aber unter Erdbeben versinkt dieser mitsamt dem Altar. Inzwischen ist Sarastro auf seiner Wanderschaft zu Papageno und Papagena gekommen; diese haben in ihrer Hütte große Eier gefunden, von denen sie vermuten, daß in ihnen besondere Vögel stecken. Auf Sarastros Anweisung mit Blumen bedeckt, schwellen die Eier mächtig an; eines nach dem andern bricht auf, und drei Kinder, zwei Jungen und ein Mädchen, schlüpfen aus ihnen aus. Es folgt das Lied Papagenos: »Von allen schönen Waren ..«, das mehrmals komponiert worden ist – als ein Meisterstück schalkhafter Erotik wahrhaft Mozarts würdig.

Nach dem Versinken des goldenen Sarges sucht und findet Pamina ihren Gatten. Aber sobald die beiden einander erblicken, fallen sie in den ihnen vom Fluch der Königin angedrohten periodischen Schlaf, aus dem sie immer nur für kurze Zeit erwachen. Auf die Nachricht der Priester, daß sich das im Sarg eingeschlossene Kind nun in tiefen, von Wasser und Feuer umgebenen Erdgewölben befinde, dringen im zweiten Akt die Eltern in die Gruft ein, um es zu retten. Als aber die Königin der Nacht sie bei der Durchquerung des Feuer- und Wassergürtels aufzuhalten sucht, sprengt das Kind das Gefängnis seines Sarges und schwebt, ein Genius, von den Wächtern vergebens mit ihren Speeren und durch Löwen bedroht, davon. Die Lichtgestalt des Genius verkündet:

Hier bin ich, ihr Lieben!
Und bin ich nicht schön?
Wer wird sich betrüben,

Sein Söhnchen zu sehn?
In Nächten geboren,
Im herrlichen Haus,
Und wieder verloren
In Nächten und Graus.
Es drohten die Speere,
Die grimmigen Rachen –
Es drohten mir Heere,
Und drohten mir Drachen,
Sie haben doch alle
Dem Knaben nichts an.

Mit diesem ›Genius‹ der Goetheschen ›Zauberflöte zweiter Teil‹, diesem den Eltern schmerzlich entrissenen Kind, das geflügelt dem Gefängnis seiner Verfolger entschwebt, taucht zum ersten Male ahnungsvoll das Urbild der Gestalt Euphorions, des Sohnes von Faust und Helena, taucht das Vorbild des Knaben Lenkers und des Homunkulus aus dem zweiten Teile des ›Faust‹ auf. Dieser ›Genius‹ ist geradezu eine Zentralgestalt der ›neuen Mystik‹ Goethes im letzten Jahrzehnt des 18. Jahrhunderts; er ist ein im Sinne Platons daimonisches Wesen, ein halbgöttlicher, den Menschen in den Enthusiasmus höheren Seins über die Grenzen des Menschlichen hinaus entraffender Daimon. Im Zauberflöten-Fragment tritt dieser Genius zum ersten Male ahnungsvoll hervor, bis er schließlich in der Gestalt des Euphorion – »heilige Poesie, himmelan steiget sie« – zur vollen Anschauung gedeiht.

Von den folgenden Teilen hat Goethe nur das Szenarium angedeutet. Seinen Stichworten ist zu entnehmen, daß sich Sarastro auf Wanderschaft befindet, wodurch die Vereinigung der beraubten Eltern mit dem ›Genius‹ verzögert wird. Aber endlich kommt es zu einer phantastischen Geisterschlacht mit Meteoren und Kometen am nächtlichen Himmel, in welcher die Mächte der Finsternis für immer vernichtet werden. Danach finden sich Tamino, die Stärke, und Pamina, die Schönheit, mit dem Kind-Genius, der Weisheit oder der Poesie, zur

Einheit der Weltharmonie zusammen. Tamino aber, längst zum König und Hohepriester geweiht, tritt nun hervor als die archetypische Gestalt des universalen Heilbringers, ein Amt, das er nur in Gemeinschaft mit ›Schönheit‹ und ›Weisheit‹ zu vollziehen vermag. Denn: *Es siegte die Stärke und krönet zum Lohn die Schönheit und Weisheit mit ewiger Kron.* Oder, wie es in Goethes ›Zauberflöten-Märchen‹ heißt: »Drei sind, die da herrschen auf Erden: die Weisheit, der Schein (Schönheit) und die Gewalt (Stärke).«

Weitere Fortsetzungen der Zauberflöte

Erst im Jahre 1798 wagte sich Schikaneder, nachdem er mehrere Operntexte und Zauberstücke zwar nicht aus dem Geist, aber doch im Sinne der Zauberflöte verfaßt hatte, an eine eigentliche Fortsetzung derselben. Einem so gewitzten Theaterdirektor wie Schikaneder mußte daran gelegen sein, den Erfolg des mit Mozart vollbrachten Gemeinschaftswerkes auch ohne die Mithilfe des Komponisten fortzuführen. Die Frucht dieses Vorhabens war dann die zweiaktige Oper ›Das Labyrinth oder der Kampf mit den Elementen, der zweite Teil der Zauberflöte‹ mit der Musik von Peter von Winter (Mozarts ›Erzbuben Winter‹). Die Uraufführung fand am 12. Juni 1798 unter Schikaneders Leitung im Theater auf der Wieden statt – der große Erfolg dieser prunkvoll ausgestatteten Oper ermöglichte vierunddreißig Wiederholungen.

Wir kennen die längst verschollene, heroisch-komische Oper heute nur noch aus Leopold von Sonnleithners ausführlicher Inhaltsangabe. Diese ergibt, daß hier noch einmal, im späten Nachklang, alle Elemente der Barockoper tumultarisch versammelt waren; die Maschinenkomödie mit ihrer Ruinenromantik, qualvoller Wanderung durch unterirdische Labyrinthe, erneuter Feuer- und Wasserprobe, Listen und Kämpfen kommt zur vollen Entfaltung. Freilich fehlt dem Ganzen das, was Mozart ›den Plan‹ nannte, die Tiefe, die Idee, der innere Zusammenhalt. Bildete Papageno mit seinen Späßen in der ersten Zauberflöte ein das Gemüt erheiterndes Gegengewicht zum Pathos des Geheimbundes, zum Idealismus Taminos, so rückt nun der Vogelfänger als Held bedenklich in den Mittelpunkt des Geschehens. Nachdem der künstlerische Hochsinn Mozarts den theatralischen Furor Schikaneders nicht mehr wohltätig einzugrenzen vermochte, entarten die mythischen Urmotive in kolportagehafter Rührseligkeit.

Der ursprüngliche Personenkreis ist nun um neue Gestalten bereichert: Im Gefolge der Königin der Nacht befinden sich der König von Paphos, Typheus, und sein Freund Sithos; auch treten mehrere Priesterinnen sowie Genien und Wächter auf; die Eltern des Papageno und seine noch kindlichen Geschwister sind nun vorhanden und Monostatos hat die Mohrin Gura zur Gefährtin erhalten. Wie zu Beginn der ersten Zauberflöte, treten auch in der zweiten zuerst die Königin der Nacht und ihre Damen auf. Aber sie ist – ähnlich wie in Goethes Fragment – nicht mehr vor allem die gekränkte Mutter, sondern eine Urgestalt des Bösen. Schon während der Hochzeit Paminas sucht sie diese mit Tamino zu entzweien, um sie für sich zurückzugewinnen. Nur die Warnung Sarastros verhindert, daß Tamino und Pamina den Giftbecher trinken, den ihnen die Damen aufzunötigen suchen. In einer Rezitativ-Arie: »Bald nahet die Stunde, zu verderben diese Brut«, kündigt die Königin der Nacht einen neuen Helfer als Rächer an, den »großen Typheus«. Doch als dieser mit seinem Freund Sithos Pamina im Namen der nächtlichen Königin zurückverlangt, rüsten die Priester zum Kampfe; der Chor der Finsternis jedoch prophezeit den Untergang des Bundes.

Während sich nun Sarastro nach dem Gesetz des Bundes – ähnlich wie in Goethes Fragment – auf die Wanderschaft begibt, raubt Monostatos Pamina und zugleich wird Papageno von seinem Weibchen getrennt. Darüber erbittert, läßt Papageno mit seinem Glöckchenspiel die Damen so lange tanzen, bis sie umfallen, dann rettet er Pamina und bringt sie zu den Eingeweihten zurück. Indem Pamina durch die Luft springt, findet sie Tamino wieder, der ebenfalls von Papageno gerettet wurde. Die Liebenden sind nun wieder vereint und bestehen mit Hilfe der Flöte erneut eine Feuer- und Wasserprobe. Nun aber rüstet sich die Finsternis zum letzten Kampfe gegen den Bund der Eingeweihten: es ist ein Zweikampf Taminos mit Typheus, nach welchem der letztere schließlich in einen feurigen Abgrund gestürzt wird. Monostatos wird an einen Stein geschmiedet und die Macht der Königin der Nacht ist für immer dahin. Der Schlußchor versichert:

Zu ewiger Strafe, zu ewiger Schuld,
Zertrümmerte Isis der Finsternis Macht.
Durch Tugend gefesselt in ewige Bande,
Sei nie mehr uns schädlich die Fürstin der Nacht.
Die Tugend trat endlich in Staub sie darnieder,
Sie machte vom Drucke des Lasters sich frei.

Bei aller theatralischen Wirksamkeit sind sowohl das Textbuch wie die epigonenhafte Musik dieser zweiten Zauberflöte Schikaneders wesentlich minderen Ranges als der unvergleichliche erste Teil. Den Gestalten mangelt es nun an innerer Spannung; auch ist die ethische Grundhaltung flacher geworden. Offensichtlich ist der Parellelismus der Handlung mit derjenigen der Zauberflöte; auch die Musik weist deutliche Anklänge an die Musik Mozarts auf. Erstaunlich jedoch ist die Ähnlichkeit des Labyrinthtextes mit dem Zauberflöten-Fragment Goethes, das Schikaneder aber nicht kennen konnte; so in den Motiven der Papagenokinder, der umfangreicher gewordenen Rolle des Monostatos, den neuen Tücken der Königin der Nacht – die bei Schikaneder wie bei Goethe zum Prinzip des Bösen geworden ist –, der neuerlichen Prüfung und dem Kampf der Heere des Lichtes und der Finsternis. Gerade wegen dieser Ähnlichkeiten ist die unterschiedliche Bearbeitung des Themas durch Schikaneder und Goethe bedeutungsvoll. Während Goethe, gerade weil er als Dichter um die Hintergründigkeit des Stoffes wußte, schließlich an dem großen Thema scheiterte, gestaltete Schikaneder seine Fassung einer zweiten Zauberflöte als unbedenklicher Theater-Handwerker. Goethes Fragment findet schließlich seine Vollendung im ›Märchen‹; Schikaneder – dem Dämon Erfolg erliegend – fährt hingegen fort, handfeste Operntexte und Zauberstücke hervorzubringen.

Im 19. Jahrhundert haben sich die verschiedensten Schriftsteller – es war freilich kein wirklicher Dichter mehr darunter – an Fortsetzungen der Zauberflöte versucht. Unter ihnen war der 1899 in Berlin verstorbene Komponist Wilhelm Rintl, der als Sohn der Tochter Zelters (des langjährigen Freundes Goethes) von ferne noch in den Umkreis des Dichters gehört. Er schreibt in seinen Erinnerungen, daß er mit seiner Oper ein Werk zu liefern versuchte, das einen Lieblingsgedanken seines Großvaters Zelter verwirklichte. Freilich hat sein Text so wenig mit Goethes Fragment gemeinsam, wie seine Musik mit derjenigen Mozarts. Eine andere Fortsetzung der Zauberflöte komponierte H. H. Schulze; das von seinem Sohn verfaßte, 1886 in Darmstadt gedruckte Textbuch ist betitelt: ›Nitokris, der Zauberflöte zweiter Teil, Oper in drei Akten, im Anschluß an Schikaneder-Mozart und mit Anlehnung an Goethes Fragment‹. Aber diese Version der Zauberflöte, wie auch der ›Zarastro‹ von Göpfert und manche andere Zauberflötendichtungen und -Opern sind längst vergessen. Nur das Hohelied der Freundschaft und der Liebe, die Zauberflöte selber, hat die Generationen überdauert und wird auch künftighin zur Menschwerdung des Menschen anzuleiten vermögen, wie dies Hermann Hesses Verse beim Wiederhören der Zauberflöte zum Ausdruck bringen:

In ewiger Jugend lebt ihr, selige Geister,
Und unberührt vom Beben unsrer Welt,
Bleibt Brüder uns, bleibt Führer uns und Meister,
Bis uns die Fackel aus den Händen fällt.

Die Zauberflöte war eine der wichtigsten Geburtshelferinnen der Romantik geworden. Als Oper von den Musikern der Romantik hochgeschätzt, ja als Urbild des idealen romantischen Musikwerkes verstanden, haben auch die Dichter der Romantik aus dem unergründlich tiefen Brunnen der Zauberflöte geschöpft. Bei manchen Dichtern, wie bei Grillparzer, wirkte sich ihr Einfluß nachhaltig aus. Er selber ahnte dies, wenn er bekennt, daß man es seinen Werken anmerke, wie er sich in seiner Jugend an den Geister- und Feenmärchen der Leopoldstadt ergötzt habe. In seiner Selbstbiographie erzählt er zudem, daß das Textbuch der Zauberflöte eines der frühesten Bücher gewesen sei, die er gelesen habe. Denn »ein Stubenmädchen meiner Mutter besaß es und bewahrte es als heiligen Besitz. Sie hatte nämlich als Kind einen Affen in der genannten Oper gespielt und betrachtete jenes Ereignis als den Glanzpunkt ihres Lebens. Außer ihrem Gebetbuch besaß sie kein anderes als diesen Operntext, den sie so hoch hielt, daß, als ihr die Anfangsblätter abhanden gekommen waren, sie mit eigener Hand mühselig das Fehlende abschrieb und dem Buche beilegte. Auf dem Schoß des Mädchens sitzend, las ich mit ihr abwechselnd die wunderlichen Dinge, von denen wir beide nicht zweifelten, daß es das Höchste sei, zu dem sich der Mensch aufschwingen könne.« Offensichtlich klingt die Handlung von Grillparzers dramatischem Märchen ›Der Traum ein Leben‹ an diejenige der Zauberflöte an; insbesondere ist der Beginn des ersten Aktes dieser nachempfunden. Denn auch hier erscheint in einer ähnlichen Landschaft ein Flüchtling von der Schlange verfolgt, auch hier ereignet sich ein geheimnisvoller Speerwurf und das Prahlen mit einer nicht begangenen Heldentat. Derart sind in ›Der Traum ein Leben‹ die kindlichen Ahnungen Grillparzers vom Geisterreich, die die Zauberflöte in ihm erweckte, Gestalt geworden.

Aber der eigentliche Erbe der Zauberflöte und ihres Geisterreiches war ein Mensch des Nordens: der ebenso leidenschaftlich hochgespannte wie unglückliche Dichter und Musiker E. Th. A. Hoffmann. Obwohl er von seinem inneren Zwiespalt und seiner maßlosen Liebessehnsucht dämonisch getrieben wurde, der Weltharmonie, die Mozart zum Erklingen gebracht hatte, mit schneidenden Mißtönen entgegenzuwirken, hat wohl kein Künstler Mozart und sein Ingenium tiefer verstanden als dieser Dichter des Geister- und Gespensterhaften. Und dies nicht nur, weil Hoffmann selber Musiker, ja Komponist im Sinne der Romantik war, nicht nur wegen seiner musikalischen Novellen und Schriften, die er großenteils dem Kapellmeister Kreisler – dem erhöhten Bilde seiner selbst – zuschrieb, sondern vor allem, weil er 1813 die großartige und verständnisvolle Phantasie über Mozarts ›Don Giovanni‹ geschrieben hat. Wie im ganzen 18. Jahrhundert und noch hinüberwirkend ins 19. der Romantik, so geistert die Idee des den Wirrnissen des Alltags und dem Treiben der bloßen Sinnenmenschen übergeordneten Geheimbundes auch durch Hoffmanns Werke, so zum Beispiel dämonisch umwittert in seinen ›Elixieren des Teufels‹. Wie Goethe, der an vielen Wendungen seines Lebens und seines Werkes immer wieder die Wirksamkeit eines Weisheitsbundes als Hüter der Geheimnisse der wahren Wirklichkeit imaginierte und schon darum vom Text der Zauberflöte tief berührt sein mußte, wandelte auch Hoffmann im Labyrinth der Geheimbünde.

Im Gegensatz zum Zwiespältigen des Sinnenlebens, das stets der Gier der jeweils Mächtigen anheimfällt, entwarfen die Dichter die im höheren Sinne humane Welt der Geheimbünde. Und in dieser waren dann vor allem die geheimnisvollen Ordensoberen von Bedeutung als die die Menschenwelt aus dem Hintergrund leitenden Geistesfürsten. Sarastro war ihr edelster Typus; andere wurden in der Literatur jener Zeit allwissender ›Genius‹, der ›Unsichtbare‹ oder auch nur der ›kluge Mann‹ genannt. Dämonisch verklärt und erhöht schimmern diese Gestalten durch die zwielichtigen Maler,

Ärzte und Archivare der Phantasie- und Geisterstücke E. Th. A. Hoffmanns hindurch.

Auch der Archivar Lindhorst in Hoffmanns bedeutendster Dichtung ›Der goldene Topf‹, der in bürgerliche Verhältnisse verbannte Geisterfürst Phosphorus, ist ein solch mysteriöser Bundesoberer, wobei freilich die Glieder des Bundes, den er anführt und regiert, Elementargeister sind. Dieser ›Goldene Topf‹, das Juwel der romantischen naturmystischen Dichtung, hat nach den Zauberflöten-Fragmenten Goethes die einzig legitime Nachfolge des Zauberflöten-Mysteriums angetreten. Als die Imagination des Kampfes der geistigen Wirklichkeit mit den niederern Kräften, klingt dieses ›Märchen‹ gleichsam in der Oktave des Zauberflöten-Mythus.

Aber nicht nur geistig, sondern auch geschichtlich ist der ›Goldene Topf‹ mit der Zauberflöte verknüpft. Als nämlich Hoffmann Kapellmeister in Dresden war, wurde die Stadt durch Kaiser Napoleon I. zum unmittelbaren Kriegsschauplatz. Trotzdem hielt Hoffmann täglich Opernproben ab, darunter auch solche für die Zauberflöte, die er dann kurz vor der Belagerung und Bombardierung Dresdens zur Aufführung brachte. Als aber die Stadt im Kugelregen der Geschütze lag, begann Hoffmann im Champagner- und Punschrausch seinen ›Goldenen Topf‹ zu schreiben, den man seiner geistigen Haltung nach eine ›dritte Zauberflöte‹ nennen könnte.

Der zauberkundige Archivarius Lindhorst, die Verkörperung des Geisterfunkens Phosphorus, der seine auf Palmblättern aufgezeichnete wunderbare Liebes-Geschichte mit der schönen Lilie dem jungen ›Dichterlehrling‹ Anselmus zum Abschreiben, das will sagen, zur inneren Aneignung, übergibt, ist nichts anderes als eine Erhöhung des edlen Bundesfürsten Sarastro ins Mythische und Archaische. Dieser Lindhorst-Phosphorus ist mehr als ein Goethescher ›Humanus‹, nämlich eine göttergleiche Gestalt der Urwelt, der, infolge seiner maßlos leidenschaftlichen Liebe zur schönen Lilie ins Menschenreich verbannt, sich Gestalt und Schicksal eines sächsischen Beamten aneignen mußte. Freilich weist der Zwiespalt dieser Gestalt bereits auf die typisch romantische, aus der Selbstentzweiung geborene Ironie hin. In der Zauberflöte jedoch ist für diese noch keine Raum – der herzerwärmende Humor bildet dort den Ausgleich zwischen dem menschlichen Ungenügen und der Erhabenheit des Geisterreiches.

Aber wie in der Zauberflöte selber und wie in den zahllosen Geheimbundstücken und -Romanen des späten Rokoko und der Aufklärung, wirkt dem wohltätigen, männlich bestimmten, geheimen Weisheitsbund stets ein ›weiblicher‹, die Herrschaft usurpierender Gegenbund zuwider. In der Zauberflöte wird er repräsentiert durch die Königin der Nacht und ihren Anhang, die bei Goethe zur babylonischen Göttin der Finsternis, zur verschlingenden indischen Göttin Kali geworden ist. Im ›Goldenen Topf‹ jedoch erscheint die Gegenmacht als eine Hexe in Gestalt eines alten Apfelweibes, die – wie alle großen Gegensatzgestalten des ›Märchens‹ – der Geisterwelt angehört; denn diese Hexe ist die Einkörperung eines schwarzen Drachens aus der Gruppe der Erdgeister. Zwischen den beiden Mächten, der des Lichtes und der der Finsternis, aber steht als verbürgerlichte Taminogestalt der Student Anselmus; beide Mächte wünschen ihn, den Träger der Zukunft, für sich zu gewinnen. Wie sich dies vollzieht, wie Anselmus der Macht der Finsternis und damit der geisttötenden Behaglichkeit des bürgerlichen Lebens absagt, wie er sich der Führung des Geisterfürsten Phosphorus ergibt und dadurch der Gatte von dessen Tochter Serpentina, mit andern Worten zum Dichter wird, ist der Inhalt der Zauberflöten-Dichtung Hoffmanns. So hat Anselmus-Tamino durch seine Absage an das nur Nützliche Anteil am geistigen und am göttlichen Leben, er hat Erlösung und Seligkeit gewonnen. Aber, so schließt Hoffmann seinen gnostischen Mythus, »ist denn des Anselmus Seligkeit etwas anderes, als das Leben in der Poesie, der sich der heilige Einklang aller Wesen als tiefstes Geheimnis der Natur offenbart?«

Zehntes Kapitel

Die Bühnenbilder im Wandel der Zeiten

»Erst der ungeheure Erfolg der Zauberflöte hat Mozarts Opern zum dauernden Besitz des Theaters emporgerissen. Das ist gewiß kein Zufall. Aber es gehört zur schwermütigen Tragik, die wie ein dunkler Schatten über Mozarts armseligem Erdendasein schwebt, daß er diesen Sturm anerkennender Begeisterung nicht mehr erleben sollte. Der immer steigende Zuspruch des Lokalpublikums nach dem schmerzlich geringen Beifall der Wiener Uraufführung blieb seine letzte lächelnde Freude« (B. Paumgartner). Gewiß war das Publikum der ersten hundert Aufführungen in Schikaneders Theater auf der Wieden nach einer kurzen Anlaufzeit des Erstaunens und der schließlich in Bewunderung umschlagenden Verwunderung entzückt von den Schönheiten, der Kunst, dem Humor, der Weisheit dieses Werkes.

Das besagt aber noch lange nicht, daß die Besucher dieser erfolgreichsten Oper der letzten Jahre des 18. Jahrhunderts die künstlerische Vollkommenheit und die tieferen Absichten Mozarts verstanden hätten. Denn nicht nur Mozarts gesamtes Schaffen, sondern auch seine Zauberflöte wurden nach seinem frühen Tode bis auf den heutigen Tag immer neu und verschiedenartig beurteilt. Bald wurde Mozart als der typische Künstler des späten Rokoko gedeutet; dann billigte man ihm wieder ›griechisch schwebende Grazie‹ zu; andere bewunderten an seinen Werken das kühle Schönheitsideal des ›Klassischen‹. Mozart war zwar gewiß noch kein Romantiker, wofür er zu gewissen Zeiten gehalten wurde; daß aber die Wurzeln der Musik der Romantik bis in diejenige der Zauberflöte hinabreichen, ist unbestreitbar. Die einen empfanden ihn als den Meister der klaren, mühelosen Vollkommenheit und der heiteren Überlegenheit; dies war solange möglich, bis das Abgründige in Mozarts Kunst, jener ›dämonische Mozart‹ entdeckt wurde, der sich sein ganzes Leben lang in Briefen und musikalischen Werken mit dem Tod auseinandergesetzt hat. Aber dann wurde Mozart zu einem tragischen Genie, zu einer Art ›Beethoven vor Beethoven‹ emporgesteigert, woran einzig richtig ist, daß er das Musikdrama zu einer seitdem nie mehr erreichten Höhe emporgeführt hat.

Aber dieser Wandel des Verständnisses und der Beurteilung von Mozarts Werk, der auch heute noch kein Ende gefunden hat, ist ein Erweis seiner Universalität. In Mozart sind so viele Gegensätze des Menschlichen und Künstlerischen zusammengefaßt, daß jede Zeit eine seiner vielen Facetten als die ihr verständliche und als die für Mozart scheinbar allein bezeichnende hervorgehoben hat. Denn »in Mozarts Werk sind alle künstlerischen Merkmale, die sich jede Generation zu eigen machen will, in vollendeter Harmonie vereinigt: bezwingende Logik und Schönheit des Melos, Kühnheit im harmonischen Aufbau, Ausgleich im Klanglichen wie in der Bewegung, ideale Verschmelzung des linear-kontrapunktischen Flusses mit der Klarheit homophon-vertikaler Gestaltung« (B. Paumgartner).

Doch so wie das Gesamtwerk Mozarts von immer neuen Seiten, je nach der Geistesart des Beurteilers und der Epoche, gesichtet und gedeutet wurde, so hat sich auch das Verständnis der Zauberflöte – dieser Höhe von Mozarts Kunst – bis heute unaufhörlich gewandelt. Die Entwicklung der Auffassung wird insbesondere anschaulich in der ständigen Veränderung der bühnenbildnerischen Gestaltung der Oper während über hundertfünfzig Jahren. Gehört doch die Zauberflöte bühnentechnisch und künstlerisch nicht nur wegen der

Fülle ihrer gegensätzlichen Motive und ihrer überreichen Symbolik, sondern auch wegen der vierzehn raschen Verwandlungen und der geforderten szenischen Effekte zu den problemgeladensten Opernwerken. An der Art der geistigen und technischen Bewältigung der Probleme, welche die Zauberflöte aufgibt, zeigt sich nicht nur das sich wandelnde Verständnis der Bühnenbildner und Regisseure, sondern auch der jeweiligen Epoche oder der künstlerischen Mode. Kann man vor der Gestaltwerdung des Werkes von einer Entwicklungsgeschichte seiner Entstehung sprechen, so nach der Uraufführung von einer seines Aufführungsstils. Es ist darum ebenso reizvoll wie aufschlußreich, die Wandlung der Bühnengestaltung der Zauberflöte von der Uraufführung bis zur Gegenwart zu verfolgen.

Die ältesten Bilder zu einer Zauberflöten-Aufführung finden sich in zwei Stichen zu dem von Schikaneder herausgegebenen Textbuch zur Uraufführung. Der eine stellt Schikaneder »nach wahrem Kostüm gestochen« in der Rolle des Papageno dar, als eine auffällig schlanke Gestalt in dem, den Ansatz der Oberschenkel bedeckenden Federkleid und mit gefiederten Beinen. Er trägt eine Federkrone und den großen Vogelkäfig auf dem Rücken. Der zweite Stich von Ignaz Alberti zeigt ein unterirdisches Gewölbe, wohl einen der schauerlichen Prüfungsorte, mit merkwürdigen barockisierten, ägyptischen Sinnbildern und Gegenständen: Spaten und Spitzhacke, ein Stundenglas, ein fünfzackiger Stern, der von einem ruinenhaften Architekturbogen herabhängt, und, rechts über den erwähnten Geräten, eine große, mit einem Deckel verschlossene Vase, deren Sockel von zwei kleinen Sphinxen flankiert wird. Links ein Pylon oder ein abgebrochener Obelisk mit seltsamen, teils echten, teils wahrscheinlich fingierten Symbolen, unter die auch freimaurerische gemischt sind. Da ist das ägyptische Henkelkreuz zu sehen, der Kopf des göttlichen Apis-Stiers, der Storch mit der Schlange im Schnabel, zwei sich überkreuzende Schlangen – fast alles Sinnbilder für

Leben, Licht und Weisheit und für den siegreichen Kampf des Lichtes mit der Finsternis. Man darf diese Szenerie jedoch nicht für die Darstellung eines Bühnenbildes der Uraufführung halten. Wahrscheinlich hat dies Bild einen ähnlichen Charakter wie die Ouvertüre Mozarts: es faßt die Hauptmotive des Inhalts der Handlung in ein Gebilde zusammen. Wir erhalten durch diese beiden künstlerisch nicht unbedeutenden Stiche zwar Einblick in die Art und Weise, wie sich Schikaneder den szenischen Umkreis der Zauberflöte vorstellte, nicht aber, wie er das Werk aufführte.

Die ältesten veröffentlichten Szenenbilder für die Zauberflöte – sechs kolorierte Stiche von Josef und Peter Schaffer – erschienen 1795 im ›Allgemeinen Europäischen Journal‹ zu Brünn. Bis heute konnte keine sichere Klarheit gewonnen werden, welche Aufführung sie zur Darstellung bringen. Man hat immer wieder versucht, sie als die Szenenbilder der Uraufführung zu deuten. Manche Details sprechen zwar dafür – dagegen aber das Überwiegen der Rokokokleidung, vor allem bei den Damen. Auch ermangelt Papageno der Federkrone, die im Stich des Textbuches der Zauberflöte sichtbar ist. Zudem erscheint die Bühne auf den Stichen außerordentlich klein, was diejenige des Freihaustheaters mit ihrer Breite von zwölf Metern durchaus nicht gewesen war. Dennoch sind diese Szenenstiche, die wahrscheinlich die Aufführungspraxis in Brünn zeigen – wo die Zauberflöte im Juni 1793 gegeben wurde –, höchst aufschlußreich, weil sie offensichtlich die Inszenierung der Oper an einer kleinen Bühne darstellen. Wahrscheinlich aber war die Inszenierung Schikaneders in Wien – als effektvolle Ausstattungsoper – viel reicher gestaltet, stand doch die Zauberflöte mit zweihundertdreiundzwanzig Aufführungen an der Spitze der zwölf erfolgreichsten Stücke des Freihaustheaters.

Die erste Aufführung des Werkes außerhalb Wiens fand bereits 1792 in Prag statt. Doch erst mit der Inszenierung in München gewann die Zauberflöte 1793 eine große Bühne. Die

Bühnenbilder schuf damals ein Mitglied der in München, Mannheim und in Wien über ein Jahrhundert lang höchst erfolgreich tätigen Theatermaler-Dynastie Quaglio, nämlich Josef Quaglio, der – zusammen mit seinem Onkel Lorenzo – bereits 1781 die Szenenbilder zum ›Idomeneo‹ gefertigt hatte. Josef Quaglio, dessen dreizehn Entwürfe sich im Theater-Museum München befinden, ist in diesen reizvollen, allerdings für die Aufführung in Mannheim bestimmten Skizzen noch ganz vom Geist des französisch geprägten Rokoko befangen. Die Szenerie ist so leicht, so luftig und stellt ein gitterartiges Gebilde aus dünnen stilisierten Bäumen und Rosengirlanden dar. Diese Bilder weisen nicht in die Zukunft, sondern sind nur der letzte Nachklang einer verfeinerten, überreifen Kultur; insofern haben sie an der Zukünftigkeit, an dem prophetischen Charakter der Zauberflöte keinen Teil.

Im ersten Bild: ›Prächtiges Gemach‹, ist der Boden mit Wolkenkugeln bedeckt, auf denen sich dünne, stilisierte säulchenhafte Bäume erheben, die, durch Ranken verbunden, einander überschneidende Arkaden bilden. Auf dem Prospekt setzen sich Wolken, Baumsäulen und die mit Rosenranken behangenen Arkaden fort. Hinten, im Mittelfeld, schwebt über den Wolken ein großer, schräg gestellter Halbmond, in dem die Königin der Nacht als eher liebliche, lichte Mondgöttin thront, welche die Zügel zweier schwarzer Pferde hält, die vor den Mond wie vor einen Wagen gespannt sind: eine Gestalt der galanten Mythologie des Rokoko. Dennoch hat der Entwurf, der in lichten, pastellhaften Farben koloriert ist, etwas dem spielerischen Geiste Mozarts Entsprechendes.

Zweifellos haben die Bühnenbilder einen gewichtigen Anteil an dem großen Erfolg, den die Zauberflöte überall, wo sie auftauchte, sogleich errang. Dies ist aus der Situation in Hamburg ersichtlich, wo die Bevölkerung die Melodien der Zauberflöte längst sang und spielte und wo die Oper aber dennoch durchfiel, als sie auf dem Theater mit alten, aus andern Stücken herrührenden Kulissen gespielt wurde. Als dann die

Dekorationen neu gestaltet wurden, stellte sich sogleich auch der Erfolg ein. Frankfurt war nach Prag und München die dritte Stadt außerhalb Österreichs, in der – am 16. April 1793 – die Zauberflöte aufgeführt wurde. Dies ist insofern bedeutungsvoll, als Goethe durch den Erfolg des Werkes in Frankfurt, von dem ihm, wie erwähnt, seine Mutter in ihrer so köstlichen Art berichtete, angeregt wurde, es auch am 16. Januar 1794 in Weimar aufzuführen. Die Dekorationen (von denen wir keine Bilder besitzen) schuf wahrscheinlich G. M. Kraus, der Leiter des Bühnenbildwesens in Weimar. Ein Aquarell von G. M. Kraus zeigt immerhin eine Probe der Zauberflöte im Schloß Tiefurt mit den teilweise schon kostümierten Sängern, so daß wenigstens die Kostüme der Weimarer Aufführung annähernd bekannt sind. Auch in Weimar wurde die Zauberflöte zu einem durch Jahrzehnte hindurch beliebten Erfolgsstück.

In Wien war inzwischen das ›Labyrinth‹ als zweiter Teil der Zauberflöte mit dem Text von Schikaneder und der Musik von Winter im Theater auf der Wieden im Juni 1798 zur Aufführung gelangt. Um nicht hinter dessen neuer, prächtiger Ausstattung zurückzustehen, ließ Schikaneder die originale Zauberflöte von seinem Theatermaler Vincenzo Sacchetti (der später auch das Deckengemälde der Königin der Nacht im Nußdorfer Schlößchen Schikaneders malte) mit zwölf effektvollen Dekorationen neu ausstatten. Und endlich entschloß sich auch das dem Hof gehörige Kärntnertortheater, die Zauberflöte am 24. Februar 1801 aufzuführen, freilich unter Verleugnung der Autorschaft Schikaneders, was dieser sehr übelnahm. Die bewußt prunkvoll gestalteten Bühnenbilder malte Lorenzo Sacchetti, der von 1794 bis 1810 Bühnenmaler am Hoftheater war. Auch in seinem neuen Theater an der Wien, das Schikaneder 1801 bezog, führte er die Zauberflöte am 15. Januar 1802 in einer, den größeren Maßen der Bühne angepaßten Neu-Inszenierung wieder auf. Die Dekorationen malte, wie schon früher, Vincenzo Sacchetti, zusammen mit Mathias Gayl, dem Sohn des Urhebers der Bühnenbilder von 1791.

Der bedeutendste und unerreichte Meister der klassizistischen Theaterdekoration war zweifellos Karl Friedrich Schinkel (1781–1841). Der damals schon berühmte Architekt kam durch den Berliner Theaterdirektor und Schauspieler Iffland (der Goethe, wenn auch vergebens, dazu gedrängt hatte, der ›Zauberflöte zweiten Teil‹ zu vollenden) 1813 mit dem Theater in Berührung. Unter Ifflands Nachfolger in der Direktion des Königlichen Schauspielhauses in Berlin, Graf Brühl, kam es dann zur praktischen Zusammenarbeit. Die stilistisch und archäologisch getreue Nachbildung historischer Architekturen war ein Grundelement der Schinkelschen Dekorationen. Aber diese historische Treue endete keineswegs in bloßem Historizismus. Sein kühler Klassizismus erlaubte ihm eine Größe der Auffassung, die seine Entwürfe über das nur Gegenständliche hinausführte. Und dieser sein Klassizismus vereinte sich – seltsame, aber bezaubernde Wirkungen hervorbringend – mit seiner romantischen Grundeinstellung, die vor allem durch seine Landschaftsdekorationen bezeugt wird.

Nun sollte in Berlin die Zauberflöte neu ausgestattet werden – die Gestaltung der Bühnenbilder, die seitdem berechtigte Berühmtheit erlangt haben, wurde Schinkel übertragen. Die Aufführung fand am 18. Januar 1816 statt: der große und anhaltende Erfolg dieser Inszenierung war vor allem das Verdienst Schinkels. Seine Gestaltung der Zauberflöte wurde jahrzehntelang beispielgebend für die Bühnen Deutschlands und Österreichs. Und bei allem Gelungenen und Wichtigen, das er sonst für die Bühne hervorgebracht hat, gehören doch seine Bühnenbilder für die Zauberflöte zum Bleibenden seines Werkes – diese seine erste Arbeit für das Theater war auch seine erfolgreichste.

Das erste Bild: ›Eingang in die Hallen des Palastes der Königin der Nacht‹ zeigt unter einem die Bühne überspannenden Felsenbogen eine phantastische ägyptisierende Architektur, eine offene Säulenhalle, die in den Palast der nächtlichen Königin führt; der Vordergrund wird von pflanzenumwucherten Felstrümmern ausgefüllt. Das zweite Bild entsteht durch die gebotene schnelle Verwandlung als Vorbereitung für das Erscheinen der Königin der Nacht. Die Bühne ist nun zu einem unendlichen, von Sternen in symmetrisch-rhythmischer Anordnung übersäten dunkelblauen Himmelsgewölbe geworden. Ein Augenzeuge der Aufführung, der Berichterstatter des ›Dramaturgischen Wochenblattes‹, führt den ergreifenden Eindruck, der von diesem sternfunkelnden kosmischen Gewölbe ausging, auf die »erhabenste und genialste« Art der Gestaltung durch Schinkel zurück. Er schreibt darüber:

»Ganz im Hintergrund, am Horizont dieses Sternengewölbes, hat sich ein dunkles, von Lichtsäumen umfaßtes Gewölbe gelagert; hinter ihm, im Mittelpunkt der Gardine, schwebt die Königin der Nacht, auf der glänzend erleuchteten Mondsichel stehend, wie aus den Fluten des Meeres empor und schreitet von da aus über das Gewölk hinaus in die Bühne. Der nun über den Wolken ruhende Mond macht in dieser ganzen nur wie eine flüchtige Erscheinung vorübergleitenden Szene einen großen magischen Effekt. So viel vermag man durch einfache, genial aufgefaßte und am rechten Ort angewendete Mittel zu erreichen! Die dritte Dekoration stellt eine Halle in Sarastros Burg dar (Zimmer der Pamina). Auf einigen wenigen, fast in der Mitte der Gardine zusammengestellten großen dicken Säulenstämmen, wie sie der ägyptischen Baukunst eigen sind, ruht die Decke des Saales. Eine durch angedeutetes Laubwerk nahe begrenzte Durchsicht wird selbst durch einen davor angelegten Springbrunnen unterhalb, zum Teil sehr absichtlich, verdeckt. Die Grundfarbe der Architektur ist dunkel; die Wirkung ist für die Personen des Schauspiels sehr vorteilhaft. Die vierte Dekoration stellt den Tempel der Weisheit vor, der, ganz im ägyptischen Stil, von vorne gesehen, die Breite der Gardine einnimmt; oben darüber die sitzende Statue des Osiris; auf Berghöhen ragen große, durchaus lichte und in der Farbe sanft gehaltene Baummassen hervor und unterbrechen sehr zweckmäßig den scharfen Abschnitt der horizontalen Linien, welche die Konstruktion des Tempels erforderte. Die braun-graue Farbe des Gesteins, aus welchem der Tempel erbaut scheint, sowie die in der Entfernung nur mäßig hervortretenden Verzierungen sind für das Auge sehr vorteilhaft.

Zahlreicher sind die Dekorationen des zweiten Akts. Gleich die erste derselben, der Palmenhain, in welchem Sarastro die Versammlung der Priester hält und Tamino zur Einweihung in die Geheimnisse aufgenommen wird, ist überraschend schön und von trefflicher, malerischer Wirkung. Den Vordergrund bildet wieder die Felsengrotte. Eine schmale Schlucht windet sich auf der Gardine durch sich schräg abdachende Berge, die von Palmen, Pisang und andern Baumarten und Pflanzen, sehr charakteristisch gezeichnet, bewachsen sind und die enge Bergschlucht beschatten. Durch diese öffnet sich die Aussicht auf ein bebautes, reiches Tal, das ganz in der Ferne von duftigen, wolkentragenden Gebirgen begrenzt ist. Eine Balustrade mit zwei Sphinxen am Eingange, da wo sie sich gegen das Tal öffnet, trennen den eigentlichen Schauplatz und den Versammlungsort der Priester von der hinteren Landschaft. Die zweite Dekoration bildet den Vorhof des Prüfungstempels mit großen schönen Bäumen, vielleicht dem Sykomorus, und andern beschattet. Durch die Bäume zeigt sich in der Entfernung ein Teil des Tempelgebäudes.

Die dritte Dekoration stellt einen Teil der Gärten des Sarastro vor. Ein herrliches Nachtstück mit Mondbeleuchtung, ganz in der reinen Klarheit des südlichen Himmels, doch ohne alle Blendung fürs Auge, von der sanftesten Wirkung. Auf einer Insel an einem See erhebt sich in der Entfernung auf einem hohen Unterbau ein großer Sphinx, seitwärts vom Vollmond beleuchtet. Ernst und feierlich schaut der geheimnisvolle Koloß auf die Stille der Natur. Durch eine ganz dunkel gehaltene architektonische Einfassung des Wasserrandes im Mittelgrunde, auf welcher sich an zwei Stellen Statuen erheben, wird alles in der Ferne magisch zurückgeführt. In diesen Umgebungen einer großen Natur, in dieser lauen Luft, schläft Pamina am Ufer des Sees bei der Eröffnung der Szene …

Die vierte Dekoration zeigt uns die Vorhalle des Labyrinths, in welches Tamino eingeführt werden soll. Ein großer Säulengang bildet den Mittelgrund auf der Gardine. Die Zwischenräume der Säulen gewähren die Durchsicht auf die jenseits gelegenen Teile des großen Gebäudes, welche sich in duftiger Ferne verlieren. Die fünfte stellt einen Teil der unterirdischen Gänge des Labyrinths vor. Der Lokalton und die ganze Zusammenstellung der Licht- und Schattenmassen ist, ohne grellen Absatz, auf die Beleuchtung durch Fackel- und Laternenlicht berechnet. Die etwas wüste und rohe Unbestimmtheit der architektonischen Konstruktion, deren Formen sich in die nächtliche Dunkelheit der weiten und tiefen Gänge verlieren und woraus hier und da nur starre Götzenbilder mumienartig hervortreten, vermehrt dem Zuschauer den Schauer, womit ihn der Anblick des Ortes erfüllen soll. Eine Landschaft mit der Aussicht auf Sarastros Burg, hinter welcher die Sonne steht, im Mittelgrunde ein Teil des Nils, mit Pisang, Schilf und Sumpfkräutern am Ufer bewachsen, und besonders die Gebäude im Duft des noch nicht blendenden Sonnenlichtes schwimmend, gewährt ein sehr angenehmes Bild in der sechsten Dekoration.

In der siebenten erblickt man wieder durch die dunkle Felsengrotte, wie vorhin, den Eingang des auf hohen Felsen, mit behauenen Stufen versehen, gelegenen Sonnentempels mit den darunter befindlichen Höhlen des Feuers und des Wassers. Es war sehr weise gehandelt, das Feuer nicht unmittelbar selbst auf der Bühne, etwa durch einen Transparent, was nur unzulängliche Wirkung macht und alle Täuschung aufhebt, darzustellen. Nur an dem starken Widerschein des

Feuers (durch wirkliches Flammenfeuer zwischen den Kulissen angebracht) zeigt es sich an den wüsten Wänden eines sich rechterhand verlierenden, tiefen Felsenganges und an dem zunächst angrenzenden Teile des wirbelnden und flutenden Wassers. Die Grundfarbe des Felsens und des Tempels, durch dessen Säulenöffnungen über der Zwischenmauer, die ihn unterhalb verschließt, die Sonnenstrahlen durchscheinen und den vollen Glanz des Sonnenlichtes im Tempel selbst ahnen lassen, ist von vorzüglicher Wirkung. Die letzte Dekoration überrascht mit dem Anblick des Innern des kolossalen, prachtvollen Sonnentempels selbst. Im Hintergrund der erhabene, reiche Thron des Osiris, auf diesem die Statue desselben sitzend, über alles hervorragend. Unterhalb, in einiger Entfernung von ihm, auf einem hohen, reichverzierten Dreifuße ruhend, ein großes Opferbecken. An den Seiten des Tempels kolossale adorierende Priester-Statuen. Ganz im Hintergrunde erhebt sich, fast in seinen Umrissen unscheinbar, aus dem Lichterglanz, welchen das Sonnenbild hinter dem Kopf des Osiris verbreitet, schimmernd hervortretend, eine große Pyramide, weit über das Innere des offenen Tempels hervorragend. Von diesem Lichtpunkte geht die ganze Beleuchtung der reichen Szene aus, die hier wie billig das ganze Zauberstück mit einer großen überraschenden Erscheinung schließen mußte.«

Obwohl Schinkels Bühnenbilder als Kunstwerke einzigartig sind, weisen sie doch einen Mangel auf. Denn sie sind so sehr in sich selbst geschlossen, daß sie des Sängers und Schauspielers gar nicht mehr bedürfen und dieser sich nur schwer in die Großartigkeit der Szenerie einzufügen vermag. In dieser Hinsicht besteht zwischen den Bühnenbildern Schinkels und den Bildern C. D. Friedrichs eine Parallele, denn auch in diesen Szenarien steht der Mensch der übermächtigen Natur klein und isoliert gegenüber. In der Atmosphäre dieses Klassizismus ist aber kein Platz mehr für die Reste des Barocktheaters, so vor allem nicht für das Spiel von

Papageno und Papagena. Auch die Königin der Nacht hat durch Schinkel eine Umdeutung aus dem Geiste der Romantik erfahren. Nun hat sie ihren unruhigen, dämonisch-schillernden Charakter verloren. Sie ist, im Sinne von Novalis' ›Hymnen an die Nacht‹, zum Urgeist der alles Lebendige wohltätig einhüllenden Nacht geworden; sie wirkt nicht mehr als das Gegenprinzip zum Licht, sondern als das allzeit bereite Ziel desselben.

Der Sonnentempel ist zudem in der Auffassung Schinkels keineswegs mehr das Zentrum des alles durchdringenden Lichtes, die Stätte der Erlösung, sondern wirkt düster und bedrückend. Dies entspricht aber nicht der Gesinnung und der Absicht Mozarts, sondern stammt aus der der Romantik verpflichteten Geisteshaltung Schinkels. »Zu dieser Nachtansicht des Architektonischen gehört organisch eine Nachtansicht des Lebens, der Natur und der Antike, ein tiefes Verhältnis zu den ›chthonischen Mächten‹, zur ›dunklen Erde‹, zum Tartarus und zum Tode« (H. Sedlmayr). Infolge dieser Geisteshaltung der Romantik stand die ›Nachtseite der Natur und der Seele‹ in der Mitte ihres Sinnens und Trachtens.

Der epochemachende Erfolg der Berliner Zauberflöten-Inszenierung drängte den alle Fortschritte auf dem Theater aufmerksam beobachtenden Goethe auch für Weimar zu einer Neugestaltung des Werkes. Im gleichen Jahre 1817, in dem Goethe den Theatermaler Friedrich Beuther als Bühnenbildner nach Weimar verpflichtete, gab er ihm auch den Auftrag, die Zauberflöte szenisch neu zu gestalten; leider konnte man sich in Weimar aus Sparsamkeitsgründen nicht zur Erneuerung aller Bühnenbilder entschließen. Die von Beuther neu verfertigten Szenenbilder sind offensichtlich durch Schinkel beeinflußt – mit dem Unterschied, daß Beuthers Bilder weitaus mehr von den Stichen der den Orient beschreibenden Reisewerke und durch einen weniger romantischen als realistischen Historizismus bestimmt sind. Seine Szenerien geben ein zwar heroisches, aber doch neutrales

22 Zauberflötenvorhang des Theaters an der Wien (rechte Hälfte).

im Jullius.

die Zauberflöte. — aufgeführt den 30t. September.
— — — — — — eine teutsche Oper in 2 Aufzüg
bestehend in 22 Stücken. — Sängerinen. — Mad:selle Gottlieb. Ma
Mad:e Klöpfler. Mad:selle Hofmann. Männer. Hr: Schack. Hr: Gerl.
Hr: Kistler. Hr: Schickaneder der Jüngere. Hr: Nouseul. — Chör

den 5t. September. — aufgeführt
La Clemenza di Tito. opera seria in Due a
nazione di sua Maestà l'imperatore Leopoldo I
vera opera dal Sig:re Mazzolà. Poeta di sua A: S
Sassonia. — Attrici: — Sig:ra Marchetti fantoz
— Attori. Sig:re Bedini. Sig:ra Carolina Perini
Baglioni. Sig:re Campi. — e Cori. — 24

den 28t. September.
zur Oper. die Zauberflöte — einen Priestermarsch

Ein Konzert für die Clarinette. für Hr: S
Begleitung. 2 violini, viole, 2 flauti, 2 fagotti, 2 Cor

den 15t. November.

Eine kleine Freymaurer-Kantate. bestehend in
2 Recitativen, und ein Duo. Tenor und Bass.
2 violini, viole, Basso, 1 flauto, 2 oboe e 2

24 Silhouette Schikaneders und Bühnenansicht des Freihaustheaters in Wien

Titelkupfer aus ›Almanach für Theaterfreunde‹ 1791.

25 Innenraum des Theaters an der Wien, 1830.

23
Text- und Notenseite aus dem eigenhändigen Werkverzeichnis Mozarts, 1791
Die abgebildeten Seiten tragen als erste Eintragung Mozarts Notizen zur Zauberflöte und zum ›Titus‹.

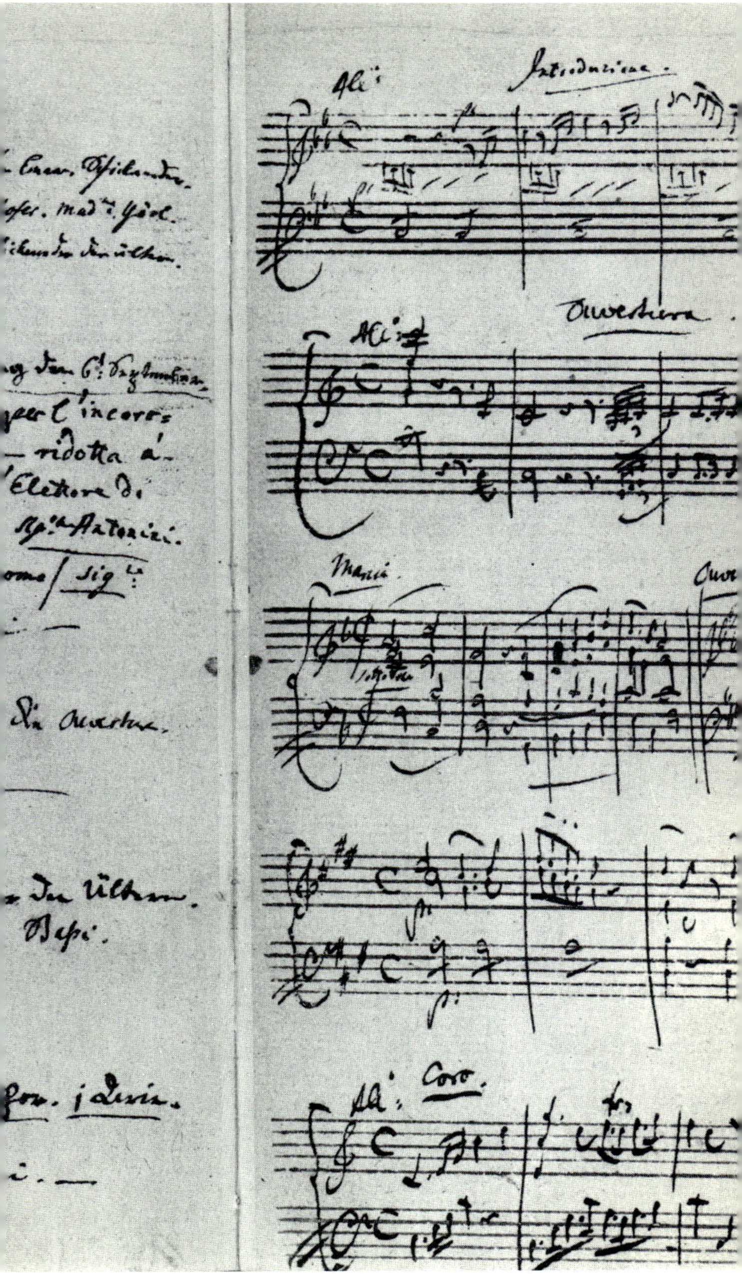
Introduzione.
Marcia
Coro.

26 Das Zauberflöten-Häuschen
Ehemals im Garten des Freihauses in Wien,
jetzt im Garten des Mozarteums in Salzburg.

Bühnen-Ägypten von archäologischer Treue wieder; das bei Schinkel noch vorhandene kosmische Element, die Empfindung der Unendlichkeit, ist hier verschwunden.

Goethe selber berichtet, daß Beuther es vermochte, »durch perspektivische Mittel die kleinen Räume ins Gränzenlose zu erweitern, durch charakteristische Architektur zu vermannigfachen«. Damit aber deutet Goethe auch den Wandel der Auffassung vom Klassizismus zur charakteristischen, das will sagen, historischen Architektur seit der Erstaufführung der Zauberflöte von 1794 in Weimar an. Die Färbung dieser »ins Bräunliche fallenden« Szenerien ist duftig und zart, wie sich dies Goethe im Gespräch mit Eckermann – am 17. Februar 1830 – wünschte, damit »die Farben der Gewänder sich in aller Frische heraussetzen«. Durch solche Farbgebung unterscheidet sich Beuther jedoch wesentlich von der für jene Zeit modernen Art Schinkels. Denn die schwere, großflächige Färbung der Szenenbilder Schinkels ist durch das Vorbild der griechischen Polychromie geprägt. Daher die Flächen von pompejanischem Gelb und Rot und die vielfältigen, aber intensiven Blaus und Violetts.

Beuther zeigt nun in einem seiner besten Entwürfe zur Zauberflöte als ›Vorhof im Tempel der Isis‹ einen schattigen Tempelhof, von dem aus man zwischen Kolossalsäulen hindurch auf eine prachtvoll gestaltete Tempelstraße blickt. Ein anderer der Entwürfe stellt eine schräglaufende Tempelstraße mit einer Sphinxallee dar. Indem Beuther auf den vom Textbuch vorgeschriebenen Palmenhain verzichtet, gelingt ihm eine Architektur von monumentaler Wirkung. Im Entwurf zum Souterrain, dem Vorraum des Prüfungsortes, ist die Anlage schräg perspektivisch; von einem mächtigen Mittelpfeiler ausgehend, öffnen sich Säulenreihen in einem rechten Winkel. Die Nüchternheit des so entstehenden Raumgebildes wird teilweise durch phantastische ägyptische Ornamente ausgeglichen. Die einzelnen Architekturteile wirken ägyptischer als bei Schinkel. Freilich, dem Geist der Zauberflöte entsprechende Bühnenbilder sind dies nicht; auch von ihnen läßt sich – ähnlich wie in bezug auf die Szenerien Schinkels – sagen, daß sie viel zu geschlossen und zu gewichtig sind, als daß sie eine nur dienende, die Stimmung fördernde Funktion im Geschehen der Zauberflöte hätten, wie dies bei den luftigen Bühnenbildern von Josef Quaglio aus dem Geist des späten Rokoko für die Aufführungen in München und in Mannheim 1793 der Fall ist, oder wie sie die genialen Szenerien von Oskar Strnad für die Salzburger Aufführungen von 1928 aufweisen.

Die bedeutendsten Bühnenbilder zur Zauberflöte, die unmittelbar nach den berühmten von Schinkel entstanden sind, stammen von dem Münchner Simon Quaglio. Seine Szenerien, 1818 aus dem Geist des romantischen Klassizismus geschaffen, ersetzten die Dekorationen seines Vaters von 1793. Später, 1839–40, schuf er dann eine weniger bedeutende zweite Fassung der Bühnenbilder zur Zauberflöte, die er als phantastisch-neugotische Märchenwelt gestaltete. Auffallend ist bei Simon Quaglio das Schwanken zwischen zwei Stilprinzipien innerhalb der gleichen Reihe von Bühnenbildern; bei den einen tritt mehr das Ägyptische hervor, bei andern mehr die romantische Gesinnung. Aber eigentlich ist seine Kunst bereits nicht mehr dem romantischen Klassizismus zuzuzählen, obwohl seine Zauberflöten-Entwürfe nur zwei Jahre später als diejenigen Schinkels entstanden sind. In ihnen kündet sich die volle Romantik an, worauf auch die mehr malerische als architektonische Gestaltung seiner Bühnenbilder hinweist. Wie Schinkel, verfügt Simon Quaglio über eine gründliche Kenntnis der ägyptischen Architektur und zugleich auch über das Empfinden für kosmische Größe und Weite. Von seinem Vater Josef, dessen Schüler er war, hat er die Neigung zur barocken Phantasie übernommen, durch welche Mitgift er immer wieder das Kolorit des Historischen durch die innerlich empfundene Wahrheit zu überwinden vermochte.

Aus der Zahl seiner Szenenentwürfe für die Zauberflöte ragen vor allem zwei im Theatermuseum München bewahrte hervor, die ›Königin der Nacht‹ und der ›Sonnentempel‹. Sie schmücken beide dieses Buch und sind zum ersten Male farbig wiedergegeben. Die Erscheinung der Königin der Nacht ist aus dem Geist der Romantik gestaltet; es ist ein seelenergreifendes Bild, das auch außerhalb der Bühne, für die seine Ausführung bestimmt war, eine tiefe Wirkung auf den Beschauer ausübt. Vor dunklen Wolken schwebt ein mild leuchtender Mond, in dessen Lichtschein die Königin in gelassener Erhabenheit, in ihren bestirnten Mantel gehüllt, bedeutend, aber durchaus nicht dämonisch auf Wolken steht. Von ihren Schultern weht – in einem mächtigen Kreis sich bauschend und von Genien gehalten – ihr Mantel, der mit der Königin als Mitte einen ungeheuren Trichter bildet. Oben ziehen vom Sturm getriebene Wolken vorüber, während sich, im Gegensatz zu diesen, ein Zug geisterhafter, erhabener Gestalten, die wie steinern wirken, vom linken Bildrand schräg in die Tiefe des Raumes bewegt; es mögen Sternengeister oder Schicksalswalter sein. Dies Blatt gehört mit zum Besten der romantischen Kunst. Mit Recht bezeichnet der Münchner Theaterwissenschaftler Artur Kutscher diese Bühnenbilder Simon Quaglios zur Zauberflöte als das Größte, was die Theatermalerei des 19. Jahrhunderts hervorgebracht hat.

Der Entwurf Quaglios für den Sonnentempel gehört zum Eigenartigsten, was je zur Bildwerdung der Zauberflöte geschaffen wurde. In diesem Blatt verbindet sich das großartig Phantasievolle der barocken Bühnengestaltung mit dem durch christliche Empfindung beseelten kosmischen Weltgefühl der Antike. Was in diesem Entwurfe dargestellt wird, ist freilich kein Tempel im üblichen Sinn, sondern der Kosmos als Tempel der Sonne, eine Vision, die in ihrer Größe und Erfindungskraft Goethes würdig wäre. Es sind da die beiden oberen, aufeinandergestellten Säulenreihen einer riesigen, vielstöckigen, den Kosmos ausfüllenden Rotunde zu sehen; sie werden durch breite Gesimse voneinander getrennt. Auf dem obersten Gesims stehen zwischen oder an den Säulen an ägyptische Gestalten erinnernde Figuren, welche Schalen mit Räucherwerk in ihren Händen halten. Zwischen den Säulen und über dem oberen Rand der Rotunde schimmert ein zartblauer Himmel, der durch die goldenen Strahlen der Sonne in viele regelmäßige Sektoren gegliedert ist, die zudem noch von zahllosen, regenbogenartigen Halbkreisen überschnitten werden.

Als drittes Feld wölbt sich von links vorn nach rechts hinten der schmale Ring der Tierkreisbilder aus dunklerem Blau über die Architektur der Rotunde hinweg; er verbindet die unendliche Ferne der Sonnenregion (der Götter) mit der Nähe des Irdischen. Dieser Sonnentempel entspricht in keiner Weise den szenischen Anweisungen Schikaneders. Umsomehr aber steht der klare, lichte, kühne Bau, diese transparente Architektur – man könnte sie mit der Vision der himmlischen Licht-Stadt der Apokalypse aus ›transparentem Gold‹ vergleichen – in einem echten Bezug zum Geist und den Aussagen der Musik Mozarts. Denn das Festliche und Feierliche dieser Vision eines kosmischen Lichttempels, die durchlichtete Schönheit dieses himmlischen Baues wirkt als kongeniale Entsprechung zu Mozarts ätherischer Musik. Nur selten wurde ein Künstler in seinem Werk derart tiefreichend vom Geiste Mozarts inspiriert.

Die Zeit unmittelbar nach den Napoleonischen Kriegen war eine ungemein fruchtbare und schöpferische gewesen. Dies gilt auch für die Neugestaltungen der Zauberflöte. Im gleichen Jahre 1818, in dem die außerordentlichen Bühnenbilder Simon Quaglios entstanden, schuf Anton de Pian (1784 in Venedig geboren, 1851 in Wien gestorben) solche für die Neuinszenierung der Zauberflöte im Kärntnertortheater. Glücklicherweise sind sie durch Stiche von Norbert Bittner erhalten geblieben. Sie erinnern auffällig an den romantischen Klassizismus von Piranesi und dessen heroischen Architekturstil, an dessen mit historischen Elementen frei phantasierte

Gewölbe, Kerker und gespenstisch ruinenhafte Paläste. Mit schweren Bögen, starken Licht- und Schattenwirkungen, seltsam verschobenen Durchblicken vermag de Pian in seinen Entwürfen die Atmosphäre des großartig Geheimnisvollen hervorzurufen. Hinzu kommt, daß de Pian die aus dem Barock stammende Betonung der Mittelachse und der Symmetrie aufgibt; seine Szenerien sind bewußt asymmetrisch geordnet, wobei die vorderen Kulissen in diese Verschiebung in die Schräge mit einbezogen werden, so daß der rückwärtige Prospekt und die vorderen Kulissen in ein einheitliches Achsensystem zusammengefaßt werden.

In der zweiten Hälfte des 19. Jahrhunderts erfolgte durch die Stabilisierung des Bürgertums und die schnelle Mehrung seines Reichtums eine Rückwendung zum Sinnlichen und Farbigen des Barock; die Vorliebe für das bis zur Überladenheit gesteigerte Prunkvolle meldete sich an. Jedoch war dieses Wiederaufleben des Barock nur äußerlich. Denn hinter der barocken Fassade des aufsteigenden Bürgertums verbarg sich ein sattes, rein diesseitig orientiertes Lebensgefühl, ein mit Sentimentalität gepaarter Atheismus, der dem echten Barock mit seiner kosmischen Religiosität fern und fremd war.

Eine wichtige Station in dieser Entwicklung war die Aufführung der Zauberflöte in der neuerbauten Wiener Hofoper am 1. September 1869, wo sie schnell wieder zu einem Erfolgsstück ersten Ranges wurde. Josef Hoffmann schuf die weiträumigen, allerdings auch mit Einzelheiten übermäßig belasteten Dekorationen, die, wie die meisten in der zweiten Hälfte des 19. Jahrhunderts, durch das Malerische bestimmt sind, da Hoffmann von der historischen Landschaftsmalerei her kam. Nach ihren Gesetzen schuf er auch seine Bühnenbilder, die allerdings der architektonischen Elemente ermangelten; diese wurden jeweils äußerlich durch Treppen, Podeste etc. hinzugefügt. Auch die Einführung des Gaslichtes, dessen Helligkeit den Verzicht auf die bisher übliche und notwendige, scharf konturierende Malweise erlaubte, förderte das

Zerfließen der Formen des Malerischen und Atmosphärischen. Doch damit war auch die Bahn freigemacht für das Aufkommen des Impressionismus in der Bühnenkunst.

In München ließ von 1889 an der Intendant Ernst von Possart, zusammen mit dem Generalmusikdirektor Levi, Neuinszenierungen aller Mozart-Opern durchführen. Die Bühnenbilder zur Zauberflöte schuf Karl Lautenschläger, der für die Feuer- und Wasserprobe eine Wandeldekoration einführte, sich aber sonst an den Historizismus im ägyptischen Stil hielt. Es ist zweifellos ein Verdienst Possarts, daß er nicht nur auf den Originaltext Schikaneders zurückgriff, sondern für das zweite Finale, in dem sonst die Sänger, einem lebenden Bilde gleich, unbewegt verharren, den Tanz hinzufügte, der nach antiker Anschauung die rhythmische Entsprechung der Sphärenmusik darstellt.

Gustav Mahler, der große Reformator der Wiener Oper, der in Zusammenarbeit mit dem Bühnenbildner Alfred Roller eine revolutionäre Neugestaltung vor allem des ›Don Giovanni‹ und von ›Figaros Hochzeit‹ unternahm, ist freilich an seinen Versuchen zur Inszenierung der Zauberflöte gescheitert. Vielleicht darum, weil er es nicht für nötig hielt, neue Bühnenbilder für dies Werk gestalten zu lassen; er begnügte sich mit Verbesserungen der Dekorationen Hoffmanns durch Roller und andere Künstler, was freilich keine einheitliche und überzeugende Gestalt und Stimmung ergeben konnte.

Es mußte erst zu einem grundsätzlich neuen Verständnis des Verhältnisses von Bild und Musik auf der Bühne kommen, damit die Bahn frei wurde zu sinnvollen Experimenten und zur Gestaltung von Bühnenbildern aus dem Geiste der jeweiligen Musik. Diese Neubesinnung vollzog – stellvertretend für manche andere seiner Zeit, die in ähnlicher Richtung vordrangen – der Genfer Adolphe Appia. Nach seinen Grundsätzen wurden, bewußt oder unbewußt, die Inszenierungen der meisten Opern reformiert, vor allem aber derjenigen Mozarts und unter diesen wieder insbesondere die Zauberflöte. Es ergab sich eine grundsätzlich neue Einstellung zu den bildnerischen und dramaturgischen Problemen gerade dieses Werkes. So versuchten die Schöpfer der Bühnenbilder der Leipziger Inszenierung von 1909 – allerdings beeinflußt von der Gestaltung des ›Don Giovanni‹ durch Roller –, für die Zauberflöte einen architektonischen Rahmen zu schaffen. Freilich kamen dann – ähnlich wie bei den Schinkelschen Bühnenbildern, aber nun aus andern Gründen – die Papagenoszenen in dem aus mächtigen Türmen und Quadern gestalteten Bühnenraum nicht mehr zur Geltung. Hingegen war es gewiß ein Fortschritt, daß vor allem die Prüfungsszenen des zweiten Aktes mit Hilfe von Wandeldekorationen bei offenem Vorhang – wie dies Schikaneder gewollt hatte – pausenlos durchgespielt werden konnten.

Was Alfred Roller in bezug auf die Zauberflöte in Wien nicht gelungen war, versuchte er in Salzburg beim Mozartfest von 1910 unter der Regie der Sängerin Lilli Lehmann nachzuholen, die »alle Herzlichkeit und freudige Heiterkeit des österreichischen Gemüts« der Zauberflöte wiedererwecken wollte. Ägyptische Pylone bildeten einen festen Rahmen, innerhalb dessen die Bühnenbilder wechselten. So zeigt die Szene des Erscheinens der Königin der Nacht links und rechts nur einige Baumsilhouetten vor tiefblauem Himmel. Sie selber ist ohne weiteren Aufbau vor die Weite des farbintensiven Himmels gestellt. Im Bilde: ›Kurzer Vorhof des Tempels‹ verkürzt ein quergestelltes Podest, auf dem – vor Gewitterhimmel – eine gewaltige Sphinx gelagert ist, die Bühne. So werden mit einfachen Mitteln, fast ohne Beiwerk, große Wirkungen erzielt.

In Mannheim unternahm es 1916 Gustav Sievert, unter der Regie Hagemanns und der musikalischen Leitung Furtwänglers, die Zauberflöte als deutsches Märchen und als »Menschheitsstück, mehr aus dem Gefühl des Rokoko, als aus dessen Stil heraus« zu gestalten. Sievert verzichtete auf die traditionellen massigen Paläste und Säulengänge, »die sich nur wie schwere Klötze an die so erdenferne Musik anheften«. Im Gegensatz zur Leipziger Aufführung aber ließ Sievert zwischen den Prüfungs-Szenen des zweiten Aktes jeweils den Vorhang fallen, um so eine Mosaikwirkung zu erzielen. Er baute seine Bühnenbilder ganz auf den Kampf von Licht und Finsternis auf; anstelle realistischer Landschaften traten phantastische Blumen und Bäume, welche die Szenen umrankten. Eine einfache, die Gegensätze betonende Farbsymbolik, blauviolett für die Nacht, gelb-weiß für den Tag und buntfarbig für die Triebwelt Papagenos, bildete den farbigen Rahmen und die Stimmung dieser Inszenierung. Das dekorativ ornamentale Element verdrängte hier radikal das architektonische. Im Bild: ›Prächtiges ägyptisches Zimmer‹ wird die Bühne durch einen granatapfelähnlichen Ausschnitt weitgehend eingeengt; in diesem steht auf ockerfarbigem Grund ein schmales, durch eine Treppe zu erreichendes Podest und auf diesem das Bett Paminas. Die zu einer flachen Nische verkürzte Szene wird rückwärts durch ein goldenes Gitter abgeschlossen – eine Art von goldenem Käfig, dessen sich Sievert mit Vorliebe auch später in manchen Szenen bediente.

In seinen Entwürfen für Stuttgart von 1913–16, die allerdings wegen des Krieges nicht zur Ausführung kamen, stellte der Maler, Architekt, Bildhauer und Graphiker Bernhard Pankok die Zauberflöte in einen festen goldenen Rahmen; nur die bemalten Prospekte und die plastischen Versatzstücke wechselten. Auf diese Weise waren die vierzehn Verwandlungen schnell zu bewerkstelligen. Diese Bühnenbilder sind mit großem Können und viel Phantasie entworfen: hellfarbig, licht und leicht und doch mit starker und zutreffender Charakterisierung, in einer Art von deutschem Sezessionsstil. Besonders glücklich wirken die so oft vernachlässigten, reizvoll stilisierten Kostüme. Im Jahre 1919 realisierte dann Pankok in Stuttgart eine neue Version seiner Bühnenbilder, diesmal als Versuch, einen märchenhaft-indischen Stil mit architektonischen Formen zu verbinden. Allerdings ließ sich Pankok durch die reichen zur Verfügung stehenden Mittel zu komplizierten plastischen Bauten auf der Bühne verführen, deren Schwere letztendlich dem Geist der Zauberflöte entgegenwirkte.

Für die Neuinszenierung der Zauberflöte an der Staatsoper Berlin unter der musikalischen Leitung Leo Blechs schuf der Maler Ludwig Kainer 1922 die Bühnenbilder. Auch Kainer ging in der Gestaltung von einem festen Rahmen aus, der durch einen Sockel links und rechts und Säulen am Portal der beiden üblichen Türen gebildet wurde. Hinter diesem Proszenium befand sich eine flache Bühne mit auswechselbaren Dekorationen, die – wie bei Sievert und den frühen Entwürfen von Pankok – nur Reliefwirkungen zuließ. Zehn Jahre später schuf Kainer für das Stadttheater Zürich neue Bühnenbilder zur Zauberflöte mit phantastischen, duftigen und weiträumigen Paradieslandschaften.

Im Jahre 1928 ließ die Staatsoper Berlin die Zauberflöte erneut gestalten; diesmal durch den Griechen Panos Aravantinos, dessen Werke alle eine exotische Tendenz aufweisen. Er versetzte die Zauberflöte in ein Phantasiereich: in seinen Bühnenbildern finden sich Anklänge an die verschiedensten orientalischen Stile. Der feste Bühnenrahmen, den er entwarf, hat aber nicht mehr architektonische, sondern nur noch dekorative Bedeutung.

Hans Wildermann schuf 1927 Bühnenbilder zur Zauberflöte für Breslau (und später auch für Salzburg). Obwohl Bildhauer, weisen seine großangelegten Entwürfe eine zarte Atmosphäre auf, ohne deshalb das architektonische Element auszuschalten. Er versuchte, mit seiner Gestaltung die im sezessionistischen Stil vorherrschende Reliefwirkung wieder durch eine neue Raumwirkung zu überwinden und zwar durch einen in allen Szenen gleichbleibenden architektonischen Aufbau, der sich bis in die Tiefe der Szene fortsetzt. Dieser findet im Vordergrund seine Begrenzung durch ein die Bühne umrahmendes monumentales Portal aus Steinblöcken, das sich nach oben verengt. Hinter ihm steigen in der ganzen Breite der Bühne von Podesten durchbrochene und von Gebäuden flankierte Stufen auf. Damit schuf Wildermann eine Art von ›Neutralbühne‹, deren Verwandlungen bestenfalls noch durch auswechselbare Prospekte ganz im Hintergrund, aber zumeist durch die sich verändernde Beleuchtung herbeigeführt werden. Zu diesem Zwecke ist selbst die Färbung der Bühne ›neutral‹, das heißt grau, weil sich nur das Grau durch die Beleuchtung in allen Lichtfarben tönen läßt.

Den äußersten Gegensatz zu diesem schwelgerischen Exotismus bilden die Bühnenbilder des Bildhauers Ewald Dülberg, die dieser 1930 für die Krolloper in Berlin schuf. Aus dem Geist des Kubismus entwickelte er eine strenge, helle Stalaktiten-Architektur als festen, fast unveränderlichen Rahmen für die Handlung. Freilich ging von dieser eigenartigen kubistischen Architekturbühne, eine der wenigen Operngestaltungen dieser Art, keinerlei stilbildende Wirkung aus.

Die denkbar größte Hoffnung auf das Gelingen einer klassischen und vollgültigen Inszenierung der Zauberflöte wurde 1928 erweckt, als das Werk erstmals in den Spielplan der Salzburger Festspiele aufgenommen wurde, die trotz mancher musikalisch-geschäftlicher Randerscheinungen doch wohl vor allem der Kunst Mozarts gewidmet sind. Freilich wurde diese Hoffnung in einer Hinsicht schon bald enttäuscht, als Max Reinhardt aus äußeren oder inneren Gründen die Aufgabe einer solchen Inszenierung nicht übernahm. Zweifellos haben es die Leiter der Salzburger Festspiele als eine ihrer wichtigsten Aufgaben betrachtet, dem ›Testament‹ Mozarts szenisch und musikalisch gerecht zu werden. Dennoch gelang keine grundlegende und beispielgebende Formulierung des Werkes, so interessant auch die vielen Versuche zur Realisierung der Zauberflöte gewesen sind. Aber keine der Inszenierungen, keines der Bühnenbilder konnte sich auf die Dauer halten. Dies gilt auch von der bisher letzten Inszenierung von 1963 bis 1964 mit dem ungekürzten (und überlangen) Papagenotext Schikaneders, mit den – soweit es die Pflanzenwelt betrifft – rousseauhaften Bühnenbildern und mit der, dem Zeitgeist allzu weit entgegenkommenden, Demokratisierung des Weisheitsbundes und seiner priesterlichen Eingeweihten.

Mit der ersten repräsentativen Aufführung der Zauberflöte in Salzburg von 1928 war die bedeutsame, inzwischen historisch gewordene Zauberflöten-Ausstellung verbunden, die erstmals einen Überblick über die literarischen und musikalischen Voraussetzungen und Probleme des Werkes und über den freimaurerischen Anteil an demselben möglich machte. Hinzu kam die Ausstellung von etwa dreihundert Bühnenbilder- und Kostümentwürfen. Doch selbst diese großangelegte Überschau konnte den unauslotbar tiefen Brunnen der Zauberflöte nicht ausschöpfen. Auf dieser Ausstellung wurde auch der preisgekrönte Entwurf des Malers und Bühnenbildners Emil Pirchan für die Aufführung der Zauberflöte in einer einzigen Dekoration gezeigt. Pirchan baut die ganze Bühne zu einem Riesenbaum mit phantastischen Wurzeln und Ästen aus, welche die einzelnen Schauplätze der Handlung in verschiedenen ›Stockwerken‹ umgreifen. Freilich sind dadurch die Spielfelder nur klein und ohne Tiefe; eine vollräumliche Wirkung muß daher zugunsten der Reliefwirkung zurücktreten. Auch geht auf diese Weise die Zentralität gewißer Szenen, so die Erscheinung der Königin der Nacht und der Auftritt Sarastros, verloren. Dieser so geistreiche Versuch war darum keineswegs eine Ideallösung.

Das große Ereignis für Salzburg, vielleicht das bisher größte, war die Erstaufführung der Oper 1928 unter Franz Schalk, in der Regie von Lothar Wallerstein, mit den einzigartigen Bühnenbildern von Oskar Strnad (1879–1935). Aber trotz des außerordentlichen Aufwandes, der das Gelingen der Aufführung gewährleisten sollte, erschien danach das Werk drei Jahre lang nicht mehr auf dem Spielplan. Erst 1931 wagte Bruno Walter wieder eine Neueinstudierung der Zauberflöte, die er nun unter dem Aspekt des Weihevollen und Erhabenen zu deuten unternahm. Wiederum wurde Strnad mit den Entwürfen für die Bühnenbilder beauftragt. Die Farben seiner beiden Serien sind äußerst zurückhaltend: Weiß, Blau und Gold – die Farben des höheren Menschentums – sind vorherrschend, während Rot und Grün – die Farben des Animalischen und Pflanzlichen – fehlen.

Die geringe Tiefendimension der Bühne des sogenannten ›alten (ersten) Festspielhauses‹ zwang freilich Strnad zur Ausnützung der Höhendimension durch einen Treppenhügel, der – im Sinne des Barock-Klassizismus – nach der Rampe hin durch einen weiß-goldenen Rahmen von gedrückt-ovaler Form begrenzt war. Und da – was Strnad erfaßt hatte – die göttliche Sonne in der Zauberflöte nicht nur das Ziel der Handlung und des Prüfungsweges darstellt, sondern weil sie auch in den verschiedensten Reflexen eigentlich stets gegenwärtig ist, war der Grundprospekt mit der Sonne und ihren großen barocken Strahlen bemalt. Vor diesem Grundprospekt hingen verschiedene Wolkenbogen, vom hellsten Weiß bis zum tiefsten Blau. Je nach der Art der Szenen, je nach der Nähe oder Ferne der sich ereignenden Begebenheiten zur Sonne, wurde diese wechselnd durch Schleier oder Kulissen verhüllt, durch welche ihr Licht – je nach dem Sinn des Vorgangs – mehr oder minder hindurchschimmerte. Dies entsprach zwar nicht der Vorschrift des Textbuches, aber weitgehend dem innern Sinn der Handlung.

Für alle vorgeschriebenen Szenen wußte Strnad neue und originelle Lösungen. So besteht die ›Halle‹ aus Kulissen (mit vergitterten, stachelbewehrten Fenstern) in verwirrenden Perspektiven; die Situation des Prüfungsweges wird eindrücklich deutlich, wenn die Prüflinge in diesem Gitterlabyrinth umherirren. Die Symbolik von Sonne und Mond war für Strnad – der mit zu den Trägern des österreichischen Neubarock um die letzte Jahrhundertwende gehörte – naturgemäß besonders wichtig. So erschien in der Fassung von 1928 die Königin der Nacht zwischen zwei schattenhaften Obelisken vor einem Schleierprospekt. Wie ein Diadem schwebte über ihr ein kleiner weißer, von einer Sternenaura umgebener Mond. Das Feuer und Wasser der letzten Probe erschien auf dem untersten Treppenabsatz in Form einer auf Schleiern gemalten Feuersäule und eines Wasserfalles, die von unten beleuchtet waren. Im Finale wurde die Treppe, auf deren Höhe sich der von goldenen Obelisken umstandene Sonnenaltar erhob, in ihrer ganzen Ausdehnung sichtbar. Über dem Altar war ein Baldachin ausgespannt, dessen Form an die barocke, von Fischer von Erlach konzipierte Josefsäule auf dem Hohen Markt in Wien erinnerte. Der Hintergrund wurde von einem großen Halbkreis von Säulen gebildet, zwischen denen weiße Vorhänge gespannt waren. Erst über diesen wurde die Sonne in ihrem vollen Glanze sichtbar. Weniger günstig wirkte sich allerdings der um das ganze Bild gelegte kreisförmige Rahmen aus, der es nicht ganz zur Entfaltung kommen ließ.

Auch in der zweiten Fassung seiner Inszenierung der Zauberflöte von 1931 hat Strnad alles Ägyptische vermieden und durch barocke Formen und Motive ersetzt. Der Treppenaufbau war nun in drei Absätze gegliedert, deren unterster und der Rampe am nächsten liegender einen konkav-konvex geschwungenen Grundriß aufwies. Die drei Tempel erhoben sich sodann auf der Höhe des Treppenaufbaues; sie bestanden aus drei gewaltigen schwarzen, mit goldenen Nägeln beschlagenen Toren, die von goldenen Karyatiden flankiert waren. Zwischen diesen Toren standen barock ornamentierte Obelisken; hinter den Tempeln ragten Zypressen auf. Es lohnt sich noch immer, sich in die Entwürfe Strnads zu vertiefen; auch für heute sind dort eine Fülle von Anregungen verborgen. Denn Strnad war einer der Wenigen, die ganz selbständig den Text und die Musik der Zauberflöte bis in alle Konsequenzen durchgedacht haben. Er reagierte auf diesen nicht aus dem historischen und intellektuellen Wissen, sondern aus dem Zentrum des Schöpferischen und zudem aus der engen Verbundenheit mit der genuin österreichischen Tradition. Unter diesem Gesichtswinkel betrachtet, lassen sich Strnads Bühnenbilder zur Zauberflöte als Parallelen zu den Dichtungen Hofmannsthals und darum als durch die gleiche Geistigkeit bestimmte Werke verstehen.

Den beiden denkwürdigen Gestaltungen der Bühne für die Zauberflöte durch Strnad schlossen sich in den letzten dreißig Jahren oft bewußt verschiedenartige Versuche an. Aber von keinem derselben ging eine stilbildende Wirkung aus. Interessant ist es, wie gegensätzlich Caspar Neher und Oskar Kokoschka ihre Bühnenbilder für die Aufführungen der Zauberflöte vor den in die Felsen gehauenen Bogengängen der Felsenreitschule in Salzburg gestalteten. Neher entwickelte im Einklang mit den regelmäßigen Bögen eine monumentale, auf das Zentrum des Sonnentempels ausgerichtete Architektur; Kokoschka hingegen stellte ein gedrängtes Konglomerat von äußerst farbigen Kulissen und Gebäuden in formalen Widerspruch gegen die ruhig schwingenden Rhythmen der Bogengänge.

Die bisher letzten Zauberflöten-Inszenierungen der Salzburger Festspiele wurden in den Sechzigerjahren geschaffen: Facetten dieses im Grunde unfaßbaren und undarstellbaren Werkes. So betonte der Wiener Komiker und Regisseur Otto Schenk vor allem den Aspekt des Wiener Singspiels in seiner Inszenierung von 1964 (Bühnenbildner: Jörg Zimmermann, Dirigent: Istvan Kertesz). Er stellte vor allem das Leichte, Bewegliche, Heitere, Unprätentiöse und Unzeremonielle des Werkes heraus. Schenk drängte als Konsequenz die metaphysischen Aspekte so weit als möglich zurück. So wirkte z.B. die Versammlung der Priester mit Sarastro in der Mitte eher wie ein Meeting des Rotaryklubs mit seinem Präsidenten als wie eine priesterliche Zusammenkunft »in diesen heilgen Hallen«. Um jedoch die Intimität der bilderbogenartigen Bühnenbilder zu wahren, hatten Regisseur und Bühnenbildner die monströse Bühne des großen Festspielhauses durch schlanke weiße, von Engeln bekrönte Säulen eingeschränkt. Dadurch wurde links und rechts je etwa ein Fünftel des Bühnenraumes »abgeschnitten und verdunkelt«. Auf diese Weise konnte sich in einem angenehm beschränkten Rahmen ein leichtfüßiges Spiel von verminderter Dramatik entfalten.

Die nächste Inszenierung von 1967 durch O.F. Schuh betonte, ja überbetonte hingegen den Gegenpol der Auffassung von Schenk in Richtung auf das pathetische Drama (Bühnenbild: Theo Otto, Dirigent: Wolfgang Sawallisch). Schuh nahm dafür nicht nur das Insgesamt der Riesenbühne in Anspruch, sondern erweiterte sie auch noch durch Aufstellung eines Chores beidseits des Bühnenrahmens auf einer Brücke, die über den Orchestergraben bis in den Zuschauerraum hineinreichte. Diesem ähnlich wie Bergknappen gewandeten Chor war die absurde Aufgabe übertragen, die Einweihungshymne der beiden Geharnischten vor der Feuer- und Wasserprobe gleichsam zu verfünfzigfachen. Die Bühnenbilder Theo Ottos waren im Stil eines monumentalen ägyptischen Rokoko gehalten, innerhalb dessen die Sänger wie Spielzeuge wirkten. Die Prunkstücke bildeten die drei ganz und gar goldenen viermannhohen Tempeltüren. Unter solchen Aspekten näherte sich diese Inszenierung dem Typus der Opera seria, innerhalb derer die alten, doch immer wieder wirksamen Späße Papagenos höchst unangebracht wirkten.

Am 7. Juni 1962 wurde das renovierte, einst auf Veranlassung von Schikaneder erbaute ›Theater an der Wien‹ mit einer Neuinszenierung der ›Zauberflöte‹ festlich eröffnet. Rudolf Hartmann, der Regisseur des Werkes (Dirigent: Herbert von Karajan) ließ auf zwei übereinander gelagerten Spielflächen mit Hilfe von bemalten Zwischenvorhängen die Szenen rasch ineinander übergehen. Die Tendenz zum Märchenhaften wurde durch die Beleuchtung unterstützt – sie arbeitete mit Tintoretto-Effekten. Auch die Bühnenbilder von Schneider-Siemsen waren in einem märchenhaften Stil gehalten; in ihnen fügten sich barocke, klassizistische und biedermeierliche Elemente zu einer irrealen Einheit zusammen. Dementsprechend strebte die Regie Hartmanns keine neuen Lösungen an, sondern versuchte einer bewährten Wiener Tradition gehorchend das Mysterium möglichst dicht mit der Harlekinade zu verschmelzen. Allerdings wurde das Herzstück der ›Zauberflöte‹, die Feuer- und Wasserprobe, szenisch nur angedeutet. Der Schluß des Werkes wich jedoch von den Anweisungen Schikaneders ab: die Königin der Nacht wird nicht vernichtet, sondern sie geht unbeschädigt mit ihrem Gefolge ab, zu neuen Taten bereit. Im September 1965 wurde diese Zauberflöten-Inszenierung in die Oper am Ring übernommen. Auch hier wurden wieder unter der Stabführung von Josef Krips ausgezeichnete Sänger eingesetzt (darunter der unvergeßliche Fritz Wunderlich). Aber die Wirkung war eine wesentlich mattere als im Theater an der Wien.

Einen zweifelhaften Mut zum Experiment bekundete hingegen Peter Ustinov in seiner Inszenierung der ›Zauberflöte‹ für die Hamburger Staatsoper, deren Premiere am 8. Dezember 1968 stattfand, dirigiert von Georg Solti und in der Ausstattung von Jean-Denis Maclés. Die Bühnenbilder waren wechselnd verspielt und streng, zuweilen auf Schatten-Umrißwirkung bedacht, die Kostüme abwechselnd von greller Farbigkeit, dann wieder von krasser Schwarzweißwirkung. Leider war das Werk im Blick auf das Show-Geschäft überreich mit Gags beladen. So schwebten zum Beispiel die drei Knaben in einer Montgolfière in den Bühnenraum, Bäume und Rosensträucher wurden von Tänzern dargestellt, die Schlange war doppelköpfig und teilte sich bei Erscheinen der drei Damen in zwei Wesen. Auch in der Inszenierung Ustinovs weicht der Schluß sinnentstellend von der von Mozart gebilligten Fassung Schikaneders ab. Der Regisseur äußerte hierzu: »Ich kann nicht leiden, wenn am Ende der Geschichte die Königin der Nacht durch ein Loch im Bühnenboden verschwindet. Ich lasse sie deshalb das Finale miterleben. Sie will die Sonne zurückerobern und Sarastro will sie ihr geben(!).

Aber das ist gegen ihren Stolz. Sie will sie schlicht stehlen, nicht aber als Geschenk annehmen. Und man soll fühlen, daß sie in zwölf Stunden zurückkommen wird, um Sarastro erneut aus seinen Träumen zu wecken.« Offensichtlich steht Ustinov auf Seiten der Königin der Nacht und gibt ihr recht. Darum ist sie in der letzten Szene ›in der Sonne‹ mit dabei und wird gleichsam zur Trauzeugin der Vermählung von Tamino und Pamina. Für Ustinov geht darum der Kampf zwischen Licht und Finsternis weiter, ähnlich wie dies Schikaneder in seiner Fortsetzung der Zauberflöte ›Das Labyrinth‹ und Goethe in seiner ›Zauberflöte, 2. Teil‹ formuliert haben.

Die bedeutendsten und originellsten, mit großer künstlerischer Meisterschaft gestalteten Zauberflöten-Inszenierungen der Sechzigerjahre (überhaupt der Nachkriegszeit) sind Günther Rennert, dem Intendanten der Bayerischen Staatsoper, zu verdanken. Allerdings sind diese beiden Inszenierungen durch äußerst entgegengesetzte Prinzipien bestimmt, was aus Rennerts Grundanschauung herrührt, daß jeder Bühnengestalter, auch wenn er über zulängliche Mittel verfügt, an dem hohen Anspruch der Opernwerke Mozarts scheitern muß. So ist dem Regisseur die Circoambulatio aufgetragen: die Umwanderung des Werkes, um immer neuer Ansichten desselben inne zu werden.

Dies hat auch Günther Rennert unternommen. In New York schuf er 1967 seine Zauberflöten-Inszenierung für die Metropolitan-Opera, gemeinsam mit Marc Chagall. Die Zusammenarbeit dieser beiden, von künstlerischen Visionen heimgesuchten, aber so verschiedenartigen Männer führte eine Sternstunde des Musiktheaters im 20. Jahrhundert herauf. Gewiß war diese Zusammenarbeit, die über ein halbes Jahr dauerte, infolge der gegensätzlichen Charaktere und Erfahrungen beider oft mit Schwierigkeiten verbunden. Aber in deren Verlauf steigerten und klärten sich beide in einer Weise, daß eine fast vollkommene Bildwerdung des Werkes und vor allem eine wahrhaft adäquate Umsetzung des Klangs in Farbe zustande kam, wie es vielleicht bisher noch niemals gelungen war: der schwebende Farbkosmos Chagalls vermählte sich auf das Innigste mit der aetherischen Klangwelt Mozarts. Chagall »hatte sich monatelang Mozart vorspielen lassen und sich eine Vorstellung von Musik als Lebensprinzip entwickelt, Musik als ordnende Lebenskraft sozusagen. Das alles im positiven Sinn. In den weiteren Diskussionen um die Gegensätzlichkeiten der ›Zauberflöte‹, nämlich Gut und Böse der drei Ebenen: Mysterium, Drama, Volksstück, ergaben sich immer wieder Schnittpunkte, an denen Chagall die Tendenz zeigte, die Gegensätzlichkeiten, die doch diese Fabel bestimmen, aufzuheben« (Rennert). Einer der Gründe hierfür war die Unfähigkeit Chagalls, böse Gesichter und Gestalten zu malen. Aus der gleichen Haltung scheute er sich vor der Dunkelheit – es konnte ihm auf der Bühne nicht hell genug sein, was, wenn es dabei geblieben wäre, sich für den großen Auftritt der Königin der Nacht katastrophal ausgewirkt hätte. Jedenfalls haben Chagall und Rennert in ihrem Zusammenwirken eine Art Gesamtkunstwerk geschaffen, in dem die Sänger und die Dekorationen mit Licht und Farbe zu einer Einheit verschmolzen. Allerdings ist diese New Yorker ›Zauberflöte‹ weder Wiener Volkstheater noch Freimaureroper mehr, sondern, losgelöst von den historischen Bedingungen, ein zeitenthobenes Gleichnis jener Liebe, die alles überwindet: Gefahr, Tücke, Angst, Stolz, Begierde, Unwissenheit und Einsamkeit, und die aus den visionären Bildern des Chagallschen Symbol-Kosmos hervorleuchtet. Dieser steuert, wie Rennert berichtet, von Anfang an auf das Schlußbild zu: »Die Bühne stellt eine Sonne dar.« Doch so eindringlich und beglückend auch das rote Sonnenreich Chagalls wirkt, so bleibt doch »für des Malers Auge diese Vision mit menschlichen Mitteln unerfüllbar, unerfüllbar wie Mozart«.

»Und trotzdem«, schließt Rennert, »werde ich lange brauchen, um mich von dieser Arbeit zu lösen, Jahre, bis ich mich aufs neue an die unaufführbare ›Zauberflöte‹ wage.«

Doch schneller, als dies Rennert 1967 ahnte, kam die Zeit für ein neues Wagnis heran. Im Jahre 1970 schuf der Regisseur für die Sommerfestspiele der Bayerischen Staatsoper eine ›ganz andere‹ Zauberflöte. Den Farben- und Blütenträumen Chagalls setzte Rennert größte Einfachheit und hochstilisierte Kargheit entgegen. Josef Svobodas Bühnenbilder erinnern an die strengen Raster Mondrians. Rennert arbeitet mit wenigen großen Symbolen, die aus den beiden Grundelementen des Zauberflöten-Mysteriums, Licht und Finsternis, gemischt sind. Diese moderne, karge Monumentalität der Szene kommt dem eigentlichen Bühnengeschehen zugute. Die Figuren der Handlung werden zur Hauptsache und erscheinen, sowohl als Typen wie als menschliche Individualitäten, in bewußter Plastizität. So wird die Zauberflöte, in große kosmische Symbole eingebettet, in der Inszenierung Günther Rennerts wahrhaft zu einem Menschendrama, jenseits von Possenspiel und Opera seria.

Am bekanntesten wurde diese Inszenierung nicht durch ihre reine, kühne und kühle Schönheit, sondern durch einen ›technischen Zauber‹, den Rennert für die Feuer- und Wasserprobe einsetzte. Es handelt sich um ein irreales, wenn man will abstraktes Laserstrahlen-Licht-Schauspiel. »In einem weitgehend selbständigen Prozeß bringt der Bühnenlaser bei Steuerung durch den Menschen zu einer Grundform in rascher Folge eine Vielzahl von Variationen dynamisch hervor« – ein Lichtgewitter, an dem vorbei wie Schatten, durch das hindurch sich Tamino und Pamina wie durch Feuer und Wasser bewegen. Gewiß ist mit diesem kühnen Experiment noch nicht das letzte Wort in Bezug auf die Verwendung der Laserstrahlen gesprochen, aber immerhin künden sich damit neue Möglichkeiten der Bühnen-Licht-Architektur und -Dramatik an.

So zeigen die Wandlungen des Bühnenbildes der Zauberflöte während über hundertsechzig Jahren nicht nur den Wandel der Bildgesinnung, sondern auch des Verständnisses dieses komplexesten aller in Europa hervorgebrachten Kunstwerke an; ja sie zeigen darüber hinaus auch die Wandlungen des Abendlandes auf seinem Schicksalsweg in die Zukunft. Seltsam und bedeutsam: jede Generation hat sich in der Zauberflöte seit ihrer Uraufführung wie in einem Spiegel geschaut und ihr Eigenstes in diesem Werk zu erblicken geglaubt. Und so bildbar und wandlungsfähig ist der Stoff der Zauberflöte, daß er sowohl im Gewande des Klassizismus, des Rokoko, der Romantik, des Naturalismus, des Neu-Barock wie der Neugotik, des sezessionistischen Stils oder des modernen Purismus, daß er sowohl historisierend wie exotisch, märchenhaft oder mysterienhaft-geheimnisvoll, sowohl ägyptisch wie zeitlos in Erscheinung treten kann. All diese Möglichkeiten sind gleicherweise im Kosmos der Zauberflöte enthalten. Dennoch wird sie durch keine je ausgeschöpft werden können – auch nicht durch die künftig fortgesetzten Versuche, ihr – auf Grund von schöpferischen Intuitionen – auf der Bühne eine ihr gemäße Gestalt zu verleihen. Denn durch die Zauberflöte spricht zu uns die Stimme des Meisters, dem wir zu unserm Heile gehorsam sein sollen, dessen Weisungen uns aufgetragen sind, auszuführen, den wir aber – was immer wir auch hierzu versuchen werden – nicht zu überbieten vermögen.

1. Exkurs

Papagenos zeitgenössische Vorbilder

Wie schon erwähnt lassen sich die Vorbilder der Papageno-Figur bis weit in die Antike zurückverfolgen. Der Vogelmensch war im alten Aegypten bekannt in der Gestalt des Ba, des Seelenleibes der Toten als menschenköpfiger Vogel, in Griechenland als Siren oder Sirene. Jedoch tauchte seit etwa dem Beginn des 5. Jahrhunderts v. Chr. in Griechenland eine verwandte Figuration, nämlich der Hahnenreiter auf: ein Jüngling, oft mit einem Stab oder einem Speer versehen, auf einem Hahne reitend. Nicht nur auf Vasenmalereien, sondern auch als Terrakotten, im Relief oder als Plastik wurde der Hahnenreiter dargestellt, so z.B. auf einem in Thorikos in Attika gefundenen Weiherelief aus dem 3. Jahrhundert v. Chr. (heute im Athener National-Museum), das den phrygischen Mondgott Men auf einem mächtigen Hahne reitend zeigt, Sinnbild allmächtiger Zeugungskraft. Aus der Zeit des Hellenismus haben sich zudem reizvolle Hahnenreiter-Figürchen erhalten.

Jedenfalls wird dies Motiv, auch abgewandelt als ein mit Hähnen bespannter Wagen, in dem ein Knabe sitzt, in der Spätantike wie darnach im Mittelalter in immer neuen Variationen ausgeformt. Doch erst seit dem 16. Jahrhundert wird es wirklich volkstümlich. Im 17. Jahrhundert ist es des öftern auf Bilderbogen zu sehen. Auf diesen Darstellungen wird der Hahn vom Mann (unter Umständen vom ›Hahnrei‹), die Henne von der Frau ›geritten‹. Auch die Porzellankunst hat das beliebte Motiv übernommen: der bedeutende Porzellanplastiker Kändler hat einen auf einem Hahn reitenden Chinesen modelliert. Die größte Popularität aber erlangte der Hahnenreiter durch Gebäckmodel des 18. Jahrhunderts, als

Kinderspielzeug, als Fastnachtsfigur in Rottweil, als Relief an einem Kirchengestühl (Rottweiler Pfarrkirche Heilig Kreuz). Auch in Märchen, deutschen und slawischen, ist es nachzuweisen. Karl von Spieß ist der Ansicht, daß es letzten Endes aus dem Iran stammt und von dort aus seinen Wanderweg durch viele Länder und Zeiten angetreten hat.

Diese weite Verbreitung während Jahrtausenden erweist, daß der Hahnenreiter zu den Urmotiven der Hochkulturen gehört. In der langen Zeit seiner Ausbreitung ist freilich seine Bedeutung variabel geworden. Doch allen Bedeutungsvarianten liegt eine einheitliche Anschauung zugrunde: der Hahn ist einerseits nach alter, allgemeiner Ansicht ein Sonnenvogel (darum ist er zuoberst auf den Türmen protestantischer Kirchen): ein Wächter, der zur Wachheit und zur Fülle des Gegenwärtigseins aufruft. Anderseits ist er das Symbol unerschöpflicher Zeugungskraft und unendlicher Paarung aus dionysischem Überschwang. Der Jüngling auf dem Hahn, oftmals mit dem phallischen Stab versehen, ist die Personwerdung urtümlicher Zeugungskraft. Der Reiter ist identisch mit dem Reittier, er wird selber zum Hahn, der mit schmetternder Stimme (wie Papageno mit seiner Panspfeife) die Hennen oder die Mädchen zum Liebesverein ruft. Gerade dies ist die Tendenz der Auftritts-Arie Papagenos »Der Vogelfänger bin ich ja«. Hahnenhaft singt er »Ich weiß mit dem Locken umzugehn und mich aufs Pfeifen zu verstehn ... alle Vögel sind ja mein«. Dem entspricht am Ende der zweiten Strophe »... und alle Mädchen wären mein«. Das Musizieren gehört nun einmal zum Hahnenreiter. So gibt es unter den hellenischen Terrakotten Hahnenreiter mit der Doppelflöte. Das Deutsche Brotmuseum in Ulm verwahrt ein Holzmodel aus Österreich, auf dem ein Hahnenreiter das Posthorn bläst. Aus Meldorf bei Hamburg ist ein Gebäckmodel mit der Darstellung eines flötenblasenden Hahnenreiters bekannt. Und wenn es sich auch hierbei um verschiedenartige Instrumente handelt, so ist doch ihr Gemeinsames, daß es Blasinstrumente sind. In diesen Zusammenhang gehören auch die einst im erzgebirgischen Sonnenberg hergestellten, auf einem Blasbalg montierten Hahnenreiter, mit denen ein Schnarrton erzeugt werden konnte. In die Reihe all dieser pfeifenden, flötenden, blasenden Mannshähne gehört auch Papageno mit seinem Faunspfeifchen.

Der Zusammenhang zwischen dem uralten Hahnenreitermotiv und seiner späten Auskristallisierung in Papageno wird noch deutlicher angesichts jener Hahnenreiterdarstellungen des 18. Jahrhunderts, welche einen Hanswurst auf dem Hahne zeigen in der typischen Kleidung: dreiviertellanger Hose, kurzer bäuerlicher Jacke, querverbundenen Hosenträgern mit dem Herzornament, der Halskrause und dem spitzkegeligen Hut. Papageno ist jedoch eine wienerische Abwandlung des Hanswursts.

Die volle Identität von Hahn und Mann, von Henne und Mädchen wird insbesondere durch ein süddeutsches Gebäckmodel aus dem 18. Jahrhundert bezeugt: auf dessen Darstellung ist der Hahn mit einem Männerkopf und -hut versehen, die Henne mit einem Frauenkopf (und einer Rokokofrisur). Eine solche Formulierung weist nicht nur zurück auf die griechischen Menschenvögel Siren und Sirene, sondern auch voraus auf die klassisch gewordenen Vogelmenschen Papageno und Papagena. Die verschiedenen Stränge der langen und vielfältigen Tradition vereinen sich in diesem Paar zu endgültiger Gestalt.

Die meisten der bekannt gewordenen Beispiele des so variablen Hahnenreitermotivs stammen aus dem schwäbisch-baierisch-österreichischen Kulturraum. Und eben dieser war der Wirkbereich Schikaneders, der mit seiner Truppe zwischen Regensburg, Augsburg, Memmingen, Salzburg und Wien hin- und herreiste. Wir wissen, daß dieser geschickte Theaterdirektor auf immer neue und interessante Motive erpicht war. Hundertfach muß er in diesem süddeutschen Raum den Darstellungen des Hahnenreiters als Flötenspieler,

In der Sonne

Schlußszene der Aufführung
der Zauberflöte an der
Metropolitan Opera, New York, 1967
Bühnenbild und Kostüme
von Marc Chagall

New York, The Metropolitan Opera

als Hanswurst und als drastische erotische Symbolfigur begegnet sein. Hat er doch von einer solchen Fahrt, aus Memmingen, die Melodie des Auftrittsliedes Papagenos mitgebracht und diese Mozart vorgesungen und -gepfiffen. Schon darum war sein Bekanntwerden mit dem Vogelreiter und Vogelmenschen unausweichlich, weil sich dieses Motiv so oft auf den Gebildbroten befand, welche St. Nikolaus am 6. Dezember den Kindern schenkte und welche auch bei Hochzeiten oder beim ›Taufschmaus‹ an die Verwandten und Gäste verteilt wurden. Wie sollte da Schikaneder, der den Leuten nicht nur aufs Maul, sondern auch auf die Finger und unter den Brustlatz schaute, nicht den liebeslustigen Hahnenmann, der schließlich in Papageno fröhliche Urständ feierte, gekannt haben!

2. Exkurs

Rosenkreuzerische Einflüsse

In ihren berühmten Memoiren schreibt Frau von Oberkirch: »Das Ende des 18. Jahrhunderts ist gekennzeichnet durch einen geradezu unbegreiflichen Charakter der Vorliebe für das Wunderbare ... Sicherlich waren niemals die Rosenkreuzer, die Geheimmeister, die Propheten und jene, die sich ihnen anschlossen, so zahlreich und selbst bei den ernstesten Menschen beachtet. Die Gespräche (in den Salons und Kaffeehäusern) drehten sich fast nur noch um Alchemie, Mesmerismus, Geistererscheinungen und Geheimorden.«

Freiherr von Knigge (1752–1796), der Reformator des später verbotenen Illuminaten-Ordens, ergänzt diese Ansicht in seinem Buche ›Umgang mit Menschen‹: »Man wird heutzutage in allen Ständen wenig Menschen antreffen, die nicht von Wißbegierde, Tätigkeitstrieb, Geselligkeit oder Vorwitz geleitet Mitglieder einer Geheimen Gesellschaft gewesen wären.« Goués, ein Zeitgenosse Knigges, bestätigt dies in seiner Schrift: ›Über das Ganze der Maurerey‹: »Hier in Wien findest du Logen von der strikten, der alten und der berlinischen Observanz, praktische, chemische, magische ... Du mußt wissen, daß in Wien darauf gesehen wird, ob man von Chemie zu reden weiß. Jeder Mensch von gutem Tone hat sein Laboratorium und seine alchemistische Bibliothek.«

Dies aber bedeutet, daß allen diesen Geheimgesellschaften, sowohl den Johannes- oder Hochgradfreimaurern wie den Rosenkreuzern oder Asiatischen Brüdern, den ›Harmonischen Gesellschaften‹ Mesmers, ob aufgeklärt oder mystisch-kabbalistisch gesinnt, das Verlangen nach der alchemistischen Wandlung des Stoffes, sei es philosophisch oder praktisch, gemeinsam war. Nicht zufällig war Wien seit der Mitte des 18. Jahrhunderts ein Verlagszentrum für alchemistisch-rosenkreuzerische Schriften. Es beherbergte zudem seit 1775 den Hauptsitz des Gold- und Rosenkreuzerordens, dessen straffe Organisation seine erfolgreiche Ausbreitung in Österreich und darüber hinaus ermöglichte. Der Oberstallmeister Fürst Karl von Dietrichstein, Josephs II. Freund, der wie die Mehrzahl seiner Standesgenossen durch viele Geheimorden gewandert war, amtierte zuerst als Großmeister der Gold- und Rosenkreuzer, etwa ab 1780 als Provinzialgroßmeister der Freimaurerlogen von Österreich und stiftete schließlich Joseph II. zu seinem verhängnisvollen Freimaureredikt an.

Jedenfalls waren die Wiener Freimaurerlogen entweder von den ›Asiatischen Brüdern‹ oder von den ›Gold- und Rosenkreuzern‹ unterwandert. In allen diesen Logen, auch in der Loge ›Zur neugekrönten Hoffnung‹, der Mozart später angehörte, wurde alchemistisch gearbeitet und wurden rosenkreuzerisch-pansophische Spekulationen erörtert. Die Loge ›Zur gekrönten Hoffnung‹ verfügte zudem seit 1780 über ein vorbildliches Reglement für alchemistische Arbeiten ihrer Mitglieder, die keineswegs verboten waren, sondern nur mit Anstand durchgeführt werden sollten.

Auch der Meister vom Stuhl der Elite-Loge ›Zur wahren Eintracht‹, Hofrat Ignaz von Born, war von der »Seuche der Alchemie« und von rosenkreuzerischen Gedanken nicht unberührt geblieben. Trotz seines aufklärerischen Rationalismus betrieb er ein alchemistisches Laboratorium, dessen Unterhalt Unsummen verschlang, so daß er eine Schuldenlast von über 250.000 Gulden hinterließ. Er war eben, wie viele Intellektuelle seiner Zeit, ein von den Prinzipien zweier Zeitalter, des verklingenden barocken und des aufdämmernden naturwissenschaftlichen, zerrissener Mensch. Im zweiten Band der ›Siebenbürgischen Quartalsschrift‹ wurde er nach seinem Tode folgendermaßen charakterisiert: »Er war ein Philosoph in Worten und Taten, blieb sich immer gleich in Freude und Leid, fand alles unwichtig und lächerlich, was er nicht, wie seine Metalle, zergliedern konnte, wollte daher nichts glauben, was er nicht vordemonstrieren konnte und riß gerne jedes Lehrgebäude ein, ohne ein anderes aufbauen zu können ... Er kämpfte mit Jesuiten, und Jesuiten waren seine besten Freunde, er verwarf Alchemie und widmete sich lebenslang derselben, warnte vor geheimen Wissenschaften und lehrte dieselben.«

Auf diese Weise war Ignaz von Born eine Mischung aus Johannesfreimaurer, Rosenkreuzer und Illuminat. Und da Mozart nicht nur seinen Spuren folgte, sondern zumindest seit 1784 im Strom der freimaurerisch-rosenkreuzerisch-kabbalistischen Geheimlehren ›schwamm‹, die durch Hunderte von Kanälen zu ihm drangen, und zudem seine wichtigsten Protektoren in Linz, Wien und Prag, der ›alte‹ und der ›junge‹ Graf Thun sowohl Freimaurer wie Rosenkreuzer,

Kabbalisten und Geisterbeschwörer waren, mußte er durch die rosenkreuzerischen Lehren beeinflußt werden.

Darum sind in der ›Zauberflöte‹ nicht nur nach dem bisherigen Verständnis freimaurerische, sondern auch rosenkreuzerische und alchemistische Elemente enthalten. Hinweise darauf sind in dem Titel-Kupferstich des ersten, originalen Textbuches zur ›Zauberflöte‹ zu finden. Dort sind auf einem Pylon als Hieroglyphen maskierte alchemistische Zeichen eingegraben. Zudem ragt nebst den Symbolen der drei Stufen der maurerischen Einweihung (Stern, Höhle, Instrumente) mächtig und geheimnisvoll das von Schlangen umspielte hermetische Gefäß auf, gleichsam als Mutterschoß des alchemistischen Prozesses, der Transmutation des Bleis in das Gold und zur Gewinnung des ›Steins der Weisen‹.

War die ›Chymische Hochzeit‹ des Valentin Andreae von 1614 die Grundschrift der ›alten Rosenkreuzer‹, so der ›Compas der Weisen‹, ein dreiteiliger alchemistisch-kabbalistischer Traktat aus dem Jahre 1779, diejenige der ›neuen Rosenkreuzer‹. Auch der ›Compas der Weisen‹ erweist die eigentümliche Ambivalenz der Geisteshaltung der Gold- und Rosenkreuzer. »Denn«, so heißt es in der Schrift, »ob es wohl unstreitig ist, daß alle Adepten, von Anfang an und bis zum Ende der Zeiten, zu dieser geheiligten Verbrüderung gehören, so folgt doch keineswegs, daß alle Rosenkreuzer Adepten seyn ... Zudem ist die Absicht unserer unschuldigen Gesellschaft keineswegs das Goldmachen ... Der Endzweck unserer gottgefälligen Unternehmungen sey kein anderer, als: *Kunst, Weisheit und Tugend* zu erlangen, Gott zu gefallen und dem Nächsten zu dienen.« Anderseits bekennt ein rosenkreuzerisches Werk jener Zeit, der ›Geoffenbarte Einfluß‹ von Plumenoek: »Die nähere Kenntnis Gottes aus den Werken der Schöpfung, die wurzelmäßige Aufschließung aller erschaffenen Dinge und der daraus allen Wissenschaften erwachsende Vorteil, dies ist der Gegenstand unserer Beschäftigungen, und diese unsere Bemühungen suchen wir zum gemeinschaftlichen Nutzen des menschlichen Geschlechtes brauchbar zu machen.« Die wissenschaftlichen Bemühungen der Rosenkreuzer waren jedoch gepaart mit alter Theosophie und alchemistischen Spekulationen. Die Gold- und Rosenkreuzer waren zwar Alchemisten, jedoch waren sie, christlich gesinnt, fest davon überzeugt, daß es nur gottbegnadeten Menschen gelingen könne, den ›Stein der Weisen‹ zu finden, daß einem befleckten Menschen sich ›Gott im Stoffe‹ nicht offenbare. Der Mensch, der sich oder den Stoff zu wandeln begehrt, bedarf deshalb des Beistandes oder des Rufes Gottes. Diese Frömmigkeitshaltung ist typisch für die Gold- und Rosenkreuzer des 18. Jahrhunderts. Sie waren darum, ähnlich wie das wirkliche Urbild des Sarastro, »der alte Weise« Valentin Andreae (dessen Werke im 18. Jahrhundert immer wieder neu gedruckt wurden), Christosophen, die versuchten, »den von seiner ersten Würde so tief herabgesunkenen Menschen wieder emporzuheben und das verunstaltete Ebenbild Gottes nach Möglichkeit wieder herzustellen, das lichtvolle Reich Jesu in vielen Seelen recht zu erbauen«.

Jedenfalls waren in dem Gewimmel der Geheimgesellschaften des letzten Viertels des 18. Jahrhunderts die Ideen und Zielsetzungen der Gold- und Rosenkreuzer dominierend. Sie unterwanderten und infiltrierten alle anderen Geheimorden, so daß u. a. die meisten Freimaurerlogen in Wirklichkeit mehr oder weniger verkappte Rosenkreuzerlogen waren.

Auch wenn alle schriftlichen Äusserungen Mozarts über seine Verbindung mit den Geheimgesellschaften verschwunden sind, d. h. wahrscheinlich vernichtet wurden, bleibt die Tatsache bestehen, daß Wolfgang Mozart in Wien fast ausschließlich mit adeligen oder bürgerlichen Rosenkreuzern, Asiatischen Brüdern und Freimaurern Umgang hatte. Seine vielfach bezeugte wache Intelligenz hat aus den Lehren der Rosenkreuzer, der Freimaurer und anderer Orden schließlich ein eigenes Weltbild geformt. Die Frucht dieses langen Prozesses der Bewußtwerdung ist dem Geist und der Form nach die zugleich rosenkreuzerisch und freimaurerisch gestimmte ›Zauberflöte‹, deren Grundtendenz aus der alchemistischen Überlieferung herzuleiten ist: Aus dem Blei der Unwissenheit wandelt sich Tamino zum beständigen Gold der Weisheit, aus dem verweslichen Menschen wird er zum unverweslichen (Sonnen-)Geist. Schließlich wird er, jenseits aller Worte, mit seiner Anima Pamina vermählt und als ›geeinte Zwienatur‹ keineswegs nur in den Bund der Eingeweihten, sondern in die Sonne, d.h. in den Bereich des unmittelbar Göttlichen, aufgenommen.

Die ›Zauberflöte‹ ist darum gleichsam das Bild eines an den Himmel wie auf die Erde projizierten alchemistischen Prozesses, in dessen Verlauf aus dem ›tumben‹ Blei über sieben Wandlungsstufen das ›Gold‹ des lauteren, göttlichen Menschentums hervorgeht. Freilich muten uns Mozart/Schikaneder keine gelehrte Arbeit und keine alchemistische Systematik zu. Zwar sind die alchemistisch-rosenkreuzerischen Motive deutlich aus dem Text und der Musik zu erlauschen. Aber die beiden Künstler vermochten sie in ernst-heiterer Weise spielerisch abzuwandeln. Und so besitzen wir mit der ›Zauberflöte‹ gleichsam monumentale ›Variationen über ein Thema‹: über die Traditionen der Alchemie, der Rosenkreuzer und Freimaurer.

Personen rings um die Zauberflöte

IGNAZ VON BORN (1742–1791) – Hofrat bei der Wiener Hofkammer für Münz- und Bergwesen; Mineraloge und Erfinder neuer Amalgationsverfahren zur Scheidung der Metalle; Schriftsteller im Sinne der Aufklärung; leidenschaftlicher Freimaurer der humanitären Richtung, Gegner der Rosenkreuzer und der Kirche, Meister vom Stuhl der Wiener Loge ›Zur wahren Eintracht‹. Wurde am 20. April 1785 in der Loge ›Zur gekrönten Hoffnung‹ durch Mozarts Kantate ›Die Maurerfreude‹ gefeiert. Trat von der Logenarbeit 1786 aus Protest gegen Kaiser Josephs geistige Diktatur zurück. Freund und in gewisser Hinsicht auch Lehrer Mozarts, sowohl mündlich, wie schriftlich durch seinen Aufsatz in dem von ihm gegründeten ›Journal für Freymaurer‹: ›Über die Mysterien der Egypter‹. Er war eine strahlende Persönlichkeit, erfindungsreich und aggressiv.

TOBIAS PHILIPP FREIHERR VON GEBLER (1726–1786) – Staatsrat und Vizekanzler der böhmischen Hofkanzlei, Dramatiker, Theaterdirektor und -reformator. Als Freimaurer seit 1785 Meister vom Stuhl der Loge ›Zur neugekrönten Hoffnung‹, der Mozart angehörte. Er zog sich kurz vor seinem Tod 1786 von der Logenarbeit zurück. 1773 beauftragte er Mozart mit der Komposition von Zwischenaktmusik und Chören zu seinem Schauspiel ›Thamos von Aegypten‹, das im April 1774 im Kärtnertortheater aufgeführt wurde. 1778–80 hat Mozart dann die Thamosmusik für die Böhmsche und Schikanederische Truppe in Salzburg überarbeitet und erweitert. Gebler sandte am 13. Dezember 1773 die Partitur an Nikolai nach Berlin mit der Bemerkung: »Es ist ein Originalkonzept, und der erste Chor ist sehr schön.« Diese Thamosmusik enthält bereits die ersten Vorahnungen der Weihemusik der Zauberflöte.

OTTO FREIHERR VON GEMMINGEN (1755–1836) – In Heilbronn geboren, kurpfälzischer Kämmerer in Mannheim; gab 1780 die Mannheimer Dramaturgie auf das Jahr 1779 heraus. Diplomat und Theaterdichter. Mozart komponierte den ersten Akt seines Melodramas ›Semiramis‹ (verloren gegangen). Mozart lernte ihn in Mannheim 1778 kennen und schätzen und erwähnt ihn öfters in seinen Briefen. Nach der Übersiedlung des kurpfälzischen Hofes nach München kam Gemmingen nach Wien, wo er 1784–85 das ›Magazin für Wissenschaft und Kunst‹ herausgab. Er fand 1782 Aufnahme in die Wiener Loge ›Zur gekrönten Hoffnung‹, verließ diese aber bereits wieder im Januar 1783 und gründete im Februar die Loge ›Zur Wohltätigkeit‹, deren Glied im Dezember 1784 Mozart wurde. 1799 bis 1805 war Gemmingen badischer Gesandter am Wiener Hof; danach zog er sich ins Privatleben zurück.

ANNA GOTTLIEB (1774–1856) – Sopranistin, mit zwölf Jahren die erste Barbarina der Uraufführung des ›Figaro‹ im Burgtheater; mit siebzehn Jahren die erste Pamina der Uraufführung der Zauberflöte. Nach Mozarts Tod verließ sie die Truppe Schikaneders im Freihaustheater und wurde Schauspielerin in Marinellis Leopoldstädter Theater. Sie starb mit zweiundachtzig Jahren in großer Armut.

JOSEFA HOFER (1758–1819) – Die älteste der Töchter aus der Weberfamilie, aus der Konstanze, die Gattin Mozarts, stammte. Josefa heiratete 1788 den Geiger Franz de Paula Hofer. Für »ihre geläufige Gurgel«, ihren außerordentlich hohen, aber auch schrillen Koloratur-Sopran, schrieb Mozart die Arien der Königin der Nacht, die Josefa Hofer in der Uraufführung der Zauberflöte sang.

JOSEPH II. (1741–1790) – Der älteste Sohn und Nachfolger Maria Theresias; seit 1765 Deutscher Kaiser, seit 1780 König von Ungarn und Böhmen und Erzherzog von Österreich. Er unternahm den radikalen Versuch, den Staat und die Gesellschaft nach den Prinzipien der Aufklärung zu reorganisieren und die Kirche zu entsakralisieren; Aufhebung der Klöster, Reduzierung des allerdings formelhaft gewordenen religiösen Lebens. Förderung von Wissenschaft und Technik und des ›deutschen‹ Elementes. Daher lag ihm auch das deutsche Singspiel am Herzen, das zu schaffen er Schikaneder und Mozart ermunterte. Er stand den Freimaurern ferne, hoffte aber, sie als Ausführungsorgane seiner Reformpläne zu gewinnen.

ANTONIO SALIERI (1750–1825) – Kapellmeister am Wiener Hoftheater und Opernkomponist, der als Vertreter der italienischen Schule das Musikleben von Wien beherrschte. Äußerst intrigant, bereitete er Mozart viele Schwierigkeiten. Ob seine Annäherung an Mozart vor dessen Ende aufrichtig war, kann bezweifelt werden. Die Legende von der angeblichen Vergiftung Mozarts ist mit seiner Person verknüpft. Er starb im Wahnsinn, beteuernd, daß er Mozart nicht vergiftet habe.

BENEDIKT SCHACK (1758–1826) – Sänger (Tenor), Flötist und Komponist. Zu Mirowitz in Böhmen geboren, studierte er ab 1775 in Wien Philosophie und Medizin, wurde 1780 Musikdirektor des Fürsten von Carolath und kam 1785 mit seiner Frau zur Truppe Schikaneders und mit diesem sodann von Regensburg nach Wien, ans Freihaustheater. Schrieb zusammen mit dem Bassisten Fr. X. Gerl, dem ersten Sarastro, die Musik zur Oper Schikaneders, mit der seine Direktionstätigkeit im Freihaustheater eröffnet wurde: ›Der dumme Gärtner aus dem Gebürge oder Die zween Anton‹, die mit größtem Erfolg am 12. Juli 1789 aufgeführt wurde. Auch schrieb er die Musik zu Schikaneders Fortsetzung von Da Ponte-Martins Oper ›Una cosa rara‹ (›Der Fall ist noch weit seltener‹), deren Aufführung Mozart im Mai 1790 im Freihaustheater besuchte. Auch die Musik der Schikaneder-Oper ›Der Stein der Weisen‹, uraufgeführt am 11. September 1790, war von Schack zusammen mit Gerl und Kapellmeister Henneberg komponiert. Schack sang auch den Tamino der Uraufführung und spielte in dieser Rolle selber die sonst dem Orchester übertragene Flöte; er sang diese Rolle in Wien 116mal. Schack war eng mit Mozart befreundet, den er im letzten Jahr zu erheitern vermochte. 1793 ging er über Prag nach München, wo er am Hoftheater sang. Nach dem Verlust seiner Stimme widmete er sich der Kirchenkomposition.

JOHANN SCHENK (1763–1836) – Dirigent und Komponist von Singspielen, ein Schüler Mozarts, später einer der Lehrer Beethovens. In seiner Selbstbiographie von 1830 berichtet er über die Uraufführung der Zauberflöte, die er im Orchesterraum des überfüllten Wiener Theaters erlebte, wobei er nach der Ouvertüre vor Ergriffenheit die Hand Mozarts küßte.

FRANZ XAVER SÜSSMAYER (1766–1803) – Schüler und Freund Mozarts, der nach dessen Tod sein unvollendetes Requiem ergänzte. Süßmayer begleitete Mozart zur Uraufführung des ›Titus‹ nach Prag und schrieb auch die Secco-Rezitative zu dieser Oper; er blätterte dem vom Flügel aus die Uraufführung der Zauberflöte dirigierenden Mozart die Notenblätter um. Später Kapellmeister am Freihaustheater und am Theater an der Wien. Komponierte 1794 für Schikaneder die Oper ›Der Spiegel von Arkadien‹, die 92mal aufgeführt wurde.

GOTTFRIED VAN SWIETEN (1734–1803) – Kaiserlicher Gesandter am Hofe Friedrichs des Großen. Kehrte 1777 nach Wien zurück, wurde Bibliothekar der Hofbibliothek, wo er mit den Werken Bachs und Händels vertraut wurde, Präses der Studien- und Bücherzensur-Hofkommission und Sekretär der Kavaliersgesellschaft von Musikfreunden. Van Swieten, dessen Vater der Leibarzt Maria Theresias war, vermittelte Mozart die Kenntnis von Bach und Händel, was im Anfang der neunziger Jahre zu einer schöpferischen Krise im Werk Mozarts führte. Van Swieten war Augenzeuge des Todes Mozarts, nahm danach Konstanze vorübergehend zu sich und sorgte für Mozarts ältesten Sohn. Die Lieblosigkeit, daß er für den toten Freund ein Armenbegräbnis bestellte, wird damit zu entschuldigen versucht, daß er am Tage zuvor plötzlich alle seine Ämter verloren hatte.

JOHANN JOSEPH ANTON GRAF THUN (1711–1788) – Majoratsherr der in Böhmen begüterten Familie Thun-Hohenstein; Freimaurer der Wiener Loge des Ignaz von Born ›Zur wahren Eintracht‹ und deputierter Provinzial-Großmeister der Provinzial-Loge von Böhmen. Durch ihn, den Mesmeristen und Rosenkreuzer, wurde Mozart mit der rosenkreuzerischen Tradition vertraut gemacht. Im Linzer Palais des Grafen am ehemaligen Minoritenplatz schrieb Mozart 1783 seine, dem Grafen gewidmete ›Linzer‹ Symphonie (KV 425). Im Januar 1787 waren Mozart und seine Frau Gäste des Grafen Thun in dessen Prager Palais auf der Kleinseite, als Mozart zur Aufführung seines ›Figaro‹ nach Prag kam.

FRANZ JOSEPH ANTON GRAF THUN (1734–1801) – Wirklicher Geheimer Rat, Liebhaber des Okkultismus, der Rosenkreuzerei und der Hochgrad-Freimaurerei.

MARIA WILHELMINE GRÄFIN THUN, geb. Komtesse Ulfeld (1744–1800) – Gattin des vorigen, führte einen berühmten, von Künstlern aller Art, Freimaurern, dem Adel und dem Kaiser besuchten Salon in Wien. Mozart war dort seit 1781 oft zu Gast, war hochgeschätzt und wurde durch die Gräfin, die ihm vielfach zur Seite stand, gefördert.

PAUL WRANITZKI (1756–1808) – Geiger im Orchester des Grafen Esterhazy, später Konzertmeister der Wiener Hofoper, erfolgreicher Komponist. Sein bekanntestes Werk, das auch auf die Gestaltung der Zauberflöte gewirkt hat, ist ›Oberon‹, mit dem Text von Gieseke nach Wieland; es wurde 1789 in Schikaneders Freihaustheater und 1790 auch bei den Krönungsfeierlichkeiten in Frankfurt, denen Mozart auf der Suche nach einer gesicherten Arbeit beiwohnte, aufgeführt. Als Goethe 1794–95 an seiner ›Zauberflöte zweiter Teil‹ arbeitete, trug er Wranitzki deren Vertonung an, was dieser aber sowohl aus Respekt vor Goethes Text wie auch aus Scheu vor dem Vergleich seiner Musik mit der Mozarts ablehnte.

Die Abbildungen der Ausfalttafeln

Quellen zur Zauberflöte

1 *Hellenistische Isiskultszene*

Wandgemälde aus Herculaneum, um 30 n.Chr. Nationalmuseum Neapel

Die Szene ist im Freien zwischen Palmen und Sphingen, das bedeutet, daß hier die Vorbereitungsstufe des Mysteriums dargestellt wird entsprechend der ›Reinigung‹ der ›Neophyten‹ in der Zauberflöte. Auch bei den Mysterien von Eleusis wurde die Kultlegende vor dem Einweihungstempel erzählt und dort auch die Kultsymbole, die Ähre und die Cysta, vorgezeigt. In der Mitte dieser Szene eines nicht altägyptischen, sondern hellenistischen Isismysteriums steht der Mysterienpriester, welchem die Gestalt Sarastros entspricht, im Vordergrund die Gläubigen und Einzuweihenden, im Hintergrund die Pforte des Tempels, die zu den Räumen und Gängen der Einweihung führt.

2 *Der Vogelmensch*

Tuschzeichnung in der Art des Parmegianino, 16. Jahrhundert. Stockholm, Königliche Bibliothek

Dieser Vogelmensch, dessen Traditionen nicht näher zu bestimmen sind, weist auf damals bekannte ägyptische Vorbilder, vielleicht auf den falkenköpfigen Horus. Dieser Vogelmensch, der offensichtlich die Qualitäten des Menschen und des Vogels vereint, ist wie Papageno als Vogelfänger dargestellt. Damals waren die Falken zum Vogelfang abgerichtet. Da aber der Vogel von altersher ein Sinnbild der Seele ist, so ist dieser Vogelfänger, ähnlich wie der Rattenfänger von Hameln, als Seelenfänger zu verstehen.

3 *Hanswurst als Hahnreiter.*

Gebäckmodel. 18. Jahrhundert.

Die Verbindung von Mensch und Vogel als Hahnreiter ist seit etwa dem 5. Jahrhundert v. Ch. in Griechenland nachweisbar und seitdem in ganz Europa, insbesondere seit der Renaissance, verbreitet. Die Gestalt des Hanswurst ist Salzburger Herkunft. Sie wurde in ihrer typischen Kleidung durch den großen Komiker Prehauser im 18. Jahrhundert in Wien eingebürgert und wurde dort ungemein populär. In dieser Wiener Fassung der Figur haben sie Schikaneder und Mozart gekannt (Mozart schon von Salzburg her) und haben Hahn und Hanswurst zur Gestalt des Papageno verschmolzen.

Dann kommt ein erfahrener Flötenspieler. Er meidet nach Möglichkeit gefügte Melodien und lautes Getön und spielt das Süßeste, was die Doppelflöte herzugeben vermag. Leicht dringt in der stillen Einsamkeit seine Weise bis zu den Bergeshöhen, in die Schluchten und Dickichte, kurz, ergießt sich in alle Schlupfwinkel und Brunftplätze des Wildes. Zunächst, wenn ihr Ohr von den Klängen erreicht wird, erschrecken die Tiere und werden von Furcht ganz erfüllt. Dann aber erfaßt sie unwiderstehlich die Lust am Getön. Verzückt vergessen sie ihre Jungen, ihre Lagerstätten und die vertrauten Wechsel, von denen sie doch sonst so ungern nur sich entfernen. So wird das Waldgetier Tyrrheniens nach und nach wie durch einen mächtig wirkenden Zauber angezogen, kommt durch die Klänge behext heran und gerät, überwältigt von der Musik, in die Schlingen.«

4 *Aufnahmezeremonie eines ›Neophyten‹ in eine Wiener Freimaurerloge zur Zeit Mozarts*

Gemälde eines anonymen Meisters, um 1785. Historisches Museum der Stadt Wien

Die Deutung dieses Bildes, das das Innere einer Wiener Loge, etwa um die Zeit, da Mozart Freimaurer wurde, darstellt, ist selbst nach freimaurerischen Experten umstritten. Die einen sehen in dieser seltenen Darstellung die Aufnahme eines ›Suchenden‹ als Lehrling, andere aber deuten sie als ›Meisterloge‹, in welcher ein auswärtiger Meister ehrenvoll begrüßt wird. Auffallend ist jedenfalls, daß sämtliche Teilnehmer, aber auch der Begrüßte oder Aufzunehmende, das Meistersignum an einem Band um den Hals tragen. Im Hintergrund des Bildes der durch drei Stufen erhöhte ›Orient‹ der Loge; dort ein symbolisches Bild der Welterneuerung: die abziehenden Gewässer der Sintflut, vom Regenbogen überglänzt. Davor zwei ›Altäre‹ – der linke der des Meisters vom Stuhl mit der aufgeschlagenen Bibel, dem Schwert, dem Totenkopf. Rechts derjenige des ›ersten Aufsehers‹. Vor dem ›Orient‹ der übliche Logenteppich, der aber hier ausnahmsweise eine Weltkarte aufweist. Links und rechts der unbehauene und der behauene Stein, Symbole des naturhaften und des geläuterten Menschen. Die fünfunddreißig Männer des Bildes, lauter ›Meister‹, sind ihrer Tracht nach Offiziere, Geistliche und Angehörige bürgerlicher Berufe. Wahrscheinlich ist der Maler des Bildes Ignaz Unterberger (1748–1797), der auch das gestochene Titelbild zur Ausgabe von Mozarts ›Maurerfreude‹ von 1785, die Ignaz von Born gewidmet war, entworfen hat.

5 *Porträt des Grafen Franz Joseph Anton Thun*

Stich von Gottlieb Friedrich Riedel nach einem Gemälde von Agatius Raehmel 1787. Historisches Museum der Stadt Wien

Dieser Porträtstich des Grafen mit den esoterischen Emblemen entstammt dem in Frankfurt 1789 anonym veröffentlichten Manuskript von J. K. Lavater ›Protokoll über den Spiritus familiaris Gablidone‹. Das Manuskript hatte Lavater 1781 an Goethe gesandt, nachdem ihn der Graf Thun in Zürich aufgesucht und ihm von den Geisterdiktaten des Geistes Gablidone während zehn Jahren eingehend berichtet hatte. Goethe hat auf die Zusendung des Manuskripts schroff ablehnend reagiert. Mozart war nicht nur mit dem Vater des Grafen befreundet, dem er seine ›Linzer‹ Symphonie widmete, sondern verkehrte viel im Wiener Salon des jüngeren Grafen und seiner bedeutenden, musikverständigen Gattin. Ein großer Teil der Erfolge Mozarts in Wien geht auf die Vermittlung der Gräfin Thun zurück, die später auch Beethoven sehr zugetan war. Die Embleme und die Geheimschrift des Stiches werden im Anhang zum ›Protokoll‹ erklärt. Interessant ist rechts vorne, neben dem magischen Schwert, die seltene Darstellung einer Glasharmonika, für welches Instrument (das heute verschollen ist) Mozart (später auch Beethoven) mehrere Stücke komponierte.

Figuren der Zauberflöte

6 *»Das klinget so herrlich...«*

Aus den Radierungen von Max Slevogt zu Mozarts Handschrift der Zauberflöte, verlegt bei Cassirer, Berlin 1920.

7–10 *Figurinen zur Zauberflöte: Pamina – Königin der Nacht – Papageno – Sarastro, für die Berliner Aufführung von 1816*

Kolorierte Stiche von C. F. Thiele nach Entwürfen von Stürmer zu den Bühnenbildern von Schinkel. München, Theatermuseum.

11 *Kostümprobe zur Zauberflöte zur Zeit ihrer Aufführung am Weimarer Hoftheater 1794*

Aquarell von G. M. Kraus in Schloß Tiefurt. Foto aus dem Besitz des Mozart-Museums in Salzburg.

12 *Figurine zum Monostatos*

Zeichnung von Leo Pasetti, 1921. München, Theatermuseum.

Bühnenbilder zur Zauberflöte

13 *Einzug des Sarastro*

Kolorierter Stich von Joseph und Peter Schaffner.
Aus einer Folge von sechs kolorierten Stichen im ›Allgemeinen Europäischen Journal‹, Brünn 1795. Welche Aufführungen diesen Stichen als Vorlage gedient haben, ist nicht mehr festzustellen. Es könnten diejenigen von Brünn und Olmütz gewesen sein. Erinnerungen an die Wiener Aufführung mögen mitgewirkt haben, da die beiden Brüder Schaffner, aus Sachsen zugewandert, ungemein fruchtbar in Wien wirkten. Daß es sich aber um Wiedergaben der Uraufführung der Zauberflöte handeln könnte, muß nach genauer Prüfung der Indizien heute als ausgeschlossen gelten.

14 *Bühnenbild zur Feuer- und Wasserprobe, Münchener Aufführung 1793*

Aquarell von Josef Quaglio. München, Theatermuseum.

15–18 *Bühnenbilder zu Wiener Aufführungen der Zauberflöte*

Stiche nach den Originalskizzen des Theatermalers Anton de Pian von Norbert Bittner, Wien 1818. München, Theatermuseum.

19 *Entwurf zum ›Sonnentempel‹ für die Salzburger Aufführung 1928*

Aquarell von Oskar Strnad. Mozart-Museum, Salzburg.

20 *Bühnenbild zur Zauberflöte in der Krolloper, Berlin 1930*

Modell nach dem Entwurf von Ewald Dülberg. Mozart-Museum, Salzburg.

21 *Inszenierung in der Felsenreitschule in Salzburg 1957*

Modell nach dem Entwurf von Caspar Neher. Mozart-Museum, Salzburg.

Dokumente zur Zauberflöte

22 *Zauberflötenvorhang des Theaters an der Wien (rechte Hälfte)*

Bühnenvorhang aus der Zeit der Eröffnung des Theaters 1801, 1864 übermalt und ergänzt, 1962 renoviert. Foto der Landesbildstelle, Wien.

Ein Theater-Rezensent von 1864 beschreibt seine Darstellung (nach Erna Felmayer im Programmheft zur Wiedereröffnung des Theaters an der Wien 1962) folgendermaßen: »Wir sehen links im Mittelpunkt des Bildes Tamino und Pamina, drohenden Gefahren glücklich entronnen, sie eilen zum Tempel, an dessen Pforte Sarastro mit seinen Priestern die aufsteigende Sonne begrüßt. Vor ihnen blumenopfernde Knaben. Sorglos ruht im Vordergrund rechts Papageno mit seinem Liebchen und seiner muntern Nachkommenschaft. Während mehrere der Kleinen Schikaneders Bild bekränzen, wird die allzutolle Lustigkeit des einen von seinen Gespielen bestraft. An einer Eiche streben Genien empor und weisen auf Mozarts tief in der Rinde verwachsenen Namen; aus der Wurzel dieser Eiche steigen aber die (später hinzugefügten) Repräsentanten des Wiener Humors: Hasenhut, Raimund, Carr, Nestroy, Scholz. In dämmriger Wolkenhöhe schwebt die sternflammende Königin der Nacht.«

23 *Doppelseite aus dem eigenhändigen Werksverzeichnis Mozarts*

Die abgebildete Doppelseite zeigt als erste Eintragung Mozarts Notizen zur Beendigung der Zauberflöte und zum Titus und dann zur Fertigstellung der Ouvertüre und des Priestermarsches Ende September, sowie auf der Gegenseite die ersten Takte derselben. Original des Werkverzeichnisses in der Sammlung Stefan Zweig im Britischen Museum.

24 *Silhouette Schikaneders und Bühnenansicht des Freihaustheaters in Wien*

Titelkupfer aus dem ›Almanach für Theaterfreunde‹ 1791. Historisches Museum der Stadt Wien.

25 *Innenraum des Theaters an der Wien im Jahre 1830*

Kolorierter Stich in der Theaterabteilung der Österreichischen Nationalbibliothek, Wien.

26 *Das Zauberflöten-Häuschen, ehemals im Hof des Freihauses in Wien*

Altes Foto der Bildstelle der Österreichischen Nationalbibliothek, Wien.
Der Überlieferung nach schrieb Mozart im Sommer 1791 in diesem hölzernen Gartenhaus unter Bäumen im Hofe des riesigen Freihaus-Komplexes, in dem sich das Freihaus-Theater der Uraufführung befand, den größten Teil der Zauberflöten-Partitur. Im Jahre 1877 wurde es als Schenkung des Fürsten Camillo Heinrich Starhemberg auf den Kapuzinerberg ob Salzburg überführt und dort aufgestellt. Im Jahre 1950 gelangte diese Reliquie infolge der dankenswerten Bemühungen des Vizepräsidenten der Internationalen Stiftung Mozarteum, Hans Schurich, auf die sogenannte Bastion des Mirabellparkes, unmittelbar hinter dem Konzerthaustrakt des Mozarteums (die »hölzerne Wiege der Zauberflöte« nennt es H. Schurich). In diesem Gartenhaus stand zu Mozarts Lebzeiten jenes Clavichord (das sich heute in Mozarts Geburtshaus in Salzburg befindet), auf dem Mozart nicht nur die Zauberflöte, sondern auch, wie ein eingeklebter Zettel von Constanzes Hand erweist, frühere Opern komponierte. Hans Schurich hat die Schicksale des Zauberflöten-Häuschens in einer kleinen, im Mozarthaus zu Salzburg erhältlichen Schrift kundig und anschaulich beschrieben.

Die Abbildungen im Text

Die freimaurerischen Vignetten S. 231, S. 237 und S. 259 wurden erstmals gedruckt in dem Liederbuch der Loge ›Zur wahren Eintracht‹ von 1783. Der Stecher derselben war Jakob Adam, der allerdings erst 1785 in die ›wahre Eintracht‹ aufgenommen wurde und später der Loge ›Zur Wahrheit‹ angehörte. Der ›flammende Stern‹ mit dem Buchstaben G in seiner Mitte auf S. 259 gehört zu den wichtigsten Symbolen der Freimaurer-Initiation. Angeblich ist er das Siegel des zweiten Grades des Lehrlings. Die Deutung ist verschiedenartig und reicht weit über ein Symbol des Gesellenstandes hinaus. Das G wurde in verschiedenen Zeiten und Logensystemen auch verschiedenartig gedeutet, so z. B. als Gold, Geometrie, Gnosis. Bedeutungsvoll ist, daß der ›flammende Stern‹ auf dem Titelstich des Originaltextbuches zur ›Zauberflöte‹ (siehe S. 92) an prominenter Stelle, von Felsgewölbe herabhängend, erscheint.

Die Farbtafeln

Seite 80–81: Die ›sternflammende Königin‹. Originalentwurf von Simon Quaglio für die Bühnenbilder der Münchner Aufführung der Zauberflöte 1818. München, Theatermuseum.

Seite 176–177: Der Sonnentempel. Originalentwurf von Simon Quaglio für die Bühnenbilder der Münchner Aufführung der Zauberflöte 1818. München, Theatermuseum.

Seite 256–257: Der Felsentempel. Farbiger Aquatintastich nach dem Originalentwurf von Friedrich Schinkel für die Berliner Aufführung der Zauberflöte 1816. München, Theatermuseum.

Seite 320–321: In der Sonne. Schlußszene der Aufführung der Zauberflöte an der Metropolitan Opera in New York 1967. Bühnenbild und Kostüme von Marc Chagall. New York, The Metropolitan Opera.

Die Farbreproduktionen der Blätter von Quaglio und Schinkel wurden nach den Originalen angefertigt. Das Ektachrom für die Wiedergabe des Bühnenbildes von Chagall stammt von Frank Dunand, The Metropolitan Opera Guild, Inc., New York.

Literatur

ABERT, Hermann: W. A. Mozart. Leipzig 1921

ANDREAE, Valentin: Die Chymische Hochzeit, hrsg. von Alfons Rosenberg. München–Weilheim 1957

APPIA, Adolf: Die Musik und die Inszenierung. München 1899

BAINES, Anthony: Musikinstrumente. München 1962

BRION, Marcel: Mozarts Meister-Opern. Erlenbach–Zürich 1956

BUSCHOR, Ernst: Die Musen des Jenseits. München 1944

CONRAD, Leopold: Mozarts Dramaturgie der Oper. Würzburg 1953

DENT, Eduard: Mozarts Opern, dt. Ausgabe. Berlin 1922

DEUTSCH, O. E.: Mozart, Die Dokumente seines Lebens. Kassel 1961

EINSTEIN, Alfred: Mozart. Zürich 1953

Faksimile des ersten Textbuches zur Zauberflöte von 1791. Wien 1942

FIORE, Joachim von: Das Zeitalter des Heiligen Geistes. Weilheim–München 1955

FISCHER, Robert: Ritual und Symbol. Leipzig 1878

GHÉON, Henri: Auf den Spuren Mozarts. Graz 1953

GOERGES, Horst: Das Klangsymbol des Todes im dramatischen Werk Mozarts. München 1969

GREGOR, Jos.: Geschichte des österr. Theaters. Wien 1948

HAMMER, Karl: W. A. Mozart, eine theologische Deutung. Zollikon–Zürich 1964

HARTLAUB, G. F.: Giorgiones Geheimnis. München 1925

Katalog der Ausstellung ›Das Bühnenbild im 19. Jahrhundert‹, Dr. G. Schöne, Theatermuseum München, 1949

Katalog der Ausstellung ›Die Zauberflöte‹, Mozarthaus Salzburg, 1928

Katalog der Ausstellung ›Europäisches Rokoko‹, Residenz München, 1958

KERENYI, Karl: Die Mysterien von Eleusis. Zürich 1962

KOBALD, Karl: Alt-Wiener Musikstätten. Wien 1947

KOLB, Annette: Mozart. Zürich 1961

KOMORZYNSKI, Egon: Emanuel Schikaneder. Wien 1948

KUÉSS-SCHEICHELBAUER: 220 Jahre Freimaurerei in Österreich. Wien 1959

LERT, Ernst: Mozart auf dem Theater. Berlin 1918

MERIAN, Hans: Mozarts Meisteropern. Berlin 1900

MORENZ, Siegfried: Die Zauberflöte, Eine Studie zum Lebenszusammenhang Ägypten–Antike–Abendland. Münster–Köln 1952

MOZART: Briefe und Aufzeichnungen, herausgeg. von W. A. Bauer und O. E. Deutsch. Bde. 1–4, Kassel 1962

Mozart-Jahrbücher der Stiftung Mozarteum. 1950–1971

NETTL, Paul: Musik und Freimaurerei. Eßlingen 1955

Neues Mozart-Jahrbuch, 1941 ff, Regensburg

OTTO, Walter F.: Die Musen. Düsseldorf–Köln 1955

PAUMGARTNER, Bernhard: Mozart. Zürich 1945

PIRKER, Max: Rund um die Zauberflöte. Wien 1920

RAHNER, Hugo: Der spielende Mensch. Einsiedeln 1952

RECH, Géza: Wolfgang Amadeus Mozart. München 1955

ROSENBERG, Alfons: Verborgene Worte Jesu. München-Weilheim 1972

SACHS, Curt: Geist und Werden der Musikinstrumente. 1929

SCHALLER–KÜHNER: Mozart – Aspekte. Olten 1956

SCHEICHELBAUER, Bernhard: Die Johannis-Freimaurerei. Wien 1953

SCHENK, Erich: Mozart. Wien 1955

SCHIEDERMAIR, Ludwig: Mozart. München 1922

SCHNEIDER, F. J.: Die Freimaurerei ... am Ende des 18. Jahrhunderts. Prag 1908

SCHNEIDER, Marius: Singende Steine. Kassel 1955

– Die historischen Grundlagen der musikalischen Symbolik. In: *Die Musikforschung*, 4. Jahrg. 1951, Heft 2/3

– Musique, Mythologie, Rites. In: *Histoire de la Musique, Encyclopédie de la Pléiade*, Bd. 1, Paris 1960

– Vom Tuten und Blasen. Bayerischer Rundfunk, Sendung vom 22. 2. 1963

– Musikinstrumente, Götter, Werkzeuge und Symbole. Vortrag in der Akademie der Schönen Künste, München 1955

SEDLMAYR, Hans: Verlust der Mitte. Salzburg 1948

SKALICKI, Wolfram: Das Bühnenbild der ›Zauberflöte‹. In: *Maske und Kothurn* 1956, Heft 1/2

Die Symbolik der Freimaurer von einem Bruder Meister. Stuttgart 1930

TENSCHERT, Roland: Mozart, Ein Leben für die Oper. Wien 1941

VALENTIN, Erich: Mozart, Wesen und Wandlung. Salzburg 1953

WALTER, Bruno: Vom Mozart der Zauberflöte. Frankfurt 1956.

WALTERSHAUSEN, H. W. von: Die Zauberflöte, Eine operndramatische Studie. München 1920

WIORA, Walter: Die vier Weltalter der Musik. Stuttgart 1961

Wörterbuch der Mythologie, hrsg. von H. W. Haussig. Stuttgart 1964

ZELLWECKER, Edwin: Ignaz von Born, das Urbild des Sarastro. Wien 1953

Namenregister

Für wertvolle Hilfen und Ratschläge hat vor allem der Autor, aber auch der Verlag verschiedenen Persönlichkeiten und Instituten zu danken. So vor allem Herrn Dip. Ing. Hans Schurich, dem Vizepräsidenten der Internationalen Stiftung Mozarteum in Salzburg und Kustos des Mozart-Museums, Herrn Professor Geza Rech, Leiter der Theater-Abteilung des Mozarteums, Herrn Professor Marius Schneider vom Musikwissenschaftlichen Institut der Universität Köln, Herrn Direktor Dr. Schöne und Herrn Dr. Vriesen vom Theatermuseum München, Frau Erna Felmayer und Herrn Dr. Kaut vom Historischen Museum der Stadt Wien, Herrn Hofrat Scheichelbauer und Herrn Professor W. Heinrich, beide in Wien. Die moralische und faktische Unterstützung all dieser Persönlichkeiten hat die Entstehung und Vollendung dieses Werkes wesentlich gefördert. Ihnen allen sei darum mit Dankbarkeit gedacht.